滋兰九畹

郭建勋教授七十寿辰纪念文集

翟新明 编

图书在版编目(CIP)数据

滋兰九畹：郭建勋教授七十寿辰纪念文集 / 翟新明编. —上海：上海古籍出版社，2023.4
ISBN 978-7-5732-0645-9

Ⅰ.①滋… Ⅱ.①翟… Ⅲ.①郭建勋—纪念文集 Ⅳ.①K825.6-53

中国国家版本馆 CIP 数据核字(2023)第 044668 号

封面题签：程章灿

滋兰九畹：郭建勋教授七十寿辰纪念文集

翟新明　编

上海古籍出版社出版发行

（上海市闵行区号景路 159 弄 1-5 号 A 座 5F　邮政编码 201101）

(1) 网址：www.guji.com.cn
(2) E-mail: guji1@guji.com.cn
(3) 易文网网址：www.ewen.co

上海世纪嘉晋数字信息技术有限公司印刷

开本 890×1240　1/32　印张 13.75　插页 17　字数 320,000

2023 年 4 月第 1 版　2023 年 4 月第 1 次印刷

ISBN 978-7-5732-0645-9

I・3711　定价：98.00 元

如有质量问题，请与承印公司联系

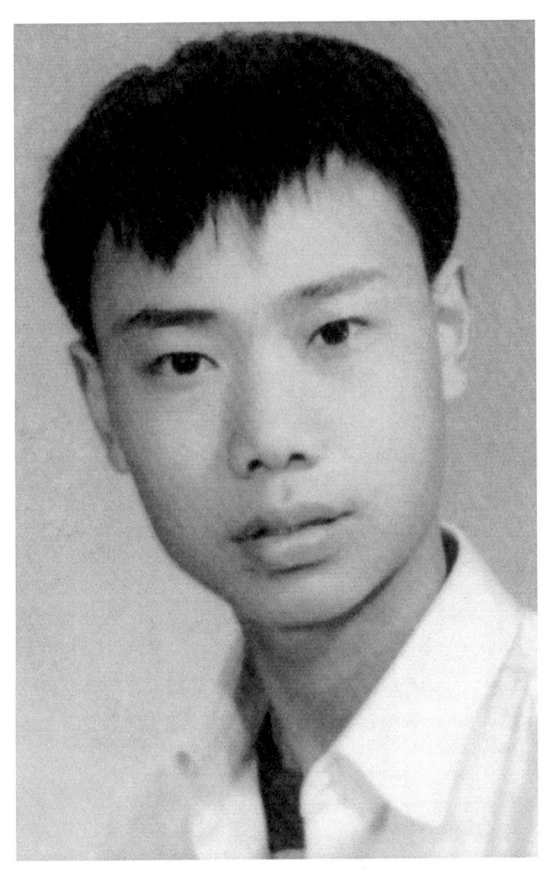

十七岁时摄于湖南长沙（1971 年）

博士学位照（1996年）

摄于长沙家中（2004 年）

与家人摄于湖南涟源（2000 年）

与夫人梁纯摄于福州(2017年)

与娄底师专同学合影（1981 年）

与导师黄寿祺先生摄于兰州(1986年)

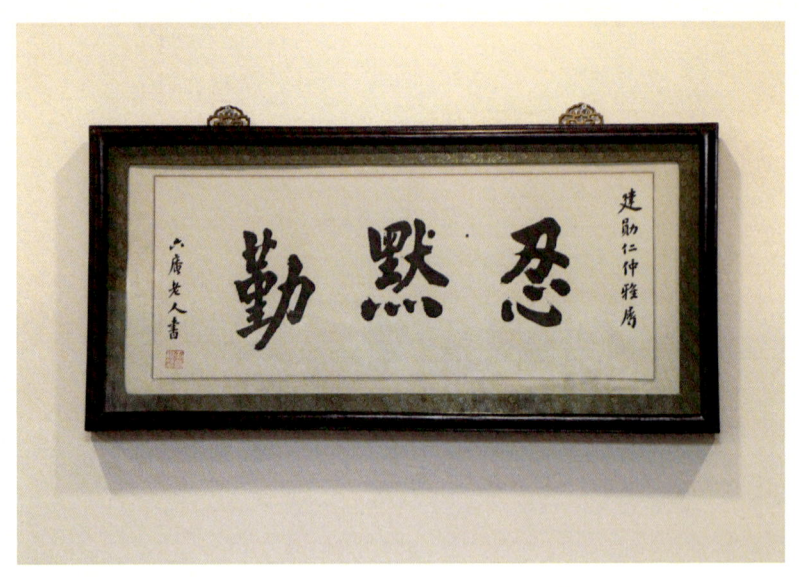

黄寿祺先生书"忍默勤"横幅

与导师聂石樵、邓魁英先生摄于北京师范大学（1996年）

与博士学位论文答辩委员合影（1996年）

左起：郭建勋、聂石樵、张俊、褚斌杰、韩兆琦、陆永品、邓魁英

北京师范大学中文系1996届部分博士与导师合影（1996年）

前排左起：启　功、钟敬文

后排左起：李建设、赵炎秋、郭建勋、肖同庆、谭桂林

摄于四川江油全国第二届赋学研讨会（1989年10月）
左起：伏俊琏、马积高、赵逵夫、郭建勋

摄于湖南岳阳首届国际屈原学术讨论会（1991年6月）

前排左起：曹大中、周秉钧、马积高

后排左起：叶幼明、王大年、郭建勋

摄于江苏南京第四届国际辞赋学学术研讨会（1998年10月）
左起：伏俊琏、简宗梧、郭建勋

摄于山西晋城先秦文化与中国历代文学研讨会(2004年4月)

左起:张新科、方 铭、郭建勋

与 2000 届研究生摄于湖南师范大学文学院（2000 年）

左起：陈冠梅、郭建勋、梁　纯、玄桂芬

与 2003 届研究生摄于湖南大学吹香亭（2003 年）

左起：李 艳、杨 赛、郭建勋、宋志民、白 崇

与部分研究生合影（2012 年）

前排左起：向 勤、陈镜天、郭建勋、梁 纯、史贝贝

后排左起：方 莉、王虹丹、马思清、孙 磊、刘 婷、倪宏达、刘 祥、梁 梦、张多姣

与部分研究生合影（2016年）

前排左起：童佳路、冯 俊、梁 纯、郭建勋、仲 瑶、李 慧

后排左起：沈国飞、陈聪灵、来永花、肖 琪、夏瑞霞、张 婧、

罗 璐、张洁弘、王强锃、陈熊文、边培文

与部分研究生合影（2017年）

第一排左起：谭　立、冯　俊、陈冠梅、梁　纯、郭建勋、刘伟生、涂　鸿

第二排左起：谢　雪、杨　凌、禹　翱、邱　燕、刘　婷、李　慧、肖　琪、陈聪灵、沈国飞、来永花

第三排左起：范琼山、王强镪、边培文、陈熊文、黄可澜、陈镜天、翟新明、钟达锋

与部分研究生合影（2018年生日）

前排左起：刘　婷、张多姣、李　慧、郭建勋、梁　纯、陈冠梅、谢　雪

后排左起：边培文、邱　燕、罗　璐、夏瑞霞、仲　瑶、冯　俊、童佳路、黄可澜、陈熊文、张洁弘、钟达锋、王强锽

郭建勋教授荣休学术座谈会（2019年7月）

与古代文学教研室同仁合影（2022 年 11 月）

前排左起：唐志远、傅湘龙、牛海蓉、郭建勋、张海英、翟新明、向铁生

后排左起：黄　琪、鄢　嫣、朱泽宝、吴钦根、林　凯、王萧依

郭建勋教授部分著述书影

目　录

郭建勋教授访谈录…………………………翟新明　1

曲涧鸣泉

论以礼说《诗》的因缘、源头及相关原则……陈冠梅　23
宋玉《高唐赋》与《神女赋》赋首的结构意义……刘伟生　34
晁补之的辞赋学论略………………………杨　赛　48
属辞比事：王夫之《楚辞通释》的阐释原则与
　实践………………………………………张　伟　61
论王闿运《楚辞释》的政治化阐释及其影响……罗　璐　83
刘宋时期话语转移对文风嬗变的影响………白　崇　101
从兰台聚到东皋会：梁初京师文学场域的
　构建与冲突………………………………刘　祥　124
论南朝艳情诗女性描写的娱乐化与物化倾向
　………………………………………………陈　娜　147
论北朝诗歌中的生命意识……………………王晓芸　163
论白居易的《中隐》与"魏晋人物"生存观念之
　关联…………………………………………谭　立　169
玄学视域下的中晚唐五代"苦吟"与诗学发覆
　………………………………………………仲　瑶　185

日本平安初期汉文《重阳节神泉苑赋秋可哀》
九首初探……………………………… 邱　燕　211
论林罗山诗文对"楚辞"的接受……………… 李　慧　227
《离骚》英译史视阈下的宇文所安译文初探
……………………………………… 冯　俊　245
康达维译《文选·赋》：学术研究型深度翻译
……………………………………… 钟达锋　266
翟理斯译介苏轼考………………………… 徐　华　284
中国小说对越南文学的影响…………（越）范琼山　310
论中国当代少数民族诗歌抒情话语修辞
方式的嬗变………………………… 涂　鸿　317

桃坞烘霞

虚心涵泳　切己体察…………………… 杨　赛　333
横眉冷对千夫指,俯首甘为孺子牛
　　——夜话我的恩师郭建勋先生………… 禹　翱　337
郭师与我的两次人生选择……………… 王艳霞　343
沉朴蕴华　丰姿卓然
　　——记恩师郭建勋先生……………… 崔金英　345
贺郭师七十寿辰二首…………………… 陈　娜　349
有关郭师二三事………………………… 倪宏达　350
在"郭门"学习的日子…………………… 童佳路　356
师恩如父………………………………… 张洁弘　362
忆往昔,展未来………………………… 陈熊文　371
红叶小楼与敬爱的郭师………………… 杨　凌　374

致我最敬的老师——郭建勋先生 …………… 谢　雪　378
老师好 …………………………………………… 闫春红　381
祖国，我是你的孩子 …………………………… 张多姣　385
贺郭建勋教授荣休诗五首 ……………………………… 389
　为郭教授荣休作 ………………………………… 陈松青　389
　为郭师荣休作
　　——和陈松青教授韵 ………………………… 陈冠梅　390
　为郭老师荣休作 ………………………………… 唐志远　390
　为郭师荣休作二首 ……………………………… 向铁生　391

桐荫别径

百龄影徂　千载心在
　——为纪念恩师黄寿祺先生诞辰
　　九十周年而作 ………………………………… 郭建勋　395
温雅如玉　厚重如山
　——深切缅怀恩师聂石樵先生 ………………… 郭建勋　401
学高德博　人之师表
　——怀念恩师马积高先生 ……………………… 郭建勋　405

碧沼观鱼

郭建勋教授小传 …………………………………………… 413
郭建勋教授著述总目 …………………… 袁嘉玮　整理　415
郭建勋教授指导学位论文总目 ………… 郭子墨　整理　427

编后记 …………………………………………… 翟新明　431

郭建勋教授访谈录

翟新明

时　间：2019年4—5月两次访谈
内　容：求学、治学及教书育人等

一、取道灵山

翟新明：郭老师好，很荣幸能够采访您。可否先介绍一下您进入学术研究前的学习与工作经历？

郭建勋教授：我是湖南涟源人，父亲是中学教师，当了很多年的中学校长。我1966年小学毕业，1969年下半年初中毕业，然后进了涟源老家的蓝田水泥厂。一开始是做木模工，后来做化验工。当时参加工人夜校学英语，有一个涟源一中的英语老师给我做辅导。到1980年，我调到蓝田中学去教英语，后来考到涟源地区教师进修学院，这个学院又跟娄底师专合并，我就算娄底师专中文科毕业。那时候读了一些书，对古代文学感兴趣，朱东润的《中国历代文学作品选》除了那些篇幅较长的，我基本都背下来了。上古代文学课的老师看到我都有点发怵，担心我为难他。1983年毕业，我又回到蓝田中学，就不教英语了，改教语文，还担任过语文教研组的组长。

翟新明：您后来去福建师大跟黄寿祺先生攻读硕士学位，而且是黄先生的关门弟子。

郭建勋教授：对。在蓝田中学教书的两年中，我是一心要考研究生的。1985年有个不错的机会，娄底市委宣传部要我去，我说让我考一年，没考上我就去。结果1985年考上研究生了。那时候考研究生，好像有十几个人考，当时黄寿祺先生是想招不想招的样子，结果就我一个人上线。我英语考了45分，刚好上线，一分不多。专业课考得极难，考名词解释，什么"一介、二南、三玄、四始、五常、六义、七音、八索、九流、十翼"，这个当时还是挺难的。还考了《山鬼》。没有原文，要翻译成现代诗歌，分析它的艺术特色，这也算比较难的，落实到作品就比较难。复试的时候要用文言文写一篇自传。面试就我一个人，等于是一定会录取了。这样就进了福建师大，跟黄寿祺先生读了三年，一直到1988年。这期间先是帮他做将要出版的《周易译注》的校对，接触了《易经》的一点皮毛。读研期间比较重要的事情，一个是读诸子，上诸子课程，做了一篇作业，这篇作业在《福建师范大学学报》1987年第2期发表了，这应该是我发表的第一篇正式的学术论文。当时硕士研究生能在学报上发一篇文章是很不容易的，那时候比现在发文章更难。再后来准备写毕业论文，选题是《〈周易〉之"周"发微——论〈周易〉循环的变化观》，实际上已经写了两三万字了。没想到在系里开题没通过。那时候福建师大中文系硕士答辩通过率只有50%，没通过的话，时间就很紧。院里的理由是中文系不能做纯哲学题目，匆忙之间便改成了《"楚辞"在汉代的流传和演变》。我假期回家带了十几本书，一个多月写了三四万字，不是很长。这个文章，系里看了还可以，黄先生也觉得不错。我就把被毙掉的那篇《周易》的文章压缩了一下，投到《中国哲学史研究》发表了。发在头版头条，得了198元稿费，相当于五个月工资，在八九十年代可以买一套《汉语大词典》。这个文章发表，影响还蛮大。还有一篇，《汉人观念中的

"辞"与"赋"》,是硕士论文的一部分,发表在《文学遗产》1989年第3期,那是读研究生时候投的稿,拖了一年多才发出来。硕士研究生能发《中国哲学史研究》《文学遗产》,那时候觉得自己还是挺不错的,去北大访学也不怯场。

翟新明:您是起点高。

郭建勋教授:黄先生是名家,在学术界很有地位。他是吴检斋(承仕)和尚秉和先生的学生。尚秉和先生的《易》学堪称当时天下第一;吴检斋先生的学问也不用讲,而且是章太炎先生的嫡系传人。所以后来我考博士的时候,聂先生听说我是黄先生的学生,那就完全是另眼相看。因为当年整理吴检斋先生的遗著,北师大专门把黄先生请过去,住在小红楼。那是1983年,先生在小红楼住了几个月。

翟新明:您考研的时候为什么会选择黄寿祺先生呢?

郭建勋教授:那时候不懂嘛,觉得自己水平低,考名校考不上,考个福建师大总还是有点希望吧。那时候也不知道黄先生是著名教授,否则可能不敢报名。而且那一年只有他招先秦的研究生,完全是意外。我是在一个县城的中学教书,就想着考个不是很有名的学校,能考上就不错了。后来顺利通过答辩,面临就业问题。当时我也考虑过考博,准备报考南大程千帆先生的博士,而且也去了南大,见到了千帆先生。但我回了涟源老家一趟,小孩实在是太可怜了,所以还是选择了先工作,就去了湖南师大。因为我的硕士论文答辩主席是马积高先生,马先生觉得我还不错。当时马先生在湖南师大具有很高的威望,就让我参加试讲,讲《九辩》。1988年1月,四个人去试讲,十几个人听课,最后要了我一个。1988年7月,我正式到湖南师大工作。1988到1989年一年时间,我发了五篇论文,在那个时候是了不得的事,当时的系主任彭丙成教授在大会上表扬我,老一辈的领导看到我都说：小郭，要保重身体啊，写东西不要那么急。我当时列了一个表，写了二十个题目，准备两年内一篇一篇写完，可惜那年发生了一些很特别的事情，这宏大的计划也就未能完成，但我1989年还是评上了讲师。

翟新明： 当时您还不是讲师？

郭建勋教授： 硕士要两年才能评讲师，当时我还是助教，1989年评的讲师。后来学校要评"211工程"，鼓励教师读博。我当时已经是学校的学术梯队成员，1993年评了副教授，就去考博，考北师大。那年聂石樵先生只招一个，我主要是担心英语。最后录取线50分，我考了49分。北师大当时有个不成文的规定，老先生和著名学者可以申请破格录取，聂先生就打报告申请破格录取我，所以在北京又读了三年。1996年毕业后我还是回到了湖南师大，1997年评上了教授，还担任了文学研究所的所长。到2001年，我就到了湖南大学。那时候湖大还只有人文系，中文、新闻、政管都在一起。2002年10月，文学院正式成立，中间是我在筹备建院。最开始我做文学院常务副院长（2002年—2006年），实际上所有事情都是我在处理，教师也是我招进来的。从2003年开始，文学院慢慢形成了一支教师队伍，学科也慢慢齐全。2004年开始招古代文学的硕士，那时候还没有自己的本科生读研，2005年才有。因为没有博士研究生，所以对硕士论文抓得很紧，要求很严，前几届古代文学的硕士论文真的写得很好。2004年，现当代文学也开始招硕士，到2005年获批一级学科硕士点。2012年开始招收比较文学专业的博士生。所以我那时候做院长，又要管行政事务，又要做科研，对人的消耗太大了，从2002年一直到2014年，都是超负荷工作。我现在身体不太好，跟那时候的拼命有很大关系。

二、赋海大观

翟新明：前面了解到您的求学和工作经历，接下来想了解一下您治学的经历。您最早的学术研究是从《周易》开始的。您选择《周易》研究应该跟黄先生专治《周易》学有一定关系？

郭建勋教授：缘起就在这里。我在 1985 年入学之后不久，黄先生和张善文师兄合作的《周易译注》准备由上海古籍出版社出版。他拿稿子让我去校对。那时候还没电脑，我就背着复印件，做了大概两个月。就在这个过程中，对《周易》开始有点兴趣。后来黄先生在北京师范大学出版社出了他主编的《周易研究论文集》，我也看了一看，当时还没写文章。我第一篇论文是写《老子》和《庄子》辩证思想的课程作业，但是比较系统的研究是从《周易》开始的，因为要选毕业论文课题，就准备做《〈周易〉之"周"发微》，副标题是《论〈周易〉循环的变化观》，准备就写这篇文章，写了三万字左右，结果开题没通过。我觉得不能白写，把这篇文章改了改，投给《中国哲学史研究》，就发表了。

翟新明：您后来又出版了跟《周易》相关的两部著作，一部是三民书局 1996 年出版的《新译易经读本》，一部是广州出版社 1997 年出版的《周易译注》。

郭建勋教授：后面那个是一个小册子，没什么影响力，普及性的。

翟新明：但三民的那本还是很有影响力的。

郭建勋教授：对，那个影响比较大，在台湾影响还蛮大。

翟新明：这个书稿跟您硕士阶段的《周易》研究也是有关系的。

郭建勋教授：是有一些关系，一些观点贯彻在里面。但这个再怎么说也是个译注,不是纯学术性质的。实际上我在三民书局还出版过一本《新译尚书读本》,应该是 2005 年,是三民约的稿。不过我对《尚书》从未有过系统的研究。

翟新明: 您后来转向了辞赋研究。

郭建勋教授: 后来因为要改论文,硕士论文就改成了《"楚辞"在汉代的流传和演变》,写完以后我把其中一个部分投给了《文学遗产》,就是《汉人观念中的"辞"与"赋"》,大概是 1989 年收到录用通知,我当时已在湖南师大工作,于是把作者单位改成了湖南师大。我就这样开始做"楚辞",把方向完全改过来了。所谓"'楚辞'在汉代的流传和演变",既包括《楚辞》本身在汉代的流传,也包括骚体也就是楚辞体在汉代的演变。后来博士论文做骚体文学,也可以说是这个的延展。

翟新明: 黄先生本身也做"楚辞"研究吗?

郭建勋教授: 也做,他和他的硕士生——梅桐生师兄——出版过一个很流行的本子,叫《楚辞全译》。

翟新明: 您从《周易》转到"楚辞"研究的契机是什么呢?

郭建勋教授: 就是改硕士论文选题。

翟新明: 选择"楚辞"跟您湖南人的身份有关吗?

郭建勋教授: 应该是有一定关系的。

翟新明: 您的生日是农历五月初三,恰好在端午节前两天,跟这个应该也有很大的关联?

郭建勋教授: 那个当时都没怎么想,但跟湖南人肯定是有关的。

翟新明: 您硕士毕业后到湖南师大工作,马积高先生主编的《历代辞赋总汇》是 1991 年开始编纂的,您也参与其中。

郭建勋教授: 我的硕士论文答辩是马先生做主席,我到湖南师大跟他也有很大关系。我到湖南师大以后不久,马先生准备编《历代辞赋总汇》,把我们几个青年教师都纳入编委会,做分册的副主编,其实是通过这种方式来培养人。我那时候花了很多精力去做,主要是搜集文献,各方面的文献。记得有一个暑假,我在湖南图书馆古籍部查了整整一个月,短裤赤膊,中午关在里面不出来,确实很辛苦。我虽然是做魏晋南北朝这一部分,但是实际上搜集的资料主要是其他时段的。

翟新明: 我看到您之前回忆马先生的一篇文章,提到您1993年去北京读书,马先生还委托您收集跟辞赋相关的材料。

郭建勋教授: 对,在国家图书馆(当时名为北京图书馆),我复印了很多别集的卡片,我记得是用一个旅行包提回长沙,就是摸底。搜集卡片是在老馆,我还在新馆拍过胶卷,一张张的照片这么拍,因为不准复印。也抄过一些零碎的材料,因为觉得拍照太划不来了嘛。反正花了不少的精力。

翟新明:《历代辞赋总汇》最终在2014年由湖南文艺出版社出版了,出版也很坎坷。

郭建勋教授: 有很多不全面的地方嘛,校对也拖了很久。有资金的问题,有文献不足的问题,校对、排版的问题,非常复杂。2014年出版的时候,在贵阳开全国书博会,办《历代辞赋总汇》新书发行式,我和许结教授都去发了言,他是作为赋学会会长,我是作为编纂委员会的代表。

翟新明:《历代辞赋总汇》目前影响蛮大,但也存在一些问题。

郭建勋教授: 错误肯定不少,这是避免不了的。像《续修四库全书》里面的辞赋就没加进去,我们当时提出来加进去,但来不及了。

翟新明: 您的博士论文题目是自己选的还是聂先生建议的?

郭建勋教授：自己选的。《汉魏六朝骚体文学研究》，实际上跟硕士论文有关系，另外自己也确实想做一下，做大一点。

翟新明：1997年，湖南教育出版社出版了您的博士论文，可以说是骚体文学研究的开山之作。"骚体文学"的提出有什么契机吗？

郭建勋教授："楚辞"在后世的流变，实际上游国恩先生早就提到过，我就想做"楚辞"的后身。《楚辞》本身就这么几篇，范围太窄了，我也想拓展一下。我本来想做一部整个"楚辞体"文学的演变史，但"楚辞体"不是特别好听，不顺口，所以干脆就改叫"骚体"。

翟新明：这跟前人提出的"骚体赋"也有一定关联。

郭建勋教授：有一定关联。但不仅仅限于骚体赋，而是将整个骚体形式的作品都纳入其中。这个概念提出来，慢慢也有不少人去做这个领域的研究，也有一些硕士论文。

翟新明：您在《汉魏六朝骚体文学研究》的《后记》中提到过，"骚体与其他韵文"本来也是博士论文的一部分，但后来没有放进去。

郭建勋教授：我觉得太大了，不平衡，当时也没有精力去全部完成，就没放进博士论文里面去。所以将收集好的资料留在那里，后来加了一些材料充实，成了另外一部书，就是《楚辞与中国古代韵文》，2001年在湖南师范大学出版社出版。

翟新明：这本书在学术界的影响力也是非常大的。

郭建勋教授：应该说也还有一定影响。

翟新明：这两本书可以说是奠定了您在辞赋学界的地位。

郭建勋教授：如果看引用率，反而是《先唐辞赋研究》比较高一些。

翟新明：2004年人民出版社出版的《先唐辞赋研究》，其实是一本论文集。

郭建勋教授：对。择几个专题，把相关的、自己感觉比较有代表性的论文放进去，做一个集子。

翟新明：您在《静一学术论丛总序》里面提到2004年院里出版过一套五本的"侧陋论丛"，《先唐辞赋研究》应该就是其中之一，但好像封面、版权等信息里都没有提到"侧陋论丛"。

郭建勋教授：应该是最初有将这本书纳入这个论丛的想法，后来因为某种原因却没纳入了。大概是这样。

翟新明：2007年您又在中华书局出版了《辞赋文体研究》，也是"静一学术论丛"中的一部。

郭建勋教授：对，这是国家社科基金课题的结项成果，和陈冠梅、刘伟生合作的，他们都是课题组的成员。

翟新明：2017年3月湖南大学辞赋研究所成立，2018年10月又承办第十三届国际辞赋学学术研讨会，这是学院在辞赋学领域的新发展。您大概从2002年开始，关注到辞赋与诗歌中的女性描写，申请了两个湖南省课题——"汉魏六朝诗赋中的女性题材与性别表达"和"魏晋南北朝诗歌之女性书写研究"。为什么您会从辞赋转到女性文学研究呢？

郭建勋教授：契机是因为研究南朝辞赋，里面的女性描写很多，慢慢就转到这方面来了。也发了一些论文，比如在《文学评论》发的那篇《汉魏六朝诗歌中夫妇之情的伦理禁忌与性别表达》，还全文译成英文发在《中国文学研究前沿》。这些研究将近有十篇论文。这个领域本来想写成一本书。我现在有三部书稿是可以出版的：一是《汉魏六朝辞赋史》，已经基本写完了，三十多万字，还有一个概论没有写；二是给研究生开设的"汉魏六朝文人诗歌研究"课程讲义，这是已经大体成型了的；三是《汉魏六朝诗赋中的女性题材与性别表达》，也有十多万字的东西了。

翟新明： 还可以再出版，学生都可以帮忙校对。

郭建勋教授： 也还没有完全写好，所以有很多遗憾的事。

翟新明： 您近期的研究，从辞赋、诗赋中的女性文学又转向了海外汉学。

郭建勋教授： 这个契机就是文学院好不容易争取到的比较文学博士点。要带比较文学的博士生，没有办法，不得不向这个方向转。首先就从康达维教授那里做起。我英语不行，其他方面倒还了解一些。最早是钟达锋做的康达维的《文选·赋》英译研究，题目是我建议的，材料也帮他收集了一些，写作还是他自己，他的语言表达能力各方面还不错。冯俊也是我建议了题目——《英美〈离骚〉翻译和研究》，因为她跟我听了一些《楚辞》的课程，又是英国语言文学的硕士，适合做这方面的研究。接下来就是日本文学。李慧做林罗山，是因为在外面开会，受到日本人的启发；邱燕做日本平安时期的辞赋。

翟新明： 您总计指导了 7 个博士，有 4 个做海外辞赋学研究。

郭建勋教授： 主要是这 4 个，辞赋为主体的。其他 3 个，范琼山是做越南喃诗传，涂鸿是做中日耽美文学比较，徐华做苏轼的海外传播研究。

翟新明： 您从辞赋研究转到比较文学，还是比较顺利的。

郭建勋教授： 当然也是经过思考的，因为招了比较文学的博士生，还是要向这个方向转。院里申报这个博士点的时候就已经思考过了的，否则的话无法衔接。不过我指导的博士生还是以研究海外的辞赋为主体，与我以前的研究密切相关。

翟新明： 前面是您的学术缘起与转向。您还出版过一部长篇历史小说《赵匡胤》，最早是 2000 年在兰州大学出版社出版；后来书名变为《宋太祖》，由华夏出版社在 2007 年、2013 年两次再版。为什么会创作这样一部小说呢？

郭建勋教授：我博士毕业工作以后，有一段时间对学术极度不感兴趣，刚好兰州大学出版社那边在组稿，计划出一套历史小说。方铭教授推荐了我，他本科是兰州大学毕业的。出版社方面约我写《赵匡胤》。我以前也没写过长篇小说，就想写一写试试看。我从1996年写到1998年，中间也有个看史料的过程。好像当时策划是十本或者八本书，结果有人交稿有人没交稿，最后收到大概五六部书稿。出版社方面看了之后不满意，但觉得我那部稿子还不错，就单独把我这本出版了，其他的都没出。

翟新明：您在之前有过文学创作吗？

郭建勋教授：偶尔写过散文之类的。

翟新明：发表过吗？

郭建勋教授：没投过稿。

翟新明：为什么方铭教授会介绍您写小说呢？

郭建勋教授：朋友嘛，他觉得我们搞研究的，写这个应该也可以。后来兰州大学出版社的社长调到华夏出版社当社长，又派一个编辑跟我联系，说要出我这部书，放到他们企划的一套书里面，但是不要这么长的篇幅。我就让仲瑶帮我压缩，我再过一遍，减了几万字。到2013年重新改了一个版式再版。

翟新明：您后来还写过小说吗？

郭建勋教授：后来没再写。

翟新明：有没有创作的计划？

郭建勋教授：以前是有，想在退休以后写一个家族小说。我退休以后一般不会再做学术，因为我也就这个水平。我受的教育有很大的局限性，读了初中没读高中，大学读的专科没读本科，有严重的残缺，不像你们那样受过完整的、体系性的教育。你别说，这个东西很重要的。另外还有年龄的问题。我硕士读完已经34岁，工作几年去读博，博士读完42岁，接下来为生活奔波，为行政分心，也只能这样了。文献方面不是我的所长，理论方面又不是特别厉害，所以想做出一流的东西，说实在的，很困难。

翟新明：您认为目前国内学术界一流的学者需要哪些方面的能力？

郭建勋教授：一流的学者，总要有几个东西。要么文献做得很扎实；要么理论方面很突出，能够创新，脑子很活；要么就是有外语的训练；要么就是有很厉害的活动能力。反正要有某一方面比较突出，要有所长。但像我这种情况，各个方面都有很大的局限性，所以我说也只能是到这个地步。如果我不做院长，可能会好一点。从2002年一直到2014年，浪费的时间太多了。这十几年又是精力最旺盛的时候，80%的精力都放在行政上面。学生那里还要放一部分吧，我对学生还是比较负责的。哪还有多少时间去做自己的研究？像我前面说的这三部书，我在这些领域有些想法，也是可以拓展的，但也没有去做。真正写得好的文章，下了功夫的，我自己也清楚，就是骚体方面的那些，例如《"七"体的形成发展及其文体特征》《略论楚辞的"兮"字句》《骚体赋的界定及其在赋体文学中的地位》《楚辞与七言诗》《再论楚辞体与七言诗之关系》等等，大概有那么十几篇吧，应该比较扎实。《人大复印资料》一共复印了我17篇文章，这还是比较客观的，也是比较有代表性的。当然，我觉得还是有那么几篇被遗漏了。

翟新明：其实对于一个学者来说，有十几篇论文能够真正传世，也是非常难得的。

三、薪火相传

翟新明：前面是对您学术和创作的了解，下面再了解一下您对学生的培养。根据我们的统计,您从1997年开始培养研究生,到2016年最后一级,20年的时间,一共培养了61个硕博士,其中博士7人,湖南师大时期硕士6人,湖南大学时期硕士48人,还有1个访问学者。除了本科生,总共62个学生。听说您在湖南师大时期培养研究生是带完一届再招下一届。

郭建勋教授:我是1997年开始招研究生的。第一届是陈冠梅和玄桂芬。陈冠梅后来去南大跟莫砺锋教授读博,现在在院里任教;玄桂芬后来没做学问了,先去广州,后调北京第二外国语学院。1998年就没招了,我说要等到第一届毕业以后再招。2000年,第一届毕业,我又招了四个——白崇、杨赛、宋志民、李艳。那时候,读研的学生一般都是要求考博士的,后来慢慢就没那么强调了。白崇考上浙大,跟林家骊教授读博,现在在广东技术师范大学文学与传媒学院;杨赛去了上海师大,跟曹旭教授读博,现在在上海音乐学院,他主持国家艺术基金古谱诗词传承人才培养项目,在全国做古谱诗词创作和音乐推广,影响还蛮大。宋志民现在在长沙教育学院。

翟新明:湖南大学时期呢?

郭建勋教授:我在湖大文学院,一直有很多很别扭的事情。刚开始招收科学学位的研究生,想招多少就可以招多少的时候,我作为院长,觉得招多了太滥,便规定每个导师招研究生名额不能超过四个。所以我每年最多招四个学生,要么就是三个。再后来学校开始限制科学学位研究生的数量,我们院里的招生名额有限,弄得很被动。现在全国都是向专业学位方向走,招专业学位的研究生,科学学位的也就变少了。

翟新明:湖大文学院是2005年拿到一级学科硕士授权点,您最早是在2004年开始招收研究生。

郭建勋教授:2004年招了四个,刘伟生、罗慧、曾伟伟、荣丹。

翟新明：您在湖大打破了师大时期带完一届再招下一届的规则。

郭建勋教授：对。没有办法，整个形势在发展变化，不可能再这样做的。我在师大的时候，虽然是文学研究所的所长，但行政方面的事情我不负责，可以专心带学生。

翟新明：您在湖大培养的研究生，至少有 7 人后来继续读博，现在在各个高校任教；其他的也大多在教育机构工作。您一般是如何培养研究生呢？

郭建勋教授：培养学生，首先入学的时候就会跟他们谈一次话，告诉他们应该怎么样去读书、学习。接下来就是开一些书目，包含各个方面的，自己选择精读、泛读，每隔一个月聊一次，汇报这个月的读书情况，有些什么想法、困惑。一般都是这样的。如果正常的话，要持续一年左右。在第二个学期，就看学生对哪方面感兴趣，慢慢选定一个大的研究方向，再确定一个题目。如果学生中有哪个比较不错，就让他早点确定题目，或者给一个具体的题目让他去写，把这篇文章用一年的时间打磨出来，争取发表。一般就作为省优秀硕士论文去打磨。我带了五篇省优硕士论文。硕士论文没有国优，省优就是最高的。师大是杨赛，好像是整个文学院那一年唯一的一个。湖大这边第一个是毛锦裙，接下来是仲瑶，接下来是吴春光和陈娜。钟达锋拿了国家奖学金和校长奖学金。

翟新明：现在评省优要发表两篇 C 刊了。

郭建勋教授：在湖大，两篇 C 刊都不够，现在要有一篇重点期刊，也就是说，硕士生要发表一篇《文学评论》的论文，才有资格出校门参评。

翟新明：我之前统计过我们院古代文学硕士学位论文的总目。您指导的学生学位论文主要还是侧重于历代辞赋的文本研究,也有辞赋研究述评,以及由辞赋拓展出的其他领域,那面对跳出您专业之外的选题呢?

郭建勋教授: 当然主要还是尊重学生意愿,有些学生有自己的想法,也可以的,像孙磊就是做文论方面的。但做散文研究的就比较少。

翟新明: 其实学生选您做导师的时候,基本就确定以后会做辞赋研究这一方面。

郭建勋教授: 对,学生自然也有这个想法。

翟新明: 今年您有五个学生毕业,最后一届硕士研究生(2016级)三人,还有2014级越南籍博士范琼山和2012级博士冯俊。范琼山应该是您带的唯一的留学生博士。

郭建勋教授: 之前还有一个马思清,拿的富布赖特奖学金(2011年9月—2012年12月),是访问学者。

翟新明: 您之前提到我们院最初培养的研究生质量是很高的,但后来有所下降,这也是目前全国研究生培养的普遍现象。您觉得主要原因是什么?又应该如何改变现状?

郭建勋教授: 不是有所下降,而是下降得很厉害。原因很复杂。首先是大环境,社会就是这样的,很少有人真的是为了做学术。这是学生方面。老师方面,科研压力很大,带的研究生又多,各种类型的,在学生身上花的精力也没有那么多。如何改变,说实在的,实际上老师最要紧,应该在课程里面就涉及这些问题。我以前上研究生课,在课程内容以外,其实已经提供了很多思路、规范这些方面的知识。一门研究生课程不是那么简单的,往往需要很多年的积累。在一个课程体系里面,至少要有四五门课作为骨干课程,能够给学生带来很多方面综合性的提升;否则的话,课程体系真的是有问题的。不是我自夸,文学院古代文学里,我的两门研究生课程,真的起了很重要的作用,也就是

"楚辞研究"和"汉魏六朝文人诗歌研究"。在上课的过程中,学生可以学到很多知识,而治学方法是自然而然地在这里面体现出来的。我不搞虚的,通常也不组织讨论,因为那样的话就那么几个人得益,而更多的同学就混过去了。上课就是传统的讲授,受益面比较广。如果没有这么几门课程作为中坚,效果不好,很多同学就这么飘啊飘地飘过去了。

翟新明:关于上课,您应该是1988年就开始给学生开课,到现在有30年时间了,您的课也非常受学生欢迎。您觉得上课的秘诀是什么?怎么才能把课上好?

郭建勋教授:首先是对自己上课的内容非常熟悉,在上课的范围里要做过研究,光是拿着教材去上肯定是不行的;第二个是要有比较好的表达方式,因为要去吸引学生听,要把专业方面的研究通过学生喜欢的方式表达出来;同时思路要清晰,不要有太多的废话。

翟新明:也不要太多的延伸。

郭建勋教授:延伸倒是可以的,往往学生能够记住的、印象很深的,就是延伸的部分。但不能无限地延伸,延伸到一定地步要能及时收回来。

翟新明:您上的研究生课一直是"楚辞研究"和"汉魏六朝文人诗歌研究"这两门。

郭建勋教授:主要就是这两门。《易经》我一直没有上,就是开讲座,给全校本科生开过公选课。因为《易经》这个课,我总觉得,学生读《易经》能不能真正接受,值得思考。

翟新明:其实可以作为一门研究性课程来开设。

郭建勋教授:是,但学生程度一定要好,否则的话开不下去的。我也是想了好久,一直没开。其实也是一门很成熟的课了,我在北大、清华办的总裁班讲了好多年。但在学校开这个课,选的人很多,不过70%的学生真的就是为了要成绩,那学《易经》怎么学得下去呢?开始可能还感兴趣,后面就没兴趣了,要么就要求你讲演卦、风水之类的东西,要么就听不下去,所以一直没给研究生开这个课。另外当然跟我一直做行政也有关系,行政方面花的精力太多了。

翟新明:您上的本科生课程,除了作为核心课程的"古代文学(先唐段)",还开设过其他课程吗?

郭建勋教授:开过"中国古代文化与文学",那是泛泛的,给全校本科生开的。

翟新明:您基本就是开设比较固定的几门课。

郭建勋教授:对,没多开的。好像还给新闻学院上过一次唐宋文学。

翟新明:前面涉及您对学生的培养,还想更多了解一下您的师长对您的指导。您觉得在您的治学和工作中,对您影响比较大的有哪几位先生?

郭建勋教授:影响比较大的,首先是两位老师,还有马先生。

翟新明:他们对您的影响主要是在哪些方面呢?

郭建勋教授:影响肯定是综合性的。治学方面是马先生影响最大,因为一直跟着他做辞赋研究,时间比较长,交道也打得多,在做人、治学上受他的影响还是比较大的,路子都有点像。但是不管怎么样,我做人比马老师差远了,比黄先生、聂先生都差远了。人的性格真的是没法改的,我为人太苛刻、太严厉,不管对自己还是对他人。现在想起来对学生、对你们都有点太凶了。对同事也太苛严,文学院有的老师看见我都害怕。所以这也是个悲剧,因为不能平等地与他人交流。

翟新明:现在好一点了。

郭建勋教授：现在应该好一点了。

瞿新明：其实您遇到黄先生、聂先生和马先生的时候，已经是他们的晚年了，是性格比较平易的时候。

郭建勋教授：他们本来就性格平易。

瞿新明：每个人性格不一样，特别是您在院长这个职位上。

郭建勋教授：即使不做院长也还是苛严，就是这么一个性格，不太愿意跟人打交道，这是很大的局限。

瞿新明：黄先生给您写过"忍默勤"三个字。

郭建勋教授：是的，我写过一篇纪念黄寿祺先生的文章。那是在西安碑林，我陪他去参观，看到一块碑上面有这三个字，他就跟我说，这三个字是做人的准则，而我只做到了其中的一个字：勤。忍得不够，忍包括忍受和坚忍。默就更加做不到，好胜。那时候三十来岁，喜欢跟人争辩，绝不服输。现在想起来，何苦呢！

瞿新明：您在福建师大和北师大时，除了黄先生、聂先生之外，有没有跟哪些老先生有过交游？

郭建勋教授：有一些，不多。福建师大时跟陈祥耀、穆克宏先生，主要是上课，有时候去拜访，穆先生跟我导师住在一个小区。他们对我也是比较关注的，觉得我在学术方面是可以发展的。北师大跟启功先生、韩兆琦先生、张俊先生等，虽然多次拜访过他们，但交往也不是特别多。

瞿新明：启功先生给您上过课吗？

郭建勋教授：没有。我读博士的时候，博士专业方面的课程很少用授课的形式，但有必读的书目，要交课程作业。古代文学就我一个人，也不好上课。

瞿新明：聂先生是怎么指导您的呢？

郭建勋教授：就是不定时地去坐一坐，聊一聊，专业方面的、学界掌故方面的、为人方面的，什么都聊，范围很广。聂先生虽不上课，但在这样的交谈中讲了很多师门治学风格、寻找问题的方法、论文写作等方面的问题，聂先生还讲了许多做人的道理，受益更甚于古板的、程式化的授课。

翟新明：您博士论文答辩时有哪些先生参加呢？

郭建勋教授：褚斌杰先生做主席。我跟褚先生联系较多，也勉强算是褚门弟子吧。其他答辩老师还有费振刚教授、陆永品研究员、邓魁英教授、张俊教授、韩兆琦教授和柴剑虹编审。

翟新明：答辩主席相当于是座师。

郭建勋教授：是的，另外我也经常去他家里请教。而且褚先生长期做中国屈原学会会长，加上方铭教授的关系，自然交往多一些。

翟新明：您后来回湖南师大工作，在马先生之外，像宋祚胤、周秉钧等老先生有没有交集？

郭建勋教授：都见过。宋祚胤先生家里去过几次，因为做《周易》嘛。周秉钧先生是做古汉语，交往不多，但也去拜访过，他也知道我。

翟新明：您之前提到，在治学方法上受马先生影响最大。

郭建勋教授：应该说走辞赋这条路受马先生影响最大。方法的话，有一些。其实方法最重要的还是在硕士阶段。那时候是八十年代，读了西方的一些理论著作和国内一些前辈的研究成果，慢慢在学习和写作中形成了自己的路子。文献方面却没太注意。

翟新明：您觉得老师对您的影响主要是通过哪些形式呢？

郭建勋教授：老师的影响当然在于他们的教导和他们的著述，有时候也是无形的。比如说，我上穆克宏先生的《文心雕龙》课，写了一篇文章，说由建安时期的重质，到西晋时期的重彩，再到刘勰《文心雕龙》把质和彩结合起来,形成情质理论。穆先生看了以后表扬我,说我的思路非常清晰,能够发现问题。但是黄先生看了却不以为然,说我是先有想法,再去论证。这个影响就在那里。他说你要从材料得出结论,不能先有想法再去找材料。这篇文章明显就是这样的,确实是主观色彩很强烈,但看上去很漂亮。事实上,想要有论文出来,确实要能发现问题,但要论证得丰满,使结论成立。老师的影响有时候就是那么几句话,但给人以很大的启迪。像马先生,我记得那时候他生病了,他跟我讲到做学术的格局问题,劝我不要在骚体文学上纠结得太久,毕竟那不是文学的主流。意思就是说,你还是要做主流文学研究。骚体文学研究得再深,那也是个次要的领域。

翟新明:所以还是强调要做一流的、主流的研究。

郭建勋教授:对。

翟新明:那我们采访就到这里,谢谢老师!

原刊《天中学刊》2019 年第 4 期
翟新明:现任湖南大学文学院副教授

曲涧鸣泉

论以礼说《诗》的因缘、源头及相关原则

陈冠梅

一

清包世荣《毛诗礼征》卷首陈銮《序》提出了以礼说《诗》的源头何在的问题,该文指出:"子夏发'礼后'之说,夫子叹其'可与言《诗》'。此以礼说《诗》之所由昉也。"①

昉,起始、发端之意。"子夏"与"夫子"云云,原文见于《论语·八佾》:

> 子夏问曰:"'巧笑倩兮,美目盼兮,素以为绚兮。'何谓也?"子曰:"绘事后素。"曰:"礼后乎?"子曰:"起予者商也!始可与言《诗》已矣。"

这里"商"是子夏之名。何晏《论语集解》引马融的注解说:"倩,笑貌。盼,动目貌。绚,文貌。"马氏指出子夏引《诗》"上二句在《卫风·硕人》之二章,其下一句逸也"。何晏又引郑康成的解释说:"绘,画文也。……喻美女虽有倩盼美质,亦须礼以成之。"②绘画先有素地素质,然后可以加描绘之功("绘事")。妇女修饰容貌,先有巧笑好眉眼,再加上描绘粉黛,人就更美了。好比仁

---

① [清]包世荣《毛诗礼征》,《续修四库全书》第69册,上海古籍出版社,2002年,第98页。
② [清]阮元校刻《十三经注疏·论语注疏》,中华书局,1980年,第2466页。

德之人、仁德之事,约之以礼,其人始立,其事始成。子夏由《诗》而悟及礼,孔子进而认为"可与言《诗》",为包世荣《毛诗礼征》作序的陈銮更进而联想到《诗经》学史上以礼说《诗》的缘起(源头),这中间似乎有脉络可寻。

我们读《论语·八佾》,读前引清人关于"以礼说《诗》所由昉"的议论,反复思索,不能无疑。子夏所说"巧笑倩兮,美目盼兮,素以为绚兮",其本义实在只是关于一个妇女的美貌与修饰而已,由这三句悟及"礼后",纯粹出于一种非理性逻辑的类比方式,其类比"只能在现象事物的表面上进行,或者说仅仅是一种外在特征的类比。只要两种事物之间在某一个别方面具有相似性(如求鱼的关雎与求淑女的君子),便可将它们同化为同类现象,这样所类推出的往往不是客观性的知识,而是主观性的附会的'虚假的'知识"[①]。这种思维方式明显有别于科学的类比逻辑,不能反映事物的本质属性。总之,子夏援引的三句诗并未涉及什么礼典礼仪,其内容与礼没有任何直接联系,并且其推理有违科学逻辑,而所谓"礼后乎",也只提到一个概念非常抽象的"礼",没牵涉具体实际的礼法礼仪。因此,很显然,"以礼说《诗》之所由昉"实不在此。也就是说,由子夏与孔子这一段对话,并不能找到以礼说《诗》的源头。请重新从头寻绎:在孔子看来,子夏提到的"素以为绚兮"及其上两句诗,说的无非就是"绘事后素"的道理;经由孔子点拨,子夏领悟到"礼后"的道理(一切行事唯有成于礼、合于礼才能算最终成事);而孔子又由子夏得到进一步启发:解《诗》要注重联想,某些诗句可能与礼有联系,甚至办任何事都要注重以礼为归。总之,不管怎么样,哪怕我们把这

[①] 叶舒宪《诗经的文化阐释——中国诗歌的发生研究》,湖北人民出版社,1994年,第409页。

一段理解为孔子认识到明礼方可说《诗》,那也只是推想到这个道理,并非"以礼说《诗》"的具体实例。换言之,那只能算是产生了应该"以礼说《诗》"的感悟,或者算是有了赞成"以礼说《诗》"的意思,而并非"以礼说《诗》"的具体实践(尝试),当然更不是"以礼说《诗》"的源头。况且,《八佾》原文说的分明是由对《诗》的理解悟及"礼后"的道理,那应该说是"由《诗》悟礼"才对呢。

二

然而《诗经》学史上确实存在过"以礼说《诗》"的大量实例,这与《易》学史上"以礼说《易》"的实例大量存在一样。① 首先,把《论语·八佾》记载的孔子与学生子夏那一段对话当作"以礼说《诗》之所由昉"固然已经上文批驳,然而孔子"以礼说《诗》"的实例也是可以找到的。还是在《论语·八佾》那一篇,记录了如下一件事情:

> 三家者以《雍》彻。子曰:"'相维辟公,天子穆穆',奚取于三家之堂?"

何晏《集解》引马融的话说:"三家,谓仲孙、叔孙、季孙。《雍》,《周颂·臣工》篇名。天子祭于宗庙,歌之以彻祭。今三家亦作此乐。"② "相维辟公,天子穆穆"是《诗经·周颂·臣工之什》中《雍》那一篇中间的两句,充分表明了《雍》是天子所用之乐。仲孙、叔孙、季孙三家在宗庙举行祭祀大典,居然在彻祭的时候也演奏《雍》,那不分明是僭用周天子的礼乐吗?孔子发出"奚取于

---

① 参[清]张惠言《虞氏易礼》,《续修四库全书》第 26 册,第 601—626 页。
② [清]阮元校刻《十三经注疏·论语注疏》,第 2465 页。

三家之堂"的质问,也就基本完成了以礼解说《雍》诗的工作,因为原诗的性质和用途已经由他的质问和盘托出了。何晏《集解》于此引包咸的说法:"今三家但家臣而已,何取此义而作之于堂邪?"①从维护天子礼乐的立场出发,孔子对当时新兴势力的代表三家之悖礼显然取讥笑斥责的态度,②他不赞成"三家者以《雍》彻",正如不肯容忍季氏"八佾舞于庭""旅于泰山"一样。

当然,和子夏"礼后"之论一样,我们也可以说,这个案例与其说是"以礼说《诗》",毋宁说是"以《诗》证礼"。但两个案例毕竟还有很大的区别:所谓"以《雍》彻"云云,指涉的已经是具体的礼仪礼法;而孔子的推断,完全符合理性逻辑;最重要的是,《雍》诗本身确实是以礼为内容的,它是诗与礼的合一。因此,我们不妨将此段视作"《诗》礼互证"的典型范例。

此外,近年广为流布的《孔子诗论》说:"《大田》之卒章,知言而有礼。"又说:"《清庙》,……敬宗庙之礼,以为其本。"③原文过简。《大田》卒章说:"来方禋祀,以其骍黑,与其黍稷。以享以祀,以介景福。"其为享祀之礼是很明白的。《清庙》诗曰:"於穆清庙,肃雍显相。济济多士,秉文之德。对越在天,骏奔走在庙。不显不承,无射于人斯。"《毛诗序》云:"《清庙》,祀文王也。周公既成洛邑,朝诸侯,率以祀文王焉。"与《孔子诗论》关于《清庙》"敬宗庙之礼"的论断可说一致。应该承认,《孔子诗论》关于《大田》《清庙》的说明,只是指出了理解原诗的途径或方向,然而,不管怎样,我们可以据此大体断定,孔子的用意在于"以礼说《诗》",并且他这两处的论断是符合事实与事理逻辑的。

---

① [清]阮元校刻《十三经注疏·论语注疏》,第 2466 页。
② 参《论语》邢昺疏。
③ 李学勤《〈诗论〉分章释文》,见姜广辉主编《经学今诠三编》,辽宁教育出版社,2002 年。下引《孔子诗论》出处同此。

三

但是,孔子关于《雍》诗的见解不能算是"以礼说《诗》之所由昉",他对理解《大田》与《清庙》所作的指示也非"以礼说《诗》"的源头。理由很简单,因为孔子不是最早的以礼说《诗》者。

据《春秋》内、外传记载,孔子出生之前,早已有人用"以礼说《诗》"的方法发表过明确意见。《左传·文公四年》中有记载:

> 卫宁武子来聘。公与之宴,为赋《湛露》及《彤弓》。不辞,又不答赋。使行人私焉。对曰:"臣以为肄业及之也。昔诸侯朝正于王,王宴乐之,于是乎赋《湛露》,则天子当阳,诸侯用命也。诸侯敌王所忾,而献其功,王于是乎赐之彤弓一、彤矢百、玈弓[十、玈]矢千,以觉报宴。今陪臣来继旧好,君辱贶之,其敢干大礼以自取戾?"

卫国的宁武子奉命出使鲁国,鲁文公在招待宁武子的宴会上赋《湛露》与《彤弓》两诗,宁武子自知身份不合,没有任何表示。杜预注:"肄,习也。鲁人失所赋,宁武子佯不知,此其愚不可及。"孔颖达等人疏:"臣以为工人自习诗业以及此篇,非谓歌之以为己也。"《湛露》《彤弓》两诗都是天子在接受诸侯朝正或献功的时候用的——"诸侯朝正于王","诸侯敌王所忾,而献其功"。其时非行上述大礼不可。宁武子自知身为诸侯之下的臣属,不应接受高于陪臣而等同于诸侯的礼遇,所以他干脆置之不理,假装不知鲁人歌此二诗的用意。其实,依照古贤(包括宁武子)的理解,鲁文公"为赋《湛露》及《彤弓》"的越礼行为,不仅将作为客人的宁武子置于尴尬境地,并且也使自己僭用了天子之礼。宁武子解说《湛露》《彤弓》两诗的鲁文公四年(前624),在孔子诞生(鲁襄公二十一年,前552)之前七十多年。

遍考《左传》,比文公四年略早而又称得上"以礼说《诗》"的事情,还有发生在文公三年和僖公二十三年(前637)的两例,其原文如下:

> 公子赋《河水》①。公赋《六月》。赵衰曰:"重耳拜赐!"公子降,拜,稽首,公降一级而辞焉。衰曰:"君称所以佐天子者命重耳,重耳敢不拜?"(《左传·僖公二十三年》)

> 公如晋,及晋侯盟。晋侯飨公,赋《菁菁者莪》。庄叔以公降,拜,曰:"小国受命于大国,敢不慎仪?君贶之以大礼,何乐如之?抑小国之乐,大国之惠也。"晋侯降,辞。登,成拜。公赋《嘉乐》。(《左传·文公三年》)

考察赋诗者与听诗者是否失礼时,务必要注意双方身份,注意选用的诗是否与双方身份相符,这就必须准确理解所赋诗的原意或当时公认的一般含义。如果用错了诗,或者听了人家赋诗而有失礼的表示,那肯定是因为对原诗理解有误,或者不懂礼仪。据上引文公三年、僖公二十三年《左传》可以判断:赋诗者与听诗者对《河水》《六月》《菁菁者莪》《嘉乐》的理解在当时看来都是比较合宜的,也大体符合诗的原意,能为对方所接受。"拜赐""慎仪"云云,显然涉及礼仪礼则。

又,《左传·襄公四年》记鲁"穆叔如晋,报知武子之聘",穆叔以礼解说《文王》《鹿鸣》《四牡》《皇皇者华》诸作,其时也在孔子诞生之前。总之,《左传》记载足以证明:"以礼说《诗》"的源头在孔子出生之前;待到孔子"以礼说《诗》"时,那"以礼说《诗》"的风气应已盛行至少一个世纪。据《左传·襄公二十九年》记载,

---

① 《诗经》中没有标题为《河水》的诗篇,"河"当为"沔"字之误。下文《河水》之"河"同此。

季札到鲁国观乐之时,《诗》的篇目编次已与后世流传的版本基本相同,而其时孔子还只是一个八九岁的儿童。早在孔子诞生之前,已经出现了不少赋《诗》言志、以礼说《诗》的专家。由这些情况可以基本推断,"以礼说《诗》之所由昉"不应该也不可能从《论语》或孔子其他的言论中找到或推知。如果一定要寻找"以礼说《诗》"主张与实践的源头,最好的办法恐怕是到《诗》三百篇本身中去寻找。《诗·小雅·十月之交》说:"抑此皇父,岂曰不时?……曰予不戕,礼则然矣。""皇父"的理由是什么呢?他的理由不是别的,就是"礼则然矣",礼就是这样的。可见《诗》中反映的某些情况,只有礼才能解释,"以礼说《诗》"是解读某些诗篇的必由之路。

四

文学作品的源泉是社会生活。《诗经》不可能不反映周礼,因为唯有周礼才是周代各阶层社会生活各个方面的准则所在。对《诗经》中反映周礼的作品,如果回避相关礼制、礼仪与礼义精神,那是很难或者根本无法说清楚的,因而,我们应该适当地(相应地)"以礼说《诗》"。清代及其以前的《诗经》学者,没有谁能够做到根本不"以礼说《诗》"。少数学者提出过反对"以礼说《诗》"的主张,但他们实际上没有谁能否认《诗经》中大量作品与礼制礼义关系密切。民国以后,反对"以礼说《诗》"的论调曾几度甚嚣尘上,但都不免与前人一样步入歧途,不但模糊了我国作为礼义之邦的历史,而且对作品的真正内涵说不清道不明。

如果尊重中华民族礼义之邦的历史,尊重学术传统,就应该承认《诗经》学史上出现过一代又一代"以礼说《诗》"的大家,譬如孔子、荀子、子夏、毛亨、韩婴、郑玄、皇侃、孔颖达、欧阳修、王安石、朱熹、何楷、王夫之、戴震、陈启源、陈奂、马瑞辰、包世荣、王先谦、王闿运、闻一多等等，他们或以礼制礼义说《诗》，或以礼仪礼俗说《诗》，各有各的造诣和成就，但也不免各有各的疏失或缺陷。

特别是本文开头即提到的包世荣，他在清嘉道年间所撰《毛诗礼征》一书，其用意在于将《诗经》中与礼制礼典有牵连的每一诗篇，甚至凡与礼义礼仪有关系的每一句诗，都落实到礼上去，用力不可谓不勤，用心不可谓不苦。而其疏失之处，主要在于不免附会牵强，过分信赖毛诗小序，因而其"礼征"不尽可信。譬如《周颂·昊天有成命》的主旨，包氏用毛诗小序说，认为此诗内容为"郊祀天地"①，其实诗本文说的是成王祀文、武二后，也该算是大典，但与"郊祀天地"毕竟有区别，因此可说无一语涉及"郊祀天地"大典，《诗序》的说法实不可信。又如《秦风·权舆》"於我乎每食四簋"句，如果用包氏所谓公食大夫礼来解释，是否准确呢？凭什么说此诗一定与公食大夫礼有关呢？又如对《小雅·四牡》的解释，包氏引用毛传说："文王率诸侯抚叛国而朝聘乎纣，故周公作乐以歌文王之道，为后世法。"②其实《四牡》诗意与周文王的朝聘之礼并无必然联系，其主题应是为王事奔波的人(可能是使臣)怀归思亲，抒发勤于王事而不得赡养父母的痛苦。原作意思很明白，何必非附会礼义不可呢？

这就涉及"以礼解《诗》"的原则问题了。用一句通俗的话来说，"以礼解《诗》"的根本原则只能有一个，那就是实事求是："实事"就是诗文的实际内容及其与当时礼的实际关系，就是这种关系的程度，是形式的表面的联系，还是多方面的因果的联系；

---

① ［清］包世荣《毛诗礼征》，第 111 页。
② ［清］包世荣《毛诗礼征》，第 187 页。

"求"就是进行扎实的研究;"是"就是诗文与礼二者之间联系的规律性,包括各种表现方式及其特色。

欲实事求是地"以礼解《诗》",当然需具备一些前提条件和一定的基础。试问:如果对《诗经》时代的礼制毫不知情,如果不能辨识《诗经》的文本与文学意义(主要指原作字、词、句的本义),如何能够判断诗文的实际内容与当时的礼有无关系?又怎么能够认识这种关系的紧密程度?那还谈得上更进一步对两者之间联系的规律性作研究吗?

《左传·襄公二十七年》记载:"叔孙与庆封食,不敬。为赋《相鼠》,亦不知也。"按:《诗·相鼠》明言"礼""仪",而自齐国来聘的庆封竟不知所云何意,此类人物当然不懂得"以礼说《诗》"。

还是《左传·襄公二十七年》,记郑伯享赵孟而使七子赋《诗》言志,其中有如下文字:

> 伯有赋《鹑之贲贲》,赵孟曰:"床笫之言不逾阈,况在野乎?非使人之所得闻也。"

后来另有人评论伯有之赋说:"伯有将为戮矣。诗以言志,志诬其上而公怨之,以为宾荣,其能久乎?"伯有赋《诗》失礼是很显然的,以他对《诗·鹑之贲贲》的理解程度,亦不可与言"以礼说《诗》"。

两三千年来,误解《诗经》第一篇《关雎》的人太多太多。《孔子诗论》说:"《关雎》以色喻于礼,……以钟鼓之乐□□□之好,反内于礼。"①言下之意,认为《关雎》与礼有关系。《毛诗大序》曰:"《关雎》,后妃之德也。……所以风天下而正夫妇也。"后来说《关雎》者,直到20世纪清亡,大多用《毛诗大序》与毛传之说。而五四运动以来,学界思想解放,解《关雎》者大多不信旧说,然

---

① 据李学勤先生为《孔子诗论》所作释文,"□□□之"为原简阙文,"之"字据文例而补。

而奇怪的是,他们往往认为诗中"琴瑟友之""钟鼓乐之"两句与迎娶新娘的礼仪有关,因而将《关雎》说成迎亲之诗,这不就是现代的"以礼说《诗》"吗?但实际上,《关雎》与古礼并无关系,其主题只是"君子"求"淑女",追求而已,与亲迎之礼根本无关。古代确实有亲迎之礼,然而司马氏晋朝南渡之前,不闻婚礼用乐,特别是上层社会的婚礼,至唐代始用乐。① 这是中国古代礼制研究的结论之一。以《诗》证礼,《大雅·韩奕》颇能说明这个问题:"韩侯取妻,……韩侯迎止,于蹶之里。百两彭彭,八鸾锵锵,不显其光。诸娣从之,祁祁如云。韩侯顾之,烂其盈门。"这里反映亲迎之礼,毫无可疑。亲迎用车马,有"诸娣从之",可是有用乐的场面吗?没有!② 《礼记·郊特牲》十分明确地说:"昏礼不用乐,幽阴之义也。"所以,说《关雎》中的钟鼓琴瑟用于婚礼亲迎,毫无根据。至于《孔子诗论》的观点,应该只是说诗中"琴瑟友之""钟鼓乐之"表达了"君子"对"淑女"的友好或喜欢,其实也并未提到亲迎之礼。像笔者这样,以古代礼制的实际情形来否定某种似是而非的"以礼说《诗》",应当也可视作一种"以礼说《诗》"的方式吧。

五

综合上文大意,可以最终归纳如下四条:一、"以礼说《诗》之所由昉",不应到《论语》或孔子其他言论中去找,而是在孔子之前。二、"以礼说《诗》"的因缘、源头在于《诗经》反映周礼的客观实际,《诗经》作者以诗说礼的创作实践决定了"以礼说《诗》"

---

① 参赵守俨《唐代婚姻礼俗考略》,见《文史》第三辑,中华书局,1963年。
② 《小雅·车辖》《大雅·大明》也涉及婚礼亲迎之事,都不言婚礼用乐。

的必要性。三、"以礼说《诗》"的原则是实事求是，切忌视而不见或牵强附会。四、研究者对古代礼制（周礼）的把握，对《诗经》文本与文学意义的认识（主要指对原作字、词、句本义的理解），是以礼治《诗》的基础或根本。

最后，本文还要强调一个观点："以礼说《诗》"代替不了以诗说《诗》，因为《诗》三百篇毕竟是诗，毕竟是文学。"以礼说《诗》"的根本目的，正是为了使我们更好、更恰当地理解作为诗歌的文本本身。

原刊《湖南大学学报》（社会科学版）2008年第4期
　陈冠梅：现任湖南大学马克思主义学院副教授

宋玉《高唐赋》与《神女赋》赋首的结构意义

刘伟生

总观赋史,宋玉地位,代有升降,而化骚为赋,始自宋玉,则几为定论。明人陈第云宋玉《高唐》《神女》"盖楚辞之变体,汉赋之权舆也"①。清人程廷祚说骚作于屈原,赋始乎宋玉,②并称宋玉为"赋家之圣"③。由诗而骚而赋的演变过程,既缘乎题材内容、主题意蕴的变迁,更体现在谋篇布局、藻采修辞的改制。此间种种问题,学界已不乏宏论,如许结《论宋玉赋的纯文学化倾向》④、刘刚《论宋玉赋的创作特点及其对汉散体赋的影响》⑤等,对宋玉赋的题材内容与创作形式的特点,及其对汉赋的影响都有全面而中肯的评说。从文体研究的角度而言,文章之所以成

---

① [明]陈第《屈宋古音义》卷三《题〈高唐〉》,见王云五等编《丛书集成初编》第1215册,中华书局,1985年,第247页。
② [清]程廷祚《骚赋论上》云:"或曰:骚作于屈原矣,赋何始乎?曰:宋玉。"见郭绍虞《中国历代文论选》第一册,上海古籍出版社,1979年,第145页。
③ [清]程廷祚《骚赋论中》云:"观其《高唐》《神女》《风赋》等作,可谓穷造化之精神,尽万类之变态,瑰丽窈冥,无可端倪,其赋家之圣乎?"见郭绍虞《中国历代文论选》第一册,第145—146页。
④ 许结《论宋玉赋的纯文学化倾向》,《阴山学刊》(社会科学版)1996年第1期。
⑤ 刘刚《论宋玉赋的创作特点及其对汉散体赋的影响》,《沈阳师范大学学报》(社会科学版)2008年第6期。

体的关键在于其主体性的结构形式。本文关注的是散体赋问答结构中"述客主以首引"的开篇文字,因为探究它的由来、特点与功能,既关乎赋体形制的根本,也有利于深入了解宋玉在赋史上的贡献。

一、关于"赋序"与"赋首"的争议

赋论史上曾有过关于赋序与赋首的争议。这一争议是由《文选》收宋玉《高唐赋》《神女赋》《登徒子好色赋》及傅毅《舞赋》,并将赋中"玉曰唯唯"以前部分标明为序引起的。争议的实质是这些赋前的文字究竟算不算序。持否定态度的有苏轼、王观国、王芑孙、浦铣、章学诚等。这五家观点大同小异,其中王观国、浦铣、章学诚三人明显受率先发难的苏轼影响。综合五家观点,可以得出这样几层意思:一是宋玉《高唐赋》《神女赋》《登徒子好色赋》及傅毅《舞赋》中"玉曰唯唯"以前部分是赋而不是序,《文选》将其标为序是错误而可笑的。二是如果这种问答论难的"唯唯"之文可以称为序的话,司马相如《子虚赋》与扬雄《长杨赋》前面的部分也应该称为序,可《文选》没标。① 三是赋的问答发端不能称为序。四是古赋有散起之例,但不是真序,真正的自序始于东汉。持肯定态度的有何焯、姜书阁、叶幼明、黄水云、何新文等。这五家的共同之处是肯定宋玉《高唐赋》等"玉曰唯唯"以前部分是序,主要根据是刘勰关于赋的结构理论,萧统与刘勰同时,他的做法与刘勰的观点是一致的。姜书阁先生甚至说问答发端不是赋的正文,"唯唯"之后才是赋的正文。

---

① 《长杨赋》标序是因为赋的正文前另有一段介绍背景的文字。

仔细看了两方的十家观点以后,①我们会发现他们之间根本不是对立的双方,根本不能构成争议。因为他们所使用的"序"的概念不是同一的,一方指的是作品之外的文字,是"辞赋基本体式之外的一种外加形式"②,而另一方则指作品内部用以"引出作赋情由意旨"的问答开头。这样的争论自然无所谓对错,也不会有结果。

造成这种表面热闹实际上不会有结果的假争议的原因,一在于赋体结构的特殊性,二在于萧统标序的混同性,三在于学者立言的随意性。赋是韵散结合的文体,而备受关注的散体大赋又往往采用"散—韵—散"的三段式结构,并多以问答的方式引出足以体现赋的铺陈特征的主体部分,所以刘勰归结出了"序—本部—乱"的大赋结构模式,这种结构模式并不适用于所有的赋作,但它客观存在并具有独特的意义,况且"序"字本有的"叙述""引起"的含义,用以概括问答体的赋首也不为过。萧统与刘勰同时,以这种观念来标明赋序当然也无可非议,但他也应该看到,赋体首部的这种序毕竟不同于赋前独立的序,因此要对这种序加以区别,并将这一标准贯彻到底。后来的学者们当然有理由指责《文选》在处理赋序问题上的含混性,但在批评与立论的时候要抓住分歧的关键,而不能随意褒贬,以逞一时之快。解决这一争议的办法就是正名循实,将这两种赋序明确加以界定与区分。

二、内序、外序的区分及内序的结构功能

这种区分的工作,上文提到的学者们实际上已经做过,只是

---

① 详见刘伟生《〈历代赋汇〉赋序研究》,湖南大学2006年硕士学位论文。
② 曹明纲《赋学概论》,上海古籍出版社,1998年,第74页。

没有给这两种赋序加上恰当的名号并自觉运用于有关赋序的批评。叶幼明先生的《辞赋通论》将赋序分为三种,其中就包括我们所讲的赋前外加之序与问答赋首之序,不过他将这两者与另外的一种序(相当于史辞序与选家序的他作序)相提并论,反而造成逻辑的混乱,淡化了这种有意的区分。姜书阁先生在更早的时候就意识到了这两种序的不同,并在其《汉赋通义》与《骈文史论》中多次提到。如其《骈文史论》说:

> 他的《两都赋序》与刘勰《诠赋》所说的"履端于倡序","序以建言,首引情本"的序不是一回事,它不是"述客主以首引"的赋序,而是论赋的文章,也是为奏上明帝之用的。……作为《两都赋》"履端""建言","述客主以首引"情本之"序",实在"其词曰"以下的一小段。①

这段文字便以刘勰的"述客主以首引"为标准来区分赋前的序与赋首的序。成书更早的《汉赋通义》(据两书自序而非出版年)则以列举的方式提到这两种不同的赋序:

> 有的序是在正文之前由作者特地写的一篇或一段散文,以便从某个方面或某种角度来说明有关其赋本身的一些问题;有的则径在赋体正文之前段以叙述性散文说明某些有关的问题,借以引入韵文的中部正文。②

如此种种,说明这两种序的区别客观存在,学者们也做过这方面的工作,但还没有落实到位。落实的关键在于正名。从上引的一些文字可以看出,学者们在区分这两种序时都未冠以名号,多

---

① 姜书阁《骈文史论》,人民文学出版社,1986 年,第 213—214 页。
② 姜书阁《汉赋通义》,齐鲁书社,1989 年,第 293 页。

半以大段文字进行描述,或径直用刘勰"述客主以首引"之语以为区别,笔者为叙述方便也提过"赋前序"与"赋首序",但感觉还不够准确,"首"字与"前"字原本就同义,脱离了具体语境就没有多大区别了。仔细想来,不如以"内序"与"外序"加以区分为好。因为它们同属赋序,其区别在于它们与赋的位置关系及由此体现的不同体裁与功能。内、外之分不仅可以明确而简洁地将赋前外加的序与赋内"述客主以首引"的序加以区别,而且便于我们更加清楚地认识到这两种序不同的结构特征及其演变趋势,进而全面了解它们各自不同的功能,并以此为契机深入思索整个赋体复杂的体制特征与独特的表现手法。

如刘勰所言,内序最基本的功能在于"首引",在于"建言",也就是引导出赋的大段铺陈。而引导的方式往往是假设一人询问对方的见闻,以引起对方的兴趣,以便为下文各自夸耀见闻张本。从叙事学的角度来讲,这里的叙述者就好比一个聪明的导游,悄无声息地将两个争论不休的观光者引导到他们所谈论的景点里,让他们在事实面前分出胜负来。有些内序干脆就只充当"首引"的作用,就像不太热心的导游将你带到景点的门口后就不管了。即便是将辩对延伸到了赋末并最终得出了结论的赋作,其结果也毫无悬念,其情节则更为简单,因为赋的这种模式化结构告诉我们,从内序给人物设名开始就可以预知辩对的结果。要在这样的结构模式中谋求情节的生动与曲折,自然是南辕北辙,但未卜先知的好处是可以稳住读者,让他们安心地听取赋中人物的夸耀,而不用担心事情的结局。

日本学者竹田晃断定汉赋乃是由文人个体创制的中国最早的一批虚构作品,他说:"它们是由具有个性的某一特定作者有意识地设置虚构来展开故事,以表述自己的想法,可以说是名符其实的虚构文学、虚构性创作。"①汉赋(问答体)的虚构是否由有个性的作者有意设置姑且不论,但虚构情节却是实情,即便是宋玉的《高唐赋》《神女赋》,也不过是"假设其事"②(李善《文选注·〈高唐赋〉解题》)。虽然我们反复强调故事情节对于赋家与读者来说都不是至关重要的,但问答的形式终究为赋体提供了一个叙事的框架。这样的框架是极其粗略的,它的情节非常简单,结局也没有任何悬念,有的问答甚至只在内序中出现,根本就无所谓结局,但它总算为大段的铺陈提供了一个依托,使其不至过于突兀与板滞。同时,尽管这虚构的情节并不生动,大段横列的铺陈还会造成叙述过程的休止,但对于读者而言,毕竟有那么一点情节比完全没有要好,何况有些内序还兼有人物神态的叙写与景物的描绘,还有些赋作本身也有较多的问对环节,而一般来说这些赋的整体结构都有节节升高、"每况愈上"的感觉。钱锺书先生在点评《登徒子好色赋》中"天下之佳人,莫若楚国,楚国之丽者,莫若臣里,臣里之美者,莫若臣东家之子"之类拾级增高的句法时,曾以"每况愈上"命名,说它可以"避复去板",并以西方词学中"阶进"法、"造极"法类比,然后举例说明这种方法不仅限于句法,也常常用于"成章谋篇"。③ 以此观照,内序其实也有进阶铺垫之功,《高唐赋》《神女赋》以及与之结构相仿的《子虚赋》《上林赋》更是通篇"阶进"而"造极"的。总而言之,有了这样一个问答的框架,既可以使庞大的赋体变得比较稳固,也可以在长篇的铺陈中穿插一点点情节,使习惯了短章的读者也可以借此获得一点阅读的平衡。

---

① (日)竹田晃著,孙歌译《以中国小说史的眼光读汉赋》,《文学遗产》1995年第4期。
② [梁]萧统编,[唐]李善注《文选》,岳麓书社,1995年,第689页。
③ 钱锺书《管锥编》,中华书局,1979年,第870—872页。

在赋体内序模式化的结构里,人物有被符号化、文本化的趋势,但这只是问题的一方面;另一方面,任何文本中的人物都与社会历史有着天然的联系,而叙述行为的背后也总或明或暗地受到作者的隐含的支配,归根结底,在文本中虚设人物只是一种代言的机制。《神女赋》中作者宋玉用襄王的口气来叙事和抒情,实在是开先河之举。汉代开始,这种代言的机制主要通过人称的转化与人物的设名来建立。

叙事行为并非由作者直接完成,而是由叙述者来承担。叙述者在文本中的位置通常用人称来标示:第一人称用以叙述关于自身或者包括自身在内的故事,第三人称叙述的则是关于他人的故事。赋体内序假设客主以为问答的目的,在很大程度上就是要将本来可用第一人称的叙事转变为用第三人称叙事。他言体的形式较之自言体,显得更为间接理性而又自由灵活。苏瑞隆博士在分析《子虚》《上林》两赋中的虚构人物时说:"这批空幻人物创造了一种没有情感而极端理智的境界,因为他们没有血肉与个性,其本身不具备任何个人的特质,甚至可用甲乙丙丁来代替它们,而不会产生太大的差别。这种人物的组合,其目的当然不是为了塑造抒情的气氛,而是在于建造一个纯粹理性的辩论舞台。"①这一段话也言及赋中人物符号化的特征,同时强调虚设这些人物的目的在于"建造一个纯粹理性的辩论舞台"。用"纯粹理性"四字总结他言体的叙事,甚为贴切,说是为了建造辩论的舞台,则形似而神非,因为我们知道,人物辩对的过程与结果对于作者与读者而言都不重要,它只是作者与叙述者合谋的策略。这种策略让我们相信赋中人物所述都是客观而实在

---

① (美)苏瑞隆《魏晋六朝赋中戏剧型式对话的转变》,《文史哲》1995年第3期。

的,并非自吹自擂。这还只是就体物铺陈的一面而言的,他言的形式于讽谏规劝也极有好处,因为它可使劝谏变得间接而委婉。至于自由灵活,则与第三人称叙事没有视角的限制有关。

叙述者既是话语陈述行为的承担者,便要负责陈述事件和命名人物。内序的设名,既有普通的客主,也有假借的古人;既有虚构的人物,也有拟人的对问。

从功能的角度说,普通的客主之称,是人称转化的需要,可以使赋体叙述间接理性而又自由灵活。这种形式以枚乘《七发》设"吴客"与"楚太子"为发端,不过后继者并不像《七发》那样以客代己,而是倾向于以主自居,因为最终以"主"折服"客"的居多。从这个意义上讲,《七发》还不算普通客主的典范。形式最为纯粹单一的是"主人"和"客",次则有地名加"主人"和"客"的形式,如晁补之《披榛亭赋》(主人、客)、朱同《云赋》(主人、客)、班固《两都赋》(东都主人、西都宾)等。这类赋以地理类居多,受班固的影响较大。

第二类是有意的设名,多据赋的内容或作者意愿设一二字,再加"先生""公子""王孙""大夫""处士""书生""山人""文士""长者""少年"之类的称号,也有在"主人"与"客"之前加修饰词的。如司马相如《子虚赋》《上林赋》(子虚、乌有先生、亡是公)、左思《三都赋》(西蜀公子、东吴王孙、魏国先生)、王十朋《会稽风俗赋》(子真、无安先生、有君)、王由道《儒宗赋》(务博公子、从约处士、索隐先生)、杨守陈《百耐庵赋》(搢绅先生、华轩大夫、文袴公子)等等。自《子虚赋》《上林赋》之后,内序中虚拟的名号开始有意无意地体现着作者的情感倾向、渗透着人伦文化乃至政教使命。

第三类是自称为"子",包括直用第一人称"余"的。自称为"子"的赋往往有较强的自我意识,体现着较多的个人情趣。如扬雄《逐贫赋》(扬子、贫)、俞德邻《斥穷赋》(俞子、鬼)、苏轼《赤壁赋》(苏子、客)、龚相《项王亭赋》(龚子、客)、杨万里《交难赋》(杨子、客)等。

第四类是假托古人的。如田艺蘅《错言赋》(楚襄王、唐勒、景差、宋玉)、傅咸《小语赋》(楚襄王、景差、唐勒、宋玉)、傅毅《舞赋》(楚襄王、宋玉)、陈山毓《七夕赋》(楚襄王、宋玉)、谢庄《月赋》(陈王、仲宣)、陆云公《星赋》(汉武帝、司马迁、司马相如)、汪莘《月赋》(唐太宗、房玄龄)、钱文荐《蝶赋》(梁简文帝、刘孝绰)等。显然,这些假托的古人多为前代辞赋名家及赏识他们的君王。这样的设名无疑是对传统文化的体认,表达了典正雅重的诉求,也多少包含着对君臣相遇的向往与才比古人的自信。当写赋的人不断地成为被写的对象时,历史的情境就会反复地重现,文化也因此被认同并源源不断地传承下去。而实际上由于所有的过去都指向现在,这类赋便具有历史与现实的双重品格。

三、《高唐赋》《神女赋》在问答体赋内序演变史上的地位

以上主要考察了与《高唐赋》《神女赋》类似的赋首文字,也就是赋体内序的结构功能,接下来我们还可以从这种内序的由来与演变过程来看《高唐赋》《神女赋》的标杆地位。

考察内序由来的工作实际上可以辞赋与问答体两条线索展开。

就辞赋里的问对情况而言,屈原的《离骚》中就有了虚构的问答,马积高先生曾据此断定文赋成于战国。[1] 但我们也应该

---

[1] 参马积高《赋史》,上海古籍出版社,1987年,第39页。

看到,《离骚》中局部的问对被宏大的篇幅与浓烈的抒情掩盖得不能引人注目了,与以体物为主的问答赋的结构存在着很大差异。倒是《卜居》和《渔父》以问对起首,并以问答贯穿始终,使之成为全文的结构框架,不仅起着"首引"的作用,也维持着情节的继续发展,开了辞赋以问对结构全篇的先河。宋玉《风赋》与《登徒子好色赋》便与它们具有相似的结构,只不过多了一些问对的环节,可知《风》《登》两赋的结构尚非首创。但宋玉《高唐》《神女》两赋又有所不同,这两篇赋中的问对只存于赋首以担当"首引"的作用,序与"极声貌以穷文"的正文部分有着明显的分界,不像《风》《登》两赋那样模糊不清。这说明赋首问答的功能更加净化,更能体现序"建言""首引"的本质。从这个意义上讲,《高唐》《神女》两赋是赋体内序中的典范。

宋玉另有《招魂》一篇,尽管属于楚辞体,但结构上除了作为主体的招魂辞外,前有序辞,后有乱辞,且序辞已有散文化的趋势,因此有向赋体演进的迹象;而被认为是屈原所作的《大招》,就没有序辞,是纯粹的楚辞体诗歌。这也可以说明宋玉的开创之功。

辞赋内部问对的发展情况相对简单,辞赋以外问对的生成与发展就要复杂得多。单以文本方式而言,辞赋而外,《诗经》与先秦散文中都有问对形式。《诗经》如《郑风·女曰鸡鸣》《郑风·溱洧》《齐风·鸡鸣》等,全以对话构篇,生动形象而又满怀情感。《战国策》中的辩士游说之辞,更不乏"述客主以首引,极声貌以穷文"的形态;庄、孟的文章,也多用客主之体,而《庄子》中的寓言更多假设虚拟的成分。笼统地说,先秦诗文中的对话形态都可能或直接或间接地成为辞赋问对取法的对象;而相对来说,《战国策》与《庄子》和散体赋的关系更为亲密,因为它们的对话中铺陈虚夸的成分更多,客主的形式多变,对话结构的张力也更大。这是衍生出问答体赋,尤其是仅有"首引"之功的问答体赋首——内序的重要条件。

总之,像宋玉《高唐赋》《神女赋》那样比较典型的内序的产生,是先在的所有问对形式共同作用的结果。从各种问对的言说行为,到各种问对的文本形式,到普通的问答体的辞赋,再到赋首仅具"序引"之功的问答体辞赋,是一个众多行为方式与文本方式之间长期不断袭取与交互的过程。

再看《高唐赋》《神女赋》之后内序体制的纵向演变。

汉赋有内序的不多,但形态多样:贾谊《鵩鸟赋》赋首只担当"序引"的功能,但从这种人禽臆对的方式出发,可以变创出拟人的问答来。枚乘《七发》假设客主,以客代己,开创了客主问答中一类设名的形式。司马相如的《子虚赋》《上林赋》虚构人名,借以展开论辩,并以其中二人折服为结局,又为创例。扬雄《长杨赋》设"子墨客卿"与"翰林主人"对话,是《七发》客主问答与《子虚赋》《上林赋》有意设名的结合,后来赋作中多有这一设名;扬雄另有《逐贫赋》,以"扬子"与"贫"的问答构篇。傅毅《舞赋》直接假借楚襄王使宋玉赋高唐之事为背景,是假借古人以为问对的先例。班固《两都赋》是赋中体式最为完备的,前面既有内序也有外序,中间以西都宾与东都主人的两大段铺陈构成上下两篇,末尾以西都宾的折服作结,并附诗五章。这些形态多样的赋体内序不无创格,但都或多或少与宋玉赋作的结构方式存在着承传关系。

六朝多骈赋,据黄水云《六朝骈赋研究》一书所列附录统计,六朝赋中对句占近半数以上者达 504 篇。① 诚如祝尧所云,骈

---

① 详见黄水云《六朝骈赋研究》,台北文津出版社,1999 年,第 393—483 页。

赋由问答体"中间之赋"流变而来,因专主于辞并以骈偶行文,一般不须也不便用主客问对的形式。六朝也多小赋,小赋往往直抒胸臆,也不必采取主客对话形式。所以六朝赋少见内序。但篇幅较短的骈赋中用了比较别致的问答。如曹植《洛神赋》,赋前有外序,自道"感宋玉对楚王神女之事",赋首有内序,径以第一人称之"余"与"御者"对话,正是上承宋玉之赋,下启东坡之体。又如谢惠连《雪赋》,托梁孝王游园遇雪,命司马相如、枚乘等即景作赋来结构全篇;谢庄《月赋》,托曹植与王粲二人月夜游吟而立局,均以前代著名辞赋家的文学活动为背景以创造新篇。单从赋首而言,《雪赋》尚有"一面之辞",《月赋》则全为概括介绍,都与《高唐赋》《神女赋》的内序有着较大的距离,但两赋更多行动描写与抒情意味,也不乏时代所赋予的新意。

骈赋少有内序,律赋则罕见用问对者。律赋不仅没有内序,便是外序也极为少见。《历代赋汇》收明标"以……为韵"的律赋980篇,其中仅4篇有序。律赋少序自然与其体制相关。而因其为场屋之用,便无需在赋前单独立序,但却要受到命题、用韵和字数、结构等种种限制。当然反过来说,这些限制中原本就包含有创作的背景与旨意。

唐宋古文家的文赋,实际上还是从宋玉、司马相如的文赋蜕变而来的。尤其是假设问对、虚构情节的手法,多为唐宋文赋家所习用。但时代环境毕竟不同了,作家的创作也有了多样化的选择,此时期的赋体问答就变得更加自然亲切。如欧阳修《秋声赋》,虽用客主问对的形式,但"主"是作者自己,"客"是身边的童子,给人以现实的亲切感。再以人称而论,先且以"欧阳子"发端,以示郑重,过后兴致神来,便直以"余"自称。相对而言,第三人称叙事不受时空限制,但又往往不如第一人称叙事亲切自然,这便是显明的例子。较之欧阳公《秋声赋》,苏东坡的《赤壁赋》

设苏子与客泛舟于赤壁之下，便不似主仆之相隔，而以一唱一和，相知相与，同享清风明月为结体与旨归。显见主客相融，物我无间，判然有别于汉大赋主客、物我之对立。这或许是赋体文学在后来各种时兴的文体围攻下，将其艺术魅力成功转化于散文的典范之作。因为此前的问答体赋多叙古事、大事、他人之事，以代言的方式，于宏大命题中寄寓政教目的；而东坡的文赋是以个人生活中的小事来写人生哲理，以明晰的自我意识，在细致的叙述框架里贯穿着情理的抒发与景物的描写。这一对比便反映了赋体叙事功能的演变与赋家对事件参与程度的变更过程。

　　唐宋文赋的这些新变说明既有的文学形态一方面规范着文学创作，另一方面又不断地受到文学创作的冲击。所以韦勒克和沃沦说："文学的各种类别'可被视为惯性的规则，这些规则强制着作家去遵守它，反过来又为作家所强制'。"①文学实践对于文学规范的冲击是通过作家个性化的创作来实现的。唐宋的古文家讲究简易通畅，提倡"取其自然"②（曾巩《与王介甫第一书》）和"随言短长，应变作制"③（柳开《应责》），不愿勉强作文。他们独立自主的创作意识、深厚渊博的学识修养、广泛多样的文学实践改造了问答体赋及其内序，使之成为一种新的规范。

　　但随之而来的元、明赋家并没有沿着这一条道路走下去，他们又回到了复古的老路上。单以数量而论，《历代赋汇》收元、明的问答体赋一百三十余篇，是宋代的两倍以上，但体制上不见新意，行文也不如宋赋生动。也许是文学形态的强大惯性，使其在

---

① （美）勒内·韦勒克、（美）奥斯汀·沃伦著，刘象愚、邢培明、陈圣生、李哲明译《文学理论》（修订版），江苏教育出版社，2005年，第266页。
② ［宋］曾巩《曾巩集》，中华书局，1984年，第255页。
③ 曾枣庄、刘琳主编《全宋文》第三册，巴蜀书社，1989年，第663页。

难于创新的情况下还能顽强地传承下去。需要进一步说明的是，问答体赋的基本面貌又是由其主导性结构——内序所决定的。

四、结　语

现在我们明白，赋有内序与外序，宋玉《高唐赋》《神女赋》赋首文字是典型的内序，是赋体主要体式——问答体赋形成的重要标志。赋体内序奠定了赋体辩对的模式与叙事框架。虚设人物只是一种代言的机制，这种代言的机制在赋体内序中主要通过人称的转化与人物的设名来建立。赋体内序假设客主以为问答的目的，在很大程度上就是要将本来可用第一人称的叙事转变为相对客观的第三人称叙事。内序的设名，既有普通的客主，也有假借的古人；既有虚构的人物，也有拟人的对问。就纵向的演变历程而言，宋玉《高唐赋》《神女赋》是赋体内序演变史上的标杆与节点。它的产生，是先在的所有问对形式共同作用的结果。它的后面产生了形态多样的赋体内序，但都或多或少与宋玉赋作的结构方式存在着承传关系。文体的生成离不开特定的社会文化背景，一定的文体，总与特定社会文化中人们所具有的社会心理和审美习惯有着密切的联系。但文体形式也具有相对的独立性，单以形式而言，宋玉赋作尤其《高唐赋》《神女赋》，不管从横向的结构功能还是纵向的演变历程来看，都具有相当重要的意义。

原刊《文艺理论研究》2011 年第 6 期
刘伟生：现任江苏理工学院文化与旅游学院教授

晁补之的辞赋学论略

杨 赛

晁补之(1053—1110),字无咎,济州钜野人。他曾任宋神宗朝国史编修官,故称晁太史;慕陶渊明,晚年葺归来园,又号归来子。晁补之出身于学术、藏书世家,聪明强记,很小就显示出写作才能,得到王安石的称许。十七岁那年,他作《钱塘七述》拜谒时任杭州通判的苏轼。苏轼读了他的作品,就打消了写杭州风物的念头,感叹说:"吾可以阁笔矣!"晁补之于元丰二年(1079)举进士,试开封及礼部别院,皆为第一名。神宗阅其文曰:"是深于经术者,可革浮薄。"元祐中(1086—1094),晁补之自葺所作,名为《鸡肋》,取"哀而藏之"之意,但并未编定成集。直到绍兴七年(1137),其弟晁谦之才缀合他在元祐以后所作,"得者古赋、骚辞四十有三,古律诗六百三十有三,表、启、杂文、史评六百九十有三",①编定为《济北晁先生鸡肋集》七十卷。此外,陈振孙《直斋书录解题》还著录有《晁无咎词》一卷。晁补之精术数,通佛、老,其治史之作有《左氏春秋传杂论》一卷,其治《易》之作有《杜舆子师字说》,被苏东坡评为"富于言而妙于理者"②。他突出的学术成就体现在楚辞研究上。《宋史》本传称他"尤精《楚词》",论

---

① [宋]晁谦之《济北晁先生鸡肋集》后跋,《四部丛刊》影印明诗瘦阁仿宋刊本。
② [宋]苏轼《书晁无咎所作〈杜舆子师字说〉后》,见孔凡礼点校《苏轼文集》,中华书局,1986年,第 2057 页。

集屈、宋以来赋咏为《变离骚》等三书"。晁公武《郡斋读书志》载有晁补之《重编楚辞》十六卷、《续楚辞》二十卷、《变离骚》二十卷。尤袤《遂初堂书目》载其《重定楚辞》《续离骚》《变骚》三书,不著卷数。陈振孙《直斋书录解题》载其《重定楚辞》十六卷、《续楚辞》二十卷、《变离骚》二十卷。《宋史·艺文志》载其《续楚辞》二十卷、《变离骚》二十卷。宋陈造认为三书可能作于晁补之"学力既定之后"①。诸书除《重编楚辞》现存二、三卷之外②,其余早已亡佚。《济北晁先生鸡肋集》卷三十六载《离骚新序(上、中、下)》《续楚辞序》《变离骚序(上、下)》,论其编撰之由甚详。朱熹《楚辞集注》《楚辞后语》《楚辞辩证》、祝尧《古赋辩体》及《朱文公校昌黎先生集》《增广注释音辩唐柳先生集》《柳河东集》《经进东坡文集事略》诸书注中亦多有引述,我们能从中了解晁补之辞赋学的基本情况。考诸官私书录,由隋及唐,楚辞学衰微。至宋代,受时局及士人心态影响,关注楚辞的学者日益增多。据陈振孙《直斋书录解题》载,洪兴祖补注楚辞,就曾参校十四五家藏本,姚廷辉、欧阳修、孙觉、苏颂诸家都曾手批过《楚辞》。但真正对《楚辞》进行系统研究的,晁氏当推宋代第一人。

"楚辞"本指屈、宋辞作,最早以单篇流传,刘向合时贤所作,编订成书,辑为十六卷。当时,刘向奉命校经传、诸子、诗赋,不过是"条其篇目,撮其指意,录而奏之"③而已,并没有对楚辞十六篇进行认真的编次。王逸作《楚辞章句》,另于卷末加《九思》一篇,为十七卷,其编次也不得而知。到了宋代,《楚辞》的编次

---

① [宋]陈造《题〈变离骚〉》,见《江湖长翁集》卷三十一,影印文渊阁《四库全书》本。
② 据姜亮夫《楚辞书目五种》(上海古籍出版社,1993年,第27页),《重编楚辞》有晁氏待学楼刊丛书本,北京图书馆藏有二、三两册。
③ [汉]班固《汉书·艺文志》,中华书局,1962年,第1701页。

问题才引起学者们的关注。洪兴祖从吴郡林虙德祖处得古本无名氏《离骚释文》一卷,于《楚辞补注》中附录《释文》篇次为:《离骚》《九辩》《九歌》《天问》《九章》《远游》《卜居》《渔父》《招隐士》《招魂》《九怀》《七谏》《九叹》《哀时命》《惜誓》《大招》《九思》。洪氏据王逸《九章》注中有"皆解于《九辩》中"一句,而《释文》本《九辩》列于《九章》前,故推定《释文》的篇次出自旧本。陈振孙也认为《释文》本篇次按旧本,且旧本原来没有编序,洪兴祖所补王逸本编序是后人根据作家时代先后重新排定的。朱熹则推测洪兴祖《楚辞补注》编次来自陈说之。① 观洪补《楚辞》,基本上以"作者先后次序之"。但对同属屈原所作的八篇作品,洪氏却没有说明其排序根据。晁补之不满此前《楚辞》诸本的编目,作《重编楚辞》,按照自己的标准对楚辞的顺序和篇目都进行了调整:

> 今迁《远游》《九章》次《离骚经》,在《九歌》上,以原自叙其意,近《离骚经》也。而《九歌》《天问》乃原既放,揽楚祠庙鬼神之事以摅愤者,故迁于下。《卜居》《渔父》,其自叙之余意也,故又次之。《大招》古奥,疑原作,非景差辞,沉渊不返,不可如何也,故以终焉。为《楚辞》上八卷。《九辨》《招魂》皆宋玉作,或曰《九辨》原作。其声浮矣。《惜誓》弘深,亦类原辞,或以为贾谊作,盖近之。东方朔、严忌皆汉武帝廷臣,淮南小山之辞不当先朔、忌。王褒,汉宣帝时人,皆后淮南小山,至刘向最后作。故其次序如此,此皆西汉以前文也。以为楚辞下八卷。凡十六卷,因向之旧录云。②

---

① 朱熹《楚辞辩证》载:天圣十年(1032),陈说之"以为旧本篇第混并,首尾差互,乃考其人之先后,重定其篇"。见[宋]朱熹撰,蒋立甫校点《楚辞集注》,上海古籍出版社、安徽教育出版社,2001年,第168页。
② [宋]晁补之《离骚新序中》,《济北晁先生鸡肋集》卷三十六。

晁补之将十六卷楚辞分为上下两部,上部集屈原遭忧所作八卷,下部集宋玉以下作家作品八卷。上八卷按作品内容分为四大块:一是政治抒情意味较浓的《离骚》《远游》和《九章》,二是带有地方宗教色彩的《九歌》和《天问》,三是有自我解脱意味的《卜居》《渔父》,最后以"沉渊不返"的《大招》结尾。这是在中国楚辞学史上首次对屈原作品进行如此严谨的分类。如摒除作品归属上的纠葛,从内容上看,这种分类标准统一,切实可行。下八卷集屈原以外其他作家相关作品八篇:《九辩》《招魂》《惜誓》《七谏》《哀时命》《招隐士》《九怀》《九叹》。下八卷都是西汉以前的作品,却并未完全按作者先后排序。淮南王刘安于元狩元年(前122)即因谋反罪被汉武帝赐死,其家臣淮南小山应先于东方朔和严忌。晁补之认为东方朔、严忌为汉武帝廷臣,淮南小山为淮南王家臣,廷臣应在家臣之前,所以将三者按尊卑排序。这是以礼序文,与以时序文的标准不合。朱熹批评晁补之的编序为"徒能移易其篇次",一笔抹杀晁氏在《楚辞》编次上的贡献,无疑是不当的。

此前《楚辞》注本对十六篇之间关系的理解各有不同。据洪兴祖所记,《释文》本无经传之分,"一本《九歌》至《九思》下皆有'传'字"。而朱熹《楚辞辩证》却言晁补之《重编楚辞》下八卷篇目下都有"传"字,以明"非正经"之意。可见,晁氏用经和传来比拟上八卷与下八卷。《左传·隐公元年》孔颖达疏曰:"经者,常也,言事有典法可常遵用也。传者,传也,博释经意,传示后人。"据王逸章句,宋玉"闵惜其师忠而放逐,故作《九辩》以述其志;至于汉兴,刘向、王褒之徒咸悲其文,依而作词,故号为《楚词》";《惜誓》旨在"刺怀王有始而无终";《招隐士》为淮南小山之徒"闵伤屈原"之作;《七谏》是"东方朔追悯屈原,故作此辞,以述其志,所以昭忠信、矫曲朝也";《哀时命》是严忌"哀屈原受性忠贞,不遭明君,而遇暗世,斐然作辞,叹而述之"。元人祝尧说:"晁氏《续骚》、《九辩》《招魂》《大招》《惜誓》《吊屈原》《鵩赋》《哀时命》《招隐士》凡八题悉谓之传,盖原为作者,玉乃述者尔。"较之他著:洪兴祖补注《楚辞》只称《离骚》为"经";朱熹《楚辞集注》称《离骚》为"经",屈作为"离骚",屈作以外为"续离骚"。洪氏此说未指明屈作与其他作家作品之关系;朱熹"续离骚"一称来自晁补之,但又不能指明刘向所录《楚辞》与其他骚体之关系,故其《楚辞集注》篇目略显混乱。刘向为西汉人,贾谊《吊屈原赋》《鵩鸟赋》为刘向所经见而不入《楚辞》,朱氏擅自补入。更有甚者,朱氏以深切疾痛为标准,删东方朔《七谏》、王褒《九怀》、刘向《九叹》,使向辑《楚辞》面目有失,亦非谨慎之举。"深于经术"的晁补之认为王逸是东汉人,刘向所录为西汉以前作品,为禀刘向旧录,《重编楚辞》不收《九思》,而将其编入《续离骚》中。显然,晁氏的做法比朱熹更为谨严。清人毛表曰:"其《九思》一篇,晁补之以为不类前人诸作,改入《续楚辞》。而紫阳并谓《七谏》《九叹》《九怀》《九思》'平缓而不深切',尽删去之,特增贾长沙二赋。则非复旧观矣。"①

晁补之从知人论世的角度肯定了屈原的人格。他没有像王逸、刘勰那样以文论人,纠缠于屈作与《诗经》之间寻章摘句式的比较,他认为"《诗》虽亡,至原而不亡"的原因就是屈原"爱君如此,是原有力于《诗》亡之后也"(《离骚新序上》),"世是所以贤原者亦由其忠死,故其言至于今不废也"(《续楚辞序》)。洪兴祖接着指出屈原"忠臣之用心,自尽其爱君之诚耳,死生、毁誉所不顾也"。(《楚辞总论》)朱熹作《楚辞集注》,就对以上观点大加阐

---

① [清]毛表《楚辞补注跋》,见[宋]洪兴祖撰,黄灵庚点校《楚辞补注》,上海古籍出版社,2015年,第557页。

发,说屈原一切不合中庸之道的言行"皆出于忠君爱国之诚心"(《楚辞集注·序》)。从晁补之的"爱君"说到朱熹的"忠君爱国"说,宋人终于完成了对屈原精神的重构,并使之成为宋代以来中国士大夫重要的精神品格之一。

不仅如此,晁补之还从学统上论证了屈原的历史地位,其《变离骚序下》云:

> 并以其时考之,知原虽不纯乎孟、荀,于其中间,非异端也。孟子与梁惠王、齐宣王、鲁平公同时,而司马迁《史记》表问"何以利吾国",盖梁惠王之三十五年也。是岁齐宣王之七年,楚威王之四年,后七年而楚怀王始立,立三十年而原谏王无入秦,卒入秦死。襄王初年而迁原,原迁九年,无几何死矣。推而上之,去梁惠王问利国与齐宣王七年时,盖四十七年矣。而鲁平公元年则楚淮王之十五年也,若孟子见平公在其初年,则至原迁之九年,盖二十四年矣。……虽《史记》不言孟子见宣王之年,以其时考之,远者盖四十七年,近者二十四年,又其近者同时也。孟子见梁惠王乃在楚威王时,惠王曰:"叟不远千里而来。"于是称"叟",孟子已老矣。而原不及事威王,故孟子与原接,而原后于孟子。又《史记》荀卿五十"始来游学于齐",齐襄王时,荀卿最为老师。而刘向叙《荀子》云:"齐宣王时聚学士于稷下。荀卿十五始来游学,至襄王时,最为老师。"按:宣王立十九年卒,至襄王元年四十一年矣,而稷下之学乃在孟子、淳于髡时。使荀卿游学时已年五十,顾与孟子并,安得至襄王而尚存哉?故刘向云"十五始来游学而老为襄王师"是也。楚顷襄王迁屈原,原迁九年,无几何亦死矣。又五年,齐襄王始立。计屈原之死,卿尚幼也。至楚考烈王立二十五年而李园杀春申君,荀卿始废。自此推而上之,至原之死,盖五十余年

矣。故原与荀卿接，而荀卿后于原。

韩愈《原道》理儒家之学统曰："尧以是传之舜，舜以是传之禹，禹以是传之汤，汤以是传之文、武、周公，文、武、周公传之孔子，孔子传之孟轲。轲之死，不得其传焉。荀与扬也，择焉而不精，语焉而不详。"[1]晁补之续韩愈之论，博考史子，系之于诗文，认为屈原并非异端，而是处在孟子、荀子之间，为儒家学统不可断绝的重要环节。他的论证在刘安、司马迁、王逸纯以文论屈原之外开辟了另一条道路——以学统论屈原，在更深层次上回击了班固、刘勰对屈原的批驳。

自《楚辞》流传以来，历代都有祖其体式的作品问世。晁补之认识到这种体裁不同于诗。他不同意班固与刘勰依诗立义，对《离骚》进行批评，他说二人"所论必诗之正，如无《离骚》可也"（《离骚新序下》），于是"尝试自原而上，舍《三百篇》，求诸《书》《礼》《春秋》他经，如《五子之歌》《狸首之斑》"（《变离骚序上》），以探其源；又辑荀卿、宋玉以下至王令类骚之作，编为《续楚辞》《变离骚》共四十卷，收录诸家作品共一百五十六篇。这是继刘向之后，首次对后代楚辞体作品进行大规模辑录。《郡斋读书志》云："《续楚辞》二十卷，右族父吏部公编。择后世文、赋与《楚辞》类者编之。自宋玉已下至本朝王令，凡二十六人，计六十篇。各为小序，以冠其首。""《变离骚》二十卷，右族父吏部公编。公既集《续楚辞》，又择其余文、赋大意祖述《离骚》，或一言似之者为一编。其意谓原之作曰《离骚》，余皆曰《楚辞》。今《楚辞》又变，而乃始曰《变离骚》者，欲后世知其出于原也，犹服尽而系其姓于祖云。所录自楚荀卿至本朝王令，凡三十八人，通

---

[1] ［唐］韩愈《原道》，《朱文公校昌黎先生集》卷十。

九十六首。"①可见,《续楚辞》所辑六十篇,或为文、或为赋,都是与楚辞类似的作品;《变离骚》所收九十六首,则是与楚辞更为疏远一点的作品。

《续楚辞序》《变离骚序(上、下)》二序所及作家作品为:荀卿《成相》《佹诗》《礼》《知》《云》《蚕》《箴》;宋玉《高唐》《大言》《小言》《登徒子》;刘彻《瓠子之歌》;贾谊作品不详;刘向作品不详;息夫躬《绝命辞》;司马相如《子虚赋》《上林赋》《大人赋》《李夫人赋》《长门赋》;扬雄《反离骚》《广骚》《畔牢愁》《甘泉》《羽猎》;班固《幽通赋》;曹植《洛神赋》《九愁》《九咏》;王粲《登楼赋》;陆机作品不详;陆云作品不详;挚虞《思游赋》;鲍照《芜城赋》;江淹作品不详;李白《鸣皋歌》;王维作品不详;元结作品不详;顾况作品不详;刘禹锡《问大钧》;独孤及《招北客文》;柳宗元作品不详;韩愈《琴操》四首,杜牧《阿房宫赋》。

晁序云:"至于京都、山海、宫殿、鸟兽、笙箫众器指事名物之作,不专于古诗恻隐规诲,故不录。"《文选》赋有京都、宫殿、江海、鸟兽、音乐(收王褒《洞箫赋》、潘岳《笙赋》等作)诸目,可知晁氏所录梁以前作品,大多以《文选》为本。参以《文选》,则二书应录陆机《叹逝赋》《文赋》;潘岳《籍田赋》《射雉赋》《西征赋》《秋兴赋》《闲居赋》《怀旧赋》《寡妇赋》;班彪《北征赋》;班昭《东征赋》;孙绰《游天台山赋》;谢惠连《雪赋》;谢庄《月赋》;张衡《思玄赋》《归田赋》;向秀《思旧赋》;江淹《恨赋》《别赋》。朱熹作《楚辞后语》,自言"以晁氏所集录《续》《变》二书刊补定者"②,以之推考,晁氏所辑有荆轲《易水歌》,《越人歌》,项羽《垓下帐中歌》,刘邦

---

① [宋]晁公武《昭德先生郡斋读书志》卷四,《四部丛刊》影印北平故宫博物院藏宋淳祐袁州刊本。
② [宋]朱熹《楚辞后语目录》,见《楚辞集注》,第206页。

《大风歌》《鸿鹄歌》,贾谊《吊屈原赋》,刘彻《秋风辞》,刘细君《乌孙公主歌》,司马相如《哀二世赋》,班婕妤《自悼赋》,张衡《思玄赋》,蔡琰《悲愤诗》《胡笳》,陶渊明《归去来辞》,元结《引极》,王维《山中人》《望终南》《鱼山迎送神曲》,顾况《日晚歌》,韩愈《复志赋》《闵己赋》《别知赋》《讼风伯》《吊田横文》《享罗池》《琴操》(《将归操》《龟山操》《拘幽操》《残形操》),柳宗元《招海贾文》《惩咎赋》《闵生赋》《梦归赋》《吊屈原文》《吊苌弘文》《吊乐毅文》《乞巧文》《憎王孙文》,李翱《幽怀赋》,王安石《书山石辞》,苏轼《服胡麻赋》,黄庭坚《毁璧》,邢居实《秋风三叠》。朱熹序《寄蔡氏女》曰:"晁氏录其少作两赋,而独遗此。"考诸《临川先生文集》,王安石古赋四首,"少作"应为《历山赋》《思归赋》。考《柳河东集》注文,二书录柳宗元《骂尸虫文》《憎王孙文》《宥蝮蛇文》《瓶赋》《晋问》,扬雄《酒箴》。考《经进东坡文集事略》注文,二书尚录苏轼《前赤壁赋》《屈原庙赋》《秋阳赋》《中山松醪赋》。另《郡斋读书志》载,二书以王令收尾,未著篇目,殊不可考。

综上所述,《续楚辞》《变离骚》二书所收作品,先秦以荀卿、宋玉为中心,两汉以司马相如、扬雄为中心,三国六朝以潘岳为中心,唐以韩愈、柳宗元为中心,宋以苏东坡为中心。唐以前作品取格偏宽,多从《文选》;唐以后作品取法稍严,重在骚怨之情。朱熹评之曰:"凡词之如骚者已略备矣。"由于晁氏过多参照《文选》,往往偏离以体录文的原则。他说宋玉《高唐》《大言》《小言》《登徒子》诸赋靡甚,不类原作,但仅以作者为楚人而录入,这是以人录文;《子虚》《上林》《甘泉》《羽猎》《大人》《反离骚》诸篇辞虽闳阔,然"终归之于正"而录入,这是以义录文;《李夫人赋》《长门赋》"非义理之正",但因其"辞浑丽不可弃"而录入,这是以辞录文。陈振孙批评说:"《续》《变》二篇皆楚辞流派,其曰'变'者,又以其类《离骚》而少变也。新序三篇述其意甚详,然其去取之际,或有不可尽晓者。"朱熹说:"晁书新序多为义例,辨说纷挐而无所发于义理。"故裁去三分之二,删补成五十二篇,以时为序,编成《楚辞后语》。元人祝尧在晁氏三书的基础上撰成《古赋辩体》八卷,录屈原《离骚》、宋玉《九辩》、荀卿《礼》等十二篇入楚辞体,录贾谊《吊屈原赋》、司马相如《子虚赋》、扬雄《甘泉赋》等十四赋入两汉体,录王粲《登楼赋》、陆机《文赋》、潘岳《籍田赋》等十五赋入三国六朝体,录李白《大鹏赋》、韩愈《闵己赋》、柳宗元《闵生赋》等十三赋入唐体,录欧阳修《秋声赋》、苏轼《屈原庙赋》、苏辙《黄楼赋》等十四赋入宋体。祝氏所收除加入山海、鸟兽类数篇赋作外,其余大体从《续楚辞》《变离骚》中来。与之不同的是,祝氏更能剪除烦芜,增补精要,辩为五体,"欲因时代之高下而论其述作之不同"①。从所收文体来看,有赋、文、诗、操、曲、骚、问、辞、箴等。晁氏以史家眼光看文体演变,认为"诗之流至楚而为离骚,至汉而为赋,其后赋复变而为诗,又变而为杂言、长谣、问、对、铭、赞、操、引,苟类出于楚人之辞而小变者"。② 陈造曰:"归来子之于《楚》《骚》古今源流正变之意,备且尽矣。"③元人祝尧在此基础上,选取后骚、辞、文、操、歌五体,录入《古赋辩体》外集二卷,以辩辞赋之正变源流。从所选作家来看,有所谓"非愧原者",如荀卿、贾谊、扬雄、韩愈等;有所谓"愧原者",如息夫躬、柳宗元、刘禹锡等。但晁氏论人颇为通达,如论扬雄曰:"又扬雄为《反离骚》,反与变果异乎?曰《反离骚》,非反也,合也。盖原死,知原惟雄。雄怪原文过相如,至不容而死,悲其文,未尝不流涕也。以谓君子得时则大行,不得则龙蛇,遇不遇,命也,何必湛身哉?乃作书,往往摭其文而反之。虽然,非反其纯

---

① [元] 祝尧《古赋辩体目录》。
② [宋] 晁补之《离骚新序上》,见《济北晁先生鸡肋集》卷三十六。
③ [宋] 陈造《题〈变离骚〉》,见《江湖长翁文集》卷三十一。

洁不改此度也,反其不足以死而死也。则是《离骚》之义,待《反离骚》而益明。"(《变离骚序上》)晁氏虽不赞成扬雄保身之议,但能以意逆志,深窥其用心。朱熹因扬雄曾为莽大夫而讥之曰:"雄乃专为偷生苟免之计,既与原异趣矣,其文又以摹拟掇拾之故,斧凿呈露,脉理断续,其视宋、马犹不逮也。"①朱氏更多移世论人、影射时局之偏颇。

晁补之仿王逸《楚辞章句》之例,在《续楚辞》《变离骚》二书所收诸作前都置一小序,略述作者撰述之由,往往言简而意赅,显示了作者的史才与史识。如《汉书·武帝纪》载汉武帝于元封二年四月祠泰山还,"至瓠子,临决河,命从臣将军以下皆负薪塞河堤,作《瓠子之歌》"。晁补之序曰:"先是帝封禅,巡祭山川,殚财极侈,海内为之虚耗。及为此歌,乃闵然有呼神忧民、恻怛之意云。"可谓直笔写事,褒贬其中。李善注张衡《思玄赋》,言其为"汉和帝侍中",李周翰亦言:"诸常侍皆恶直丑正,危衡,故作是赋。"晁氏序曰:"《思玄赋》者,汉侍中张衡之所作也。顺帝引在帏幄,讽谕左右,尝问衡天下所疾恶者,宦官惧其毁己,皆共目之。衡乃诡对而出。犹共危衡。衡常思图身之事,以为吉凶隐伏,幽微难明,乃作《思玄赋》,以宣寄情志云。"改"和帝"为"顺帝",改"常侍"为"宦官",与《后汉书·张衡传》所载相合。晁补之对柳宗元、韩愈作品的序言尤为详赡。《惩咎赋序》总括《新唐书·柳宗元传》来说明柳宗元的写作意旨,《闵生赋序》《梦归赋序》则引用柳宗元给萧俛、许孟容的书信来深析其内容。韩愈《吊田横文》《复志赋》《别知赋》《闵己赋》《享罗池》等篇前的序文都能于新、旧《唐书》中考其本末,征引书信,以明其撰述之由。

朱熹作《楚辞后语》,自《思玄赋》《悲愤诗》至《幽怀赋》共十

---

① [宋]朱熹《楚辞后语·晁录》。

九篇都别无他序,作《朱文公校昌黎先生文集》,往往撷取晁氏所序,由此可见晁氏考订之精要。《乞巧文》《吊屈原文》的序言能考诸经史,参校前文,以释题意。如:"《乞巧文》者,柳宗元之所作也。传曰:周鼎铸倕而使吃其指,先王以见大巧之不可为也。故子贡教抱瓮者为桔槔,用力少而见功多,而抱瓮者羞之。夫鸠不能巢,拙莫比焉,而屈原乃曰:'雄鸠之鸣逝兮,吾犹恶其佻巧。'原诚伤世浇伪,固诋拙以为巧,意昔之不然者,今皆然矣,甚之也。柳宗元之作,虽亦闵时奔骛,要归诸厚,然宗元愧拙矣。"晁补之序也有品评高下之语。《长门赋序》:"此讽也,非《高唐》《洛神》之比。"《登楼赋序》:"粲诗有古风。《登楼》之作,去楚词远,又不及汉,然犹过曹植、潘岳、陆机愁咏闲居怀旧众作。盖魏之赋极此矣。"他序顾况《日晚歌》曰:"可与王维相上下。"晁补之以讽喻为准的,认为曹植赋文胜于质,"赋卑弱自植始";又以时代为度衡,认为曹植赋不及汉赋,陆机、陆云赋不及曹植赋,愈流愈远,梁文更加卑弱。晁补之的这种认识,直接影响了祝尧的赋论。祝氏《古赋辩体》论古赋之流变,由古赋而及俳赋,由俳赋而及律赋,由质趋文,渐失古赋之体。明代徐师曾作《文体明辩》、清康熙作《历代赋汇序》都袭用之,遂成赋论正宗。晁补之追讨赋作的体格源流,也颇见敏锐的洞察力。如他论《骂尸虫》《憎王孙》等取意于《离骚》,《瓶赋》衍扬雄《酒箴》之意,《晋问》取法《七发》,《招海贾文》出自《大招》,《囚山赋》反《招隐士》而言之。有些论作品风格的序言,更是情致盎然。如《引极序》:"结性耿介,有忧道闵俗之意。天宝之乱,或仕或隐,自谓与世聱牙,故其见于文字者,亦冲淡而隐约。譬古钟磬不谐于里耳,而词义幽眇,玩之悠然,若有尘外之趣云。"

晁补之《重编楚辞》《续楚辞》《变离骚》三书对辞赋学的许多问题进行了有益的探索。他充分肯定了屈原的忠君品格,并在学统上论证了屈原的正统地位，为宋代后代学者重构屈子精神导夫先路。他是辞赋史上第一个大规模辑录骚体作品的学者，所收作品纵贯先秦至宋诸代，横括赋、文、诗、操、曲、骚、问、辞、箴各体。朱熹在此基础上剪除烦芜，由粗转精，编成《楚辞后语》；祝尧在此基础上依时代品其高下，别文体辩其异同，辞赋研究格局豁然开朗。他的序文或征史传，或引书信，或析文章，深究作者撰述之由，精辩作品渊源流别，其品评之语亦博而可采。晁补之注《楚辞》，不但移易其篇次，还对王逸注中某些"浅陋非原本意"的部分"删而存之"，是继南朝宋何偃《楚辞》十一卷①删王逸注之后对王逸注的修正。稍后的洪兴祖作《楚辞补注》，全遵王注而补之。朱熹作《楚辞集注》，于增删之中抒性情，正义理，檃括成篇。较之晁、洪二人，晁补之为宋代辞赋学风的先导，洪兴祖为汉代辞赋学风在宋代的终结；较之晁、朱二人，朱熹完成了将宋代辞赋学纳入理学思想的整体构建，晁氏对以祝尧为代表的元、明后以辩体为务的辞赋学风产生了深远影响。

原刊《中国文学研究》2004 年第 3 期
杨赛：现任上海音乐学院研究员

---

① ［宋］郑樵《通志》卷六十九《艺文略七》，中华书局，1987 年。

属辞比事：王夫之《楚辞通释》的阐释原则与实践

张 伟

《楚辞通释》是明清时期楚辞学的名作。作者王夫之(1619—1692)，字而农，号姜斋，晚年屏居湖南衡阳石船山著述讲学，世称船山先生。该书《序例》落款为"岁在乙丑秋社日"①，考康熙乙丑为康熙二十四年(1685)，是年王夫之虚岁六十七岁，距离崇祯帝自缢约41年。

关于该书著述动机，郭在贻说："明清之际，注楚辞者甚多，大都借注释屈赋，寄托其故国之思。此类著述中，《楚辞通释》最负盛名。王氏自序其《九昭》说：'有明王夫之，生于屈子之乡，而遭闵戢志，有过于屈者。'可谓慨乎言之。通观全书，借注释屈赋以阐发治乱之道、抒泄家国之情者，不一而足。……可谓感慨系之。"②郭氏说王夫之释《九歌·礼魂》"于旧说外，卓然成一家言"，却未提及《楚辞通释》乃针对旧注而发。通过注释《楚辞》以阐发治乱之道、抒泄故国之思确为王夫之重要的撰述动机，③不

---

① [清]王夫之撰，杨新勋点校《楚辞通释》，上海古籍出版社，2018年，序例第3页。
② 郭在贻《楚辞要籍述评》，见《郭在贻文集》第三卷，中华书局，2002年，第550页。
③ 《楚辞通释·序例》云："既为涤雪，复缀《九昭》于卷末，匪曰能贤，时地相疑，孤心尚相仿佛。"见[清]王夫之撰，杨新勋点校《楚辞通释》，序例第2页。

过该书对于学术的追求也是不应忽视的。对此,《序例》交代得很明白。王夫之指出阐释的基本原则是"属辞比事",王逸注释《楚辞》未遵循此原则,导致文意割裂,毫无逻辑:"王叔师之释《楚辞》也异是,俄而可以为此矣,俄而可以为彼矣,……昧于斯旨,疑误千载。"①王夫之注释《楚辞》的动机之一就是纠正旧注舛误——"凡此类,交为正之"②。

《序例》又云:"《经解》曰:'属辞比事。'未有不相属而成辞者。"③王夫之指出"旧注"在言与意、时与事上多有谬误,主要原因是昧于"属辞比事"之法。汉代以来就有"依经立义"的传统,为何只有王夫之提出将"属辞比事"的方法拓展到文学批评?经学家注重阐发微言大义,某些经典注释极其冗长,对某一个字的解释可达十余万言,史学家则擅长将不同历史事件加以比较,发现其中的相通、相似之处。王夫之除精通经学外,亦精通史学,因而他能在吃透文本的基础上,对上下文的语境、对文本与文本之间的关系加以贯通,这也使得《楚辞通释》的价值高于明清时期的一般楚辞学著作。

学界关于《楚辞通释》的研究多集中在版本、撰写背景、学术成就、楚辞学理论等方面,关于王夫之将"属辞比事"作为《楚辞通释》的阐释原则,在该书中运用"属辞比事"之法进行阐释,则罕有讨论。④"属辞比事"的来源和本质是什么,王夫之为何采

---

① [清] 王夫之撰,杨新勋点校《楚辞通释》,序例第1页。
② [清] 王夫之撰,杨新勋点校《楚辞通释》,序例第1页。
③ [清] 王夫之撰,杨新勋点校《楚辞通释》,序例第1页。
④ 学界尚无关于《楚辞通释》"属辞比事"阐释原则的研究,其他相关研究有林珊《论王船山〈楚辞通释〉之逻辑性》[《福建师范大学学报》(哲学社会科学版)2011年第5期]和肖锋《属辞比事与〈春秋〉笔法》(《江海学刊》2013年第6期)。林珊指出《楚辞通释》具有逻辑性,王夫之在串通文意的过程中注重逻辑上的贯通、通畅,但尚未注意到(转下页)

用这种阐释原则,如何具体实践,是本文要解决的主要问题。

一、"属辞比事":《楚辞通释》的阐释原则

"属辞比事"最初是《春秋》之教。《礼记·经解》指出"六经"之教都有化民成俗的作用。《春秋》之教的方法和途径是"属辞比事":"属辞比事,《春秋》教也。……《春秋》之失,乱。……属辞比事而不乱,则深于《春秋》者也。"①

王夫之《礼记章句·经解》注云:"'属辞',连属字句以成文,谓善为辞命也;'比事',比合事之初终彼此以谋其得失也。记者引孔子之言而释之,言自圣人删定以后,立教之道尽于六经,为君师者以此为教,俾学者驯习而涵泳之,则变化气质以成其材之效有如此矣。……《诗》《书》《春秋》则因昔人之辞与事而备存以待学者之自择,倘立教者未察于圣人之旨而徒倚其文,使学者莫得其归趣,则其失有如此者。……'乱',谓习战争游说之术。……六经之教,皆穷理尽性,本无有失,立教者得其精意以导学者于大中至正之矩,则人皆兴起于至善而风俗完美,盖经正而庶民兴,异端曲学不得窃而乱之矣。"②肖锋指出,郑玄所指之"辞"是指诸侯朝聘会同相接之辞,"事"指罪辩之事。孔颖达认

(接上页)这种逻辑思维方法来源于《礼记·经解》。肖锋指出王夫之对《礼记·经解》中的"属辞比事"的阐释突破了汉代以来的阐释观念,范围和目的得到了进一步拓展,钱锺书将"属辞比事"拓展为文学研究的方法。而实际上最早将"属辞比事"从经学阐释方法拓展为文学研究方法的是王夫之。

① [清] 王夫之《礼记章句》,见[清] 王夫之著,船山全书编辑委员会编校《船山全书》第4册,岳麓书社,1996年,第1172—1173页。
② [清] 王夫之《礼记章句》,第1172—1173页。

为"事"为褒贬之事。但在王夫之这里,"辞"是指普遍意义上的文辞,"比事"为"比观事情之始终而考察得失,其目的指向了得失的考察而不仅限于褒贬之大义"。①

用经学方法阐释《楚辞》,王夫之并不是首例。《楚辞》不属于"五经"的范畴,但汉代统治者和贵族对《楚辞》极为偏爱。淮南王刘安作《离骚传》,其书今亡。东汉校书郎王逸在光禄大夫刘向整理的《楚辞》文本基础上进行诠释。刘勰《文心雕龙·辨骚》称:"王逸以为诗人提耳,屈原婉顺,《离骚》之文,依经立义:驷虬乘鹥,则时乘六龙;昆仑流沙,则《禹贡》敷土。"②"依经立义"表明王逸有意识地将《楚辞》阐释向经学阐释靠拢,以此提高《楚辞》的经典地位。"章句"是对经典的诠释。《楚辞章句》作为两汉时期流传下来的少数"章句"之一,采用了两汉经学诠释中的政治诠释法。柯马丁指出:"王逸《离骚》注,便采用了《毛传》处理《诗经》的同样的道德—历史框架。对《离骚》的政治性解读——诗歌本身显然也支持这种解读——也扩展到了《楚辞》中的其它作品。"③朱熹注宋景文公"《离骚》为词赋之祖,后人为之,如至方不能加矩,至圆不能过规矣"④时,指出楚人之词的阐释方法亦应以"六艺"而求之:"其寓情草木、托意男女,以极游观之适者,变《风》之流也。其叙事陈情,感今怀古,以不忘乎君臣之义者,变《雅》之类也。至于语冥婚而越礼,摅怨愤而失中,则又《风》《雅》之再变矣。其语祀神歌舞之盛,则几乎《颂》,而其变

---

① 参见肖锋《属辞比事与〈春秋〉笔法》。
② [南朝梁]刘勰著,詹锳义证《文心雕龙义证》,上海古籍出版社,1989年,第142页。
③ (美)孙康宜、(美)宇文所安主编,刘倩等译《剑桥中国文学史》上卷,生活·读书·新知三联书店,2013年,第109—110页。
④ [宋]朱熹撰,黄灵庚点校《楚辞集注》,上海古籍出版社,2015年,第8页。

也,又有甚焉。……然《诗》之兴多而比、赋少,《骚》则兴少而比、赋多。要必辨此,而后词义可寻,读者不可以不察也。"①朱熹以"六艺"之法阐释《楚辞》,采用的亦是典型的经学阐释方法。由此可知,王夫之以经学方法释《楚辞》,延续了自东汉以来以经学方法阐释《楚辞》的传统,不过,将"属辞比事"移植到《楚辞》阐释中,关注辞、事、意三者的关联,则是他的首创。

具体到《楚辞》的阐释原则,王夫之认为,阐释者(注家)的原点是"屈子之本末",包含"本事"与"本意"两方面。拟之三段论法,大前提是屈原之本末,小前提是《楚辞》之文本。把握了大前提,对《楚辞》的文本理解就有了稳固的基础。《序例》云:"《经解》曰:'属辞比事。'未有不相属而成辞者。以子属天则为元后,以下属天则为六寓,引而伸之,触类而长之,或积崇隆为泰华,或衍浩瀚为江海,叵出而不穷,必不背其属,无非是也。"②"元后"意为天子。"寓"同"宇",六宇即四方上下之意。"相属"即逻辑的一惯性。大前提、小前提与结论之间必须保持这种逻辑性。王夫之认为,文本阐释如同创世:先确定天("元后")和地(上下四方)。天、地一旦创立,山、海以及世间的一切都有了存在的基础。此后触类旁通,或为泰山、华山,或为江海,只要不违背这个逻辑的起点和连贯性,无论怎样阐释都是可以的。因而,"属辞比事"的原则既把握了阐释的边界,也承认了阐释者的自由。

在王夫之看来,阐释者的作用相当于立教者,立教者通过阐释作者的"精意"对学者进行教化,使其理解作者的原意,达到化民成俗的作用。他认为阐释的最终目的是教化。汉儒认为好的作品具有教化功能,能够提高读者的道德水平。《诗大序》云:

---

① [宋]朱熹撰,黄灵庚点校《楚辞集注》,第8—9页。
② [清]王夫之撰,杨新勋点校《楚辞通释》,序例第1页。

"故正得失,动天地,感鬼神,莫近于诗。先王以是经夫妇,成孝敬,厚人伦,美教化,移风俗。"①王夫之的观点与之大致相同,认为教化是王化之基。对于《诗经》的首章《关雎》,王夫之即从"忠"的角度来阐释:"故曰《关雎》者王化之基。圣人之为天下基,未有不以忠基者也。"②对于《楚辞》,王夫之认为王逸的阐释没有稳健的原点,没有把握"屈子之本末",对辞、事、意的解释"不相属",逻辑上不连贯,随意性很强:"舍本事以求情,谓山为窟沼,谓海为冈阜,洞崖似沼,波涛似阜,亦何不可?"③

对于旧注中存在的问题,朱熹也有过类似感慨,他自述之所以撰述《楚辞集注》,原因之一是"说者已失其趣"④。朱熹和王夫之的撰述动机之一都是试图改变以往《楚辞》注疏中关于"义理"的谬误,其中最大的谬误,就是对作者本意的曲解。

二、从意的层面看王夫之对"属辞比事"的实践

王夫之在《楚辞通释》中贯穿"属辞比事"的原则,主要体现在意、辞、事三个层面,其中"意"是阐释的原点。他强调把握作品的时、地,在涉及辞与事的解释时,强调先"熟绎篇中之旨"(《楚辞通释》卷二)。他提出"蔽屈子以一言,曰'忠'"⑤。对于屈原之"忠"的阐释,是《楚辞通释》全书的"大前提"。要让这个"大前提"能立得住,就要对屈原之"忠"进行合理的阐释,否则整

---

① [宋]朱熹集撰,赵长征点校《诗集传》,中华书局,2017年,第5页。
② [清]王夫之著,王孝鱼点校《诗广传》,中华书局,1964年,第2页。
③ [清]王夫之撰,杨新勋点校《楚辞通释》,序例第1页。
④ [宋]朱熹撰,黄灵庚点校《楚辞集注》,第4页。
⑤ [清]王夫之撰,杨新勋点校《楚辞通释》,序例第2页。

本书的逻辑就是混乱的。王夫之认为屈原的"忠"并不是简单的臣对君的职责和义务，还包含了很多的感情因素。"忠"是主基调，在此基调上，屈原的情感中杂糅了"爱""怨""愤"等复杂的心理，因此他对屈原之"忠"的定义是忠爱、忠怨、忠愤。正是由于对"意"的强调和把握，王夫之对《楚辞》的解释不仅是单纯的文学阐释，还包含了文学心理学的阐释。

以往注家对于屈原之"忠"大多是肯定的，但对于屈原之"怨"则持否定态度。班固批评屈原"露才扬己"，颜之推病其"显暴君过"。班固《离骚序》云："且君子道穷，命矣。故潜龙不见，是而无闷，《关雎》哀周道而不伤，蘧瑗持可怀之智，宁武保如愚之性，咸以全命避害，不受世患。故《大雅》曰：'既明且哲，以保其身。'斯为贵矣。今若屈原露才扬己，竞乎危国群小之间，以离谗贼。然责数怀王，怨恶椒、兰，愁神苦思，强非其人，忿怼不容，沉江而死，亦贬絜狂狷景行之士。多称昆仑，冥婚宓妃，虚无之语，皆非法度之政，经义所载。谓之兼《诗》《风》《雅》而与日月争光，过矣。"①朱熹《楚辞集注·反离骚后序》曰："班孟坚、颜之推所云，无异妾妇儿童之见。……然屈原之心，其为忠清洁白，固无待于辨论而自显。若其为行之不能无过，则亦非区区辨说所能全也。……夫屈原之忠，忠而过者也。屈原之过，过于忠者也。故论原者，论其大节，则其它可以一切置之而不问。"②在王逸以后的注家看来，屈原的"忠"是值得被肯定的，"怨"则被认为是有害的，尤其在君臣之道上，"怨"是一种被否定的情绪。王夫之则不这么认为，在他看来，无论是班固、颜之推等人对屈原的贬抑，还是朱熹对屈原"大节"的辩护，都没有真正理解屈原。

---

① ［宋］洪兴祖撰，黄灵庚点校《楚辞补注》，上海古籍出版社，2015年，第73页。
② ［宋］朱熹撰，黄灵庚点校《楚辞集注》，第217—218页。

其一,王夫之认为,屈原之"怨"与后世文人为个人之生计、为个人之前途而怨有本质的区别。小人之怨计较的是个人利益,"然如息夫躬之悁忮、孟郊之龌龊,忮人之憎矣"①。屈原与之"若圜凿方枘,必不相容"②。他明知小人乱政,国之必亡,而己不容于世,无力回天。因而屈原并非怨一己之悲,而是为社稷、为百姓而怨。《哀郢》题解云:"哀故都之弃捐,宗社之丘墟,人民之离散,顷襄之不能效死以拒秦,而亡可待也。原之被谗,盖以不欲迁都而见憎益甚,然且不自哀,而为楚之社稷、人民哀。怨悱而不伤,忠臣之极致也。"③屈原之"怨"源于其"忠",是"爱君忧国"之心的体现。《悲回风》卒章注云:"君不闵己之死而生悔悟,则虽死无益,心终不能自释。盖原爱君忧国之心,不以生死而忘,非但愤世疾邪,婷婷焉决意捐生而已。"④贾谊虽然距离屈原时代最近,但未能把握到屈原的精神实质,"然为赋以吊之,不过哀其不遇而已"⑤。班固认为"怨怼君王"是屈原之过。王夫之则认为"怨"亦是"忠"之表现。此"怨"并非悲一己之不遇,而是为君惜、为国悲,是"忠臣之极致"的表现。《惜往日》题解云:"谗人张于两世,国势将倾,故决意沉渊,而余怨不已,诚忠臣之极致也。"⑥王夫之在该篇"不毕辞而赴渊兮,惜壅君之不识"注中说:"贞臣一以君国为心,所云伊、吕、咸、羿者,惜君之不王不伯,岂以身之不遇为愤怒,如刘向诸人之所叹哉?"⑦海德格尔指出:"情绪被当作流变的体验,这些体验为'灵魂状态'的整体

---

① [清]王夫之撰,杨新勋点校《楚辞通释》,序例第 2 页。
② [清]王夫之撰,杨新勋点校《楚辞通释》,第 17 页。
③ [清]王夫之撰,杨新勋点校《楚辞通释》,第 121 页。
④ [清]王夫之撰,杨新勋点校《楚辞通释》,第 157 页。
⑤ [宋]朱熹撰,黄灵庚点校《楚辞集注》,第 217 页。
⑥ [清]王夫之撰,杨新勋点校《楚辞通释》,第 144 页。
⑦ [清]王夫之撰,杨新勋点校《楚辞通释》,第 143—144 页。

'染上色彩'。"①借用海德格尔的话说,屈原的"怨"是为"灵魂状态"(爱国忧君)整体"染上色彩",不理解他的"怨",就无法正确地阐释他的"忠"。不能正确地阐释"忠",就失去了了解"屈子之本末"的基点,也就无法对屈骚做出正确的阐释。

其二,王夫之指出,屈原之"怨"是有过程的,与楚怀王和顷襄王对他的逐步疏离有关。屈子的"忠"虽是一以贯之的,但从"忠"到"忠怨""忠愤",则反映了他的情感、思想的变化。时、地、事不同,屈子之情不同,文本的风格也随之改变。这是屈赋阐释的基点,也就是他所谓"元后""六寓"。王夫之强调阐释《楚辞》必须"属辞比事",理由即在于此。楚怀王时期,屈原虽然自疏于汉北,犹有所冀,至顷襄王时期,则决意自沉,故忠愤之情不可强抑。王夫之认为《天问》作于楚怀王时期,该文并非如王逸所言为泄愤之作,而是讽谏之作:"篇内言虽旁薄,而要归之旨,则以有道而兴,无道则丧,黩武忌谏,耽乐淫色,疑贤信奸,为废兴存亡之本。原讽谏楚王之心,于此而至。……原本权舆亭毒之枢机,以尽人事纲维之实用,规瑱之尽,辞于斯备矣,抑非徒渫愤舒愁已也。"②而《九章》作于顷襄王时期,屈原已决意自沉,题解云:"《离骚》之作,当怀王之时。怀王虽疏远原,而未加窜流之刑。其后复悔,而听之,欲追杀张仪而不果。原以王不见听,退居汉北,犹有望焉。故其辞曲折低回,虽有彭咸之志,固未有决也;言讽而隐,志疑而不激。迨顷襄狂惑,窜原于江南,绝其抒忠之路,且弃故都而迁寿春。身之终锢,国之必亡,无余望矣。决意自沉,而言之无容再隐,故《九章》之词直而激,明而无讳。"③

---

① (德)马丁·海德格尔著,陈嘉映、王庆节合译,熊伟校,陈嘉映修订《存在与时间》,生活·读书·新知三联书店,2014年,第388页。
② [清]王夫之撰,杨新勋点校《楚辞通释》,第75—76页。
③ [清]王夫之撰,杨新勋点校《楚辞通释》,第103—104页。

其三，屈原之"忠"是"忠爱"，是一种源于血缘关系的"爱"，而不是义务性的"忠"、规定性的"忠"。王夫之说："盖其忠爱之性，植根深固，超然于生死之外。虽复百计捐忘，而终不能遏。"①钱锺书认为，屈原之不能去国，主要是"眷恋宗邦"②。"眷恋"是情，"宗邦"是义。在钱锺书之前，王夫之在恩、义之外，也单独拈出了一个"情"字："而义则君臣，恩则同姓，情则成言有黄昏之期，又安能置故都于不怀耶？往复思惟，决以沉江自矢。"③

笔者认为，王夫之提出的"情"这个层面值得重视。与楚王同姓的臣子很多，为什么唯独屈原有此"孤贞"之心？王夫之认为，在"恩""义"的基础上，屈原的"忠"还融入了个人的情感，楚昭王与屈子"约黄昏以为期"，他们之间既有君臣之义，又有知遇之情。这使得屈原之"忠"虽蕴含了忠君爱国的思想，但与后世儒家对"忠"的规定不同。它不是外在的作为臣子的义务，而是源于他与两代楚王之间的血缘关系，与楚怀王个人之知遇之情，因而他的"忠"是"孤忠""孤贞""忠爱""忠孝""千古独绝之忠"。

王夫之在《思美人》题解中指出，屈原之死并非出于愤怒："忠谋章著，而顷襄不察，誓以必死，非婞婞抱愤，乃已之用舍系国之存亡，不忍见宗邦之沦没，故必死而无疑焉。其曰'指嶓冢之西隈'，微词也，抑要言也。刘向、王逸之流惟不知此，故但以不用、见逐为怨。使其然，则原亦患失之小丈夫而已，恶足与日月争光哉？"④屈原料定楚必亡而不忍见其亡，于自沉之前，仍然"指嶓冢之西隈"，表示与秦势不两立。嶓冢是秦的发源地，刘

---

① ［清］王夫之撰，杨新勋点校《楚辞通释》，第34页。
② 钱锺书《管锥编》（二），生活·读书·新知三联书店，2007年，第911页。
③ ［清］王夫之撰，杨新勋点校《楚辞通释》，第35页。
④ ［清］王夫之撰，杨新勋点校《楚辞通释》，第139页。

向、王逸之流对此茫然不知,不能理解屈原之"怨"的真正内涵,认为屈原不过是因其"不用""见逐"而"怨",大大地矮化了屈原的形象,窄化了他的精神世界。王夫之说,如果按刘向、王逸的理解,屈原不过是一个患得患失的小丈夫,这样的人,又怎能与日月争光呢?

王夫之认为,屈原不是不知隐退之道,他可以选择去国离乡,或是隐居起来与世沉浮,但他不忍为之。《渔父》题解曰:"《渔父》者,屈原述所遇而赋之。江汉之间,古多高蹈之士,隐于耕钓,若接舆、庄周之流,皆以全身远害为道。渔父,盖其类也。闵原之忠贞,将及于祸,而欲以其道易之。原感而述之,以明己非不知此,而休戚与俱,含情难忍,修能已夙,素节难污,未尝不知冥飞、蠖屈者之笑己徒劳,而固不能从也。"①屈原的自沉,是在生存与毁灭之间的抉择。他反复思考过两者的利弊。他的被逐是已然的事实,这个事实不足以让他感到威胁,而顷襄王不听劝谏,逸人祸国,让他预判到整个楚国即将倾覆,这种预期让他感到"怕"和"畏",正是这种与楚国"休戚与俱"的情感威胁到了他的生存。

朱熹虽然把握到了屈原之忧的实质("屈原之忧,忧国也"②),但认为屈原之忠超过了臣子应有的限度。针对朱熹所说的"忠而过""过于忠"的说法,王夫之在《离骚》注疏中两次予以反驳。在《离骚》题解中,他说:"夫以怀王之不聪不信,内为艳妻佞幸之所蛊,外为横人之所劫,沉溺瞀乱,终拒药石,犹且低回而不遽舍,斯以为千古独绝之忠。而往复图维于去留之际,非不审于全身之善术,则朱子谓其'过于忠',又岂过乎?"③王夫之认

---

① [清]王夫之撰,杨新勋点校《楚辞通释》,第187页。
② [宋]朱熹撰,黄灵庚点校《楚辞集注》,第217页。
③ [清]王夫之撰,杨新勋点校《楚辞通释》,第2页。

为，屈原并非没有想过全身远退，也不是不知道应当如何全身而退，他是在进退之间反复思考，经过了深思熟虑之后才做出选择。在注释《离骚》结尾"陟升皇之赫戏兮，忽临睨夫旧乡。仆夫悲余马怀兮，蜷局顾而不行"时，王夫之对朱熹的"忠而过"说再次予以批驳："得修性养命之术，与天为徒，精光内彻，可以忘物忘己矣。乃倏尔一念，不忘君国之情，欲禁抑而不能，则生非可乐、和不可久，魂离魄惨，若仆悲马怀，而远游之志顿息。盖其忠爱之性，植根深固，超然于生死之外。虽复百计捐忘，而终不能遏。即以巫咸之告于道无损，抑无以平其不已之情，而况比匪奸邪以求容，背去宗邦而外仕，曾足以动其孤贞哉？……而君子从容就义，固非慷慨轻生、奋不顾身之气矜决裂者所得与也。审乎进退者裕而志必伸，原之忠，岂'忠而过'乎？"[1]王夫之在拟作《九昭·肩志》题解中，再次对朱熹的"忠而过"进行反击。

　　王夫之对屈子之"忠"的强调，一方面是对屈子人格的客观分析，另一方面与其对历史的认识和个人的处境有关。王夫之在《读通鉴论》卷二《文帝》章中指出："诚以安君之谓忠，直以正友之谓信，忠信为周。君子周而上下睦，天下宁矣。……故人主之宜远躁人，犹其远奸人也。则亲亲尊贤之道，其全矣乎！"[2]对臣子而言，"诚以安君"，"直以正友"，方能天下安宁；对人主而言，亲贤臣，远小人，实行"亲亲尊贤之道"，才能实现国家的长治久安。这是历史得失成败的教训。屈原在当时举国无同心之侣。千载之后，王夫之在南明小朝廷的际遇比屈原有过之而无不及。王夫之与屈原同有幽贞之志、孤贞之情，对屈原的"忠贞""忠爱""千古独绝之忠""哀愤忘生"之情有着切肤的认识，因而

---

① ［清］王夫之撰，杨新勋点校《楚辞通释》，第 34 页。
② ［清］王夫之著，舒士彦点校《读通鉴论》，中华书局，2013 年，第 26 页。

对朱熹"忠而过""过于忠"的评价极不认同。

此外,《楚辞通释·序例》指出:"韵、意不容双转,为词赋诗歌万不可逆之理。"①这一点王夫之在《姜斋诗话》中亦有所强调。② 王夫之对《楚辞》采用"分节立释"之法,目的是尽可能保持文意的完整,这也是对"属辞比事"原则的具体实践。

三、从辞的层面看王夫之对"属辞比事"的实践

王夫之在意的层面阐明屈原之"忠"的大前提,指出"盖原爱君忧国之心,不以生死而忘,非但愤世疾邪,婷婷焉决意捐生而已",驳斥朱熹对屈原"忠而过""过于忠"的观点,在具体的阐释过程中,从辞与事两个层面,为这个观点提供了诸多内证。

辞与事涉及修辞学和叙事学。"属辞"属于修辞学的范畴,"比事"属于叙事学的范畴。属辞之法又称约文属辞之法。台湾学者张高评指出:"司马迁《史记·十二诸侯年表序》称孔子编次《春秋》:'去其烦重,约其辞文,以制义法。'史料文献之或取或舍,或笔或削既以初定,促成骨骼生血生肉,进而气运神行者,莫过于约文属辞。"③

文本是由文字组成的。具体到《楚辞通释》文本,王夫之的"属辞"表现为对文字的阐释。伽达默尔认为:"在此我们回想起

---

① [清]王夫之撰,杨新勋点校《楚辞通释》,序例第2页。
② 卷一云:"近有吴中顾梦麟者,以帖括塾师之识说诗,遇转则割裂,别立一意;不以诗解诗,而以学究之陋解诗,令古人雅度微言,不相比附。陋于学诗,其弊必至于此。"见[清]王夫之著,戴鸿森笺注《姜斋诗话笺注》,上海古籍出版社,2012年,第20页。
③ 张高评《〈左传〉叙战与〈春秋〉笔削——论晋楚城濮之战的叙事义法(下)》,《古典文学知识》2018年第6期。

一件事实,即诠释学本来的任务或首要的任务就是理解文本。"①"文字性(Schriftlichkeit)就是自我陌生性(Selbstentfremdung)。所以,对这种自我陌生性的克服,也就是对文本的阅读,乃是理解的最高任务。"②在克服自我陌生性时,阐释者往往要经历一个类似于同心圆的过程:"理解的运动经常就是从整体到部分,再从部分返回到整体。我们的任务就是要在各种同心圆中扩大这种被理解的意义的统一性。一切个别性与整体的一致性就是正确理解的合适标准。"③在解释《楚辞》中的文字时,王夫之首先被某种意义预期所支配。他必须对《楚辞》的整体意思有所了解,才能具体分析《楚辞》的文本。王夫之在《楚辞通释·序例》中提到的"未有不相属而成辞者","相属"就是个别与整体、辞与事之间的一致性。王夫之自述《九歌》的阐释方法为"就文即事,顺理诠定"④,意思就是从辞、事所处的具体语境出发,根据整体的大意理解个别的词句,这是一个典型的同心圆模式。接下来以《离骚》为例,分析这种阐释方法的利弊。

其一,从利的方面来看:

原　　文	释　　文
[1]名余曰正则兮,字余曰灵均。	灵,善也。平者,正之则也。原者,地之善而均平者也。隐其名而取其义以属辞,赋体然也。⑤

---

① (德)汉斯-格奥尔格·伽达默尔著,洪汉鼎译《真理与方法——哲学诠释学的基本特征》(修订译本),商务印书馆,2010年,第551页。
② (德)汉斯-格奥尔格·伽达默尔著,洪汉鼎译《真理与方法——哲学诠释学的基本特征》(修订译本),第549页。
③ (德)汉斯-格奥尔格·伽达默尔著,洪汉鼎译《真理与方法——哲学诠释学的基本特征》(修订译本),第412页。
④ [清]王夫之撰,杨新勋点校《楚辞通释》,第38页。
⑤ [清]王夫之撰,杨新勋点校《楚辞通释》,第3页。

续 表

原　　文	释　　文
[2] 曰黄昏以为期兮,羌中道而改路。	黄昏,日将落而黄,乃向昏黑。古者婚礼成乎夜,喻君臣道合,若婚姻之好合。①
[3] 余既不难夫离别兮,伤灵修之数化。	离别,君不用则退而待放。数,亟也。化,变也,变前约也。君虽斋怒,犹必固争,指天自明,不避祸谪,非己强于求伸,亦为君之故耳。乃君亟信谗邪,取与己所定之成谋而弃之。疑其人并废其道,非己之辱,而实国之灾矣。②
[4] 索琼茅以筳篿兮,命灵氛为余占之。	琼茅,《尔雅》谓之"菖",其花赤;《本草》谓之"旋覆花"。索,所革切,求取也。筳,折竹枝。篿,为卜算也。楚人有此卜法,取琼茅为席,就上,以筳卜也。③
[5] 欲从灵氛之吉占兮,心犹豫而狐疑。	原不忍背宗国,且尝受王之宠任,尤不忍绝君臣之义,故灵氛告以他适而不欲从。④
[6] 余以兰为可恃兮,羌无实而容长。委厥美以从俗兮,苟得列乎众芳。椒专佞以慢慆兮,樧又充夫佩帏。……览椒兰其若兹兮,又况揭车与江蓠?	兰、椒,旧说以为斥子椒、子兰。按:子兰,怀王之子,劝王入秦者,素行愚顽,固非原之所可恃;且以椒、兰为二子之名,则樧与揭车、江蓠又何指也? 此五类芳草,皆以喻昔之与原同事而未入于邪者。当日必有所指,而今不可考尔。原方任事之日,竟附于正人之列。君信邪弃忠,则旦夕改而党佞,庸人之恒态也。……上邪而下佞,素为君子者皆变而之邪,乱之已成,不可救药也。⑤
[7] 瞻前而顾后兮,相观民之计极。	前后,古今也。计极,计其兴亡得失之度数也。⑥

---

① [清]王夫之撰,杨新勋点校《楚辞通释》,第7页。
② [清]王夫之撰,杨新勋点校《楚辞通释》,第7页。
③ [清]王夫之撰,杨新勋点校《楚辞通释》,第24页。
④ [清]王夫之撰,杨新勋点校《楚辞通释》,第25页。
⑤ [清]王夫之撰,杨新勋点校《楚辞通释》,第29页。
⑥ [清]王夫之撰,杨新勋点校《楚辞通释》,第16页。

"就文即事,顺理诠定"有助于阐释者从上下文的具体语境着手,通过具体语词的训释,深入准确地把握作品的内涵。具体说来,[1]从文体("赋体")上解释屈原以"正则"代替"原"的理由;[2][5]释辞兼释意;[3]"数化"的"数"解释为"亟",与上文"荃不察余之中情兮,反信谗而斋怒"的"斋"配合,以急速释"数",殊有见地;[4]释楚俗(筵卜)颇有胜解;[6]突破旧说;[7]简洁传神。郭在贻在评述《楚辞通释》中说:"又该书不仅长于探赜文心,烛照微旨,其注语也颇富文采,绝无注疏家饤饾故实、质多文少之病。"① 王夫之虽然以源于经学的阐释方法注释《楚辞》,却非常反感以陋学究之法解诗,因而他的阐释简洁而直击要害,无"质多文少"之弊。

其二,从弊的方面来看:

原　　文	释　　文
[1] 矫菌桂以纫蕙兮,索胡绳之纚纚。	矫,反剥之也。纫,纽而揉之也。胡,大也。绳,绚也。纚纚,绳垂貌。以木根蹙苴,以大绳穿薜荔,束缚桂蕙,喻君子之受摧残也。②
[2] 长太息以掩涕兮,哀民生之多艰	民,人也,谓同列之小人,如靳尚之党。艰,险也。③
[3] 怨灵修之浩荡兮,终不察夫民心。	浩荡,如水渺茫,支派不分也。民,人也。不察,不辨其邪贞也。④
[4] 何昔日之芳草兮,今直为此萧艾也?	萧,白蒿。⑤

---

① 郭在贻《楚辞要籍述评》,见《郭在贻文集》第三卷,第550页。
② [清]王夫之撰,杨新勋点校《楚辞通释》,第9页。
③ [清]王夫之撰,杨新勋点校《楚辞通释》,第10页。
④ [清]王夫之撰,杨新勋点校《楚辞通释》,第11页。
⑤ [清]王夫之撰,杨新勋点校《楚辞通释》,第28页。

"就文即事，顺理诠定"的负面效果是在义理和文字训诂方面有一定的随意性。于省吾认为，王夫之《楚辞通释》号称名著，但疏于文字、声韵、训诂之学。① 王夫之"以大绳穿薜荔"束缚菌桂，比喻"君子之受摧残"。薜荔、菌桂皆芳香久固之物，比喻所行者皆忠善长久之道也。从后文"謇吾法夫前修兮，非世俗之所服"来看，此处应当指不同于世俗的美好服装，借以比喻高洁之志。王夫之在[2]注释中将"民"释为"人"，"民生之多艰"意为靳尚等小人内心险恶，[3]批判君主不察邪贞。相比之下，朱熹注[2]"哀此民生遭乱世而多难也"②，释[3]"民，谓众人也"③，从情理上更说得通。王夫之对义理的解释往往抛弃旧注，自立新说。其中某些观点确有新意，对于理解"屈子之本末"有所帮助，但某些观点在情理上或逻辑性上则不如旧说。在文字训诂方面，《楚辞通释》相比于旧注并不占优势。吴冠君撰文指出王夫之《楚辞通释》中名物训诂有十条失当之处。比如[4]中王夫之释"萧"为"白蒿"。吴冠君指出："'萧'，蒿类植物通称，非定指白蒿。'萧艾'，系泛指草中之贱者；句中萧艾，应作此释，王注失义。"④地名、物名具有唯一性，倘若不查证工具书或实地考察，仅仅根据上下文义猜测，容易出错。王夫之在注释地名和物名时，对于《水经注》《地理志》等工具书的运用不够，出现了一些问题。不过总的来说，瑕不掩瑜，《楚辞通释》仍是楚辞学史上重要的著作。

---

① 于省吾《泽螺居诗经新证·泽螺居楚辞新证》，中华书局，2009年，第240页。
② [宋]朱熹撰，黄灵庚点校《楚辞集注》，第17页。
③ [宋]朱熹撰，黄灵庚点校《楚辞集注》，第17页。
④ 吴冠君《〈楚辞通释〉考正与补注》，《湖南师院学报》（哲学社会科学版）1983年第2期。

四、从事的层面看王夫之对"属辞比事"的实践

"属辞比事"不仅是经学阐释法,也是重要的叙事学方法。"属辞比事"作为《春秋》诠释学的方法和理论被史学家、古文家(散文)所采用,在中国古代传统的叙事学领域产生了深刻影响。"比事"即比次史事。比次之法有先之、后之、依之、错之之别。张高评总结古代叙事方法,提出对叙、类叙、侧叙、提叙、预叙、补叙、结叙、原叙、追叙、带叙、插叙、琐叙诸法。王夫之在《楚辞通释》中的"比事"主要是发掘《楚辞》文本自身的叙事手法,对文本所叙之事进行诠释。接下来以《离骚》为例,分析"比事"之法,了解王夫之对《离骚》叙事法的主要观点。兹列表如下:

原　　文	评　语
[1] 汩余若将不及兮,恐年岁之不吾与。	事中夹意。①
[2] 日月忽其不淹兮,春与秋其代序。	亦似承上文暗转。②
[3] 惟夫党人之偷乐兮。	宕一句。③
[4] 指九天以为正兮,夫唯灵修之故也。	又急下二语。④
[5] 夫孰异道而相安?	意中遥送。⑤

---

① [清]王夫之撰,杨新勋点校《楚辞通释》,第4页。
② [清]王夫之撰,杨新勋点校《楚辞通释》,第5页。
③ [清]王夫之撰,杨新勋点校《楚辞通释》,第6页。
④ [清]王夫之撰,杨新勋点校《楚辞通释》,第7页。
⑤ [清]王夫之撰,杨新勋点校《楚辞通释》,第12页。

续 表

原　　文	评　语
[6] 芳与泽其杂糅兮,唯昭质其犹未亏。	又收回。①
[7] 皇天无私阿兮,览民德焉错辅。	险短之节。②
[8] 夫孰非义而可用兮?	承简以舒。③
[9] 时暧暧其将罢兮,结幽兰而延伫。	辞不类,以伸其意。④
[10] 及荣华之未落兮。	宛折尽致。⑤
[11] 虽信美而无礼兮,来违弃而改求。	煎金作液。⑥
[12] 理弱而媒拙兮。	意中百折,笔委曲以赴之。⑦
[13] 苏粪壤以充帏兮。	辞似重而意各别。⑧
[14] 欲从灵氛之吉占兮,心犹豫而狐疑。	结上即以赴下,暗渡无梁。⑨
[15] 览椒兰其若兹兮。	旷然远引之句。⑩
[16] 凤皇翼其承旂兮,高翱翔之翼翼。	点染生色。⑪

---

① 〔清〕王夫之撰,杨新勋点校《楚辞通释》,第13页。
② 〔清〕王夫之撰,杨新勋点校《楚辞通释》,第17页。
③ 〔清〕王夫之撰,杨新勋点校《楚辞通释》,第17页。
④ 〔清〕王夫之撰,杨新勋点校《楚辞通释》,第20页。
⑤ 〔清〕王夫之撰,杨新勋点校《楚辞通释》,第22页。
⑥ 〔清〕王夫之撰,杨新勋点校《楚辞通释》,第22页。
⑦ 〔清〕王夫之撰,杨新勋点校《楚辞通释》,第23页。
⑧ 〔清〕王夫之撰,杨新勋点校《楚辞通释》,第25页。
⑨ 〔清〕王夫之撰,杨新勋点校《楚辞通释》,第25页。
⑩ 〔清〕王夫之撰,杨新勋点校《楚辞通释》,第29页。
⑪ 〔清〕王夫之撰,杨新勋点校《楚辞通释》,第32页。

据《楚辞通释·前言》介绍，“康熙本和道光本首叶书题‘楚辞通释’下有小字‘评点并载’”①。王夫之的上述评点主要是针对《离骚》的艺术特点和结构方法，偶尔阐发思想。从评语来看，王夫之认为《离骚》的叙事法主要涉及四个方面：其一，事与意的关系，以[1]为代表；其二，辞与意的关系，以[9][12][13]为代表；其三，结构方法，包括收、放（宕）、引、结等，以[2][3][4][6][14]为代表；其四，与艺术特点相融合的结构方法，以[5][7][8][9][10][11][15][16]为代表。其中对于辞、意重复的点评（[9][13]）格外值得注意。在《离骚》中有大量辞重复或意重复的句子，但辞与意同时重复，这样的情形是不常见的。王夫之分别以“辞不类，以伸其意”和“辞似重而意各别”加以阐释，有助于读者更好地理解。

王夫之从整体上对《离骚》的叙事手法进行了概括：“原引身自退于汉北，避群小之愠，以观时待变，而冀君之悟，故首述其自效之诚，与怀王相信之素、谗人交构之繇；而继设三端以自处，游志旷逸，舒其愁绪；然且临睨旧乡，蜷局顾眄，有深意焉。至于终莫我知后，有从彭咸之志，矢心虽夙，而固有待，未遽若《九章》之决也。”②在他看来，《离骚》可分为三个大的部分，第二部分“设三端以自处”，可分为三个小节。如此解释，则《离骚》层次分明，结构明朗。

从释事的角度来看，在《离骚》注释中，王夫之与以往注家最大的区别在于对《离骚》卒章的理解。朱熹对“和调度以自娱兮，聊浮游而求女。及余饰之方壮兮，周流观乎上下”的解释是：“言我如此调度以自娱，而遂浮游以求女，如前所言虙妃、佚女、二姚之属，意犹在于求君也。余饰，谓琼珮及前章冠服之盛。方壮，

---

① [清]王夫之撰，杨新勋点校《楚辞通释》，前言第6页。
② [清]王夫之撰，杨新勋点校《楚辞通释》，第2页。

亦巫咸所谓年未晏、时未央之意。周流上下，即灵氛所谓'远逝'、巫咸所谓'升降上下'也。"①这是在楚辞学史上普遍被人们接受的观点。王夫之的解释则与之完全不同，他认为"和调度以自娱兮，……周流观乎上下"表现的是道家的修身养性之法，与《远游》旨意相通："女，音汝，谓自求生理，犹释氏所谓'主人翁'者。余，巫咸代原自称。饰方壮，道家所谓'鼎未败'也。周流观上下，游神物外，体天地之和也。……从俗求容，既义所不可；求贤自辅，而君德已非，风俗尽变；若委质他国，又心之所不忍为；惟退而闲居，忘忧养性，以自贵其生。审彼二术，唯此差堪自慰，所以不从女媭之詈，不听筳篿之占，如下文所云，退居汉北，终怀王之世，抑《远游》一篇所繇作也。"②释"何离心之可同兮？吾将远逝以自疏"云："以下皆养生之旨，与《远游》相出入。"③

　　王夫之以道家养生之法释"周流观乎上下"，是否符合屈子之本意呢？这一点争议很大，吴汝纶、谭承耕等认为这是王夫之的重大失误。然而，随着对楚俗、楚史研究的深入，越来越多的当代楚辞学者认同王夫之的观点。从出土文物来看，1973年马王堆汉墓出土的《行气玉佩铭》（战国初期）、《导引图》《养生方》和1983年江陵张家山汉墓中出土的《引书》表明，从战国至汉代，道家养生之法在楚地广泛流行。屈原生在楚国，有道家思想，是极为自然之事。从《离骚》文本来看，屈原多次的周游（如"忽反顾以游目兮，将往观乎四荒""济沅、湘以南征兮，就重华而陈词""驷玉虬以乘鹥兮，溘埃风余上征""饮余马于咸池兮，总余辔乎扶桑"等）都是想象之中的游历。王夫之释卒章"周流观乎上下"为王昏昧终不可辅，屈原退而闲居，以自贵其生，这种阐释

---

① ［宋］朱熹撰，黄灵庚点校《楚辞集注》，第36页。
② ［清］王夫之撰，杨新勋点校《楚辞通释》，第30页。
③ ［清］王夫之撰，杨新勋点校《楚辞通释》，第31页。

与《离骚》的文本是自洽的。从旁证来看,宋玉《九辩》为悯屈子之悲而作,其卒章亦涉及"放游志乎云中"和炼丹求仙的具体方法:"愿赐不肖之躯而别离兮,放游志乎云中。"①王夫之注云:"此代屈子之言也。游志云中,怀仙也。既不见用,退而隐处,离尘孤游于方之外,盖因《远游》之旨而申言之。"②王夫之采用互文性研究的方法阐释《离骚》《远游》《九辩》中屈原的"周流观乎上下",这种"比事"之法也是值得肯定的。

五、结　论

"属辞比事"是《春秋》之教,王夫之将其作为阐释原则,运用到《楚辞通释》的阐释之中,具有方法上的合理性。王夫之注重意、事、辞三个层面的联系,从大前提上把握"屈子之本末",注意辞与事之间的内在关联,在整体和部分之间形成一种严密的逻辑关系,避免了注释的钉铰之弊。在"属辞比事"的大原则指导下,王夫之采用"就文即事,顺理诠定"的阐释方法,这种方法有利有弊,其中对于屈子之"忠"与"怨"的阐释颇有胜解,对于《离骚》卒章的解说有所突破,但阐释过程中亦存在一定的随意性。王夫之在注释《楚辞》的过程中自主融贯经学、史学研究方法,取得了超出前人的成就。这种融贯经史、注重内在逻辑的文学批评方法,对于当代楚辞学和当代文学批评都具有启发性意义。

原刊《文学评论》2022年第3期
张伟:现任湖南省社会科学院文学研究所副研究员

---

① ［清］王夫之撰,杨新勋点校《楚辞通释》,第217页。
② ［清］王夫之撰,杨新勋点校《楚辞通释》,第217页。

论王闿运《楚辞释》的政治化阐释及其影响

罗 璐

一、《楚辞释》的成书、选目与体例

王闿运的楚辞研究主要集中在《楚辞释》一书中。根据《清王湘绮先生闿运年谱》(以下简称《年谱》)和《湘绮楼日记》(以下简称《日记》)的记载,《楚辞释》大概撰述于1882年至1886年。《年谱》载:"光绪八年(1882)二月,读《楚词》,注《九歌》。光绪十年二月二十九日,读《楚词》,作《九章》注;四月十六日注《离骚》;五月钞《九章》新注;十一月注《楚词·天问》篇。光绪十一年五月,注《离骚》毕。"①《日记》载:"光绪八年二月七日,释《离骚》至'灵氛'章止;二月八日,读《楚词》,评释《九歌》。光绪十年三月十四日,重定《九章注》;五月十日《离骚》毕注。"②《年谱》又曰:"光绪六年十二月,注《高唐赋》。光绪十三年三月十日,往湘潭校蜀刻《楚词释》,补入《高唐赋》新注。"③清光绪十二年丙戌仲秋成都尊经书院精刊本《楚辞释》已收入《高唐赋》,说明后来王

---

① 王代功述《清王湘绮先生闿运年谱》,见王云五主编《新编中国名人年谱集成》第六辑,台湾商务印书馆,1978年,第113—129页。
② [清]王闿运著,吴容甫点校《湘绮楼日记》,岳麓书社,1997年,第1078—1334页。
③ 王代功述《清王湘绮先生闿运年谱》,第101—142页。

闿运对《高唐赋》的注释有所修改。王闿运在《日记》中并未明确提到《楚辞释》的创作完成时间，且各本《楚辞释》无序、跋、凡例，故迄今无法精确判断此书作于何年，何时完成。

据姜亮夫《楚辞书目五种》，《楚辞释》最早的版本是清光绪十二年丙戌仲秋成都尊经书院精刊本，由其弟子成都方守道校刊。另有清光绪二十一年乙未仪徵李氏所刊《崇惠堂丛书》本、清光绪二十七年辛丑衡阳刊《湘绮楼全书》本、民国十二年（1923）刊《湘绮全集》本、《湘潭王氏所著书》本。① 2013 年岳麓书社出版了吴广平校点本，吴氏以成都尊经书院精刊本为底本，同时参考其他版本点校整理此书。② 另外，2008 年由广陵书社出版的《楚辞文献集成》和 2014 年由国家图书馆出版社出版的《楚辞文献丛刊》都收录了《楚辞释》，两者均采用清光绪二十七年《湘绮楼全书》本。

《楚辞释》凡十一卷，目次为：卷一屈原《离骚经》，卷二屈原《九歌》，卷三屈原《天问》，卷四屈原《九章》，卷五屈原《远游》，卷六屈原《卜居》，卷七屈原《渔父》，卷八宋玉《九辩》，卷九宋玉《招魂》，卷十景差《大招》，卷十一宋玉《高唐赋》。

吴广平校点本《楚辞释》的注释体例：前十卷每卷之首皆署"王逸章句，王闿运注"，各卷先列王逸序，后列王闿运自己的题解；各篇正文先列原文，次列王逸章句，最后列王闿运新释。和王逸《楚辞章句》一样，《离骚》和《天问》后序一并附在正文最后。卷十一宋玉《高唐赋》作为附卷收入，卷首署"李善注，王闿运释"，先列李善题解，后列王氏题解；正文则先列原文，再列李注，

---

① 姜亮夫《楚辞书目五种》，见《姜亮夫全集》（五），云南人民出版社，2002 年。
② [清] 王闿运著，吴广平校点《楚辞释》，见湖湘文库编辑出版委员会《湖湘文库》，岳麓书社，2013 年。

最后列王氏新释。与吴广平校点本相比，成都尊经书院精刊本的不同之处在于：每卷末都署"弟子成都方守道校刊"，且未附《离骚》和《天问》的后序；部分篇章如《远游》《渔父》《九辩》《招魂》《大招》等新释内容较少者，则改分句注释为分段注释，先列一段原文，再列王逸章句，最后列王闿运新注。① 仪征李氏所刊《崇惠堂丛书》本前十卷各卷之首署"王逸章句，湘潭王闿运释"，《高唐赋》卷首署"李善注，湘潭王闿运释"，正文未引王逸、李善注，原文后直接是王闿运的注释。② 衡阳刻《湘绮楼全书》本与《崇惠堂丛书》本大体类似，但各卷之首只署"王闿运注"，《天问》篇还附有陈兆奎的补注。③

　　王闿运《楚辞释》在选目上可谓别具特色。王逸《楚辞章句》除选录屈原、宋玉、景差的作品外，还收录了贾谊、淮南小山、东方朔、王褒、刘向等两汉作家的作品。朱熹《楚辞集注》卷一至卷五定屈原所作 25 篇为《离骚》类，卷六至卷八以宋玉、景差、贾谊、庄忌、淮南小山等所作 16 篇为《续离骚》类。王夫之《楚辞通释》前十二卷选目同于《楚辞章句》，后增加了江文通《山中楚辞》四篇、《爱远山》以及自己所作《九昭》。此外如汪瑗《楚辞集解》、蒋骥《山带阁注楚辞》及戴震《屈原赋注》都只取屈原作品。与传统的《楚辞》注本不同，《楚辞释》的选目严格限制在战国楚人之作的范围之内，包括屈原、宋玉、景差三位楚人。《高唐赋》作为"附卷"辑录，体现了王氏"辞""赋"异体的文体观，也表明了他有

---

① ［清］王闿运《楚辞释》，光绪丙戌仲秋成都尊经书院精刊本，湖南图书馆藏。
② ［清］王闿运《楚辞释》，光绪乙未冬月仪征李氏校刊《崇惠堂丛书》本，湖南图书馆藏。
③ ［清］王闿运《楚辞释》，光绪辛丑衡阳刊《湘绮楼全书》本，湖南图书馆藏。

意揭示由"辞"到"赋"之文学演进的良苦用心。《楚辞释》选目注重时代和地域,则凸显出王闿运纵横家的政治史观和根深蒂固的湖湘本土情结。而这种政治史观和湖湘情结,同时也贯彻于全书的阐释与研究之中。

二、《楚辞释》的政治化阐释

从时世政治的角度解读辞作,是《楚辞释》坚守的一个基本原则。王闿运将屈原与怀、襄二王的历史重新演绎,且多虚构。而这些虚实相杂的政治史,便构成其解说作品的起点和依据。例如《离骚经》"题解"中曰:"离,别也;骚,动也。父子离别,骚动不宁,天之经也。"①所谓"父子离别"是指楚怀王与襄王的离别。王氏以怀、襄二王的离别为关纽,重新建构了一个政治历史体系,而屈原一生所有活动都被置于这个体系之中。"题解"中又云:怀王疏远屈原之后,因为秦所困,复用屈原之谋,"秦楚通和,太子出质",故对屈原怨恨不已。后怀王留秦不归,顷襄王即位,当时屈原46岁,"名高德盛",顷襄王不得不倚重他,他却"结齐款秦,荐列众贤,诋毁用事者",而所荐者又皆为"趣时易节,附和阿俗"之辈,屈原招致顷襄王及众大臣的忌恨,被放逐江南。屈原"忠愤悲郁,无所诉语,故行吟湖皋,作为此篇(即《离骚》)",后来令尹子兰"得见此词,乃始大怒原,使靳尚诬以款秦误国,复徙之于沅",于是屈原"乃悉舒其愤而作《九章》焉。凡楚辞二十五篇皆作于怀王客秦之后"②。相对于传统史实,王氏一改屈原"抗秦"为"款秦",二改屈原两次放逐之原因,三改《离骚》创作之

---

① [清]王闿运著,吴广平校点《楚辞释》,第2页。
② [清]王闿运著,吴广平校点《楚辞释》,第2页。

时间,其目的便是要重构其主观性的政治生态体系,为解说屈原及其作品提供他所需要的环境和背景。而其中最为重要的三个政治节点,则是屈原"兴楚返王"的愿望、"荐列众贤"的举措和所谓"款秦误国"的罪名。

《史记·屈原贾生列传》言屈原"眷顾楚国,系心怀王,不忘欲反,……其存君兴国而欲反覆之,一篇之中三致志焉"①,确曾提到"兴楚返王"的愿望,而《楚辞释》却在此基础上大加发挥,全书注解中涉及此问题的内容俯拾即是,几乎到了不厌其烦的地步。如释《离骚》"汩余若将不及兮"句曰:"汩,疾也。不及,送丧之貌。怀王客秦,且夕不忘欲返,故若不及,而常恐老死。"②释"指九天以为正兮"句曰:"己欲返王,乃被诬忘雠,故指天正之也。"③释"初既与余成言兮"句曰:"成言,顷襄约原返王之谋也。"④又如释《九歌·湘君》"驾飞龙兮北征"句曰:"顷襄初立,召原谋返怀王,故驾飞龙也。"⑤释《湘夫人》"登白薠兮骋望"句曰:"所谓'指嚊黄以为期',言密谋返怀王。"⑥释《九章·惜诵》"惜诵以致愍兮,发愤以抒情"两句曰:"本与顷襄谋返怀王,忽背之而以为罪。欲诵言自明,王怒,益祸。又使王负不孝之罪,国事愈不可为,故惜之而自致愍也。今卒不存楚,亡郢失巫,己竟殉之,而志终不白,故悉发其愤,抒情而作《九章》也。"⑦释《悲回风》"心调度而弗去兮,刻著志之无适"两句曰:"志之所著,言己

---

① [汉]司马迁撰,[南朝宋]裴骃集解,[唐]司马贞索隐,[唐]张守节正义《史记》,上海古籍出版社,2011年,第1902—1903页。
② [清]王闿运著,吴广平校点《楚辞释》,第4页。
③ [清]王闿运著,吴广平校点《楚辞释》,第7页。
④ [清]王闿运著,吴广平校点《楚辞释》,第8页。
⑤ [清]王闿运著,吴广平校点《楚辞释》,第39页。
⑥ [清]王闿运著,吴广平校点《楚辞释》,第42页。
⑦ [清]王闿运著,吴广平校点《楚辞释》,第77—78页。

志在兴楚返王也。"①

在王闿运看来,无论是《离骚》《九章》等纪实性作品,还是《天问》《远游》等表达困惑的虚设之作,乃至《九歌》这样被屈原润色加工的民间祭歌,都蕴含着屈原"兴楚返王"的殷切期盼与强烈愿望。他将此内容反复、具体地落实在对屈原作品的注解中,甚至使"返王"这一主题成了某些篇章的中心和主旨。王氏在《楚辞释》中一方面强调怀王在楚国政治格局中的重要地位,另一方面渲染屈原与怀王的密切关系和一往情深,主要是为了突出屈原对君主的忠诚,以及他认定"必返怀王,乃可定国"②的政治远见。遗憾的是,由于存在太多对史实的改造和虚构,这些解说很难经得起反诘,暴露出阐释碎片化的缺陷,也消损了屈原这一文学形象的人格魅力。

为达到"兴楚返王"的政治目标,王闿运阐释屈原谋划了一系列政治举措,其中在楚国内部便是要"荐列众贤"。"荐列众贤"一方面在于有志之士希望得到屈原的举荐,屈原视"荐贤"为自己的职责,认为自己年岁已老,"恐已死而志不遂,故朝夕进贤"③。所以王氏释"汤禹俨而求合兮,挚咎繇而能调"两句曰:"以喻大臣有进贤之职者,原自谓也。"④释"芷葺兮荷屋,缭之兮杜衡"两句曰:"言葺荷屋,则用此众芳,喻任己则当荐众贤也。"⑤另一方面,主要是为"兴楚返王"而做的人才储备。屈原深知贤才对楚国的重要性,欲谋返怀王、中兴楚国,必须招纳一批具备卓越政治才能的贤士。所以王氏释"惟草木之零落兮,恐

---

① [清]王闿运著,吴广平校点《楚辞释》,第115页。
② [清]王闿运著,吴广平校点《楚辞释》,第48页。
③ [清]王闿运著,吴广平校点《楚辞释》,第5页。
④ [清]王闿运著,吴广平校点《楚辞释》,第27页。
⑤ [清]王闿运著,吴广平校点《楚辞释》,第44页。

美人之迟暮"两句曰:"草木,喻群臣也。草,喻新进者;木,喻在位者。零落,无贤材也。国无贤材,恐王久客而不返。"①释"时暧暧其将罢兮,结幽兰而延伫"两句曰:"幽兰,新进贤士也。已知王望归,故谋令阊开出之,而志不得遂,故更结贤人,少须时日也。"②释"及少康之未家兮,留有虞之二姚"两句则曰:"少康未家,楚后王贤明能中兴者也。欲留身待之,以荐进贤才。"③然而"荐贤"的道路充满曲折。不仅楚国用事者嫉妒、诽谤屈原引进贤才为一己私用,而且众贤士因受摧残纷纷变节。王氏释"世溷浊而不分兮,好蔽美而嫉妒"两句曰:"言蔽其返王之美,妒其荐贤也。"④释"时缤纷其变易兮,……莫好修之害也"八句曰:"所荐皆惧祸改行,靡然成风也。"⑤屈原虽因荐贤而遭诽谤,但对于合己志的贤士仍寄予厚望,而当众贤士变节随俗时,屈原不能不感到万分失落、痛苦。

"荐列众贤"的举措使屈原走向政治的边缘,他得不到楚国当政者的信任,反而引来诸多猜忌和诽谤,即便如此,屈原一刻未改营救怀王、中兴楚国的初心。王闿运认为屈原展开的对外政治措施,即"结齐谋秦"。"结齐"主要是为了"抗秦",要对付强大的秦国,如果不结成政治联盟,对楚国来说是极其危险的。齐国作为东方大国,自然成为楚国最合适的政治盟友。王氏阐释与齐国的联结主要是通过政治联姻来实现的,《楚辞释》中有多处注释比附齐、秦或"结齐谋秦"。如《离骚》中释"驷玉虬以乘鹥

---

① [清]王闿运著,吴广平校点《楚辞释》,第5页。
② [清]王闿运著,吴广平校点《楚辞释》,第21页。
③ [清]王闿运著,吴广平校点《楚辞释》,第24页。
④ [清]王闿运著,吴广平校点《楚辞释》,第21页。
⑤ [清]王闿运著,吴广平校点《楚辞释》,第28页。

兮"句曰："鹥，总后饰车者，喻婚齐女也。"①释"饮余马于咸池兮，总余辔乎扶桑"两句曰："咸池、扶桑，皆在东方，以喻齐也。饮马、总辔，言欲结齐为援。"②释"夕余至乎县圃"句曰："县圃，昆仑山上地，西极所届，以喻谋秦也。"③释"折若木以拂日兮，聊逍遥以相羊"两句曰："若木，日入所拂木，以喻秦也。"④但此时怀王未返，屈原不敢轻举妄动，所以对待秦国的态度暂时只能是委屈求和，以待时机。顷襄王初立，虽召屈原"谋返怀王"，实际上并不希望怀王得返，再加上党人进谗言，他们以绝秦、力战为由，诬陷屈原畏死求和，也即把"款秦误国"的罪名加在屈原身上。事实上，屈原是力主"抗秦"的，这在文本中多有反映。如《离骚》中释"冀枝叶之峻茂兮，愿俟时乎吾将刈"两句曰："俟秦可伐之时，乃决用兵。言非主款秦也。"⑤《少司命》中释"与女沐兮咸池，晞女发兮阳之阿"两句曰："咸池，东地，亦喻齐也。晞发自新，以结交于齐，结齐以攻秦也。"⑥王闿运阐释屈原"制秦"还有具体实施的路线。如《悲回风》谈及"欲还都夔、巫，控蜀以制秦也"⑦。又如《天问》释"黑水玄趾，三危安在"两句曰："黑水、交趾，楚属地。三危，秦、蜀地。楚自巫夔通巴蜀，出三危以袭秦西边。黑水、交趾声势相接，此制秦一奇。"⑧

无论是结齐谋秦、等待时机攻秦还是制定缜密的路线制秦，屈原在"谋返怀王"的事件上展示了自己的政治才能。本意在于

---

① [清]王闿运著，吴广平校点《楚辞释》，第19页。
② [清]王闿运著，吴广平校点《楚辞释》，第20页。
③ [清]王闿运著，吴广平校点《楚辞释》，第19页。
④ [清]王闿运著，吴广平校点《楚辞释》，第20页。
⑤ [清]王闿运著，吴广平校点《楚辞释》，第8页。
⑥ [清]王闿运著，吴广平校点《楚辞释》，第48页。
⑦ [清]王闿运著，吴广平校点《楚辞释》，第113页。
⑧ [清]王闿运著，吴广平校点《楚辞释》，第61页。

返王以成新君之功业,反被诬"忘雠",因"款秦误国"的罪名再次遭到流放,这不仅是对屈原政治谋略的否定,更是对其耿耿忠心的玷污。这莫须有的罪名是屈原走向自我毁灭道路的导火索,王闿运在这里正是有意突出屈原的冤屈。楚怀王客死秦国,对屈原来说是致命的打击。王薨国破,"兴楚返王"的愿望彻底破灭。王闿运对屈原此时的心路历程及选择死亡的道路进行了政治化的虚构性还原。称《思美人》作于"将死,重思怀王客死之悲,因及己谋国忠诚之本末"①之时;称《惜往日》之作"既决《怀沙》,深思祸本由楚俗谗谀专成,娟疾始于怀王,极于顷襄。己当任用时,亦未能挽其波靡之俗,虽无秦兵,国亦必亡。故惜往日孤忠之无补也"②。屈原在反思自己政治生涯的终结时,终于明白"款秦误国"的罪名不过是让其远离政治权力中心的箭垛,即使没有怀王客秦的事件,自己迟早也会被流俗所谗。亡国是必然,屈原建构的政治理想根本无法实施,复兴楚国的愿望也不过是屈原一己之忠的孤立挣扎。为表白自己的忠心,屈原别无选择。王闿运解《招魂》是宋玉"托以招原,实劝其死,自洁以遗世,不得已之行"③,看似毫无理由,实则是王氏对屈原遭受不白之冤、不得已而死的理解和同情。

《楚辞释》的内容多比附时世,屈原一生政治活动的基点即围绕"兴楚返王"展开,"荐列众贤"的政治举措没能培养一批志同道合的贤士,极力营救怀王反被冠以"款秦误国"的罪名。眼看楚国危在旦夕,政治理想的破灭使屈原不得不做出自我毁灭的抉择。王闿运对《楚辞》进行如此的政治化阐释,背后有他的主导思想和政治寄托。

---

① [清]王闿运著,吴广平校点《楚辞释》,第101页。
② [清]王闿运著,吴广平校点《楚辞释》,第104页。
③ [清]王闿运著,吴广平校点《楚辞释》,第147页。

三、《楚辞释》政治化阐释的背景与缘由

王闿运选择《楚辞》来进行政治化阐释,首先与其湖湘本土情结不无关系。《楚辞》是楚地最重要的文学作品,身为湖南人的王闿运,自幼喜读《楚辞》,在文学创作上常表现出对《楚辞》的热爱和兴寄。他的长篇组诗《独行谣》最后以"侧闻《离骚》义,尚恨莫我知。余风肆且硕,为君诒世规"①作结,借《楚辞》寓现实于褒贬,体现他的政治倾向。学术与政治取向标准结合并熔铸成经世之学,正是近代湖湘文化的精髓。钱基博称湖南人"罔不有独立自由之思想,有坚强不磨之志节。湛深古学而能自辟蹊径,不为古学所囿"②,颇具开创精神。王闿运深得楚文化的熏陶,表现出对楚地、楚人、楚文化的偏爱。他用独立开创的湖湘文化精神诠释自己的经世之学,无论是《楚辞释》选篇注重时代和地域,还是其政治化阐释的内容,都凸显了其根深蒂固的湖湘本土情结。

其次,经今文学家的身份使得王闿运阐释《楚辞》时注重寻求微言大义。受清末今文学派的影响,王闿运喜《公羊》之学,希冀通过《公羊》之学褒贬时政,挽救民族危亡。梁启超在《清代学术概论》中言:"今文学之中心在《公羊》,而《公羊》家言,则真所谓'其中多非常异义可怪之论'(何休《公羊传注自序》)。"③王闿运对《楚辞》进行政治化阐释,看似"多非常异义可怪之论",实则蕴含其对社会、政治、文化的多重反思。清道光年间,内忧外患纷至沓来,经世致用的风尚又开始流行,在湖南以魏源、龚自珍、

---

① [清]王闿运《湘绮楼诗文集》,岳麓书社,1996年,第1447页。
② 钱基博《近百年湖南学风》,岳麓书社,2010年,第1页。
③ 梁启超《清代学术概论》,上海古籍出版社,2005年,第62页。

贺长龄、曾国藩等为代表，强调躬行实践，期于致用。王闿运承风气而兴起，又因其不喜理学，虽重经术，而好纵横之计。在历史环境的影响下，在通经致用的湖湘文化精神的大背景下，王闿运试图借《楚辞》施展自己的帝王学。

再者，《楚辞释》政治化阐释的背后正是纵横思想的主导和演绎。李斯"从荀卿学帝王之术"①，走上游说诸侯的道路，"帝王术"也成了纵横思想的代名词。王闿运借屈原政治谋略传一己帝王之学，纵横思想渗透于整个文本。"谋返怀王""结齐""制秦"的政治谋划本就是纵横思想的外在表现，《楚辞释》中还有多处注释直接比附"合纵""连横"。如《离骚》中释"忽奔走以先后兮，及前王之踵武"两句曰："原欲合纵摈秦，以及其踵迹。"②释"前望舒使先驱兮，后飞廉使奔属"两句曰："望舒、飞廉，皆喻诸侯也。欲合纵摈秦，故曰前驱后属。"③《湘君》中释"采芳洲兮杜若"句曰："采杜若者，欲且连衡也。"④《湘夫人》中释"将腾驾兮偕逝"句曰："腾驾、偕逝，六国合谋也。"⑤《招魂》中"六博"喻"六国"⑥。合纵主要是抗秦，连横则是暂时与秦国交好，希冀怀王得返，积聚力量再一举制秦。实际上，合纵并没能改变楚国的形势，在与齐国反复无常的离合中，楚国失去了齐国的外援。楚国内部政治的腐败，更是加剧了亡国的危机。此外，纵横思想的演绎同样表现在对《高唐赋》的选录与阐释上。

王闿运注《高唐赋》以唐代李善《文选》注为基础。李善认为

---

① ［汉］司马迁撰，［南朝宋］裴骃集解，［唐］司马贞索隐，［唐］张守节正义《史记》，第1941页。
② ［清］王闿运著，吴广平校点《楚辞释》，第7页。
③ ［清］王闿运著，吴广平校点《楚辞释》，第20页。
④ ［清］王闿运著，吴广平校点《楚辞释》，第41页。
⑤ ［清］王闿运著，吴广平校点《楚辞释》，第43页。
⑥ ［清］王闿运著，吴广平校点《楚辞释》，第160页。

"此赋盖假设其事,风谏淫惑也"①。王闿运认为这篇赋首先是为屈原的忠谋奇计代言,此奇计为"据夔巫以遏巴蜀,使秦舟师不下,而后夷陵可官,五渚不被暴兵。东结强齐,争衡中原,分秦兵力,楚乃得以其暇,招故民,收旧地,扼长江,专峡险",所以"首陈齐楚婚姻之交,中述巴蜀出峡之危,末陈还都夔巫之本"②。其次,这篇赋的旨意在于"追思远谟","明楚之所以削,秦之所以霸,然后服达士之远见,申沉湘之孤愤矣"③,也即追思屈原,探究楚国之祸的原委,哀楚之自亡,情不能已,表明心志。在正文阐释中,王闿运延续《离骚》等篇中的"结齐""制秦"主题,处处以纵横家的眼光为中兴楚国、抵抗强秦出谋划策。释"昔者,楚襄王与宋玉游于云梦之台,望高唐之观"三句曰:"游云梦,望高唐,言楚当求齐也。齐楚从亲,怀王惑张仪之间,折符闭关,是其曲在楚。"④释"闻君游高唐,愿荐枕席"两句曰:"进枕席者,女御之职,言齐楚复通,当结婚姻。"⑤在"制秦"方面,主要是利用险要的地理环境来克制秦国,这也就把原本赋中对巫山壮观景象的陈述比附成克制秦国的天然屏障。如认为"据巫之利可自固","据险待敌,可隅拒之,可横逆之,可背穴之,以偃仆其所跕蹋,则我兵闲暇日有加增,可砥柱支强秦也"⑥。这样的政治军事谋略,在王闿运这里是有现实依托的。

王闿运的纵横思想有着深刻的政治寄寓。他一生与众多达官政要都有结交,但并没能得到这些人的举荐提拔。他空怀满

---

① [清]王闿运著,吴广平校点《楚辞释》,第174页。
② [清]王闿运著,吴广平校点《楚辞释》,第174—175页。
③ [清]王闿运著,吴广平校点《楚辞释》,第175页。
④ [清]王闿运著,吴广平校点《楚辞释》,第175页。
⑤ [清]王闿运著,吴广平校点《楚辞释》,第176页。
⑥ [清]王闿运著,吴广平校点《楚辞释》,第180—181页。

腔热情,像屈原心中谋划着"兴楚返王"的志向一样,他也想通过与权力中心产生联结来施展自己的才能。屈原的"荐贤"在王闿运身上成了"自荐",但结果都是一样无望。王闿运曾在祁门向曾国藩献策,又于咸丰十一年(1861)咸丰帝死后致书曾国藩,认为应亲贤并用以辅幼主,由恭亲王执政,并建议曾国藩自请入觐,申明祖制,庶母后不得临朝。曾国藩为人谨慎,"恐蹈权臣干政之嫌,得书不报"。后朝局变乱,王闿运常"太息痛恨于其言之不用也"①。在光绪八年二月八日的《日记》中,王闿运读《楚辞》,评《九歌》有这样的自白:"楚弃夔、巫而弱亡,屈子独欲复夔以通巴蜀,宋玉传其说。此自古智士秘计奇谋,至余乃始发之,虽或谓屈、宋所不到,而此策自是弱秦复楚立奇未经人道者也。余今日亦有弱夷强华之策,无由陈于朝廷,用事大臣闻者尚不及子兰能大怒,其情悲于屈原,而遇则亨矣。古之伤心人别有怀抱,渔父、詹尹岂能笑之乎?"②这段日记与《楚辞释》互补,揭示了王闿运政治化阐释形成的深层原因:借助屈原的"秘计奇谋"施展自己的"帝王术",以"弱秦复楚"之计谋"弱夷强华之策",希冀得到朝廷的重任,建功立业,使一己之政治目的得以实现。这是历史条件下的出位之思,是纵横思想与经世致用相融合的产物。"弱夷强华之策"在《湘绮楼诗文集》中有专门陈述,《陈夷务疏》《御夷论》即是代表。王闿运曾向丁宝桢建言经营西藏、抵御外国侵略的策略,这在《楚辞释》中也有映射。《离骚》中释"忽吾行此流沙兮,……载云旗之委蛇"十二句曰:"秦之弱楚在据巴蜀取夔巫,以压夷陵。今更欲从黔滇通缅藏,包雍凉,窥蜀通巴,以复夔巫。此原平生壮谋,有志而未得试者,故其词夸壮。"③王闿运把

---

① 王代功述《清王湘绮先生闿运年谱》,第37页。
② [清]王闿运著,吴容甫点校《湘绮楼日记》,第1078—1079页。
③ [清]王闿运著,吴广平校点《楚辞释》,第32页。

平生的"壮谋"借屈原之口说出,对时世多加比附,无非是一个纵横家待时而用的渴望与心声。"弱夷强华"借弱秦强楚得以恰当呈现,可以说,时世政治直接影响了《楚辞释》对原作的阐释。

然而,王闿运并没能实现这样的政治理想。"无由陈于朝廷",是其游历大半个中国后游说不得的写照。他在《思归引(并序)》中称:"游半天下,未尝困厄,然皆无一岁之留,望望而辄去。虑一牵维,为智者笑也。"①光绪十年二月廿六日,王闿运在《日记》中说:"重读《九章》,知屈子再逸而知己非,深悟释阶登天之必败,余近岁沉思乃觉焉。……既恨屈原不见我,又恨我不见屈原。"②王闿运深悟屈原"释阶登天之必败",也是对自己人生的反思。此时他是一个失意的纵横家,所志不遂的悲凉感与屈原的心情如出一辙。陈子展《楚辞直解》在分析《九章·悲回风》时也说:"王闿运释'登石峦以远望'一句云:'登夷陵以上夔巫诸山,望蜀忧秦也。'释'托彭咸之所居'一句云:'欲还都夔巫,控蜀以制秦也。今彭水在涪万间,其大彭旧国乎?'凡所云云,则近凿矣。彼盖自伤其一生纵横计不就,而有托焉者也。"③王闿运以纵横自许,纵横家的悲剧无不打上时代的烙印。身份的限制,使得他必须借助权贵来施展自己的才识谋略,但时局的变化以及历史潮流的发展并未给予他改造现实的机会。当他阐释《楚辞》时,也就把现实种种纳入他的思想体系,借屈原、宋玉等人之口,抒己不得时、不得遇的感慨。王闿运在《与李提督》中说:"自来曾、胡、左、丁、肃、潘、阎、李诸公相知者多,其或有许其经济,从无赏其纵横。尝有自挽联云:'《春秋表》仅传,正有佳儿学

---

① [清]王闿运《湘绮楼诗文集》,第1339页。
② [清]王闿运著,吴容甫点校《湘绮楼日记》,第1314页。
③ 陈子展撰述,范祥雍、杜月村校阅《楚辞直解》,江苏古籍出版社,1988年,第239页。

《诗》《礼》;纵横志不就,空留高咏满江山。'盖其自负别有在也。"①因为"无赏其纵横",王闿运报国无门,只能借著书传递自己的帝王学。他自负奇才,所遇多不合,这是志不平的无可奈何,也是作为知识分子对自己思想和精神最后的坚守。其弟子杨度作《湖南少年歌》称:"更有湘潭王先生,少年击剑学纵横;游说诸侯成割据,东南带甲为连衡;曾胡却顾咸相谢,先生笑起披衣下;北入燕京肃顺家,自请轮船探欧亚;事变谋空返湘渚,专注《春秋》说民主。"②道出了王闿运施展帝王术不得后,改为著书立说的过程。

四、《楚辞释》在楚辞学史上的影响与地位

《楚辞释》的政治化阐释因为多比附时世,打上了求新尚奇的烙印,这种阐释风格对其弟子廖平的楚辞研究产生了深远影响。师徒两人的楚辞研究皆求新求变,在楚辞学史上别树一帜,自成流派。《楚辞文献集成》所收廖平的楚辞著作有《楚辞新解》一卷、《离骚释例》一卷、《楚词讲义》一卷、《高唐赋新释》一卷。③

廖平楚辞研究的求新尚奇,首先表现在对《楚辞》各篇作者的重新界定上。他在《楚辞新解》中认为《离骚》是屈原所传,并非屈原所撰,《渔父》《卜居》才是屈子自作。在《楚词讲义》中又言:"《秦本纪》始皇三十六年使博士为《仙真人诗》,即楚词也。"他以"词重意复,工拙不一"为由说《楚辞》"非屈子一人所作,当

---

① [清]王闿运《湘绮楼诗文集》,第863页。
② 梁启超著,郭绍虞、罗根泽主编《饮冰室诗话》,人民文学出版社,1959年,第68页。
③ 吴平、回达强主编《楚辞文献集成》,广陵书社,2008年。

日始皇有博士七十人,命题之后,各有呈撰"①。《楚词讲义》释《卜居》《渔父》时,认为"秦博士借屈子之名"作,"非屈子作";释《大招》《招魂》则言"或以为屈子作,或以为宋玉作,皆误。此为道家神游说,与屈子全无关系"②,"《招魂》一博士作,《大招》又一博士作"。③ 释《九章》曰:"《九章》文最冗长,以其非一人之作。汇集九篇而加以'九章'之名,旧以为屈原、宋玉所作者误也。"④廖平这些观点是对既定《楚辞》作者的全面颠覆,阐释过程并无依据,全凭主观判断刻意求新,几乎达到令人瞠目结舌的地步。其次,在文本阐释中,廖平以《诗》《易》和道家言解《楚辞》。《离骚释例》中言:"旧以《离骚》为忧愁疾愤之书,为世间至不满意恨事,读者皆愁苦悲愤。今以《诗》《易》、道家说之,则为人生第一至乐世界。"⑤他释"周游即《周南》,周,遍也;召魂即《召南》,召,招也;如魂兮归来即之子于归"⑥。廖平又说:"《楚词》即道家之神游形化,庄子所谓游于六合以外。故《楚词》全与道家同宗旨,典故全用《山海经》。"⑦凡此种种,多比附想象之

---

① [清]廖平《楚词讲义》,见吴平、回达强主编《楚辞文献集成》,第12529页。
② [清]廖平《楚词讲义》,见吴平、回达强主编《楚辞文献集成》,第12534页。
③ [清]廖平《楚词讲义》,见吴平、回达强主编《楚辞文献集成》,第12536页。
④ [清]廖平《楚词讲义》,见吴平、回达强主编《楚辞文献集成》,第12548页。
⑤ [清]廖平《离骚释例》,见吴平、回达强主编《楚辞文献集成》,第12528页。
⑥ [清]廖平《楚词讲义》,见吴平、回达强主编《楚辞文献集成》,第12529—12530页。
⑦ [清]廖平《楚词讲义》,见吴平、回达强主编《楚辞文献集成》,第12531—12532页。

词,与《楚辞》本旨相去甚远。师徒两人阐释《楚辞》喜求微言大义,王闿运是有自己的政治寄托,廖平比其师更尚奇而多妄议。廖平一生经学六变,越变越离奇,其改从今文经学,受王闿运影响极大。由经学影响到文学,师徒两人在楚辞学史上掀起一股尚奇疑古之风,带来诸多弊病,也推动楚辞研究朝求新求变的方向发展。

在楚辞学史上,廖平否定屈原对《楚辞》的著作权,曾引起轩然大波。对廖平楚辞研究的观点,学界多持批判的声音,但对其师王闿运的评价却大有不同。姜亮夫先生曾说:"清人《楚辞》之作,以戴东原之平允、王闿运之奇邃,独步当时,突过前人,为不可多得云。"①清代是楚辞学的大盛时期,这一时期楚辞学专著之多,是以往任何一个时代所无法比拟的,且成就在王闿运之上的大有人在,姜亮夫先生何以只选取戴震和王闿运作为代表予以高度赞扬,这是饶有意味的。

清代楚辞研究呈现阶段化的特征,以清初、乾嘉、道咸三个阶段为代表,表现出不同的学术倾向和风尚。清初遗民学者的楚辞学著作以王夫之《楚辞通释》和钱澄之《屈诂》为代表,他们将家国时局与个人身世寄寓熔铸在《楚辞》注释中,带有强烈的社会责任感。故国之思与激愤之情的融合,使得清初《楚辞》研究带有鲜明的时代特色。乾隆、嘉庆时期,是清代朴学登峰造极的时期,也是楚辞学极为辉煌的时期,以蒋骥的《山带阁注楚辞》和戴震的《屈原赋注》为代表,楚辞研究呈现出严谨朴实的风格。以戴震为代表的乾嘉诸老由训诂以寻义理,反对空言与臆断,在楚辞研究方面成果丰硕。到道光、咸丰时期,楚辞研究进入了求新求变的时代,王闿运《楚辞释》开其先,廖平承其续。在这一新

---

① 姜亮夫《楚辞书目五种》,见《姜亮夫全集》(五),第265页。

旧思想更替的转捩点上,求新求变与传统朴学本就大异其趣,姜亮夫先生选取戴震、王闿运作为两个时代的代表人物进行评价,称赞王闿运楚辞研究"独步当时,突过前人"的创新性,同时也批评其"不无附会因缘之失"和"篇篇求与时世相应,句句关切怀襄两世,遂至附会过多,不足以服人"的缺点。即便如此,姜亮夫先生仍称其"虽多不中,而可谓好古敏求者矣"①,肯定了王闿运的楚辞研究在清代楚辞学史上的地位和影响。

原刊《湖南科技大学学报》(社会科学版)2016 第 1 期
罗璐:现任长郡梅溪湖中学语文教师

---

① 姜亮夫《楚辞书目五种》,见《姜亮夫全集》(五),第 265 页。

刘宋时期话语转移对文风嬗变的影响

白 崇

刘宋文学变化剧烈：晋宋之际，文坛开始从玄言文风中解脱出来，向建安、太康文风回归，但新的文学风气尚未建立；文帝元嘉时期，形成了以雅丽、精细为主导的文风，奠定了刘宋文学的时代特色；大明、泰始年间，文风又转，雕琢繁密之风流行文坛，"文章殆同书钞"，而以"俗艳"为特征的"休鲍之风"也开始在文坛形成影响。三个阶段不同的文学走向，发生在六十年左右的时间范围内，明显是外力作用下产生的结果。但是，这种外力来自何处？对文风转移又会产生什么样的作用？"文学与一个时代思维的所有其他文化形式和表现同属一个网络"[①]，政治是影响时代思维最深刻、最直接的因素，文学则是时代思维的体现。刘宋时期最突出的政治现象就是权力转移频繁，这导致社会话语不断变动，与文学演进的自身需求一起成为刘宋文坛变迁的根本原因。试论之如下。

一、晋宋之际话语转移与儒家文艺观的回归

东晋社会君弱臣强，士族控制社会话语权。东晋末期，寒门

---

① 杜小贞编选《福柯集》，上海远东出版社，1998年，第81页。

出身的刘裕能力过人,作风强悍。他击败桓玄,逐步控制政权,东晋士族政治的基础不复存在。但是旧士族依然鄙薄刘裕,①这是用文化优势来挑战刘裕的话语权。因此,刘裕不仅需要在政治上、更需要在文化上战胜东晋的旧士族。为了稳固自己的政治地位,也为了在话语争夺中更有发言权,刘裕必须建立新的社会话语体系,以消除士族政治的文化影响力。为此,刘裕做出了一个能够凸显自己能力、打破士族政治偏安局面的决定——北伐。北伐所要恢复的不仅是曾经失去的北方故土,更是要借寰宇澄清的丰功伟绩恢复一种文化的理念——统治者的权威。

伴随着北伐的展开,刘裕开始积极地进行话语内涵的建设。文化特别是文学,曾是旧士族面对刘裕时产生心理优势的根本。因此,配合北伐的展开,他在自己能够控制的范围内,通过组织、参与文学活动来强化自己在政治、文化中的核心地位,重新在士人思想中树立君权意识。

以刘裕为核心的文学活动以彭城之会最为著名,因其有众多著名文学家的参与,历来备受研究者重视。彭城之会有两次,②第一次发生在义熙十二年(416)九月至十三年正月之间。刘裕率军初至彭城,在与幕下臣僚饮宴时,命与会者赋诗,甚至兴之所至时要亲自写一首。这个举动是说明,出身寒素、甚至连字都写不好的刘裕试图在向文化群体靠近,当然这也可能是政治成功带来的心理膨胀。为了避免适得其反,刘裕幕下文士谢

---

① 刘裕执政之初,士族高门多有轻视其人者,如《宋书·武帝纪上》记:"尚书左仆射王愉、愉子荆州刺史绥等,江左冠族。绥少有重名,以高祖起自布衣,甚相凌忽。"见[梁]沈约《宋书》,中华书局,1974年,第9—10页。
② 白崇《元嘉文学二考》,《东疆学刊》2007年第2期。

晦主动要求代作(参见《南史·谢晦传》)。这次文学创作发生的背景是北伐,因此谢晦代刘裕所作诗歌思想较为积极,社会意识突出,其中也带有明显的颂扬意味,其诗为:"先荡临淄秽,却清河洛尘。华阳有逸骥,桃林无伏轮。"①诗意很简单:通过北伐平定北方,天下一统,在和平之中放马南山。这是社会对北伐的期望,也是刘裕最想要的结果。诗中最值得注意的是谢晦所表现出的态度,他虽然没有表达出明确的君臣意识,却将刘裕当作这场伟大复兴运动的核心人物。谢晦是东晋豪门陈郡谢氏的代表人物,他的这种表达是刘裕最希望看到的。

北伐过程中的文学活动以游张良庙最为突出。这是一次政治意图明显的文化活动。《宋书·武帝纪》记:"军次留城,经张良庙,令曰:'夫盛德不泯,义在祀典,微管之叹,抚事弥深。张子房道亚黄中,照邻殆庶,风云玄感,蔚为帝师,……涂次旧沛,仵驾留城,灵庙荒残,遗象陈昧,抚迹怀人,慨然永叹。……'"②张良是辅佐刘邦成就帝业的重要人员,刘裕自认是汉楚元王刘交之后,自然想与汉代皇统建立联系,这是他礼敬张良的政治目的。对于此次文学活动,南齐王俭《七志》记:"宋高祖游张良庙,并命僚佐赋诗。谢瞻所赋,冠于一时。"③以谢瞻诗歌为例,诗中先颂扬了张良助汉高祖安定天下的功绩,然后云:"神武睦三正,裁成被八荒。明两烛河阴,庆霄薄汾阳。銮旌历颓寝,饰像荐嘉尝。圣心岂徒甄,惟德在无忘。"④这几句赞美了刘裕北伐的伟大成就以及不忘先朝旧臣的"圣心",已经将刘裕作为比肩尧舜

---

① 逯钦立辑校《先秦汉魏晋南北朝诗》,中华书局,1983年,第1140页。
② [梁]沈约《宋书》,第41页。
③ [清]何文焕辑《历代诗话》,中华书局,1981年,第551页。
④ 逯钦立辑校《先秦汉魏晋南北朝诗》,第1133页。

的圣君看待，诗意《文选》六臣所注甚详，可参看。①

　　义熙十三年十一月，刘裕留在京城执行看守任务的重臣刘穆之病卒，为了防止他人乘虚而入，刘裕放弃北伐，回到彭城。义熙十四年秋天，同在彭城的孔季恭辞职返乡，刘裕与幕下臣僚饮宴送别，"咸赋诗以述其美"②。这是第二次彭城之会。在北伐取得极大成功的前提下，这次文学活动的创作核心是借孔季恭的隐退，歌颂刘裕的功绩，谢瞻、谢灵运都有《九日从宋公戏马台集送孔令诗》，谢瞻诗曰："圣心眷嘉节，扬銮戾行宫。"③谢灵运诗曰："良辰感圣心，云旗兴暮节。鸣葭戾朱宫，兰卮献时哲。"④如果说第一次彭城之会时刘裕的幕僚君臣意识尚不突出，经历北伐之后，大家已经有意无意地将刘裕视为真正的政治核心。元代方回《文选颜鲍谢诗评》评谢瞻曰："宋国建，无晋君矣，故二谢诗皆有'圣心'之语。"评谢灵运曰："宋台既建，坐受九锡，则（刘）裕为君而晋安帝已非君矣。"⑤可以看出，具有高下等级之分的君臣意识在以谢灵运为代表的士族文人精神世界中出现了，刘裕所代表的尊贵权势再也不容小觑，社会的话语权真正集中在刘裕身上。

　　北伐以及北伐中的文化活动，有力地支撑了刘裕的话语权建设，并开始对文坛产生影响。东晋玄言玄风的盛行，根本在于社会话语权归属于士族，包括文学在内的社会思潮以士族文化

---

① ［梁］萧统编选，［唐］李善等注《六臣注文选》，浙江古籍出版社，1999年，第373—375页。
② ［梁］沈约《宋书》，第1532页。
③ 逯钦立辑校《先秦汉魏晋南北朝诗》，第1131页。
④ 逯钦立辑校《先秦汉魏晋南北朝诗》，第1157—1158页。
⑤ （元）方回选评，李庆甲集评校点《瀛奎律髓汇评》，上海古籍出版社，1986年，第1845页。

为内核,皇室根本无力对社会风气做出引导。刘裕强化儒家政治话语,强化对文人的控制与吸引,君尊臣卑的儒家典范政治模式重新回归,整个社会话语体系被重新构建,寄附于士族政治的玄学风气也因其社会基础的失去而逐渐淡化,有利于儒家文艺观念在晋末文坛重新抬头。这是义熙、元熙年间刘裕幕府中的很多作家没有走玄言文风的道路而是向建安、太康文风回归的根本原因。如谢灵运的《彭城宫中直感岁暮诗》《愁霖》《岁暮》、颜延之的《北使洛》《还至梁城作诗》等作品,都具有感情真挚丰富、格调沉郁有力的特点,近于建安文风。谢灵运和颜延之出身于东晋大族,他们寄身刘裕幕府,无法再过悠游自在的士族生活,还被迫为军国之事背井离乡,这也有助于他们突破士族生活的局限,视野与感情较之东晋玄谈之士丰富、深刻许多,创作风格也随之改变。当然,从颜、谢的作品中也可以看出士人精神世界双重人格的现象开始变得明显。东晋士族是社会的实际控制者,宫廷文化都要向其靠拢、适应,所以东晋士族双重人格的特征并不明显,士族的群体精神也能够直接在文坛得到反映。自刘裕成为统治核心,士人在文学中已经无法自由地展示个性。彭城之会如此,游张良庙亦如此。代晋之后,刘裕更成了高高在上的帝王,文人的心理优势已经荡然无存。永初二年(421)三月三日,宫廷举行曲水宴会,谢灵运与颜延之均有《三月三日侍宴西池诗》,①谢诗云:"详观记牒,鸿荒莫传。降及云鸟,曰圣则天。虞承唐命,周袭商艰。江之永矣,皇心惟眷。矧乃暮春,时物芳衍。滥觞逶迤,周流兰殿。礼备朝容,乐阕夕宴。"②这首诗

---

① 顾绍柏先生认为此诗作于本次曲水之会上,从诗意看,较为符合。见顾绍柏校注《谢灵运集校注》,中州古籍出版社,1987年,第28—29页。
② 逯钦立辑校《先秦汉魏晋南北朝诗》,第1153页。

以歌颂新朝建立为主要内容，采用的是晋宋时期最为典雅的四言，延续的是《诗经》中的大雅风格，诚惶诚恐之意非常明显。谢灵运入宋之后，被降爵为侯，加之他曾在刘裕政敌刘毅幕下任职，在面对新朝时心态显然复杂，直接影响了诗歌的情绪表达。在这次活动中，颜延之也有同题应制之作，思想与风格倾向与谢灵运极为一致。

晋宋易代，刘裕建构了以君权为核心的话语体系，儒家观念迅速回归，成为扫除玄言文风的基础。依附于政治的作家对社会话语内涵变动较为敏感，他们或许是无奈地接受这种变化，但他们依然在思想与行为（包括文学创作）上迅速进行适应性的调整。晋宋之际文学风气的转移，存在文学自身的原因，但是根本在于社会话语已经不再适于旧的玄言文学存在。刘裕所建构的话语体系更偏重于政治，在文化上则缺少建树，无法引导文学领域建立新的时代特色。在新的文学风气产生之前，晋宋之际的文学必然回归到以儒家话语内涵为主导的建安、太康文学的道路上。刘裕虽然为晋宋文风的变迁打下了基础，却没有给元嘉文学带来决定性的影响，刘宋文学典范文风到他的继任者时才得以确立。

二、元嘉时期话语转移与雅丽文风的形成

刘裕去世之后，朝政逐渐被傅亮、徐羡之、谢晦三位顾命大臣控制。少帝刘义符行为荒唐，傅亮等人欲行废立，但刘裕次子庐陵王刘义真举止轻浮，也不是理想的人选。故傅亮等人先后将刘义真、刘义符废杀，扶持刘裕第三子刘义隆登基。这场政治变动导致刘裕时代为君权所控制的话语权被以傅亮等为代表的

旧士族势力控制。

三位顾命大臣中,傅亮是核心人物。他出身儒家旧族,祖父为西晋名臣傅咸。傅亮的文化观念相对传统,较之东晋士族略有不同。他为人正直,虽然在晋宋易代中选择了刘裕,却能忠心耿耿于新朝,即便是主持废杀了刘义符与刘义真,也是为刘宋政权的长期稳定考虑。① 然而,政治权力的转移,让君王与权臣的关系重回类似东晋时期的态势,这就导致永初三年至元嘉三年(426)之间,社会无法产生新的话语体系,也无法引领文坛进行进一步的调整。但是,这次话语转移产生了唯一的变体,就是谢灵运。

少帝即位之初,谢灵运被傅亮等人打压,外放为永嘉太守,次年谢灵运辞职返回会稽。永嘉与会稽闲居期间,谢灵运脱离了各种纷乱的政治话语环境,在相对自由的环境中,恢复了士族名士的行为方式。《宋书·谢灵运传》记:"郡有名山水,灵运素所爱好,出守既不得志,遂肆意游遨,遍历诸县,动逾旬朔,民间听讼,不复关怀。所至辄为诗咏,以致其意焉。在郡一周,称疾去职,……灵运父祖并葬始宁县,并有故宅及墅,遂移籍会稽,修营别业,傍山带江,尽幽居之美。与隐士王弘之、孔淳之等纵放为娱,有终焉之志。"②在文学创作上,谢灵运借鉴了赋的描写手法,并将其转移到山水景物的描写中,取得了空前成功,一扫文坛的颓靡之气,以至于"每有一诗至都邑,贵贱莫不竞写,宿昔之间,士庶皆遍,远近钦慕,名动京师"③。但客观而言,谢灵运这

---

① 傅亮被杀之前,曾曰:"亮受先帝布衣之眷,遂蒙顾托。黜昏立明,社稷之计也。欲加之罪,其无辞乎!"见[宋]司马光编著《资治通鉴》,中华书局,2007年,第1447页。
② [梁]沈约《宋书》,第1753—1754页。
③ [梁]沈约《宋书》,第1754页。

一阶段的诗歌创作,成就虽高却带有强烈的个性色彩,其诗歌在华丽、玲珑、细腻、天才气质突出的同时,也有散漫不羁的缺点,诗歌中还普遍存在玄风的痕迹,其《登池上楼》等名作均是如此。可以说,外在话语限制的消除,让谢灵运的诗歌回归到了东晋名士的话语体系之内。他的诗歌在社会上的流行,一方面说明其艺术成就极高,另一方面也说明社会话语已经脱离了皇权的控制,有向士族话语回归的倾向,这使得谢灵运的诗歌被以士族为主体的知识阶层广泛接受。

元嘉三年,隐忍多时的宋文帝以雷厉的手段诛杀了权臣傅亮、徐羡之、谢晦,政治权又回到了文帝手中,为了消除傅亮等人的影响,也为了刘裕开创的君权政治能够延续下去,建构新的话语体系成为当务之急。较之宋武帝刘裕,文帝的文化水平更高,文化心态也更为自信,但建立一套属于自己的话语体系对于文帝而言难度很大(文帝生于义熙三年,即位时年仅十七岁)。因此他更多是从自己的政治同盟者谢灵运与颜延之那里吸取文学成果,以树立自己认可的文学风格与艺术倾向。文帝之所以将颜、谢视为自己的文化同盟,在于二人与皇室成员关系密切,属于寄附于皇室的人物,认同皇权的权威,同时还与文帝政敌傅亮、徐羡之不睦。《宋书·庐陵孝献王刘义真传》记载:"义真聪明爱文义,而轻动无德业。与陈郡谢灵运、琅邪颜延之、慧琳道人并周旋异常,云得志之日,以灵运、延之为宰相,慧琳为西豫州都督。"[①]这让当时的权臣徐羡之等人对谢灵运、颜延之都非常不满,颜延之甚至与傅亮有冲突:"时尚书令傅亮自以文义之美,一时莫及,延之负其才辞,不为之下,亮甚疾焉。庐陵王义真颇

---

① [梁]沈约《宋书》,第1635—1636页。

好辞义,待接甚厚,徐羡之等疑延之为同异,意甚不悦。"①后来少帝被废,义真被杀,颜、谢作为三位大臣政治的障碍,则被外放。文帝执政之后,将二人召回,更在文学上与二人有诸多交流。如《南史·颜延之传》记:"延之与陈郡谢灵运俱以辞采齐名,而迟速县绝。文帝尝各敕拟《乐府·北上篇》,延之受诏便成,灵运久之乃就。"②顾绍柏先生认为此事发生在元嘉三年或四年。颜延之与谢灵运元嘉十年之前同时在京任职也只有这一阶段,顾说可从。③材料中,值得注意的是谢灵运的态度。谢灵运自认自己是仅次于曹植的大才,④平时放诞不羁,但在文帝身边,他却变得谨慎小心。这说明谢灵运通过这一时期复杂的政治斗争,看到了文帝控制话语权的决心与能力。谢灵运回归宫廷之后,他的创作显然受到了话语背景转变的影响,私人语境下创作个性受到文帝话语的挤压,逐渐淡化,例如其《从游京口北固应诏诗》:"玉玺戒诚信,黄屋示崇高。事为名教用,道以神理超。……远岩映兰薄,白日丽江皋。原隰荑绿柳,墟囿散红桃。皇心美阳泽,万象咸光昭。……曾是萦旧想,览物奏长谣。"⑤诗中的写景与谢灵运隐居时期作品如出一辙,结尾虽然依然有玄言的气息,但是已经淡化,反而以颂扬帝王为主要内容。整体而言,这首诗在延续华丽、清新风格的同时,增加了典雅、工稳的气质,景物描写与颂美皇室完美结合在一起。谢诗的精致、典雅、华丽,偏重描写清丽秀美之境,又间带颂美,写作技巧上以赋的

---

① [梁]沈约《宋书》,第1892页。
② [唐]李延寿《南史》,中华书局,1975年,第881页。
③ 顾绍柏校注《谢灵运集校注》,第439页。
④ "谢灵运尝曰:'天下才有一石:曹子建独占八斗,我得一斗,天下共分一斗。'"见《释常谈》,《丛书集成初编》本,中华书局,1985年,第12页。
⑤ 逯钦立辑校《先秦汉魏晋南北朝诗》,第1158页。

方式进行精巧铺写,都符合文帝的话语内涵。因为典雅华丽、和谐宁静的文学创作,可以理解为通过和谐的自然美描写凸显帝王治下社会的优美与和谐,是服务、服从于文帝君权话语的表现,是谢灵运对文帝话语体系的臣服,他塑造了文帝宫廷应制文学的风格,同时自己也被应制文学所塑造。这也是谢诗为文帝接受甚至推崇的根本原因。

元嘉六年以后,因朝臣之间的斗争以及文帝身体欠安,彭城王刘义康逐渐成为执政人物。① 《宋书·刘义康传》记:"六年,司徒王弘表义康宜还入辅,……弘既多疾,且每事推谦,自是内外众务,一断之义康。"② 义康精于政事,执政之后,"性好吏职,锐意文案,纠剔是非,莫不精尽。既专总朝权,事决自己,生杀大事,以录命断之。凡所陈奏,入无不可,方伯以下,并委义康授用,由是朝野辐凑,势倾天下。义康亦自强不息,无有懈倦"③。文帝的话语权逐渐丧失。这次话语转移对文坛影响极大,因为在话语权争夺中,原先文帝话语体系下的文人不断受到打击,文坛的发展受到影响。代表性事件之一是谢灵运之死。关于谢灵运之死,虽然有其自身的原因,但更多人认为背后的原因是刘义康。如李雁先生认为谢灵运被杀真正的原因是一次政治斗争与阴谋,文帝本想赦免谢灵运,但彭城王刘义康却坚决要置谢灵运于死地。④ 谢灵运被杀使当时的文坛丧失了领袖人物,原本以谢灵运诗歌趋向为主导的文坛发展脉络无法延续。第二个代表性

---

① 可参看张金龙《元嘉中期君相之争与禁卫军权》,《社会科学战线》2003年第5期。
② [梁] 沈约《宋书》,第1790页。
③ [梁] 沈约《宋书》,第1790页。
④ 李雁《谢灵运被劾真相考——兼考谢灵运之卒期》,《文学遗产》2001年第5期。

事件是颜延之退出了文学主流体系。颜延之也是文帝话语体系中的重要组成部分,但刘义康当政之后,他逐渐被排挤打击。《宋书·颜延之传》记:"延之好酒疏诞,不能斟酌当世,见刘湛、殷景仁专当要任,意有不平,常云:'天下之务,当与天下共之,岂一人之智所能独了!'辞甚激扬,每犯权要。谓湛曰:'吾名器不升,当由作卿家吏。'湛深恨焉,言于彭城王义康,出为永嘉太守。延之甚怨愤,乃作《五君咏》以述竹林七贤,山涛、王戎以贵显被黜,……湛及义康以其辞旨不逊,大怒。时延之已拜,欲黜为远郡,太祖与义康诏曰:'……'乃以光禄勋车仲远代之。延之与仲远世素不协,屏居里巷,不豫人间者七载。"①按:元嘉十一年,江夏王刘义恭、衡阳王刘义季出藩,据颜延之《应诏宴曲水作诗》题下注引《宋略》记:"文帝元嘉十一年三月丙申,禊饮于乐游苑。且祖道江夏王义恭、衡阳王义季。有诏会者赋诗。"②颜延之《三月三日曲水诗序》备叙其事:"加以二王于迈,出饯戒告,有诏掌故,爰命司历。献洛饮之礼,具上巳之仪。南除辇道,北清禁林,……方且排凤阙以高游,开爵园而广宴,并命在位,展诗发志,则夫诵美有章,陈言无愧者欤。"③可见,颜延之元嘉十一年依然在朝中任职,但不久就退居乡里。元嘉十七年颜延之起为始兴王浚后军咨议参军,前后符合七年之数。不到一年时间内,文帝在文化上最为倚重的两个文人相继退出社会话语体系,而文帝对此竟然束手无策,刘义康的政治控制显然已经形成。但刘义康不热衷文学而强调吏干,围绕在他周围的幕僚也基本倾向于此,如义康集团最重要的成员刘湛"少有局力,不尚浮

---

① [梁]沈约《宋书》,第1893页。
② 逯钦立辑校《先秦汉魏晋南北朝诗》,第1225页。
③ [清]严可均校辑《全上古三代秦汉三国六朝文》,中华书局,1958年,第2640页。

华。……不为文章,不喜谈议"①。这就决定了在刘义康执政时期,以谢灵运、颜延之为代表的符合文帝话语内涵的文学无法正常发展。因此,在刘义康话语体系影响下,文坛形成了一个七年左右的低潮时期。因此,元嘉十年左右是刘宋文学的一个特殊的时间节点:谢灵运被杀、谢惠连病亡、颜延之退隐,刘宋文学早期探索在这个时间节点基本结束。当然,刘义康作为皇室成员,代替多病的文帝执政,也基本被视为皇权的范畴,这决定了东晋旧士族的玄言文风无法抬头。

由于刘义康"素无术学,暗于大体,自谓兄弟至亲,不复存君臣形迹,率心径行,曾无猜防"②,最终引起文帝的反感。元嘉十七年,文帝又是隐忍之后突然发力,清除了刘义康党羽,并将刘义康赶下权力舞台。为消除刘义康的影响,元嘉二十二年,又借刘义康名义,将范晔等人诛杀。在这场话语权的争夺中,文帝隐忍坚定甚至残酷无情的一面被展现出来。士人心生恐惧之余再也无人敢去触碰文帝的话语权。裴子野论曰:"夫在上为善,若云行雨施,万物受其赐;及其恶也,若天裂地震,万物所惊骇,其谁弗知,其谁弗见!岂戮一人之身,钳一夫之口,所能攘逃,所能弭灭哉?是皆不胜其忿怒而有增于疾疹也。以太祖之含弘,尚掩耳于彭城之戮;自斯以后,谁易由言!有宋累叶,罕闻直谅,岂骨鲠之气,俗愧前古?抑时王刑政使之然乎?张约陨于权臣,扶育毙于哲后,宋之鼎镬,吁,可畏哉!"③在文学上,元嘉十年之前文帝所认可的典雅、精巧的文学形态逐渐回归,也逐渐发生变化。太康以来,士族文学的一贯风格就是典雅与华丽,但在文帝

---

① [梁] 沈约《宋书》,第 1815 页。
② [梁] 沈约《宋书》,第 1790 页。
③ [宋] 司马光编著《资治通鉴》,第 1494 页。

的意识中,自己时代的文学不仅要如此,更要能凸显皇权的崇高与权威,士族文学更要顺服于王权。这种意识助长了文学的形式主义因素,因为文学中辞采的优美与形式的整饬也可以看作皇权高贵气度的体现,是颂美君王的一种方式,这是文帝认可的文学倾向。文学的形式主义因素如骈对、声律等等,在元嘉十年之前的文坛中已经存在;但元嘉十七年之后,形式主义的风气在社会中开始流行。以颜延之《赭白马赋》为例,赋有序:"乃有乘舆赭白,……服御顺志,驰骤合度。齿历虽衰,而艺美不忒。袭养兼年,恩隐周渥。岁老气殚,毙于内栈。……有恻上仁,乃诏陪侍,奉述中旨。末臣庸蔽,敢同献赋。"①据文中"惟宋二十有二载"看,此赋当作于元嘉十八年。对一匹死去的马进行哀悼,并要求宫廷文人创作作品,有文帝奖掖忠诚于自己的大臣的含义,也是借马来提醒朝中大臣认清方向。颜延之的赋是群臣所作中的一篇,典丽精工,气调宏雅,对帝王心态把握准确,是宫廷颂美辞赋中最具有代表性的作品。但更值得注意的是,这篇赋已经基本符合骈赋的标准:对仗工整、用典繁密、声韵和谐。这种骈俪化的创作倾向通过宫廷逐渐开始向各种文体渗透,成为元嘉文坛文体演进的整体趋势。

文帝的心态也开始出现变化,《宋书·礼志三》载:"宋太祖在位长久,有意封禅。遣使履行泰山旧道,诏学士山谦之草封禅仪注。其后索虏南寇,六州荒毁,其意乃息。"②元嘉二十六年,"帝欲经略中原,群臣争献策以迎合取宠"③。元嘉后期,因为文帝全面控制了社会话语,自我成就感很高,便热衷于用文学来颂扬个人功绩。例如文帝、颜延之、刘义恭均有《登景阳楼诗》。文

---

① [清]严可均校辑《全上古三代秦汉三国六朝文》,第2633页。
② [梁]沈约《宋书》,第439页。
③ [宋]司马光《资治通鉴》,第1512页。

帝诗云:"崇堂临万雉,层楼跨九成。……蔓藻媛绿叶,芳兰媚紫茎。""士女眩街里,轩冕曜都城。"①颜延之诗云:"风观要春景,月榭迎秋光。沿波被华若,随山茂贞芳。"②刘义恭诗云:"丹墀设金屏,瑶榭陈玉床。温宫冬开燠,清殿夏含霜。弱蕊布遐馥,轻叶振远芳。……通川溢轻舻,长街盈方箱。"③这三首诗均写在景阳楼上所见之春景,反映出的时令、内容一致,故可以确定是同时同题所作。关于"景阳楼",宋人周应合《景定建康志》卷二十一"景阳楼"条记:"今法宝寺西南精锐中军寨内,遗址尚存,里俗称为景阳台。"考证引《舆地志》曰:"宋元嘉二十二年,修广华林园,筑景阳山,始造景阳楼。"④《宋书·何尚之传》记:"(元嘉)二十二年,迁尚书右仆射,加散骑常侍。是岁造玄武湖,上欲于湖中立方丈、蓬莱、瀛洲三神山,尚之固谏乃止。时又造华林园,并盛暑役人工,尚之又谏,宜加休息,上不许。"⑤但《宋书·文帝纪》记:"是岁(按:指元嘉二十三年),大有年。筑北堤,立玄武湖,筑景阳山于华林园。"⑥《宋书·张永传》记:"(元嘉)二十三年,造华林园、玄武湖,并使永监统。"⑦可见玄武湖与华林园开工于元嘉二十二年,可能于元嘉二十三年完工。文帝早期延续了宋武帝的执政风格,较为节俭。但承平日久,文帝的心理自然也在变动,从景阳楼大兴土木一事可见一斑。这三首诗的创作时间当在元嘉二十四年或二十五年的春天,因为元嘉二十

---

① 逯钦立辑校《先秦汉魏晋南北朝诗》,第1137页。
② 逯钦立辑校《先秦汉魏晋南北朝诗》,第1237页。
③ 逯钦立辑校《先秦汉魏晋南北朝诗》,第1248页。
④ [宋]周应合《景定建康志》,见《景印文渊阁四库全书》史部第210册,台湾商务印书馆,1983年,第134页。
⑤ [梁]沈约《宋书》,第1734页。
⑥ [梁]沈约《宋书》,第94页。
⑦ [梁]沈约《宋书》,第1511页。

六年春，文帝巡行丹徒，五月返京；二十七年春二月北魏南侵，京师扰动，七月更有北伐之事；二十八年春军罢；二十九年社会尚未从战争之后恢复，不可能出现"士女眩街里，轩冕曜都城""通川溢轻舻，长街盈方箱"的景象。三首诗的景物描写在手法与风格上都有精细、华丽的特征，字句锤炼的痕迹非常明显，并熟练运用了骈对技巧，极其类似谢灵运的山水诗。三首诗的区别在于，文帝借写景表现出作为这一切的缔造者的志得意满，而颜延之与刘义恭的作品则以谦恭的态度通过写景来歌颂帝王的丰功伟业。

　　文帝执政时期是南朝文学发展的黄金阶段，元嘉文风的形成与之关系密切。一方面，文帝对文坛的推动之功不容忽视，他将社会上最优秀的文人汇集到自己周围，组织、参与文学活动，逐渐将展现帝王治下社会的和谐优美、颂扬君王的文治武功作为新的文学内涵渗透到社会文学思潮之中，并由此建立了自己认可的文学话语内涵，给这一时期的文学带上了浓郁的宫廷气息。元嘉诗坛对外物细腻描写的写作范式，虽然是谢灵运所创，但真正能将其推及整个诗坛的却是具有文化核心地位与文化扩散能力的宫廷。文帝对文学的热爱，在一定程度上鼓舞了当时的文坛。纵观文帝时期的应制诗歌，作品数量多，而且成就高，如颜延之有《应诏观北湖田收诗》《车驾幸京口侍游蒜山作诗》《车驾幸京口三月三日侍游曲阿后湖作诗》《拜陵庙作诗》，范晔有《乐游应诏诗》等等，均为《文选》收录。因此，元嘉时期的应制诗歌具有一定的典范意味，文帝话语权的文学实践无疑是成功的。

　　另一方面，文帝精于政治手腕，他对朝政以及知识分子的控制较之其父更加突出。文帝对文人的全面控制，导致文人匍匐于宫廷文化之下，接受、顺从文帝的话语内涵，也使宫廷成为整个社会文风的风向标,典雅、华丽、工整成为元嘉文学的主流。

三、刘宋后期话语转移与文风转移的契机

元嘉三十年,太子刘劭与始兴王刘濬弑杀文帝,文帝第三子武陵王刘骏起兵将二人诛杀后登基,是为孝武帝。在文帝诸子中,孝武帝最富文学才华,据《隋书·经籍志》,孝武帝有集二十五卷(梁时三十一卷),现存诗歌二十七首、赋两篇、制一篇、诏九十二篇、赐一篇、戒二篇、答二篇、教一篇、表三篇、颂两篇、赞五篇、铭一篇、墓志一篇、祈文一篇,在《诗品》中被列入下品。① 但孝武帝的个性对文坛的影响更为显著。他已经算是较为成功的文人,但同时他也是皇帝,这两种身份给他带来的则是文化上的自高自大,唯我独尊。如果文帝是在争夺话语权,那孝武帝则是通过一种畸形的心态来控制话语权。所以,孝武帝时期的文坛更多的是笼罩在他的话语体系之下,他以一己之力操控了文坛走势。

《华林都亭曲水联句效柏梁体诗》被归在孝武帝名下,诗云:"九宫盛事予旒纩(帝)。三辅务根诚难亮(扬州刺史江夏王义恭)。策拙扮乡惭恩望(南徐州刺史竟陵王诞)。折冲莫效兴民谤(领军将军元景)。侍禁卫储恩逾量(太子右率畅)。臣谬叨宠九流旷(吏部尚书庄)。喉唇废职方思让(侍中偃)。明笔直绳天

---

① 参见[唐]魏徵、令狐德棻《隋书》,中华书局,1973年,第1071页;[清]严可均校辑《全上古三代秦汉三国六朝文》,第2465—2476页;逯钦立辑校《先秦汉魏晋南北朝诗》,第1218—1224页;钟嵘著,陈延杰注《诗品注》,人民文学出版社,1961年,第63页。

威谅(御史中丞颜师伯)。"①据《宋书·孝武帝纪》,刘义恭任扬州刺史时间在孝建二年(455)十月至三年七月,竟陵王刘诞任南徐州刺史也是从孝建二年十月开始。故此次应制文学活动发生于孝建三年三月三日。孝武帝以弑君弑父名义诛杀太子刘劭与始兴王刘濬,名正言顺地登基,为了话语权不至于旁落他人手中,孝建二年,孝武帝开始限制诸王权力,很快控制朝政。上巳曲水饮宴是六朝最为流行的活动,于饮宴中穿插文学活动很正常。在这次联句游戏中,他非常自得,自谓"盛事";而刘义恭等人的诗句却让人觉得低声下气,战战兢兢。从中可以看出孝武帝朝廷君臣关系较之文帝时期更加紧张。事实也是如此,《宋书·刘义恭传》记:"时世祖严暴,义恭虑不见容,乃卑辞曲意,尽礼祗奉,且便辩善附会,俯仰承接,皆有容仪。每有符瑞,辄献上赋颂,陈咏美德。"②可见孝武帝对朝中大臣的威压极为强大,大臣胆战心惊之余,还要挖空心思用孝武帝热衷的文学去迎合、奉承。较之文帝,孝武帝对话语权的迷恋达到了病态的程度,在文学上更难以容下比自己更优秀的人。《宋书·鲍照传》记:"世祖以照为中书舍人。上好为文章,自谓物莫能及。"鲍照为了投其所好,"为文多鄙言累句"。③宫廷文人屈服于孝武帝的淫威,私人语境下的创作习惯被全面压制,其文学只能步趋于孝武帝的文学品味。这对当时文坛的影响有两个方面。其一,孝武帝渴望用文学压倒别人的病态文学追求,在缺乏深刻社会体验的前提下,他的文学只能走雕琢纤细的路线,其诗"雕文织彩,过为精密"④。这种文学风格取向规范了宫廷应制文学,并通过应制文

---

① 逯钦立辑校《先秦汉魏晋南北朝诗》,第1224页。
② [梁]沈约《宋书》,第1650页。
③ [梁]沈约《宋书》,第1480页。
④ 钟嵘著,陈延杰注《诗品注》,第63页。

学影响整个社会的风气,雕饰华丽、用典繁密、拘泥技巧之风成为大明、泰始时期文坛的主流。钟嵘将这种风气的源头归之于颜延之和谢庄:"颜延、谢庄,尤为繁密,于时化之。故大明泰始中,文章殆同书钞。"①颜延之是当时最有声望的宫体作家,诗歌以雅丽繁密为特征,谢庄诗作本以"清雅"见长(见钟嵘《诗品》"宋光禄谢庄"条),但二人宫廷环境中的应制创作受到孝武帝的强烈影响,无法将自我个性蕴含其中,只能走雕饰、精密之路,失去了个性的作品也更显拘谨。元嘉典雅、清丽的文风已经在宫廷文学的干扰之下,于此时走到了尽头。其二,孝武帝对大臣集中地以文学的方式向其献媚、臣服其话语体系的行为极为热衷,导致当时宫廷中的文学创作存在游戏的倾向。如《宋书·谢庄传》记:"时河南献舞马,诏群臣为赋,……又使(谢)庄作《舞马歌》,令乐府歌之。"②此次活动中其他作家的作品均已散失,惟有谢庄《舞马赋应诏》得以保留。又《宋书·符瑞志》记:"大明五年正月戊午元日,花雪降殿庭。时右卫将军谢庄下殿,雪集衣。还白,上以为瑞。于是公卿并作花雪诗。"③谢庄《和元日雪花应诏诗》云:"从候昭神世,息燧应颂道。玄化尽天秘,凝功毕地宝。笙镛流七始,玉帛承三造。委霰下璇蕤,叠雪翻琼藻。积曙境宇明,联萼千里杲。掩映顺云悬,摇裔从风扫。发贶烛侄前,腾瑞光图表。泽厚见身末,恩逾悟生眇。竦诚岱驾肃,侧志梁銮矫。"④诗中典故繁密,用词虽精美,但艰涩凝滞,与文帝时期宫廷应制诗歌风格迥异,更侧重于歌功颂德。还有一些应制文学活动,游戏的色彩更加明显。《宋书·沈庆之传》记:"上(指孝武

---

① 钟嵘著,陈延杰注《诗品注》,第4页。
② [梁]沈约《宋书》,第2175—2176页。
③ [梁]沈约《宋书》,第873页。
④ 逯钦立辑校《先秦汉魏晋南北朝诗》,第1250页。

帝)尝欢饮,普令群臣赋诗,庆之手不知书,眼不识字,上逼令作诗,庆之曰:'臣不知书,请口授师伯。'上即令颜师伯执笔,庆之口授之曰:'微命值多幸,得逢时运昌。朽老筋力尽,徒步还南岗。辞荣此圣世,何愧张子房。'上甚悦,众坐称其辞意之美。"①沈庆之本是武将,"逼令"二字表明,孝武帝已经将自己视为文化的优势者,对沈庆之有一种居高临下的心理优越感,这是一种病态的文学心理,明显带有看人笑话的倾向。而不识字的沈庆之竟能作出这样的诗,则说明当时社会对文学普遍较为热衷。

值得一提的是,孝武帝猜忌诸王,重用寒素,导致宫廷作家中寒族文人比例开始上升,给逐渐走向极端的元嘉文风留下了再次转移的契机。这些寒族作家的代表是鲍照、苏宝生、汤惠休、徐爱、戴法兴等人,他们的文学成就很高,鲍照是"元嘉三大家"之一,苏宝生、戴法兴、汤惠休则位列《诗品》下品。在宫廷背景下,他们的文学创作要向孝武帝的话语体系靠近,但宫廷也给他们机会与当时文坛核心人物颜延之、谢庄等人交流、学习,从而提高他们的文学素养。然而在私人创作语境中,他们则拥有相对自由的创作空间。较之士族,这些寒族作家受儒家雅正文学观念影响小,容易接受新的文学因素,他们的文学创作也因而与主流文风略异。《诗品》评鲍照云:"贵尚巧似,不避危仄,颇伤清雅之调。故言险俗者,多以附照。"②《南齐书·文学传论》亦云:"发唱惊挺,操调险急,雕藻淫艳,倾炫心魂。亦犹五色之有红紫,八音之有郑、卫,斯鲍照之遗烈也。"③而汤惠休诗"淫靡,

---

① [梁]沈约《宋书》,第 2003 页。
② 钟嵘著,陈延杰注《诗品注》,第 47 页。
③ [梁]萧子显《南齐书》,中华书局,1972 年,第 908 页。

情过其才"①。鲍照与汤惠休诗歌造语新奇,感情表达较之士族作家更加自由,大胆运用歌行体、吴歌、西曲等乐府体制,在当时文坛独树一帜。在宫廷,这些寒族作家的创作必须服从孝武帝的话语权,但他们同时也是孝武帝控制朝臣政治手段的组成部分,代表了皇权的威压。所以在与外界的交往中,这种身份则有利于他们扩展自己的文学影响。而真正给鲍照、汤惠休文风影响文坛带来机会的,是大明、泰始时期话语权的再次转移。

大明八年(464),孝武帝去世,太子刘子业即位。子业性情残暴,荒淫无度,猜忌、诛戮朝臣与诸王。景和元年(465),文帝第十一子刘彧将子业废杀,自立为帝,是为宋明帝。从政治的角度来看,明帝获得了话语权,但他对话语权的控制显然不如孝武帝。从个性而言,明帝较之孝武帝宽缓很多。加之即位之后,四方反叛,到泰始二年(466)方才结束,为了尽快控制朝政,明帝采取了宽缓的态度:"及即大位,四方反叛,以宽仁待物,诸军帅有父兄子弟同逆者,并授以禁兵,委任不易,故众为之用,莫不尽力。平定天下,逆党多被全,其有才能者,并见授用,有如旧臣。才学之士,多蒙引进,参侍文籍,应对左右。于华林园含芳堂讲《周易》,常自临听。"②但明帝根基薄弱,赏罚无度,御下无力,《魏书·刘裕传》记明帝"初其即位,军人多被超越,或有不与戎勤,寄名受赏。阮佃夫等并被信委,凡所谈笑,言无不行,抽进阿党,咸受不次之位。故佃夫左右,乃有四军、五校、羽林、给事等官,皆市井佣贩之人,谄附而获。至纲纪不立,风政颓弊,境内多难,民庶嗷然。……于是官品沦黩,士人浑乱,民众颙颙"③。晚

---

① 钟嵘著,陈延杰注《诗品注》,第66页。
② [梁]沈约《宋书》,第170页。
③ [北齐]魏收《魏书》,中华书局,1974年,第2149页。

期,明帝热衷鬼神之事,生活更是奢靡腐化,政局混乱,对社会的控制远不及文帝与孝武帝。同时明帝对文学的态度也不同于孝武帝,他"好读书,爱文义,在藩时,撰《江左以来文章志》,又续卫瓘所注《论语》二卷,行于世"①。这里的"文义"并非单指文学,明帝对文学不是非常热衷,身边能文之士很少,以他为核心的文学活动更是寥寥。这种对文学不关心、不参与的态度实际赋予文坛更大的自由,解除笼罩在文坛的孝武帝话语威压,作家可以在文学中表现更多个性的东西,新的文学潮流也开始在文坛涌动。以鲍照为例,钱仲联先生《鲍照年表》记孝建三年鲍照出为秣陵令,之后又任永嘉令,大明六年赴荆州临海王刘子顼幕府任职。②也就是说,大明、泰始时期,鲍照已经脱离了孝武帝话语体系的直接笼罩,其诗文创作的个性开始凸显出来,陈庆元先生认为:"鲍照后期山水行旅诗已经不再采用元嘉时期叙事—写景—抒情三段式的结构。而较多采用一入手就直接写景的手法,已经比较接近于永明新体诗。另一方面,元嘉时期的写景,无论颜、谢还是鲍照本人,都无一不是尚巧似,而从鲍照后期五言诗来看,他似乎更加注意兴象的营造。"③在颜、谢已经逝去,谢庄又被宫廷束缚的大明、泰始文坛,鲍照与汤惠休华丽清畅甚至略带俗艳的文风更能引起文坛的关注与学习,如《诗品》"齐黄门谢超宗等"条记:"大明、泰始中,鲍、休美文,殊已动俗。"④《南齐书·文学传论》曰:"颜、谢并起,乃各擅奇,休、鲍后出,咸亦标

---

① [梁]沈约《宋书》,第170页。
② [南朝宋]鲍照著,钱仲联增补集说校《鲍参军集注》,上海古籍出版社,1980年,第435页。
③ 陈庆元《大明泰始诗论》,《文学遗产》2003年第1期。
④ 钟嵘著,陈延杰注《诗品注》,第68页。

世。"① 但孝武帝话语体系下的雕镂繁密之风在大明、泰始文坛依然有其影响,这种文风的代表谢庄泰始二年时依然在世。所以,这两种看似矛盾的文学形态可以在社会中共存。但孝武帝及明帝时期话语内涵的转移,却为两种文风的更替打下了基础。随着文坛话语限制的逐渐减弱,在永明时期,雕饰繁密的文风在文坛上的影响已经式微,而以俗艳清丽为特征的"休鲍之风"则愈演愈烈。

四、结　论

刘宋时期的话语权与话语内涵的变动对文风影响极为深刻。东晋时期话语权与话语内涵的界定都由士族把持,因此以士族为主体的作家可以完全根据自己的文化心态进行创作,而不用考虑政治的因素。到刘宋时期,帝王重新控制了政治,并开始从士族手中抢夺文化的话语权,作家的创作必须符合帝王话语内涵的要求,并且这种文学创作所附带的政治、文化话语内涵会通过文学传播对社会产生引导。谢灵运与颜延之之所以成为元嘉文风的代表,与其在文帝时期文化话语体系中的核心地位密不可分。他们的文学符合文帝的话语内涵,得到了最高统治者的认可与推崇,对元嘉文学形成工整华丽、典雅繁复的特征有深刻影响。孝武帝则用一己之力,通过病态的话语权控制与自我欣赏,改变了刘宋文学的自然走向。明帝则给另一种文学风气留下了发展的可能。当然,刘宋帝王通过文化话语体系的建构,成功地拉近与士族的文化距离,功不可没。从此以后,认可文学,热心文学,为刘宋之后历代寒门皇室所仿效,宫廷文学因

---

① [梁]萧子显《南齐书》,第908页。

为带有统治者意志和影响力的因素，对文坛发展更具有指导意义，导致了后来的永明与梁陈时期，华丽、重视形式审美而缺乏内涵成为文学的一大特色。

原刊《广东技术师范大学学报》2022年第2期
白崇：现任广东技术师范大学文学与传媒学院教授、图书馆馆长

从兰台聚到东皋会：
梁初京师文学场域的构建与冲突

刘 祥

梁初文坛的主导者是梁武帝，①整个时代的文学中心在京师建康城。武帝设立诸省吸纳文士、奖掖后进，在游宴活动中激励文学竞争，构建了统一的宫廷文学场域。目前对梁初文学的研究，常被放置在梁前期、永明以后至梁中期或者整个梁代等大的时间段内，或关注文学主体，或讨论创作倾向，或探讨个别文学集团，缺少具体时（梁初）、空（建康城）下对梁初统一文学场域内部互动与分化的研究。实际上，从以诸省为核心的皇家宫殿，到以兰台为象征的城内任昉官邸，再到城外沈约的东皋林薮，建康城由内而外在梁初出现了三个文学中心。受文学、政治权力的交互影响，三者呈现出或同或异的文学特征，影响了梁代的文学走向——四萧文学集团运作方式的确立、梁初诗风的丕变、永明声律文学的传承等皆与之有关。

---

① 兰台聚的核心人物任昉卒于天监七年（508），东皋会的主角沈约卒于天监十二年；且天监十八年，武帝受菩萨戒，潜心佛事，参与文学活动的频率有所降低，文学重心也由武帝宫廷逐渐转移到萧统东宫与藩王幕府。因此，本文讨论的梁初主要集中在天监年间（502—519），尤其是天监十四年萧统加元服之前，此时萧统年纪尚小，武帝勤于政事、热心文学，主导了京师文坛的发展。

一、梁初武帝宫廷雅集与
文学权力的一统

梁武帝继位之初,致力于崇儒兴学、恢复德教,有意通过文化建设使国家成为礼乐正朔之所在。文学上,他不仅创作了大量诗赋、编辑了《历代赋》等文学总集,而且"旁求儒雅,诏采异人,文章之盛,焕乎俱集"①,遂围绕其宫廷,形成了一个统一的文学场域,一改齐末文坛凋零的局面。前辈文人与"后进文学之士"纷纷汇聚到宫廷之中,②号称"魏、晋以来,未有若斯之盛也"③。《梁书·文学传》记载了当时盛况:"每所御幸,辄命群臣赋诗,其文善者,赐以金帛,诣阙庭而献赋颂者,或引见焉。其在位者,则沈约、江淹、任昉,并以文采,妙绝当时。至若彭城到沆、吴兴丘迟、东海王僧孺、吴郡张率等,或入直文德,通宴寿光,皆后来之选也。"④

武帝之所以能掌控文学权力不仅仅是因为其帝王身份,更是他好文、佑文,积极参与文学活动的结果。首先,他通过频繁的文学赏誉,构建起政治、文学领袖的双重身份。文学赏誉起源于汉末人物品评,至宋齐以后,逐渐成为文人揄扬名声、求取仕进的捷径,带有浓厚的政治色彩与象征意义。文学赏誉将赞誉者与被赞誉者一同推到社会舆论的中心,进入大众关注的视野。被赞誉者固然获得高名,赞誉者也集结了一批后进才士,不仅让

---

① [唐]姚思廉《梁书》,中华书局,1973年,第685页。
② 参见聂影《梁代文学主体的变化与文学创作的转型》,《文艺评论》2018年第4期。
③ [唐]李延寿《南史》,中华书局,1975年,第251页。
④ [唐]姚思廉《梁书》,第685—686页。

文学观念有所承继，而且使个人文学地位更加稳固。从某种程度上讲，对他人的赞誉正是赞誉者的自我身份认同，以及对文学发展方向的一种把握。武帝的文学赏誉便带有上述性质，是其掌控文学话语的重要途径。他对梁初文人的赞誉具有普遍性，史书中有明文记载的便有陆倕、丘迟、周兴嗣、袁峻、庾於陵、到洽等人；也具有趣味性，他喜欢轩轾文人兄弟的高下，如访谢举于乃兄谢览，访到洽、到溉、到沆兄弟于丘迟。武帝的赏誉多针对具体创作而发，在收到张率所献《待诏赋》后，他说："省赋殊佳。相如工而不敏，枚皋速而不工，卿可谓兼二子于金马矣。"①又如刘孝绰"尝侍宴，于坐为诗七首，高祖览其文，篇篇嗟赏，由是朝野改观焉"②，经过武帝赞赏，刘孝绰的文学地位得到普遍认可，这正是文坛领袖所具备的话语权力，象征着梁初政治、文学权力的重合。

其次，武帝成立了专门机构安置文学之士，使他们可以随侍宫廷。《梁书·刘峻传》："高祖招文学之士，有高才者，多被引进，擢以不次。"③士人被拔擢，除担任政府各级官职外，还可进入文德省、西省、寿光省、华林省等学术机构。文德省，又称"文德殿"，《梁书·到沆传》载："高祖初临天下，收拔贤俊，……时文德殿置学士省，召高才硕学者待诏其中，使校定坟史。"④文德省设立于天监初，职司在于校定、撰述史籍，王僧孺、丘迟、庾於陵、许懋等皆曾待诏文德省。西省，南齐时为武官入值之地，后"改

---

① ［唐］姚思廉《梁书》，第475页。
② ［唐］姚思廉《梁书》，第480页。
③ ［唐］姚思廉《梁书》，第702页。
④ ［唐］姚思廉《梁书》，第686页。按：此文德省活跃于梁初，后中止，至简文帝在东宫又重置，以庾信、徐陵、张长公、傅弘、鲍至等为学士。

为学士撰史、撰谱的机构"①。入值西省的有王僧孺、殷钧、周兴嗣、刘峻等。西省学士的各种学术任务,除撰史、撰谱外,还有如周兴嗣注《历代赋》、殷钧料检法书、刘峻点校秘书等。寿光省,入值者有张率、陆云公、周兴嗣等。张率入值是为治丙丁部书抄;周兴嗣天监初曾值华林省,后因作《舞马赋》受到武帝赏识,进值文德、寿光省。可知诸省性质大体相类,只在学术活动具体内容上有细微差异。②诸省学士或为专职,但大多数是兼任,"具有临时差遣性质,一俟所从事的文事活动结束,学士的使命也可能随之完成",③这些机构的设置为武帝随时传召文士、组织公宴提供了便利,也确定了梁初重要作家的宫廷文人身份。

再次,武帝通过多样、频繁的公宴文学活动,使整个文坛处于高度互动的状态。武帝宫廷文学活动主要有文士投献与皇帝诏作两种形式。文士投献有诗、赋、文、颂、箴等,如《梁书·袁峻传》曰:"高祖雅好辞赋,时献文于南阙者相望焉,其藻丽可观,或见赏擢。六年,峻乃拟扬雄《官箴》奏之。"④皇帝诏作则表现为应制、应教、奉和、应诏等诸多名目。现存公宴诗歌如沈约《应诏乐游苑饯吕僧珍诗》、王筠《侍宴饯临川王北伐应诏诗》、王僧孺《侍宴景阳楼诗》、柳恽《奉和登景阳楼诗》、刘苞《九日侍宴》等,从诗题皆可见明显的公宴烙印。梁初公宴创作有如下几个特点:第一,规模宏大。《梁书·丘迟传》记载了这种唱和的规模多达数十人。第二,诗歌长短有明确规定。《梁书·到洽传》载

---

① 祝总斌《两汉魏晋南北朝宰相制度研究》,北京大学出版社,2017年,第301页。
② 武帝宫廷文学活动有其延续性,西省、寿光省存在时间皆不限于梁初,其他尚有大同七年(541)设立的士林省等。
③ 唐春生《南朝学士考论》,《学术论坛》2003年第6期。
④ [唐]姚思廉《梁书》,第689页。

武帝宴饮华光殿,诏到洽、到沆、萧琛、任昉"赋二十韵诗"。第三,诗歌韵脚有精确讲求,类似后世的同题分韵赋诗。如王筠公宴"为文能压强韵"①;又如《南史·曹景宗传》记载武帝于华光殿宴饮连句,命沈约"赋韵","景宗不得韵,意色不平,……景宗已醉,求作不已,诏令约赋韵。时韵已尽,唯余竞病二字。景宗便操笔,斯须而成"。② 第四,推崇才思敏捷者,甚至会严格限制创作时间。如武帝在华光殿宴饮,"命群臣赋诗,独诏沆为二百字,三刻使成。沆于坐立奏,其文甚美"③。第五,为了比竞才学,公宴文学不仅包括诗、赋、铭等多种文体,而且诗歌也多有两三百字甚至五百字的长篇。

史书中频繁、生动的宴会赋诗记载,使梁初宫廷文学创作的具体场景得到还原:前辈文人与后进才士汇聚一堂,皇帝、重臣与诸殿学士相互对饮;场合的范式得以确立,从诗歌长短、韵脚与创作时间皆有明确要求,宴会的场所也集中在文德殿、寿光殿、华林园等几处重要场所,将文学争竞的娱乐性与帝王赏会的政治性紧密结合,形成独特的文学创作盛景与宫廷文学群体。

最后,武帝引入文学奖励和竞争机制,使财物、仕进以及由此而生的社会荣誉成为文人创作的现实激励。宫廷中大规模同题共作,极易引起创作优劣之比较。《梁书·丘迟传》:"时高祖著《连珠》,诏群臣继作者数十人,迟文最美。"④《梁书·王僧孺传》:"是时高祖制《春景明志诗》五百字,敕在朝之人沈约已下同作,高祖以僧孺诗为工。"⑤两例皆是群臣奉和,由武帝选出最优

---

① [唐]姚思廉《梁书》,第485页。
② [唐]李延寿《南史》,第1356页。
③ [唐]姚思廉《梁书》,第686页。
④ [唐]姚思廉《梁书》,第687页。
⑤ [唐]姚思廉《梁书》,第470—471页。

作品。优劣评定后，武帝常有赏赐。或赐财物，如陆倕受诏作《石阙铭记》，武帝赐绢三十匹；或赐官职，如周兴嗣因《舞马赋》受武帝赏识擢员外散骑侍郎，又因《光宅寺碑》获得文学撰述机会，先后撰写《铜表铭》《栅塘碣》《北伐檄》《次韵王羲之书千字》等。从反面来说，如果文士创作违背武帝喜好，则不会获得这些政治、经济上的优赏。如后世得享大名的梁初诗人何逊、吴均，天监初曾以文才受到赏识，然而后来皆触怒武帝，被评为"吴均不均，何逊不逊"①。何逊失意原因不明，吴均则是因撰《齐春秋》忤逆武帝之意。被疏隔后的何、吴二人只能游走于王侯幕府，远离了建康主流文学圈。梁初宫廷游宴深刻影响了文学创作：一方面，武帝的创作为臣下树立标杆，使臣下在唱和之时，有意识地向武帝原作靠拢；另一方面，他掌握着最终评价的权力，并对优胜者即刻给予赏赐。这不仅调动了梁初文人的创作热情，而且使得文士在创作中有意识地迎合武帝爱好，使文坛处于空前统一状态。

　　文坛一统局面的形成还和武帝好强求胜、好恶鲜明的性格有关。他喜欢聚集文士，比赛记忆典故多少，从范云、沈约以下在竞技活动中皆"引短推长"，以取悦武帝。反观刘峻在"策锦被事"时，不愿"随众沉浮"，便被武帝嫌恶，不但将他踢出宫廷文学圈子，而且在其《类苑》成书后，武帝立即安排学士编撰《华林遍略》以比胜。②沈约与武帝比赛有关栗子的典故，按照惯例特意少了三事，出来后却对别人说："此公护前，不让即羞死。"③武帝闻而大怒。所谓"护前"，体现在文学上，便是对文学创作倾向的掌控欲望。比如在梁初名为《赋体》的唱和中，武帝、任昉、陆倕

---

① ［唐］李延寿《南史》，第871页。
② ［唐］李延寿《南史》，第1219—1220页。
③ ［唐］姚思廉《梁书》，第243页。

等人关注辞赋文体本身,有意树立赋体典范,主要采用传统的六言句与骚体句。①

《梁书·文学传》列举梁初宫廷文学集团的"在位者"有三位,分别是沈约、江淹、任昉,未言及的还有天监二年去世的范云。江淹晚年有"才尽"之讥,且天监四年便已亡故。真正代表梁初文风,且领袖群伦的是沈约与任昉。沈诗、任笔当世闻名,影响所及,远播外邦。沈、任皆成名于南齐永明,永明以后不受赏识,未居高位,但是他们奖誉后进却不遗余力。《梁书·张率传》载:"与同郡陆倕幼相友狎,常同载诣左卫将军沈约,适值任昉在焉,约乃谓昉曰:'此二子后进才秀,皆南金也,卿可与定交。'"②受沈约、任昉赏识的张率、陆倕在梁初成为武帝文学集团的中坚。四人交游既是文学代际传承的象征,也可见沈约、任昉于梁初文坛的重要地位。在文学一统的格局下,梁初围绕文坛领袖沈约、任昉,先后出现了兰台聚与东皋会,两次聚会时间上有先后,聚会性质与文学好尚也有差异。不过,它们的文学创作、批评皆未能脱离武帝统摄,无论是主动靠近武帝宫廷,还是有意疏离,都是统一文坛格局下的产物。

二、任昉兰台聚与梁初文风的丕变

"兰台聚"是任昉在天监三年至五年担任御史中丞时,③围

---

① 参见刘祥《辞赋的贵族肖像:南朝兰陵萧氏赋学考论》,《文艺理论研究》2018年第3期。
② [唐]姚思廉《梁书》,第475页。按:沈约任左卫将军在齐明帝崩后(498年,值得一提的是此时担任右卫将军的是萧衍),永元二年(500)以母忧去职,则四人交游当在此之间。
③ 参曹道衡、刘跃进《南北朝文学编年史》,见《曹道衡文集》卷十,中州古籍出版社,2018年,第385—397页。

绕他形成的一个文学群体。《南史·到溉传》载兰台聚缘起曰:"昉还为御史中丞,后进皆宗之。时有彭城刘孝绰、刘苞、刘孺,吴郡陆倕、张率,陈郡殷芸,沛国刘显及溉、洽,车轨日至,号曰兰台聚。"①"兰台"是御史中丞的别称。兰台聚的性质可从它的另一称呼"龙门之游"中寻得线索。《南史·陆倕传》:"及昉为中丞,簪裾辐凑,预其宴者,殷芸、到溉、刘苞、刘孺、刘显、刘孝绰及倕而已,号曰'龙门之游'。"②"龙门"出自汉末李膺在洛阳的聚会:"李元礼风格秀整,高自标持,欲以天下名教是非为己任。后进之士有升其堂者,皆以为登龙门。"③兰台聚被比作李膺龙门是因二者多有相似之处。

首先,李膺、任昉所任官职在官僚制度中有相似性。李膺在洛阳组织聚会时担任司隶校尉,司隶校尉与御史中丞皆为纠察之官,在东汉与尚书令合称"三独坐",名位清显。其次,李膺、任昉聚会皆有浓厚的儒学色彩。李膺组织龙门会是有憾于汉末乱局,意欲整顿名教、辨别是非。任昉本人秉持儒家文化,"性至孝,居丧尽礼",齐明帝废郁林王,他以辞申"君臣之道"获罪(《梁书·任昉传》)。兰台学士中的刘显熟悉古文《尚书》,对经学有专门研究,其他人也多博涉经籍,名显当代。再次,李膺、任昉聚会皆以仕进为现实目的。自汉末李膺等人激扬士流,名声便与官运相连,至九品中正制确立后,名声更是成为仕进的重要参照。④兰台聚有鲜明的功利性,《梁书·任昉传》:"昉好交结,奖进士友,得其延誉者,率多升擢,故衣冠贵游,莫不争与交好,坐上宾客,恒有数十。时人慕之,号曰任君,言如汉之三君也。"裴

---

① [唐]李延寿《南史》,第678页。
② [唐]李延寿《南史》,第1193页。
③ 徐震堮《世说新语校笺》,中华书局,1984年,第4页。
④ 参见杨赛《任昉与南朝士风》,上海古籍出版社,2011年,第150页。

子野、阮孝绪等士人也因此有意疏远这一集团。任昉逝后,殷芸写信给到溉说:"哲人云亡,仪表长谢。元龟何寄?指南谁托?"信中的情感流露具有现实政治的考量。刘孝标《广绝交论》论兰台聚曰:"冠盖辐凑,衣裳云合,辎軿击轊,坐客恒满。蹈其阃阈,若升阙里之堂;入其奥隅,谓登龙门之坂。"①将这种聚会的政治特性展露无遗。

除政治性外,兰台聚文学特征鲜明。任昉知人不论贵贱,《梁书·到溉传》曰:"溉少孤贫,与弟洽俱聪敏有才学,早为任昉所知,由是声名益广。"②天监二年,任昉出为义兴太守,与到氏兄弟为山泽之游,具有明显的审美色彩。兰台聚的具体活动见于王僧孺《太常敬子任府君传》:"君职等曹、张,声高左、陆。时乃高辟雪宫,广开云殿。秋窗春户,冬燠夏清。九酝斯浮,百羞并荐。"③兰台聚与梁武帝宫中宴饮不仅具有创作情境上的同质性,而且有其固定成员的相似性,《梁书·刘苞传》:"自高祖即位,引后进文学之士,苞及从兄孝绰、从弟孺、同郡到溉、溉弟洽、从弟沆、吴郡陆倕、张率并以文藻见知,多预宴坐,虽仕进有前后,其赏赐不殊。"④两个文学群体人员构成的重合,并非偶然,除了任昉与武帝私谊深厚外,文学思想的相似也是一个重要因素。《文选》卷三十九载任昉《奉答敕示七夕诗启》,李善于题下注引梁武帝诏曰:"聊为《七夕诗》五韵,殊未近咏歌。卿虽讷于言,而辩于才,可即制付使者。"武帝寄诗是为知音赏会,任昉答启则感激涕零:"谨辄牵率庸陋,式酬天奖,拙速虽

---

① [唐]姚思廉《梁书》,第254—257页。
② [唐]姚思廉《梁书》,第568页。
③ [清]严可均校辑《全上古三代秦汉三国六朝文》,中华书局,1958年,第3250页上。
④ [唐]姚思廉《梁书》,第688页。

效,蚩鄙已彰。"①往返酬答,正可见二人文学思想之相近。

任昉在梁初锐意作诗,引领了一时风尚。据《南史·任昉传》记载:任昉有憾于"任笔沈诗"之说,"晚节转好著诗,欲以倾沈,用事过多,属辞不得流便,自尔都下士子慕之,转为穿凿,于是有才尽之谈矣"。② 这则纪事有三点值得注意:

其一,任昉"晚节"的具体时间。目前多数学者因钟嵘《诗品》记载:"近任昉、王元长等,词不贵奇,竞须新事。尔来作者,浸以成俗。"③将任昉与王融好用事放置到同一时代,即永明末年。今按:任昉生于宋大明四年(460),卒于梁天监七年,时年四十九岁,比王融年长7岁。钟嵘将此二人并列,并非一定是因任昉与王融同一时代参与了同一诗风的建构,也可能是按照年龄排列。永明十一年(493)任昉才三十六岁,不当称"晚节";且齐明帝建武中王僧孺出为钱塘令,任昉作《赠王僧孺诗》,采用明白晓畅的四言句,虽间有用典,却并不稠密,更没有"竞须新事"。任昉"倾沈"应在天监元年以后,是梁初诗歌转向的标志,与梁武帝文学趣味相映照。

其二,任昉诗歌好用事的时代背景。《南史》所载"用事过多"与钟嵘所说"竞须新事"皆侧重大量用典,而后者又在此基础上强调好用新事的风尚。王融诗文用事新奇、繁多已为学界关注;④而任昉晚年作诗取法王融,也是受崇尚博学、喜好比类的

---

① [梁]萧统编,[唐]李善注《文选》,上海古籍出版社,1986年,第1793—1795页。
② [唐]李延寿《南史》,第1455页。
③ [梁]钟嵘著,曹旭集注《诗品集注》(增订本),上海古籍出版社,2011年,第228页。
④ 林晓光、陈引驰《金缕玉衣式的文学:王融〈三月三日曲水诗序〉》,《华东师范大学学报》(哲学社会科学版)2011年第2期。

时代风气影响。梁初士人热衷聚集图书，崇尚博学，武帝本人即多次聚集文士策经史之事，《类苑》《华林遍略》等类书的编纂也是这种时代风气的反映。《诗品》论任昉诗曰："昉既博学，动辄用事，所以诗不得奇。少年士子，效其如此，弊矣。"①亦可见任昉诗风之变，与其自身博学特质以及梁初尚博之风相一致。

其三，任昉"倾沈"的现实条件。任昉"倾沈"并非仅是个人不满文、笔优劣而生的激愤，也是梁初政治、文学权力变迁的反映。沈约、任昉于南齐一直交好，上文所引《梁书·张率传》便是显证。且任昉在齐末立身危朝，尤其齐明帝时一直沉沦下僚，没有争竞文名的条件。时至梁初，他受到武帝支持建立起"兰台聚"，对士人影响甚巨，俨然成为一代文坛领袖，使他不仅在心理上具备了"倾沈"的现实动机，而且具有能够"倾沈"的现实条件。这也是他为什么能够迅速影响士流、左右一代风尚的原因。

此外，好用事与重声律是否矛盾也值得思索。从《诗品》所言可知，梁初好用事之风可远溯王融，而王融又是永明声律论的主将，可见用事、声律分言诗歌内容与形式，并不存在必然矛盾。只不过，到了梁初，当诗歌用事成为少年士子一时趋向，造成了文坛关注重心的偏移，客观上导致了声律论的没落，沈约也确实被任昉的风头所掩。任昉去世前后，沈约在东皋倡扬声律，则可视为对武帝和任昉文学思想的反拨。

三、沈约东皋会与声律之学的传承

如果说任昉兰台聚是以文学为去取、以仕进为目的，迎合武

---

① ［梁］钟嵘著，曹旭集注《诗品集注》（增订本），第419页。

帝文学喜好的文学群体,那么沈约的东皋会则以更为自由的姿态出现在梁初文坛上,与永明文学之间拥有更为牢固的血缘纽带。东皋因其与朝堂的疏离,而具备了文学独立性,构建了一个既不同于梁武帝宫廷,也有异于任昉兰台的独特文学场域,实现了声律文学的代际传承。它在梁初文学公共场域之外,昭示了私人创作领域的存在。

学者或因西邸旧人沈约、任昉、范云、萧衍、萧琛、陆倕等人的存在,便断言梁初文学是对永明文学的天然延续,实则陷入了两个误区:其一,将王融、谢朓、沈约等人的声律主张,即后来被称作"永明体"的文学作为当时的唯一体式;其二,被梁武帝宫廷频繁的文学活动遮蔽,忽视了梁初西邸旧人之间文学主张的巨大差异。齐末梁初反对声律者大有人在,陆厥、甄琛皆曾著文驳斥沈约,钟嵘在《诗品》中也力陈其弊,梁武帝更是"雅不好焉","竟不遵用"。① 在梁初,恰恰是武帝全面掌控了文学话语,他的文学主张在频繁的诏、敕、教、和等文学活动方式中得以实现,声律论在梁初的遭遇呼之欲出。沈约极为称赏王筠,曾感叹道:"自谢朓诸贤零落已后,平生意好,殆将都绝,不谓疲暮,复逢于君。"② 沈约伤悼谢朓等人的逝去,发生在武帝不好声律的时代背景下。

政治失意是沈约纵情东皋的现实诱因。他虽与范云显名于齐、梁鼎革之际,也因此取得高位,遭际却远不如号称贤相的范云,被武帝评为"轻易"(《南史·周舍传》)。《梁书·沈约传》载

---

① [唐]姚思廉《梁书》,第243页。
② [唐]姚思廉《梁书》,第485页。沈约对永明旧友王融、谢朓等怀念有加,如其《伤谢朓》曰:"吏部信才杰,文锋振奇响。调与金石谐,思逐风云上。"(见逯钦立辑校《先秦汉魏晋南北朝诗》,中华书局,1983年,第1653页)高度赞扬谢朓的声律成就。

他"久处端揆,有志台司,论者咸谓为宜,而帝终不用",君臣之间遂生龃龉。沈约求外出既不见许,写信给好友徐勉陈请,备言"谋退"之志。徐勉在收到此信后,为他求"三司之仪",武帝又不许。由求出仕外郡到托病求退,沈约进退不得,因此他才"立宅东田,瞩望郊阜",并作《郊居赋》。赋中自言"羽戢""鳞藏"之意,抚今追昔,忧惧不安:"迹平生之耿介,实有心于独往。思幽人而轸念,望东皋而长想。本忘情于徇物,徒羁绁于天壤。应屡叹于牵丝,陆兴言于世网。事滔滔而未合,志悄悄而无爽。路将殚而弥峭,情薄暮而逾广。"史臣评价他说:"昧于荣利,乘时藉势,颇累清谈。及居端揆,稍弘止足,每进一官,辄殷勤请退,而终不能去,论者方之山涛。"①沈约在出处进退之际,内心矛盾激烈。

　　沈约与武帝的矛盾因沈约维护张稷、嘲笑武帝性格好强等事激化,终因"赤章请祷"之事而变得不可调和,后者见载于《南史·沈约传》:"(沈约)梦齐和帝剑断其舌,……乃呼道士奏赤章于天,称禅代之事,不由己出。"②此事背后隐含梁初社会的两层冲突:其一,齐、梁禅代之际的政治隐痛。齐和帝禅位之事,人们在梁初记忆犹新,"赤章请祷"便是沈约出于对齐和帝的愧疚而为。其二,崇佛黜道的宗教矛盾。武帝即位后崇信佛教,译经、注经、讲经等佛事活动频繁,敕令群臣非难范缜《神灭论》,以至在《佛祖统纪》中演绎出一段真伪莫辨的记载:"敕公卿百僚侯王宗族,并弃道教,舍邪归正。"③吴兴沈氏世代崇奉天师道,沈

---

① [唐]姚思廉《梁书》,第235—242页。
② [唐]李延寿《南史》,第1413页。
③ [宋]志磐撰,释道法校注《佛祖统纪校注》,上海古籍出版社,2012年,第854页。按:此文真伪及系年引起学界讨论,《佛祖统纪》将之系于天监二年十一月,部分学者认为应该在天监十八年梁武帝受菩萨戒后。

约在此事件中延请道士禳祷，正与武帝宗教政策相背离。政治、宗教的龃龉与文学权力的冲突密不可分，萧统《文选》不选沈约《郊居赋》，固然是由于此赋讲求声律，与武帝思想不合，更是因为沈约晚年得罪武帝。沈约死后二十余年，至大同年间，武帝仍然耿耿于怀，批评沈约撰写的郊庙歌辞"多舛谬"，让萧子云依照经典重撰歌辞，进一步清理了沈约在国家政治建构层面的影响。

从现存史料看，与东皋有关的文人除沈约外有四人，分别是刘显、何思澄、刘杳与王筠，活动时间又集中在阁斋新建之时。其中刘显所作《上朝诗》及何思澄所作《游庐山诗》，沈约十分欣赏，题之于阁斋墙壁上。刘杳则在沈约郊居别墅落成时，特意"为赞二首，并以所撰文章呈约，约即命工书人题其赞于壁"①。王筠也是在斋阁新建时"为草木十咏，书之于壁，皆直写文词，不加篇题"②。四人诗都题写斋壁，沈约"坐卧嗟览"，必然是与之达到了审美理念的契合。沈约回复刘杳的信中说："君爱素情多，惠以二赞。辞采妍富，事义毕举，句韵之间，光影相照。"③他用光影之间的转换来比拟句韵起伏，以此称赞刘杳诗歌的巧妙。这一点在他评价王筠诗时更为明显："览所示诗，实为丽则，声和被纸，光影盈字。……克谐之义，宁比笙簧。……昔时幼壮，颇爱斯文，含咀之间，倐焉疲暮。不及后进，诚非一人，擅美推能，实归吾子。迟比闲日，清觏乃申。"④沈约也用到了"光影"二字，并指出王筠诗歌的和谐之美。他极赞王筠于后进中"擅美推能"，将之视为声律文学的传承者。

东皋文学最为重要的篇目是沈约《郊居赋》，沈约去世多年

---

① ［唐］姚思廉《梁书》，第715页。
② ［唐］姚思廉《梁书》，第485页。
③ ［唐］姚思廉《梁书》，第715页。
④ ［唐］姚思廉《梁书》，第485页。

后,刘杳以足疾解职,作《林庭赋》,王僧孺见之犹赞叹曰:"《郊居》以后,无复此作。"①《梁书·王筠传》中有关王筠赏会此赋的纪事,显然是一条更有价值的史料:"约制《郊居赋》,构思积时,犹未都毕,乃要筠示其草。"②沈约将《郊居赋》的草稿交予王筠,是将他作为此赋的理想读者,发生在"知音殆绝"的时代大背景下。而王筠正确读出"霓"字在此赋中的读音("五激反",入声),③正可见他与沈约一样皆有声律自觉。今观《郊居赋》,全篇遣词造句都十分用心,不仅注重四声相协,而且,据日本学者井上一之统计,全篇犯声病的比率仅为7%。④《郊居赋》的创作、评赏及模拟是东皋文学的主要内容,也显示出在这一文学场域中作家创作重声律的倾向。

许学夷《诗源辩体》标举梁初五言"入律"诸家有柳恽、何逊、吴均、王筠、刘孝绰、刘孝威。其中刘孝威梁初尚幼姑且不论。柳恽从天监元年至十六年去世前,先后两任吴兴太守、一任广州刺史,在建康的时间仅三年左右。何逊先后入建安王、安成王、庐陵王幕府,吴均则长期随建安王外任,且二人皆得罪武帝,见摒于建康文化圈。他们的声律成就对主流文坛影响甚微,更多地被局限在地方。这也昭示了建康城之外,梁初存在着其他的文学中心,这些中心大多在武帝诸弟、诸子幕府。其中安成王萧秀、建安王萧伟皆以好士知名,时人并称为"二安",与"战国四公子"相提并论。以萧秀幕府为例,梁初曾出入其中的便有臧盾、

---

① [唐]姚思廉《梁书》,第716页。
② [唐]姚思廉《梁书》,第485页。
③ "霓",平时读为"五鸡反"(平声),"霓"如读为平声,则"驾"后五字连平,音调不协。详见刘祥《辞赋的音乐谱系:齐梁声律论与赋学关系探析》,《中南大学学报》(社会科学版)2020年第1期。
④ (日)井上一之《赋と声律化——沈约"郊居赋"を中心に》,《中国诗文论丛》第十八集。

刘孝绰、何思澄、刘峻、何逊、周兴嗣、王籍等人，他们在诸王幕府创作更为轻松，风格更为多样，为声律文学的延续与发展提供了有利空间。何思澄被题在东皋斋壁上的《游庐山诗》，便是随萧秀在江州期间所作，又可见沈约东皋的声律文学活动与诸王幕府之间的呼应。至于王筠和刘孝绰，他们在任昉、沈约去世后，成为萧统文学集团的中坚，①被后世视为"梁代中期最有成就的作家"②。王筠好声律已见前，刘孝绰为王融之甥、刘绘之子，③幼承家教，对声律也是耳闻目染。他们之所以得意于萧统东宫，娴熟声律是一个重要因素。

曾参与兰台聚的刘孝绰擅长声律，又彰显了兰台聚与东皋会之间可能存在的关联。兰台聚发生在天监三年至五年，东皋会发生在天监六年至十二年，两者并不同时，缺少直接互动的现实条件。但是它们的主要成员共同参与过梁武帝宫廷雅集，客观上存在大量交集。如刘显博学多才，梁初受沈约、任昉、陆倕等推重，先入兰台聚，后预东皋会，且曾佐五兵尚书傅昭修国史，以一人之身沟通梁初各文学集团。又如参与东皋会的刘杳，"少好学，博综群书，沈约、任昉以下，每有遗忘，皆访问焉"，后又于普通年间兼任东宫通事舍人，萧统死后，"新宫建，旧人例无停者，敕特留杳焉"。④梁初武帝提拔的这一批后进才士，在频繁的文学活动熏陶下成长起来，成为萧梁中期文坛的代表。其他如刘孝绰、刘孺等人也多同时受到沈约、任昉两人的赏识。萧梁文

---

① 昭明太子极为欣赏此二人，曾在聚会中"独执筠袖抚孝绰肩而言曰：'所谓左把浮丘袖，右拍洪崖肩。'"见[唐]姚思廉《梁书》，第485页。
② 刘跃进《门阀士族与文学总集》，世界图书出版公司，2014年，第287页。
③ 刘绘在永明年间进入竟陵西邸，善于清谈，"音采赡丽，雅有风则"，与张融、周颙齐名于世。见[唐]李延寿《南史》，第1009页。
④ [唐]姚思廉《梁书》，第715—717页。

学集团是特定时、地的产物,虽具有一定排他性,却不像后世文学集团、流派那么壁垒分明、观念明确,①其成员也不专属于某一集团,而是会出现在多个文学场合。兰台聚的成员,同时也是武帝宫廷文学集团的一员,二者并行不悖。即便东皋会体现出与武帝宫廷不同的文学趋向,其成员仍然会参与武帝宫廷聚会,且以优秀表现引起武帝关注,如刘杳、何思澄曾为武帝编撰《华林遍略》。因此,在进行萧梁文学集团研究时,需要密切关注其内部人员的流动,以及文学场域对个人和群体行为的规范与制约。

四、文学权力格局背后的门阀社会与庄园经济

以梁武帝宫廷为参照,通过勾勒兰台聚与东皋会的各自面貌,可见文学场域对文学群体形成和文学主张表达的重要性。武帝宫廷因为文学与政治的高度结合,已经超出纯粹的文学场合,而具有政治仪式化的特征,所以在场的众多作家个性被隐藏了。这种倾向在政治化较高的任昉官邸得以延续,而在城外沈约相对私密的庄园中得到改变。因此,作家的文学观念与文学创作之间会存在脱节,同一作家在不同文学场域中的表现也会存在差异,这就可以解释为何沈约诗赋会存在诸多不合声律的地方,从而被后世批评家所指摘。梁初文学场域之所以会对作家产生不同影响,与当时的门阀社会、庄园经济等各种因素有关。梁初士人空前活跃,王、谢等高门士人的文学领袖地位逐渐

---

① 参见周勋初《文史探微》,上海古籍出版社,1987年,第99页。梁初文学集团严格来说,只能算是文学集群,与后世文学集团性质不同。但为方便论述,本文仍称为"文学集团"。

被中下层士族文士所取代。不过,高门大族在经济上的优势仍然有所保留,从谢灵运的会稽别墅到沈约的东皋闲居,文人创作的独立精神仍得到一线留存。

梁初文学场域对门阀社会变迁的反映,体现为兰台聚"虽贵公子孙不得预也"(《南史·陆倕传》)的特点。兰台聚的成员构成在陆倕赠任昉的诗中可见:"今则兰台聚,方古信为俦。任君本达识,张子复清修。既有绝尘到,复见黄中刘。"①兰台聚或因陆诗记录的这次著名聚会,进入史家叙述视野。所以后世在罗列兰台士人时,集中于诗中的张、到、刘三姓,在《姓解》中遂演化为张缅、张缵、张率、到溉、刘孝绰、刘苞、刘显、刘孺、陆倕、车轨十人,称"兰台十学士",比《南史·到溉传》多出张缅、张缵、车轨三人,②而少了殷芸和到洽。今观诸人,到溉为彭城武原人,刘宋开国名将到彦之曾孙,家世孤贫已前见。刘孝绰、刘苞、刘孺为从兄弟,是彭城安上里人,皆为宋司空刘勔孙。然安上里刘氏本非高门,与刘宋皇族皆出身寒微,《南齐书·刘悛传》:"彭城刘同出楚元王,分为三里,以别宋氏帝族。"③刘勔虽死赠司空,其孙辈刘孺"年十四居丧",苞"三岁而孤",皆较为困苦。刘显为沛国相人,父祖官位不显。张缅为范阳方城人,梁武帝母文献皇后堂弟张弘策之子,然而张缅于天监元年便"父没家贫,葬礼有阙"(《梁书·张缅传》)。张率、陆倕为吴郡人,并为江南旧姓,至此也已衰落。殷芸为陈郡长平人,陈郡殷氏在晋宋虽为一流士族,

---

① [唐]李延寿《南史》,第678页。
② [宋]邵思《姓解》,《古逸丛书》影宋本。按:《姓解》在张、到、刘、车四姓下列此十人姓名,而车轨,《南史》《梁书》均无其人,实从《南史·到溉传》载刘孝绰等诸人"车轨日至"而来,将车马误为姓名。又,张缵乃张缅弟,卒于太清三年(549),年五十一,则当生于齐东昏侯永元元年,至天监三年仅六岁,不当与会。今皆摒而不论。
③ [梁]萧子显《南齐书》,中华书局,2017年,第721页。

至齐梁已"渐趋沉寂"①。参加任昉兰台聚的士人虽情况不同，但家族贫素或者身世坎坷是其共同特征，需要通过名声揄扬的方式获得政治上的便利。

　　再看"贵公子孙"，多指三公子孙，②是将父、祖政治身份投射到子孙身上。兰台学士群体中除刘孝绰兄弟为司空刘勔孙外，其他人皆不可如此称谓。当时可称"贵公子孙"却不得预宴者大有人在。《南史·王锡传》载萧统东宫十学士为王锡、张缵、陆倕、张率、谢举、王规、王筠、刘孝绰、到洽、张缅，十人中未参与兰台聚的有王锡、张缵、谢举、王规、王筠。王锡、张缵、王规于天监三年尚年幼，③不与会情有可原，年当其时的王筠、谢举不与会则值得重视。王筠祖父为齐司空王僧虔；谢举父祖虽非三公，父亲谢瀹也官至吏部尚书，祖父谢庄、曾祖谢弘微皆有重名于当世，是高门子弟的典型代表。谢举与兄谢览，王筠与兄王泰，被时人目为"谢有览、举，王有养、炬"④。他们未参与兰台聚，可推测的原因有三：其一，王、谢高门，不必登门请托；其二，任昉兰台聚具有闭合性与排他性，有意识拔擢寒微而摒弃高门；其三，兰台聚仅吸纳"簪裾"能文者。王、谢两家的缺席显然不是第三个原因，而是由王、谢的门阀地位和任昉对才士的态度导致的。

---

① 李乔《东晋南朝陈郡殷氏研究》，《郑州大学学报》（哲学社会科学版）2011年第1期。
② 林晓光《〈诗品〉"贵公子孙"解——兼论王融在永明体运动中的定位》，《文学遗产》2011年第5期。
③ 王锡与张缵齐名，且七八岁时曾随母入梁武帝宫廷，天监三年年幼无疑。王规大同二年卒，时年四十五，则生于齐永明十年，天监三年年方十三。
④ 《梁书·谢举传》："养、炬，王筠、王泰小字也。"

任昉以网罗人才为己任,"游其门者,昉必相荐达",①决定了兰台聚的政治底色。兰台文士与梁初武帝表彰的"后进之士"高度重合,也是任昉与武帝政治、文学观念一致的体现,从根本上说,兰台聚只是武帝宫廷文学场域的外延,其背后则是武帝不拘门第的用人政策。如中书舍人(通事舍人),侍天子、掌诰命,偶尔还会参机密,"梁用人殊重,简以才能,不限资地,多以他官兼领"。②又如秘书丞,南朝一般为侨姓高门子弟充任,出自吴郡张氏的张率以文才迁任,武帝曰:"秘书丞天下清官,东南胄望未有为之者,今以相处,足为卿誉。"③东宫官属通常选拔甲族才高望重者,而梁武帝任命庾於陵与周舍,武帝曰:"官以人而清,岂限以甲族。"④均可见武帝用人有意打破门阀束缚。

梁代阶层流动得益于用人制度的变化,梁代取士的主要渠道是儒学、文史。武帝在天监四年设立五经博士,建立国学五馆,大儒明山宾、陆琏、沈峻、严植之、贺玚"各主一馆",并且规定"今九流常选,年未三十,不通一经,不得解褐"⑤。王训补国子生,射策中高第后除秘书郎;王锡年十二为国子生,均可见高门子弟也需入国子监、走射策入仕之路。任昉《策秀才文》笔力开阖,沈约《上疏论选举》标举秀才,皆可见当时对策士的重视。不同于前代,武帝设立的国子监不限贵贱,"皆引寒门俊才,不限人数"(《隋书·百官志上》),为寒门士子走上仕途开辟了一条常规渠道。⑥

---

① [唐]姚思廉《梁书》,第441页。
② [唐]魏徵、令狐德棻《隋书》,中华书局,1973年,第723页。
③ [唐]姚思廉《梁书》,第475页。
④ [唐]姚思廉《梁书》,第689页。
⑤ [唐]姚思廉《梁书》,第41页。
⑥ 萧梁教育制度与官吏选拔的相关情况,参见郭晨光《贵游阶层与后永明诗风的嬗变——兼论贵游文学的积极意义》,《求索》2016年第1期。

至于文史取士,姚察曾说:"观夫二汉求贤,率先经术;近世取人,多由文史。"①可见在常科之外,仍有文史优长入仕一途,梁初文士的升迁大多与文史有关。

值得注意的是,所谓门阀制度的破坏,并非明显体现在贵族与庶民之间,而更多的是门阀制度中不同等级士族之间的流动。宋齐以来高门大族逐渐衰落,他们对政治、文学的垄断被打破,中下层士族成为文坛主干。他们在文坛的崛起有其特殊意义,永明文学革新是南渡豪族的王融、谢朓与南方世家的沈约领导的活动,他们虽与帝王关系密切,但是仍具有文学主张上的独立性。在王融、谢朓先后死于政治乱局,经历齐末文学衰微、梁武帝兴复文学之后,文坛上最为活跃的已非一等高门,彭城到氏、彭城刘氏、范阳张氏等一时人才辈出,成为后进士人的代表。他们对梁武帝的依附、频繁的文学往来、希冀以文学获得仕进的现实目的,都使文学在某种程度上从属于政治。

当然,高门大族在梁代政治势力的衰落只是社会的一个层面,他们在政治、经济、文学等方面仍然占据重要位置。如梁武帝为萧统选择东宫僚属时便充分考虑到门第,增加了王、谢高门子弟。王筠曾引沈约语自赞曰:"自开辟已来,未有爵位蝉联,文才相继,如王氏之盛者也。"②不仅可见王筠文化上的自我优越感,也透露出沈约对门第的重视。沈约《上言宜校勘谱籍》批判了伪造谱籍以求仕进的社会现象,《弹王源》也是针对梁初婚宦失类现象而发。除婚姻外,仕宦高低是衡量门阀的重要标尺,能连续两三代位至三司便可步入一等高门之列,由此来理解沈约对"台司"的渴望可更显豁。提升门阀是吴兴沈氏几代人的追

---

① [唐]姚思廉《梁书》,第258页。
② [唐]姚思廉《梁书》,第487页。

求,宋、齐以来他们逐渐从武力强宗变为文化世家。①如沈演之任领军时称赏丘灵鞠,便曾自比谢氏名士谢晦。沈约与王融、谢朓主导永明文坛,梁初又与王筠交好,皆有士族门阀的影子。从这个角度再看沈约文学观点及其在东皋相对独立的文学活动,可发现其庄园经济的底色。

庄园经济包括可垦殖的土地、山林、湖泽等,"中国南朝时期的庄园往往包括大片尚未开垦的苑囿,士大夫纵情丘壑,徜徉其中,从而发现了自然之美"。②庄园是六朝贵族文学活动的独特空间,从金谷之游到兰亭之会都有它的存在,谢灵运的山泽之游便是一个代表。他因政治上不得意,移居会稽,在山居别业与隐士纵情山水,"作《山居赋》并自注,以言其事"。《山居赋序》曰:"古巢居穴处曰岩栖,栋宇居山曰山居,在林野曰丘园,在郊郭曰城傍,四者不同,可以理推。言心也,黄屋实不殊于汾阳。即事也,山居良有异乎市廛。"③谢灵运认为,"岩栖""山居""丘园""城傍"所为之事虽有异,隐逸之心却同,都是政治上不合作的体现。沈约在建康城旁立宅,建设园林,创作《郊居赋》,某种程度上可以看作在向《山居赋》致敬,都是门阀生活方式与精神求索的体现。他们拥有经济上的独立,所以在情感上、文学上保留了相对的自由。东皋田阜,既是文学创造力的发生场所,也是政治疏离的避难所,与兰台聚相比较,它因这一底色与政治存在隔膜,于文学更为专注。沈约与任昉虽皆不遗余力地揄扬文士,却更多地表现在文学层面,很少涉及政治升迁,《梁书·沈约传》讥之曰"未尝有所荐达"。从疏离甚至抗拒统一文学场域的角度看

---

① 参见刘跃进《门阀士族与文学总集》,第212—227页。
② (美)何肯著,卢康华译《在汉帝国的阴影下:南朝初期的士人思想和社会》,中西书局,2018年,第65页。
③ [梁]沈约《宋书》,中华书局,1974年,第1754页。

东皋会，以及在东皋这一特殊的文化空间内所发生的文学活动，别有意味。

五、结　语

齐梁文学集团互动高效而频繁，成为文学史上的独特现象。梁初上承永明、齐末文学，下启宫体文学，不仅是齐梁易代之际文学的承接点，也是从沈约、任昉等前辈文人向萧统东宫学士群体过渡的关键时期。梁武帝宫廷文学场域的构建塑造了梁初文学生态，使创作呈现同一性特征。同时，这一场域也左右了建康城的文学格局，任昉兰台聚便深受其影响，聚拢了一批中下层士族文士，酝酿文学新变；沈约东皋会则与之相对疏离，转而与地方诸王幕府相呼应，在梁武帝不好声律的大背景下，实现了声律文学的代际传承。二者之间的差异，是文学场域约束个人创作与群体活动的有力证据。梁初京师文学活动在门阀社会变迁的格局下展开，一方面，武帝重用中下层士族，造成了兰台聚"虽贵公子不预"的特质，诗文走上更容易摹法的用事一路；另一方面，士族庄园经济的遗留，为不同文学主张提供了经济上的支持。当各阶层士人群体成熟壮大，先后走入萧统、萧纲、萧绎文学集团，并各自取得突出的文学成就之后，再看梁初京师文学场域一统中的不和谐，自有其不容小觑的历史意义。

原刊《安徽大学学报》（哲学社会科学版）2020年第2期
刘祥：现任西安交通大学人文社会科学学院副教授

论南朝艳情诗女性描写的娱乐化与物化倾向

陈 娜

一

《乐府诗集》卷八十三引梁元帝《纂要》："齐歌曰讴,吴歌曰歈,楚歌曰艳。""艳"即楚声音乐,也就是"楚歌"的别称。汉代相和曲中的《陌上桑》,又称为《艳歌罗敷行》,南朝亦有"三妇艳"之题,说明它们在演唱时配的是楚声音乐,只不过是经过了改造的楚声。"艳"同时也指楚声特有的演唱方式,所谓"艳在曲之前,趋与乱在曲之后,亦犹吴声西曲前有和,后有送也"①。显然,无论指称音乐风格还是演唱方式,"艳"本来都只是一个单纯的音乐术语。

近人陈思苓曾指出"楚声"有六大特征,其中就包括凄清之调、和歌之声、靡曼之曲、郑卫之风四项。②原初楚声的这些特征留存于汉魏乐府"相和歌"等乐曲中,也构成南朝"清商曲"等民间音乐的基本风格。由于"清商曲"是根源于"楚声"的新乐,其哀怨凄清、华丽靡曼的乐曲风格,与典重淳厚的政教礼制相去甚远,只能承载与表达无关政教的娱乐性内容(即"郑卫之风")。于是人们将这些作品冠以"艳歌"(徐陵《玉台新咏序》)的称谓,

---

① [宋]郭茂倩《乐府诗集》,中华书局,1979年,第377页。
② 陈思苓《楚声考》,《文学杂志》1948年第2期。

以示与传统"正声"的区别。因此,南朝"艳歌"也就不仅指音乐风格的轻艳,同时也指诗歌内容的香艳了。

按照《玉台新咏》的编选原则,凡涉及"丽人""娇娥"也即女性之诗歌,便为"艳歌",因而所收诗作较泛。本文所论之"艳情诗",则专指以华艳辞藻、以玩赏心态吟咏女性的诗篇。毫无疑问,它不包含严肃的男女婚姻、真正的男女爱情,以及借男女寓兴寄等内容,也无关政教伦理。南朝此类艳情诗其实也应包括"吴歌""西曲"等民间乐府。因为南朝文人艳情诗的盛行,可以说正是南朝民歌宫廷化与贵族化的结果,同时如《子夜歌》《子夜四时歌》《华山畿》等,也不同程度地带有玩狎戏谑的趣味。然而南朝民歌毕竟承载着普通百姓纯真的男女之爱,尽管凸显的普遍为"爱欲",甚至充满情色的意味,但平等而本色的表达依然有别于文人艳情诗的贵族化趣味,故亦不属本文讨论的范围。

汉魏古诗几乎没有艳情的内容,如张衡《同声歌》、曹植《美女篇》《闺情》之类,皆为托喻之作;即使西晋傅玄的《艳歌行有女篇》,也只侧重于对女性淑德的赞美。然而到东晋,艳情诗开始出现。例如孙绰《情人碧玉歌》二首其一:"碧玉小家女,不敢攀贵德。感郎千金意,惭无倾城色。"其二:"碧玉破瓜时,相为情颠倒。感郎不羞难,回身就郎抱。"① 碧玉作为汝南王的小妾,感千金而献美色,甘愿"破瓜"抱郎,而透过"碧玉"的感受,通篇反映的却是男性("郎")情欲的快感和享受。此作在形式和风格上均与南朝民歌极其相似,只是多了浓厚的宫廷贵族气息,似乎昭示了南朝艳情诗与民歌的内在关联。东晋王献之的《桃叶歌》等作,亦与此相类。

---

① [陈]徐陵编,[清]吴兆宜注,[清]程琰删补,穆克宏点校《玉台新咏笺注》,中华书局,1985年,第471页。

文人艳情诗歌的大量涌现则始于宋齐，而大盛于梁陈。萧衍、萧统、萧纲、萧绎、陈叔宝等皇室成员，以及围绕在他们周围或附和其宫廷趣味的大批文人，如鲍照、沈约、王筠、刘孝绰、庾肩吾、徐陵、吴均、江总等，在为文"放荡"、音调和谐、语言华丽之审美"新变"追求的驱使下，创作了数量众多的艳情诗，那便是以"宫体诗"为代表的靡丽诗风。这种诗风甚至影响了初唐诗坛近百年。

南朝艳情诗是对汉魏以来诗歌传统的新变与逆动，其最典型的表征是对传统女性诗歌题材和表达方式的娱乐性改造。"采桑"是传统女性书写的重要题材，与此相关的汉魏乐府有《陌上桑》《董娇娆》《秋胡行》等古题。采桑是春季的野外劳作，美好春光引发春情，创造了郊外邂逅的机会，从而也就成为南朝文人对它进行艳情化改造的契机。例如张正见的《采桑》：

> 春楼曙鸟惊，蚕妾候初晴。迎风金珥落，向日玉钗明。徙顾移笼影，攀钩动钏声。叶高知手弱，枝软觉身轻。人多羞借问，年少怯逢迎。恐疑夫婿远，聊复答专城。①

此诗承汉乐府《陌上桑》而来，却删去了"使君邀请、罗敷拒绝"的情节，侧重写"蚕妾"配饰的美丽、轻盈的采桑身姿和怯于见人的娇羞神态，原作中罗敷果敢泼辣的性格荡然无存。而萧纲的《采桑》云："年年将使君，历乱遣相闻。欲知琴里意，还赠锦中文。……可怜黄金络，复以青丝系。必也为人时，谁令畏夫婿。"②原诗中调戏良家女子的"使君"被改造成采桑女倾心的对象；原本被罗敷夸耀的"夫婿"反而成为妨碍有情人幽会的角色；而本是罗敷赞美夫婿的言辞，也被叙写者用来形容她的情人"使君"。我们不妨再看看王枢《至乌林村见采桑者聊以赠之》对《秋

---

① ［宋］郭茂倩《乐府诗集》，第416页。
② 逯钦立辑校《先秦汉魏晋南北朝诗》，中华书局，1995年，第1902页。

胡行》的改造："遥见提筐下,翩妍实端妙。将去复回身,欲语先为笑。闺中初别离,不许觅新知。空结茱萸带,敢报木兰枝。"①其重点描写采桑女翩妍端妙的身段、欲语先笑的活泼,传统的悲剧性本事和伦理性训诫被娱乐性的调笑所取代。

事实上,类似的艳情化改造几乎遍及所有传统女性题材:具有传统妇德象征意义的"织妇",被塑造成玉指纤纤、蛾眉脉脉的美女;传统中丈夫外出则脂粉不施的"贞女",变成了"落花徒入户,何解妾床空"(萧子范《春望古意》)的不安于室的怨女;根源于神话传说之"七夕"诗歌中的"织女",被描述成"欲待黄昏至,含娇渡浅河"(刘孝威《咏织女诗》)的渴望性爱的"欲女"。这种改造甚至延及本来并非专咏女性的传统题材,例如在南朝产生的新题乐府《三妇艳》。

《三妇艳》源自汉乐府古题《长安有狭斜行》,其中写道:"大子二千石,中子孝廉郎。小子无官职,衣冠仕洛阳。三子俱入室,室中自生光。大妇织绮纻,中妇织流黄。小妇无所为,挟琴上高堂。丈夫且徐徐,调弦讵未央。"②其主旨是描写豪门生活风貌,夸耀家族天伦之乐。而南朝文人却抓住其中关于"三妇"的部分进行再创作。试看沈约的《三妇艳诗》:"大妇拂玉匣,中妇结珠帷。小妇独无事,对镜理蛾眉。良人且安卧,夜长方自私。"她们的活动不再是织作。尤为重要的变化是,这里用"良人"代替了"丈夫"(长辈)。于是,截取"古诗"最后六句成篇的诗歌就变成了这样的画面:大妇清扫玉匣,中妇编结珠帷,丈夫最喜爱的小妇梳妆打扮,丈夫安卧床上,等待夜晚与她行鱼水之欢。显然,这首诗不再是表达家庭亲孝伦理的载体,而完全转变

---

① [陈]徐陵编,[清]吴兆宜注,[清]程琰删补,穆克宏点校《玉台新咏笺注》,第218页。
② [宋]郭茂倩《乐府诗集》,第514页。

成了描述男人与妻妾纵情享乐的艳情之作。①

除了对传统女性题材的改造，南朝艳情诗开创的新领域自然也不少。例如对歌妓舞女的专门描写，此前诗作中很少见，南朝则蔚成大观，光是用舞曲创作的就有《大垂手》《小垂手》《白纻歌辞》《白纻曲》《舞媚娘》等题。又如"游春诗"，主要写游春时观赏美女。南苑是自宋以来的士女游集之所，何思澄的《南苑逢美人》、庾肩吾的《南苑还看人》、鲍泉的《南苑看游者》都写南苑游乐事。萧衍、徐陵、岑之敬等共作十八首《洛阳道》，不局限于演绎"掷果潘岳"的本事，还引申出士女游乐、邂逅以至于相好幽会的情景。另有"采莲(菱)诗"，模仿新兴江南民歌，流行于梁代宫廷，常用《棹歌行》《乌栖曲》《江南弄》《采菱曲》《子夜歌》等题。如萧衍《采菱曲》："江南稚女珠腕绳，金翠摇首红颜兴，桂棹容与歌采菱。歌采菱，心未怡。翳罗袖，望所思。"采莲的情景通常与宫廷水上游乐相关，荷花与美女相映成趣，芙蓉钗裙、桂棹兰舟成为雕饰的意象，民间女子自然吟唱的民歌，被改写成充满贵族气息和娱乐情调的文人艳情诗。此外，女性化妆、摘花、睡眠、餐饭、照镜、捣衣、愁坐等日常琐碎，画扇、床榻、枕席、镜台、幔帐、薰衣竹火笼等闺房器物，与美人亲近的台阶、丝履、衣领、笺纸等，无不成为南朝文人竭力予以娱乐化描写和表现的对象。

二

汉魏诗歌中的女性书写，一般不会刻意地描绘女性感官性的外在美，而注重其政治的比兴意义或伦理内涵。南朝艳情诗

---

① 郭建勋《从〈长安有狭斜行〉到〈三妇艳〉的演变》，《文学遗产》2007年第5期。

所描写的女性，则不再具有相对厚重的政治伦理意义，而成为男性叙写者娱乐性的世俗审美对象。以宫廷意趣为核心审美观念的诗人，对女性的关注从"好德"向"好色"倾斜，外形美成为集中展现的方面。"美人"概念回归到自然属性层面，其内涵不再是美善兼济，而是能摇荡心魄的、对异性具有诱惑力的特质。色艺俱佳的歌姬舞女是最能满足男性群体想象与感官刺激的女性，萧纲赞美这些"妖丽"型的女性道：

> 仿佛帘中出，妖丽特非常。(《倡妇怨情十二韵》)
> 丽妲与妖嬬，共拂可怜妆。(《戏赠丽人》)
> 珠帘向暮下，妖姿不可追。(《咏晚闺》)
> 戚里多妖丽，重聘蔑燕余。(《咏舞》)

在男性叙写者的笔下，女性总是显得矜持而艳丽，具有浓烈的香艳色彩。她们一律容貌姣好，如"红莲披早露，玉貌映朝霞"（王枢《徐尚书座赋得可怜》)、"白雪凝琼貌，问珠点绛唇"（江淹《咏美人春游》）；衣饰华贵鲜丽，如"罗襦金薄厕，云鬟花钗举"（沈约《少年新婚为之咏》）、"金辉起步摇，红彩发吹纶"（费昶《春郊望美人》）；姿态纤弱娇媚，如"雅步极嫣妍，含辞恣委靡"（王僧孺《为人述梦》）、"媚眼随娇合，丹唇逐笑分"（何思澄《南苑逢美人》）；娇羞矜持中掺杂着魅惑力，如"谁知日欲暮，含羞不自陈"（萧纲《率尔成咏》）、"相看气息望君怜，谁能含羞不自前"（萧纲《乌栖曲》其四）。

南朝艳情诗中的女性，还往往由传统的"泪尽孀闺"的凄哀形象，变成"巧笑倩兮，美目盼兮"的悦人面貌，她们向男性做出招引姿态，如萧纶《见姬人》中的游春女子表示"狂夫不妒妾，随意晚还家"，陈后主《乐府采桑》里的采桑女则言"不应归独早，堪为使君知"。这种不甘寂寞的心态和情爱的主动性，并非当时女性的现实,而是男性代言人的虚构,它折射了宫廷化诗人群体的享乐玩狎心态。

男性青睐的"妖丽"型女子在女乐中最突出,因此南朝艳情诗咏倡家者占了很大比例。倡家女是色艺方面的佼佼者,受道德规范约束较轻,她们出入贵族厅堂表演歌舞,也最容易成为贵族的性伴侣。艳情诗除写她们表演的本职外,连闺怨的主角也成了倡家。例如何逊的《咏倡家》:"皎皎高楼暮,华烛帐前明。罗帷雀钗影,宝瑟凤雏声。夜花枝上发,新月雾中生。谁念当窗牖,相望独盈盈。"南朝很多闺情诗的男女双方从"游子思妇"变成了"荡子倡家",王僧孺《有所思》的"知君自荡子,奈妾亦倡家",直接表明双方角色。萧纲《鸡鸣高树颠》云:"碧玉好名倡,夫婿侍中郎。"把民歌中喜闻乐见的"淑女高官"匹配模式改成"倡家高官"。"荡子倡家"或"倡家高官"是一种非正统、不稳定的男女关系,诗人用其取代"游子思妇"模式,是有意识地淡化诗歌的伦理色彩,显示出"文章且须放荡"的娱乐性特征。

美人的原型虽然是宫廷、豪门承欢侍宴的女乐姬妾,但她们实质上是没有明确伦理归属且不具现实特质的审美对象。诗人忽略她们的真实体验与现实处境,删除了生活本质的鄙陋。她们在现实中或许并非美貌多情,温馨的恋情并不是她们生活的全部,诗人是在按照主观愿望去虚构他们认同的女性之美。如沈约《少年新婚为之咏》:

> 山阴柳家女,莫言出田墅。……腰肢既软弱,衣服亦华楚。红轮映早寒,画扇迎初暑。锦履并花纹,绣带同心苣。罗襦金薄厕,云鬓花钗举。……盈尺青铜镜,径寸合浦珠。……①

---

① [陈]徐陵编,[清]吴兆宜注,[清]程琰删补,穆克宏点校《玉台新咏笺注》,第184页。

据《玉台新咏》卷五吴兆宜注,"红轮"是燕昭王赐予宠妾的服饰,"绣带同心苣"为一种富家女子喜欢效仿的发式,"花钗"是贵人拥有之物,而"合浦珠"乃产于南海的稀有珍珠。诗歌开头点明新娘出自山野,但她的首饰妆奁都是后妃才能拥有的。新娘形象显然属于虚拟,作者只是按照固定的美人标准,把田野之女描绘成宫廷贵妇。

相当一部分艳情诗在标题和框架上有一定纪实性,如何思澄《南苑逢美人》、王僧孺《月夜咏陈南康新有所纳》《何生姬人有怨》《与司马治书同闻邻妇夜织》、何逊《嘲刘咨议孝绰》,但具体描写的女性仍沦为泛化书写。《梁书·刘孝绰传》记载,刘孝绰"为廷尉卿,携妾入官府"①,因有人弹劾而被免官。何逊的《嘲刘咨议孝绰》写他因沉湎于温柔乡而耽误了早朝,但仅在末尾言"宁知早朝客,差池已雁行",落实了耽误早朝之事,前面主要的篇幅依然侧重写美人晨妆的情景。

织作、捣衣、采桑作为妇女承担的体力劳动,不见得有多少美感,但在南朝艳情诗中,这些动作总是被粉饰成优雅的姿态,如"瑶华随步响,幽兰逐袂生。……凄凄合欢袖,冉冉兰麝芬"(柳恽《捣衣诗》)、"芳汗似兰汤,雕金辟龙烛。散度广陵音,掺写渔阳曲"(王僧孺《捣衣》)、"金波正容与,玉步依砧杵。红袖往还萦,素腕参差举"(费昶《华观省中夜闻城外捣衣》)。汗水散发出香气,捣衣声犹如动听的乐曲,从事劳动的女子戴着繁复的首饰,其动作似优美的舞蹈。"采桑女"也通常在闺中精心打扮好之后才出门,仿佛是去约会抑或故意招引陌路人,如萧纲《采桑》中的"忌眺行衫领,熨斗成褾褶。下床着珠珮,捉镜安花镊"。所以说艳情诗是对女性不真实的美化。

---

① [唐]姚思廉《梁书》,中华书局,1973年,第480页。

"艳情"之"艳",除了音乐的哀艳,还指女性的美艳、文辞的艳丽,以及对美色公开赏玩的态度等。艳情诗所表现的男女相悦并非执着不渝的倾心相慕,在男方是对美色的追逐,在女方则为献媚邀宠。这种艳情很大程度上带有虚拟成分。例如歌妓舞女的眉目含情,是用来打动宾客的神态,她们不一定留意于座上众人。"众中俱不笑,座上莫相撩"(邓铿《奉和夜听妓声》)之类的嬉戏,也是逢场作戏的应景之语。在宫廷或贵族厅堂观看乐舞,只可远观不可亵玩,不可能有真正放诞的举动,在诗中写到却无伤大雅。

南朝艳情诗的香艳色彩,首先表现在对女性皮肤、香气与红唇等的直接描写上。如"氛氲兰麝体芳滑"(萧衍《游女曲》)、"愈忆凝脂暖,弥想横陈欢"(刘孝威《郡县遇见人织率尔寄妇》)、"荡子无消息,朱唇徒自香"(萧纲《倡妇怨情十二韵》)、"托意眉间黛,申心口上朱"(沈约《少年新婚为之咏》)、"流星浮酒泛,粟瑱逐杯唇"(庾信《春日题屏风》)。凝脂般的皮肤、醉人的体香、妖冶的朱唇及残留在酒杯的唇印,都极具诱惑力。服饰的严整给人庄重的感觉,女性修饰上的某些漏洞,更具有感官刺激效果。介乎肉体与服饰的边缘地带,是艳情诗常常关注的领域,如"芳脂口上渝"(刘孝威《郡县遇见人织率尔寄妇》)、"裾开见玉趾,衫薄映凝肤"(沈约《少年新婚为之咏》)、"轻花鬟边堕,微汗粉中光"(萧纲《晚景出行》)、"悬钗随舞落,飞袖拂鬓吹"(萧纲《咏舞诗》)。女性微微凌乱的衣衫、张开的裙裾,行动与香汗妨害了妆容,舞者的渐入佳境终至发乱钗垂。诗人围绕这些富有暧昧意味的缺口来制造香艳效果,在限制与失控之间保持适度,既要表达欲望和娱乐的快意,又不使其过分袒露。

其次则表现在招引与性爱的暗示上。例如何逊《嘲刘咨议孝绰》:"妖女搴帷出,躞蹀初下床。雀钗横晓鬓,蛾眉艳宿妆。

稍闻玉钏远,犹怜翠被香。"通过清晨侍妾搴帘下榻梳妆打扮的场景来暗示夜来床笫之事。诗人对性行为与求欢常使用"巫山荐枕""洛浦献珠""玉钗挂冠""罗袖拂衣"等一系列固定典故隐喻,表层上没有多少香艳色彩。例如刘孝绰《淇上戏荡子妇示行事》:

> 桑中始弈弈,淇上未汤汤。美人要杂佩,上客诱明珰。日暗人声静,微步出兰房。露葵不待劝,鸣琴无暇张。翠钗挂已落,罗衣拂更香。如何嫁荡子,春夜守空床?不见青丝骑,徒劳红粉妆。①

写偷期缱绻,因使用象征欢爱的典故而显得颇为含蓄。"桑中""淇上"出自《诗经·桑中》"期我乎桑中,要我乎上宫,送我乎淇之上"的约会场景;"鸣琴无暇张"反用司马相如《美人赋》的"遂设旨酒,荐鸣琴",是说未进行设酒弹琴的引诱步骤就直接发生亲密接触;"翠钗挂已落,罗衣拂更香"出自司马相如《美人赋》的"玉钗挂臣冠,罗袖拂臣衣",写美女诱惑男主人公的亲昵举动。再如"含笑解罗襦"(谢朓《赠王主簿》其二)、"挂钗报缨绝,堕珥答琴心"(谢朓《夜听妓》其二)写观赏女乐,"堕珥""解罗襦"出自《史记·滑稽列传》里淳于髡所讲述的男女杂坐嬉戏的宴饮场景,即"握手无罚,目眙不禁,前有堕珥,后有遗簪""履舄交错,杯盘狼藉,……罗襦襟解,微闻芗泽"②的恣意行为;"琴心"运用司马相如琴挑卓文君的事典。典故的运用,在一定程度上避免了性爱细节过于表露的尴尬,是艳情诗人惯用的一种叙述策略。

---

① [陈]徐陵编,[清]吴兆宜注,[清]程琰删补,穆克宏点校《玉台新咏笺注》,第331页。
② [汉]司马迁《史记》,中华书局,1959年,第3199页。

南朝艳情诗的女性叙写,因为失去了伦理教化意味与政治托喻功能,而演变为单纯吟咏美色,体现艳情趣味的娱乐之作。这种艳情趣味是以新奇的构思,通过描写女性和闺房世界制造感官美感与香艳色彩,用赏玩戏谑的心态去看待男女情爱的风雅闲情。它既不美刺风俗,也不寓托个体人格理想,仅要达到娱情消遣和交际的目的。娱乐并非传统诗歌既有的功用,而源于辞赋的创作。辞赋原初就是以盛陈各种场面声色来取悦王公贵族的宫廷娱乐手段,女色则是"声色"的一个组成部分。宋玉《高唐赋》《神女赋》《登徒子好色赋》、司马相如《美人赋》等,既有或滑稽或奇诡的故事框架,也有铺陈声色以娱情的段落,很能博得王公们的欢心。南朝艳情诗也带有辞赋的这种娱乐性质,其创作主体是贵族文人和御用文人,它们既有相对较长而集中的描写女人色相的段落,也夸饰琳琅满目的宫廷华贵器物作为陪衬,并且有一定的故事外壳。其叙写美女与艳情时悲伤情绪淡薄,缺乏严肃性,例如萧纶的《车中见美人》云:"关情出眉眼,软媚著腰肢。语笑能娇美,行步绝逶迤。空中自迷惑,渠傍会不知。悬念犹如此,得时应若为。"被美女迷惑的心理他人无法体会,"悬念"尚且令人神魂颠倒,若真得到如此尤物,该迷恋痴狂到何种程度!这种对美女痴迷但又无法得到的自我解嘲出现在不少诗歌的结尾,像刘孝绰《遥见邻舟主人投一物众姬争之有客请余为咏》的"客心空振荡,高枝不可攀",纪少瑜《拟吴均体应教》的"自有专城居,空持迷上客",调情的话语带有明显的幽默戏谑意味。

南朝上层社会中"怜风月,狎池苑,述恩荣,叙酣宴"(《文心雕龙·明诗》)的风气与日常生活中对声色之乐的追求结合起来,成为艳情诗写作的环境。《南史》记载徐君蒨"善弦歌,……颇好声色,侍妾数十,皆佩金翠,曳罗绮,服玩悉以金银。饮酒数升便醉,而闭门尽日酣歌"①。《陈书》记载陈后主常以艳情为娱,"每引宾客对贵妃等游宴,则使诸贵人及女学士与狎客共赋新诗,互相赠答,采其尤艳丽者以为曲词"。② 艳情诗对美色的热衷和对女性公开的赏玩态度,说明"恣耳目之娱"的现实行乐方式普遍进入诗歌写作语境。

《大唐新语》记载:"梁简文帝为太子,好作艳诗,境内化之,浸以成俗,谓之宫体。"③在这种风气笼罩下的诗坛,女诗人刘令娴等也按照男性诗人的口吻来写女性,毫无个人真情实感。写艳情诗是当时上层社会的交际方式,君臣、兄弟、同僚、夫妇均以艳诗赠答,如刘孝绰"遥见邻舟主人投一物,众姬争之"这样无聊的场景,也成为请名士赋诗的素材。东汉秦嘉、徐淑夫妇开夫妻赠答诗的先河,他们本身也是君子淑女式的夫妻典范。刘孝威《郗县遇见人织率尔寄妇》这首赠内诗里,夫妇情意中掺入爱欲成分,诗歌写自己遇见一个妖艳的织妇,由此想到闺中妻子,即"愈忆凝脂暖,弥想横陈欢""新妆莫点黛,余还自画眉",用张敞画眉的典故写亲昵的闺中举动。

从萧衍《戏作》、萧纲《戏赠丽人》《执笔戏书》、萧绎《戏作艳诗》、徐陵《走笔戏书应令》这些诗题看,当时的诗人就清楚自己写的是艳诗,而且明确知道是一种娱乐性的游戏之作。徐陵《玉台新咏序》云:"撰录艳歌,凡为十卷。曾无忝于雅颂,亦靡滥于风人,泾渭之间,若斯而已。"④他认为所选艳诗是有别于风雅传

---

① [唐]李延寿《南史》,中华书局,1975年,第441页。
② [唐]姚思廉《陈书》,中华书局,1972年,第132页。
③ [唐]刘肃撰,许德楠、李鼎霞点校《大唐新语》,中华书局,1984年,第42页。
④ [陈]徐陵编,[清]吴兆宜注,[清]程琰删补,穆克宏点校《玉台新咏笺注》,第13页。

统并与风雅类诗歌并行不悖的体类,其编辑目的是为让宫中丽人讽咏。抱着娱乐性的创作心态,诗人们尝试以艳情写"新体",即是追求唯美风格、驱遣辞藻的过程。

三

很多学者都曾指出,南朝以"宫体诗"为代表的艳情诗对女性的描写具有"物化"的倾向,这是非常准确的判断。这种物化倾向首先表现在诗人们热衷于吟咏女性的穿着、妆容、佩饰,以及与女性有关的枕席、衾帐、灯烛、铜镜、熏香等诸多物事,其实这也是艳情诗人的一种叙写策略。因为要表达女性作为男性观赏对象的性特征和性诱惑,其美好的躯体是最根本的要素,然而宫廷等场合毕竟不同于市井乡野,缺乏直陈肉体的写作语境,于是只能借助描写附着于女性躯体上的服饰或她们经常接触的枕帐等生活用品,迂回地达到上述目的。蛾眉连娟、云鬟散乱、钗钿晃动、衣袂摇曳、枕席难眠、镜前梳妆等描写,都是为此而服务的。女性成为物品聚合的符号,她们身体的各个部位都可从整体分离出来,以装饰物代替,比如"红妆"代指脸庞,"青黛"代指眉毛,飘逸的罗袖代表身段的婀娜,合身的"宝袜"显示腰身的纤细。装饰物的夸饰已使女性成为器具化、服饰化的纯粹色相。如若抽离这些附属物,女性形象将不复存在。当然,对某些器物的铺陈,也有交代身份的作用,如"明珠翠羽帐,金薄绿绡帷"(范靖妇《戏萧娘》)、"明镜盘龙刻,簪羽凤凰雕"(萧子显《日出东南隅》)之类的铺写,便是通过这些华贵器具,来烘托她们作为宫廷丽人的身份和身价。而象征欢爱的床、帷帐、锦衾等物品,经常用以表示女子独处的寂寞,如"锦衾无独暖"(沈约《古意》)、"罗帷夜长空"(萧纲《春宵》)、"风吹翡翠帷"(王僧孺《春闺有怨》)、

"不见可怜影,空余黼帐香"(徐悱《赠内》)。床帐、锦衾虽然温馨华美,但因良人外出而徒为虚设。"空床"意象隐喻女主人公激情的徒劳和不堪寂寞的心态,对男性充满诱惑力。

南朝艳情诗物化倾向更为重要的表征,则是抽去了所写女性的个性和情感,仅将其作为纯粹的审美物象来对待。或许可以说,这些女性既缺乏传统诗赋中"神"的象喻意义(如《洛神赋》中的洛神),也没有现实社会中"人"的性格情感(如《陌上桑》中的罗敷),只有泛化娱人的"性"的韵味,其全部价值就是给宫廷化、贵族化的诗人提供一种类同于山水的审美客体。例如王枢《徐尚书座赋得可怜》:

> 红莲披早露,玉貌映朝霞。飞燕啼妆罢,顾插步摇花。滥匜金钿满,参差绣领斜。暮还垂瑶帐,香灯照九华。[①]

诗写女性晨妆,诗歌意象全由玉貌、步摇、金钿、绣领、瑶帐、香灯等组成,不但未涉及这位女子的性格特征,甚至连她的身份、容态、表情等均没提到,外在物品的包裹和人为的重塑泯灭了她们作为个体的差异。她们没有性格和自我情感,更没有反思自身处境的能力,完全沦为按照男性理想模式修饰的可操纵的偶像。作者不寄托主观感情,只是进行视觉上的客观描写。诗人与被观察者拉开审美距离,处于凝视客观事物的位置,以咏物口吻出之。如萧纪《同萧长史看妓》、庾肩吾《南苑还看人》等许多诗作,都从"看"的视角刻画形貌。观美人、悦倾城的主题使美女趋于静态,例如刘缓《敬酬刘长史咏名士悦倾城》:

> 不信巫山女,不信洛川神。何关别有物,还是倾城人。

---

① [陈]徐陵编,[清]吴兆宜注,[清]程琰删补,穆克宏点校《玉台新咏笺注》,第218页。

经共陈王戏,曾与宋家邻。未嫁先名玉,来时本姓秦。粉光犹似面,朱色不胜唇。遥见疑花发,闻香知异春。钗长逐鬟髻,袜小称腰身。夜夜言娇尽,日日态还新。工倾荀奉倩,能迷石季伦。上客徒留目,不见正横陈。①

这首诗整体以咏物方式写人。开头用巫山神女、洛神美女、曹植《远游篇》的玉女、宋玉邻家女、吴王夫差女小玉、弄玉这些前人典籍、诗赋中的著名美人比附,既衬托人物的倾国之貌,也夸耀美人的出身。这很像咏物诗赋里开头先写事物的出处。"遥见疑花发,闻香知异春"用花朵比喻美人容貌美丽又有体香,接着用"钗长逐鬟髻,袜小称腰身"具体描摹她的发型服装,然后写她的尽态极妍使主人迷恋。最后两句点题,"留目""横陈"都和题目中"名士悦倾城"相关。全诗层层铺叙,配合制题,非常工稳。咏物诗赋都追求一种勾勒铺排的描写,而且常用"遁辞以隐意,谲譬以指事"的隐语手法写物。此诗使用大量典故进行比喻,并未指明所咏的美人,这类似于以隐语状物的赋物技法。

萧纲在《答新渝侯和诗书》中云:"复有影里细腰,令与真类;镜中好面,还将画等。此皆性情卓绝,新致英奇。"②"真类"即与真实相似,"画等"即与绘画等同。按照萧纲的观点,描写"影里细腰""镜中好面"的女性,必须尽可能真实地写出其外在形态。艳情诗这种追求"形似"的创作方法,与辞赋和咏物诗颇有相通之处。王力坚认为:"刘宋以来山水诗向咏物诗的演进,对宫体

---

① [陈]徐陵编,[清]吴兆宜注,[清]程琰删补,穆克宏点校《玉台新咏笺注》,第345页。
② [明]张溥辑《汉魏六朝百三家集》第三册,上海古籍出版社,1994年,第547页。

诗将人作物化处理的创作方式有深刻的影响。"①这个判断是很有道理的。不过,先秦以来的咏物诗赋,几乎均有作者的情志和寄托,纯粹的咏物极为罕见,而南朝艳情诗却完全将"女性"作为观赏的审美对象,抽去了人性和情感的底蕴。咏物诗赋通常是咏"物"而实写"人",南朝艳情诗是咏"人"而实写"物",两者只是在追求"形似"的创作方法上趋同,而内涵是很不一样的。因此,南朝艳情诗中的女性虽然拥有美丽的容貌、华美的衣饰、撩人的姿态,但缺乏丰富鲜明的"人"的个性、思想和情感。她们不是鲜活的个体,而是类型化的女性或"美丽"的性别符号。作者便以旁观者的态度,居高临下地俯瞰、欣赏那由素腕红袖、纤腰舞影组成的女性景观。宫廷化、贵族化诗人的创作原则背离了传统诗歌的"感物吟志",而变成"制题体物"了。

原刊《湖南大学学报》(社会科学版)2011年第1期
陈娜:现任职于老人春秋杂志社

---

① 王力坚《由山水到宫体——南朝的唯美诗风》,台湾商务印书馆,1997年,第215页。

论北朝诗歌中的生命意识

王晓芸

"北朝"一般是指自439年北魏鲜卑拓跋氏统一北方始,中经东、西魏分裂,北齐、北周对峙,至581年杨坚建隋代周这段历史时期。从文学史上看,与南朝持续兴旺的局面相比,北朝文学未免岑寂,其诗歌发展也是如此。本文所论北朝诗歌主要指北朝本土文人的创作,在动荡现实环境与文人复杂心态等多重因素影响下,北朝本土文人诗具有浓烈的生命意识,充满了对生的眷恋忧虑与对死的体悟恐惧。

一、生之忧

北朝文人的恋生意识是通过对生命的忧虑表现出来的,原因有三:其一,从现实环境上讲,整个北朝不足200年间历经五个政权,统治阶级内部矛盾、少数民族统治者与汉族大臣间的民族矛盾时有爆发,朝不保夕的文人身处乱世,满心忧惧;其二,从文人心态上看,"五胡乱华"引起的巨大动荡给文人造成了心灵创伤,使他们一方面无比珍惜生命,另一方面却对命运无常有了更深的感触,他们很难真正打开胸怀,从正面讴歌生命;其三,从文学传统上看,北朝诗歌继承了汉魏古风的悲凉遗响,特别是汉末《古诗十九首》带来的生命感伤情怀,影响着他们的诗歌创作,更倾向用忧生之叹表达热爱生命的情绪。

北朝文人的生命忧虑首先表现在一种畏祸心态上,北魏初期尤甚。初定天下的北魏政权一开始仍延续着落后的游牧民族统治方式,对汉族文化采取排斥态度,对汉族大臣也充满猜忌。宗钦《赠高允诗》其十一:"履霜悼迁,抚节感变。嗟我年迈,迅逾激电。进乏由赐,退非回宪。素发掩玄,枯颜落蒨。"就写出了诗人进退考量的谨慎心态,并劝诫高允"勿谓古今,违规易矩"(其八)、"风马既殊,标榜莫缘"(其九),当心险恶的政治环境。面对好友的劝慰,高允感叹"年时迅迈,物我俱逝。任之斯通,拥之则滞。结驷贻尘,屡空亦敝。两闻可守,安有回赐"(高允《答宗钦诗》其十二)。说明自己也是进退无路,充满着对前途命运的忧思。不久后,宗钦果因"崔浩国史狱案"连坐被诛,高允以太子救得免。

"崔浩国史狱案"可以说是北魏王朝与汉族士人矛盾发展的顶峰,少数民族统治者对汉族士大夫的文化隔膜与敌视心态上升到流血冲突的层面。一方面,残忍的"族诛"充分显示出北朝文人的险恶处境,这是造成其忧惧畏祸心理的外部原因;另一方面,北方士族聚族而居,各大族间互结姻亲,具有十分浓厚的家族观念。在他们眼中,自身生命并非单纯个体,而是保全整个家族生命所必需,因此面对险恶的政治环境就更加谨慎小心。

这种少数民族政权与汉族士人间的矛盾贯穿整个北朝,民族矛盾整体呈现出不断冲突—融合—再冲突—再融合的态势。像宗钦、高允这样的权重之臣尚满怀忧惧,其他汉族士人的心态更可想而知,面对变幻无常的政治局面,他们如惊弓之鸟。如冯元兴《浮萍诗》:"有草生碧池,无根绿水上。脆弱恶风波,危微苦惊浪。"形象地写出了一个出身寒门的北朝汉族士人在险恶政治变幻中挣扎飘摇、无力自救的窘态。再如李骞《赠亲友》:"幽栖多暇日,总驾萃荒坰。南瞻带宫雉,北睇拒畦瀛。流火时将末,悬炭渐云轻。寒风率已厉,秋水寂无声。层阴蔽长野,冻雨暗穷汀。侣浴浮还没,孤飞息且惊。三褫俄终岁,一丸曾未营。闲居同洛涘,归身款武城。稍旅原思藿,坐梦尹勤荆。监河爱斗水,苏子惜余明。益州达友趣,廷尉辩交情。岂若忻蓬荜,收志偶沈冥。"作者戴罪幽居,时刻警醒,鸟儿孤飞都使他心惊,睡梦也不得安宁,一个终日惶惑、小心谨慎的士大夫形象跃然纸上。

二、死之畏

与对生的忧虑相比,北朝文人对死的体悟更为激烈直接,并集中表现在一些临终诗作中。北朝"临终诗"创作集中于北魏后期。515年,宣武帝元恪死,孝明帝元诩即位,北魏开始走向灭亡。528年"尔朱荣之乱",元诩、元钊两位君主先后被弑,元子攸即位,不甘心做傀儡的他毒杀尔朱荣,却引来其侄尔朱兆的兵变,元子攸被缢杀于佛寺。随后长广王元晔、节闵帝元恭先后被尔朱氏立为帝,而另一方面高欢和宇文泰也开始扶持各自的傀儡政权,北魏分裂为东、西魏。这些被立为傀儡的北魏皇族,最短的在位仅数月即被废,成为政治斗争的牺牲品,被迫走向生命的终点。

面对死亡,他们的悲伤恐惧也比常人更深一层,试看元子攸《临终诗》:"权去生道促,忧来死路长。怀恨出国门,含悲入鬼乡。隧门一时闭,幽庭岂复光?思鸟吟青松,哀风吹白杨。昔来闻死苦,何言身自当!"此诗悲苦之情浓郁,寄寓了一个不幸帝王对自身命途的无奈,也表达了一位诗人对时代命运的哀思。但身为帝王的元子攸将死之时却保持着一种清醒的认识,他以政治家的敏感深刻体悟到自己的致死原因——"权去生道促,忧来死路长",政治生命的完结是导致肉体生命终了的根本原因,而作为帝王却恰恰难以回避这种权力的倾轧,只能做政治的牺牲品。

这种对于政治与生命关系的认识在北朝皇室诗人中十分普遍,如元子攸之后继位的节闵帝元恭曾与大臣联句,说自己"平生好玄默,惭为万国首",深知做傀儡的危险,希望"君臣体鱼水,书轨一华戎"来共同守卫皇权。但这只是一个空想,不久元恭即被高欢赶下台,囚于洛阳崇训寺,他才清醒地意识到自己最终的命运:"朱门久可患,紫极非情玩。颠覆立可待,一年三易换。时运正如此,惟有修真观。"政权换代如走马,人的生命在残酷的政治斗争面前显得如此渺小、如此无常,虽贵为君主也难逃宿命——一个月后,元恭被高欢毒杀,死状悲惨,而这一切无从诉说,只能归为一句"时运正如此"的凄然无奈。

周建江先生评北朝"临终诗"有言:"诗歌只有用生命去哺育才会放射出光彩。……以生命和自由为代价而创作的诗歌,再也没有往日的从容不迫与雍容,是真实感情与思想的表现。……在这些诗歌中闪动着生命的激情,……短短的几节中包含了天地间最朴素的道理,而这道理只有当以生命为代价时才能够明白,看似平常,实则深刻。没有丝毫的造作,真正体现了'言为心声'的观点,诗歌以真情动人。"[1]作为北朝文人死之体悟的集中表现,这些"临终诗"具有很高的艺术价值;北朝文人正是通过"临终诗"这种极端的方式宣泄着对死亡的恐惧,构成其忧生意识之外的另一重生命体验。

三、生命忧患的消解

当人的生命情绪浓郁到一定程度时,就需要一种本能释放。

---

[1] 周建江《北朝文学史》,中国社会科学出版社,1997年,第83—84页。

随着南北文化交流加深,南朝文风不仅影响着北朝文人的诗歌创作,更间接影响着其心理状态,使他们逐渐转向外在世俗享乐以消弭生命的忧虑,他们开始写游宴、写风景、写女人。特别是在政治较为稳定的时期,北朝文人创作出很多侍宴游幸诗,他们"伊臣从下列,逢恩信多幸",认为"寸阴良可惜,千金本易挥",开始享受生命。他们欣赏春光秋景,在自然风光中寻求心灵安定。如温子昇《咏花蝶诗》:"素蝶向林飞,红花逐风散。花蝶俱不息,红素还相乱。芬芬共袭予,葳蕤从可玩。不慰行客心,遽动离居叹。"刘逖《对雨诗》:"重轮宵犯毕,行雨旦浮空。细落疑含雾,斜飞觉带风。湿槐仍足绿,沾桃更上红。无由似玄豹,纵意坐山中。"诗歌情感风格已与南朝无异。北朝文人亦开始以女性入诗,描摹"宝髻耀明珰,香罗鸣玉佩。大堤诸女儿,一一皆春态"(王容《大堤女》)的女子形貌,欣赏"拂黛双蛾飞,调脂艳桃发。舞罢鸾自羞,妆成泪仍滑"(周南《晚妆诗》)的女儿情态,在美色中享受生命。他们与歌儿舞女产生情感共鸣:"扇中通曼脸,曲里奏阳春。久应迷座客,何曾起梁尘。"(刘逖《清歌发诗》)"绮窗斜影入,上客酒须添。翠羽方开美,铅华汗不沾。关门今可下,落珥不相嫌。"(魏收《永世乐》)生命情绪得到了暂时的安抚。

北朝文人消解生命忧患的另一方式即向宗教皈依。佛教思想深刻影响着北朝文人的生死观,使他们在乱世流荡中找到了一处心灵安息之所。与一般宗教相比,佛教似乎更关注人类"死"的问题,从一开始便提出了"三法印"说:"一切行无常,一切法无我,寂灭涅槃。""无常"和"涅槃"即是佛教的死亡理论。所谓"无常",是指世界万物都是生灭变化的,任何现象都无法保住它的永恒常在。反映在人生上,即认为每个人的生命都是渺小的、脆弱的、短暂的,终归要灭亡。深受"无常"理论影响的北朝文人面对死亡时,这种观念变得更为强烈,如前所述北魏节闵帝元恭的"临终诗"中"颠覆立可待,一年三易换"既是当时政治动乱的真实写照,也暗含着世事变幻、人命无常的道理,面对残酷的现实,诗人唯有"修真观",向佛法处寻求解脱。在生死意识上,北朝文人也尽着佛教"空"观思想之痕迹,充满着生命的沧桑感,特别表现在一些感怀凭吊诗中。如祖珽《挽歌》:"昔日驱驷马,谒帝长杨宫。旌悬白云外,骑猎红尘中。今来向漳浦,素盖转悲风。荣华与歌笑,万事尽成空。"诗人回忆昔日盛景,而今只余素盖悲风,万事成空,以"挽歌"为题既是对一个朝代的悼念,也表达了一届朝臣在政治变幻中的命运无奈。可以说,与追求世俗享乐的外在解脱不同,佛教思想为北朝文人提供了一条内在的心灵解脱之路,使他们的生命情绪最终得到真正的安放。

汉魏六朝是生命意识的大爆发时期,从汉末激发的生命短暂情绪,到魏晋玄学生命观的自然超越,再到南朝佛教观照下生命意识的消沉,似乎已经走过了一个完整的生命体验过程。然而,北朝作为一个特殊的历史时期,蕴含着构成乱世的一切因素,积聚着多重社会矛盾,其生命意识也必然呈现出某种特殊建构。北朝本土文人在乱世动荡下的生之忧虑与死之畏惧深刻影响着其文学创作,使他们的诗歌充满沉郁悲凉的情调,饱含着浓烈的生命情绪,完成了中古诗歌生命主题的最后一节,同时也为唐代诗歌的发展、唐人的生命勃兴奠定了重要基础。

原刊《芒种》2014 年第 2 期(上半月)
王晓芸:现任共青团中央《中国共青团》杂志主任记者

论白居易的《中隐》与"魏晋人物"生存观念之关联

谭 立

白居易诗《中隐》体现的生存之道,与魏晋名士的思想观念具有极其相似之处。出身世家的魏晋名士认为:"富贵尊荣,忧患谅独多。"(嵇康《代秋胡歌诗七章》第一)白居易认为:"贵则多忧患。"(白居易《中隐》)魏晋名士在物质基础牢固的前提下自上而下遁入类似"长寄灵岳,怡志养神"(嵇康《四言赠兄秀才入军诗十八章》第十七)与"但愿养性命,终已靡有他"(嵇康《答二郭诗三首》第二)的隐逸状态;出身下层官吏的白居易为保食禄,避免"贱即苦冻馁"(白居易《中隐》),自下而上稳定在"终岁无公事,随月有俸钱"(白居易《中隐》)的"中隐"境界。晚唐白居易与"魏晋人物"生存观念之关联在于:晚唐与汉末、魏晋时期类似的政治环境;白居易与"魏晋人物"均具有政治地位和物质基础的保障;魏晋人士追求永年和白居易注重现实的隐逸理念。

一、晚唐与汉末、魏晋时期类似的政治环境

政治严苛、宦途险恶是晚唐与汉末、魏晋时期类似的政治环境。"贵则多忧患"(白居易《中隐》)是白居易与魏晋名士的共识。

白居易德宗贞元十六年(800)中进士,历德宗、顺宗、宪宗、穆宗、敬宗、文宗、武宗七朝,正是宫廷内斗如火如荼之际,唐盛而衰积重难返之时。

初,顾况谓白居易:"有句如此,居亦何难!"白居易春风得意马蹄疾,步入仕途,新来的年轻人昂首阔步,大有前辈李白之志:"申管晏之谈,谋帝王之术,奋其智能,愿为辅弼,使寰区大定,海县清一。"(李白《代寿山答孟少府移文书》)居易遇宪宗时,颇能进取,议事每称意,"奏凡十余上,益知名"(《新唐书·白居易传》)。然居官愈久,惶惑愈甚。朝堂甚广,人心犹深,许多不相干的事,其实是相互关联的。政治抱负与现实生活南辕北辙,河清海晏的理想与龌龊卑鄙的官场相比较而存在。有唐二百余年国祚,政治盘根错节,蚍蜉实难以撼大树。

毕竟文人本色,白居易误在一个"疾"字。朝堂之上,得理强谏,不知俟机而动;言语唐突,不善察言观色。《新唐书·白居易传》载:"(白居易)后对殿中,论执强鲠,帝未谕,辄进曰:'陛下误矣。'帝变色,罢,谓李绛曰:'是子我自拔擢,乃敢尔,我叵堪此,必斥之!'……既失志,能顺适所遇,托浮屠生死说,若忘形骸者。"①此时已有"中隐"理论之雏形,他在《松斋自题》(题注:时为翰林学士)中写道:"非老亦非少,年过三纪余。非贱亦非贵,朝登一命初。才小分易足,心宽体长舒。充肠皆美食,容膝即安居。况此松斋下,一琴数帙书。书不求甚解,琴聊以自娱。夜直入君门,晚归卧吾庐。形骸委顺动,方寸付空虚。持此将过日,自然多晏如。昏昏复默默,非智亦非愚。"②政治成熟,意味着棱角磨平,历练到位,古今一理。

---

① [宋]欧阳修、宋祁《新唐书》,中华书局,1975年,第4302页。
② [清]彭定求等编《全唐诗》,中华书局,1960年,第4715页。

至穆宗时,朝政每况愈下,"天子荒纵,宰相才下,赏罚失所宜,坐视贼,无能为。居易虽进忠,不见听,乃丐外迁。为杭州刺史"①。白居易"中隐"实践,肇始于兹。

据《新唐书·本纪第八》记载,宪宗之后,除去敬宗以太子继承大统外,其余诸帝皆由宦官拥立。梁守谦、王守澄立穆宗,魏从简、梁守谦、王守澄、杨承和立文宗,仇士良、鱼弘志立武宗。宦官勾结密谋,矫诏拥立,把持朝局,挟持帝王,操弄天下,如有不合,屡为弑杀。②《新唐书·王守澄传》载:"守澄与内常侍陈弘志弑帝(宪宗)于中和殿,缘所饵,以暴崩告天下,乃与梁守谦、韦元素等定册立穆宗。"③《新唐书·刘克明传》载:"帝(敬宗)猎夜还,与克明、田务澄、许文端、石定宽、苏佐明、王嘉宪、阎惟直等二十有八人群饮,既酣,帝更衣,烛忽灭,克明与佐明、定宽弑帝更衣室,矫诏召翰林学士路隋作诏书,命绛王领军国事。明日,下遗诏,绛王即位。"④

"天子荒纵,宰相才下"互为因果。更有内窃外专奸佞之辈者若仇士良等,居心险恶推波助澜。《新唐书·仇士良传》载仇士良蛊惑帝王的经验之谈:"士良曰:'天子不可令闲暇,暇必观书,见儒臣,则又纳谏,智深虑远,减玩好,省游幸,吾属恩且薄而权轻矣。为诸君计,莫若殖财货,盛鹰马,日以球猎声色蛊其心,极侈靡,使悦不知息,则必斥经术,暗外事,万机在我,恩泽权力欲焉往哉?'众再拜。士良杀二王、一妃、四宰相,贪酷二十余年,亦有术自将,恩礼不衰云。"⑤

---

① [宋]欧阳修、宋祁《新唐书》,第4303页。
② [宋]欧阳修、宋祁《新唐书》,第227—245页。
③ [宋]欧阳修、宋祁《新唐书》,第5883页。
④ [宋]欧阳修、宋祁《新唐书》,第5884页。
⑤ [宋]欧阳修、宋祁《新唐书》,第5874—5875页。

朝堂凶险,大类汉末、魏晋。弑君作乱,血雨腥风,甚于前朝。《新唐书·刘蕡传》载刘蕡对策云:"奈何以亵近(宦者)五六人总天下大政,外专陛下之命,内窃陛下之权,威慑朝廷,势倾海内,群臣莫敢指其状,天子不得制其心,祸稔萧墙,奸生帷幄,臣恐曹节、侯览复生于今日,此宫闱将变也。……蕡对后七年,有甘露之难。"①

亲小人自然远贤臣。奸佞恶宦当道,正直之士不得出。白居易才高,睥睨权贵,当廷对策,宪宗尚难堪色变,遑论其他,故"宰相嫌其出位,不悦",事出自然,"既复用,又皆幼君,偃蹇益不合,居官辄病去,遂无立功名意"。②

文宗时,朝局更趋凶险,党争白热化,屡屡兵刃相加,"甘露之变"戮至千人。白居易耿介文士,素恶依附,祸乱之中,朝堂旦暮凶险,朝出未见得安然晚归。又兼非瞽非聩,疾恶如仇,句句无错、条条无用之陈词滥调实所不屑,"论执强鲠"祸不旋踵。为"美食""安居"起见,明哲保身,全躯善终,远离是非之地是上策。史载:"文宗立,以秘书监召,迁刑部侍郎,封晋阳县男。大和初,二李党事兴,险利乘之,更相夺移,进退毁誉,若旦暮然。杨虞卿与居易姻家,而善李宗闵,居易恶缘党人斥,乃移病还东都。除太子宾客分司。"③白居易时年 63 岁。

至于汉末、魏晋政治生态,《后汉书》载董卓专权"僭拟车服","入朝不趋,剑履上殿",④《三国志·魏书》载曹操设天子旌旗,出入称警跸,僭主至"冕十有二旒"⑤。汉室衰微,诸侯迭起;

---

① [宋]欧阳修、宋祁《新唐书》,第 5297—5306 页。
② [宋]欧阳修、宋祁《新唐书》,第 4304 页。
③ [宋]欧阳修、宋祁《新唐书》,第 4303—4304 页。
④ [宋]范晔撰,[唐]李贤等注《后汉书》,中华书局,1965 年,第 2325 页。
⑤ [晋]陈寿撰,陈乃乾校点《三国志》,中华书局,1959 年,第 49 页。

礼崩乐坏，君臣易位；名为禅让，实则逼宫。乱世中曹魏篡汉，司马代魏。纲纪荡然无存，招降纳叛兼以苛刑峻法。文士无恒心，武士无恒主。名为取义，实则趋利。武士朝秦暮楚，背信弃义；文人三缄其口，投靠趋进。"名行显患滋，位高势重祸基。"（嵇康《六言诗十章》第六）正直之士维护传统既不可得，归附豪强于心不甘。经典转为玄言，自尊转为自放，"魏晋名士"由此而来。

可以看出，晚唐白居易与魏晋名士所处政治生态极其类似。话虽如此，汉末、魏晋虽乱，亦不至屡弑君相于宫廷，矫诏拥立欺天下。政治倾轧，血腥绞杀，晚唐竟至于丧心病狂、无所顾忌之程度。

人不被妒是庸才。白居易生逢数君，屡遭排斥，就个人而言，彷徨不得志事小，涉凶履险事大。朝夕忧惧间，遂心灰意懒，怠于政治，倾心退隐。然白居易在隐逸选择上止乎"中隐"，非似"魏晋名士"的"但愿养性命，终已靡有他"（嵇康《答二郭诗三首》第二）的宣言这样彻底，原因在于政治地位、物质基础较身为世家、门阀子弟的"魏晋名士"薄弱许多。

二、白居易与"魏晋人物"均具有
政治地位和物质基础的保障

马克思曾经指出："一切人类生存的第一个前提也就是一切历史的第一个前提，这个前提就是：人们为了能够'创造历史'，必须能够生活。但是为了生活，首先就需要衣、食、住以及其他东西。"[①]这一论断很能解释白居易与"魏晋名士"在处世哲学上

---

① （德）马克思、（德）恩格斯《费尔巴哈：唯物主义观点和唯心主义观点的对立》，见中共中央马克思、恩格斯、列宁、斯大林著作编译局编《马克思恩格斯选集》第一卷，人民出版社，1972年，第32页。

的具体行为。

胡遂教授在《佛教与晚唐诗》中指出:"晚唐时代,由于战乱频仍,武夫专权,文人尤其是广大生活在社会中下层的出身寒微的读书士子,基本上都处在一种边缘人的位置。因此,隐逸对于他们来说,就常常是一种无可奈何的选择。"[1]白居易少有高才,早脱寒微;反身山野,再入窘境,实非所愿。高位虽祸重,人微又言轻;富贵固忧患,贫贱辄饥寒。规避隐逸之道玄而又玄,如何拿捏颇费思量。依政治地位而言,此时白居易虽忧惧厌倦朝堂,却并非"时命大谬"(《庄子·缮性》),无缘无意仕宦食禄,因而较隐逸老前辈如巢父、许由、接舆、长沮、荷蓧丈人,近前辈如陶潜等决绝仕宦者主动且辩证许多,其理念略为"唯有衣与食,此事粗关身。苟免饥寒外,余物尽浮云"(白居易《初除户曹喜而言志》),"身家为本,君国为用"。

白居易出身下层官吏,总体上属于自下而上的攀登过程。"父季庚,为彭城令",白居易在朝时"岁满当迁,帝以资浅,且家素贫,听自择官"[2]。白居易有此地位俸禄,实属寒窗苦读,焚膏继晷而来。"千钟粟""黄金屋""颜如玉"得之不易,如何敢似嵇康般"不训不师""凭宠自放"(嵇康《幽愤诗》)?且魏文帝曰:"盖文章,经国之大业,不朽之盛事。年寿有时而尽,荣乐止乎其身,二者必至之常期,未若文章之无穷。"(曹丕《典论·论文》)以镂金错采之掌,把耒躬耕;卓异超拔之才,潦倒山野,实实是焚琴煮鹤之举。"美食""安居"本为所愿,寒儒奔走,颜面尽失者,前鉴非远。杜甫有诗句:"朝扣富儿门,暮随肥马尘。残杯与冷炙,到处潜悲辛。"(杜甫《奉赠韦左丞丈二十二韵》)"艰难苦恨繁霜鬓,

---

[1] 胡遂《佛教与晚唐诗》,东方出版社,2005年,第138页。
[2] [宋]欧阳修、宋祁《新唐书》,第4302页。

潦倒新停浊酒杯。"(杜甫《登高》)杜甫屡试不第,坎坷一生,贫病交加,客死湘水。身不可保,家且难顾,遑论"治国""平天下"。贫寒士子作"小隐"之举,丘樊独善实属万般无奈,无有几人终老无怨无悔,何况苦读圣贤书、怀"兼济"之志的白居易?陶渊明暮年有云:"千秋万岁后,谁知荣与辱?但恨在世时,饮酒不得足。"(陶渊明《拟挽歌辞三首》其一)"亲戚或余悲,他人亦已歌。"(其三)为搏一时之清誉,至累世之凄寡,上无益于国,下无助于家。食无鱼,足无履,倨傲放言雷霆在耳,乞食赊酒接踵而至。陶潜不营生业,家务悉委之儿仆。至于酒米乏绝,亦时倚仗他人相赡。① 衣食且忧,荣辱何顾?

由此可见,白居易之"中隐"选择,前鉴古人,后启来者,是经过深思熟虑、反复论证的结果。

"魏晋名士"则不同于白居易之踌躇,属于自上而下的放浪形骸、任性佯狂过程。"魏晋名士"大多出身世家,父祖辈地位显赫,名重一时。生而富贵,不识艰辛,物质生活的满足必然导致精神生活的追求。他们藐视时务,无心经济;高爵厚禄,唾手可得。"咽不下玉粒金莼噎满喉"是"魏晋名士"的共性。嵇康坦陈:"昔蒙父兄祚,少得离负荷。因疏遂成懒,寝迹北山阿。但愿养性命,终已靡有他。"(嵇康《答二郭诗三首》第二)

魏晋名士代表人物之富贵身世,兹列于次:孔融(153—208),孔子的二十世孙。父亲孔宙,太山都尉。孔融灵帝时"辟司徒杨赐府",后出任北海(东汉郡国名,治所在今山东昌乐西)相,颇有政声;建安年间,孔融任将作大匠、少府、太中大夫等职。② 何晏(约193—249),汉大将军何进之孙。曹操纳晏母为

---

① [唐]房玄龄等《晋书》,中华书局,1974年,第2462页。
② [宋]范晔撰,[唐]李贤等注《后汉书》,第2261—2277页。

妾，晏被收养，为操所宠爱。①王弼(226—249)，世代高官，家世渊远，祖父王凯、叔祖王粲、外曾祖父刘表。阮籍(210—263)，父阮瑀，魏丞相掾，知名于世。②王衍(256—311)和王导(276—339)乃同族兄弟，为名门望族琅邪王氏之后。琅邪王氏，从西晋太保王祥以来，一直是名门望族。王祥族孙王衍累任至司空、司徒、太尉，是朝中一言九鼎的人物。③王导是王衍的族弟。王导的祖父王览，官至光禄大夫；父亲王裁，任镇军司马。④谢安(320—385)，祖父谢衡以儒学知名，官至国子祭酒；父亲谢裒，官至太常卿，谢家也是名门大族。⑤

上述魏晋名士之政治地位及物质基础，白居易未可比拟。为全躯善终，亦为生计后路，不食人亦不为人所食，"中隐"之外别无选择。

阮籍蔑视官场，作《大人先生传》云："世人所谓君子，惟法是修，惟礼是克。手执圭璧，足履绳墨。行欲为目前检，言欲为无穷则。少称乡党，长闻邻国。上欲图三公，下不失九州牧。独不见群虱之处裈中，逃乎深缝，匿乎坏絮，自以为吉宅也。行不敢离缝际，动不敢出裈裆，自以为得绳墨也。"⑥白居易诗名俸禄之外，别无长物，何敢有这般奇思妙想？洁身自好，固为所愿；关乎口腹，用强则过。春秋代序，舟已行矣，非与时俱进不可。其人若果真效"魏晋名士"风范，脱离官场彻底隐逸，除非遁入空门，化缘乞讨为业。阮籍潇洒，中气十足，《晋书·阮籍传》载："籍本

---

① ［唐］房玄龄等《晋书》，第292页。
② ［晋］陈寿撰，陈乃乾校点《三国志》，第796页。
③ ［唐］房玄龄等《晋书》，第1235—1238页。
④ ［唐］房玄龄等《晋书》，第1745页。
⑤ ［唐］房玄龄等《晋书》，第2072页。
⑥ ［唐］房玄龄等《晋书》，第1362页。

有济世志，属魏、晋之际，天下多故，名士少有全者，籍由是不与世事，遂酣饮为常。文帝初欲为武帝求婚于籍，籍醉六十日，不得言而止。"狂放倨傲，高标卓举，文帝不以为耻，宠信依旧，史载"礼法之士疾之若雠，而帝每保护之"①。之所以如此，是因为一则阮籍世代累居显位，政治盘根错节，权贵唇亡齿寒，故此互为照应，文帝犹加忌惮；二来缘于曹魏以"明扬仄陋，唯才是举"昭示天下，武帝号曰"青青子衿，悠悠我心"，为固天下求才若渴。籍素有高名，徜徉醉乡，属意玄远，无涉时政，文帝承武帝之志，因厚遇之，颇可示恩泽以笼络天下。于是，"及文帝辅政，籍尝从容言于帝曰：'籍平生曾游东平，乐其风土。'帝大悦，即拜东平相"。②"从容"二字可以见出，阮籍身份非常，真正是"官衔依口得，俸料逐身来"（白居易《分司初到洛中偶题六韵兼戏呈冯尹》）。冷眼观之，号曰"名士"，口称"群虱之处裈中"（阮籍《大人先生传》）、"适彼沅湘，托分渔父"（阮籍《咏怀四言三首》其一），其摄东平之相，非"中隐"而何？

由此可以见出，魏晋人士"全躯善终，清谈玄远""任意纵行，以济不朽"的言论行止，是以坚实之物质基础为前提的，其时现时隐、行神背离，本身即"玄"得可以，唯"凭宠自放"不虚。

白居易乃厌倦朝堂倾轧而非宦途食禄，譬如初到分司，志得意满，其诗《分司初到洛中偶题六韵兼戏呈冯尹》曰："相府念多病，春宫容不才。官衔依口得，俸料逐身来。白首林园在，红尘车马回。招呼新客侣，扫掠旧池台。小舫宜携乐，新荷好盖杯。不知金谷主，早晚贺筵开。"③其"官衔依口""俸料逐身"句颇感怡然自得，可见依然与"朝市"亲而与"丘樊"疏。

---

① ［唐］房玄龄等《晋书》，第1360页。
② ［唐］房玄龄等《晋书》，第1360页。
③ ［清］彭定求等编《全唐诗》，第5087—5088页。

忍一时风平浪静,退一步海阔天空,此步退得大不易。进退之间,《效陶潜体诗十六首》中旁征博引,推敲研凿,《中隐》诗中反复揣摩。可以想见,白居易之"中隐"尚有余虑,其目光依然为"朝市"兼济而非"丘樊"独善,退至"中隐",已算退无可退了。只是京华烟云似战火,冠盖珠玉若刀光,朝堂对策,殚精竭虑,犹恐祸及妻孥。显身扬名有如刀口吮血,白居易初入宦途时血气方刚,盲人瞎马几多侥幸,如今避之不及。"长安米贵"之谶,果不其然。从今往后,"似出复似处,非忙亦非闲"(白居易《中隐》),春宫池台,园林宴乐,亲自然而远人事,其居易之所以寿终也。

三、魏晋人士追求永年和白居易 注重现实的隐逸理念

胡遂教授在《佛教禅宗与唐代诗风之发展演变》中指出:"从'平常心'出发,白居易、元稹等人对于个人的物质生命更为珍惜与关爱,他们大多只考虑眼前的现实生活,而不是那种千秋万岁的身后之名。"[①]

白居易之隐逸思想行为与"魏晋名士"任心纵行的避世全躯有所不同。"魏晋人士"遁世企望的是"含道独往,弃智遗身。……长寄灵岳,怡志养神"(嵇康《四言赠兄秀才入军诗十八章》第十七)。白居易考虑的是"全躯"之后依然要"充肠皆美食,容膝即安居"(白居易《松斋自题》),隐逸目的在于"洛中多君子,可以恣欢言"(白居易《中隐》)。

"魏晋名士"伤逝忧身的结果为"托好老庄""弃智遗身",表

---

① 胡遂《佛教禅宗与唐代诗风之发展演变》,中华书局,2007年,第192页。

现为服灵药以求身形永固,尚玄远以求精神永恒。老子曰:"道大、天大、地大、王亦大。域中有四大,而王居其一焉。"(《老子》第二十五章)孔子曰:"未知生,焉知死?"(《论语·先进》)白居易明了:"神仙但闻说,灵药不可求。长生无得者,举世如蜉蝣。"(白居易《效陶潜体诗十六首》其十一)其伤逝忧惧的结果是面对现实,把握当下。"年光似水向东去,两鬓不禁白日催。……但教帝里笙歌在,池上年年醉五侯。"(白居易《劝酒》)知足于"中隐"后,白居易常乐,字"乐天",至死犹然,其《不能忘情吟》曰:"吾疾虽作,年虽颓,幸未及项籍之将死。何必一日之内,弃骓兮而别虞兮。"①一"幸"字又点出神形,一切均向开阔处看,有关生死之事,"必至之常期"(曹丕《典论·论文》)。白居易吟哦累年,"香山居士"业已修炼入境。老子有云:"知其雄,守其雌,为天下溪。"(《老子》第二十八章)左宗棠说:"发上等愿,结中等缘,享下等福;择高处立,就平处坐,向宽处行。"白居易逐条落实,仁寿智乐兼而有之,总评大为入超。较之白居易将死而觉"幸","魏晋名士"年壮而感忧;白居易觉得活着就好,"魏晋名士"生不如死,且冥想苦思,忧郁无以排遣。刘伶健旺之至,悲苦无状,"常乘鹿车,携一壶酒,使人荷锸而随之,谓曰:'死便埋我'";阮籍百无聊赖,"时率意独驾,不由径路,车迹所穷,辄恸哭而反"。②

子曰:"天下有道则见,无道则隐。"(《论语·泰伯》)白居易"中隐"之举,实在是具有深厚的理论基础。《中隐》作于宾客分司任上,是对多年仕宦生涯的总结。白居易根据"执两用中"的原则,对"入世"和"出世"进行的创造性阐释,对后世科举制度下文人的处世生存观念产生了深刻影响。

---

① [清]彭定求等编《全唐诗》,第5251页。
② [唐]房玄龄等《晋书》,第1361页。

白居易云:"烟霞隔悬圃,风波限瀛洲。我岂不欲往?大海路阻修。"①(白居易《效陶潜体诗十六首》其十一)"朝真暮伪何人辨,古往今来底事无?"(白居易《放言五首》其一)《新唐书·白居易传》载:"居易被遇宪宗时,事无不言。湔刬抉摩,多见听可,然为当路所忌,遂摈斥,所蕴不能施,乃故意文酒。"②历史条件下,白居易不"顺适所遇",主动"移病","故意文酒"又能如何?向前陶潜,虽不为五斗米折腰,然数入数出后赋得《咏贫士诗七首》,其一云:"量力守故辙,岂不寒与饥?知音苟不存,已矣何所悲。"白居易宦途民瘼,洞若观火,深谙"峣峣者易缺,皎皎者易污"(《后汉书·黄琼传》)的道理,独善且难,何以兼济,故此不至把自己看得太重,却革故鼎新、激浊扬清之志。孟子曰:"食、色,性也。"(《孟子·告子上》)箪食瓢饮,是为亚圣之作为,故亦毋将自己看得太轻,衣食俸禄,随遇而安。白居易曰:"原生衣百结,颜子食一箪。欢然乐其志,有以忘饥寒。今我何人哉,德不及先贤。衣食幸相属,胡为不自安?"(白居易《效陶潜体诗十六首》其九)昔魏徵以史为鉴,曲谏太宗;今居易以颜回、陶潜为鉴,专事修身、齐家,出入酬唱应和,聊以终年。

白居易关注物质生命,倾心眼前现实生活,是总结前人教训,以及对生命的领悟、对圣贤的质疑和对生死之自然现象的洞彻。白居易这一理念巩固了其"中隐"生存模式,并在《效陶潜体诗十六首》③中反复思考,体现至为周备。

第一,质疑形神永恒,洞悉造化误人。"不动者厚地,不息者高天;无穷者日月,长在者山川。……嗟嗟群物中,而人独不然。早出向朝市,暮已归下泉。形质及寿命,危脆若浮烟。尧舜与周

---

① [清]彭定求等编《全唐诗》,第 4723 页。
② [宋]欧阳修、宋祁《新唐书》,第 4304 页。
③ [清]彭定求等编《全唐诗》,第 4721—4725 页。

孔,古来称圣贤,借问今何在?一去亦不还。"(其一)"谓神福善人,孔圣竟栖遑;谓神祸淫人,暴秦终霸王。颜回与黄宪,何幸早夭亡。蝮蛇与鸩鸟,何得寿延长?物理不可测,神道亦难量。"(其十六)"神仙但闻说,灵药不可求。长生无得者,举世如蜉蝣。逝者不重回,存者难久留。踟蹰未死间,何苦怀百忧?……今朝不尽醉,知有明朝不?不见郭门外,累累坟与丘。"(其十一)

第二,适中生世大欲,复归自然常轨。"幸及身健日,当歌一尊前。何必待人劝,持此自为欢。"(其一)"朝亦独醉歌,暮亦独醉睡。"(其五)"蹉跎五十余,生世苦不谐。处处去不得,却归酒中来。"(其十四)"连延四五酌,酣畅入四肢。"(其四)"人间荣与利,摆落如泥尘。先生去已久,纸墨有遗文。篇篇劝我饮,此外无所云。"(其十二)"天秋无片云,地静无纤尘。团团新晴月,林外生白轮。"(其六)"朝饮一杯酒,冥心合元化。兀然无所思,日高尚闲卧。"(其三)"但有鸡犬声,不闻车马喧。时倾一尊酒,坐望东南山。"(其九)"中秋三五夜,明月在前轩。临觞忽不饮,忆我平生欢。"(其七)

上述《效陶潜体诗十六首》系统阐释了白居易的"中隐"思想行为,其第十三首对文士遭际进行对比,诗曰:

> 楚王疑忠臣,江南放屈平。晋朝轻高士,林下弃刘伶。一人常独醉,一人常独醒。醒者多苦志,醉者多欢情。欢情信独善,苦志竟何成?兀傲瓮间卧,憔悴泽畔行。彼忧而此乐,道理甚分明。愿君且饮酒,勿思身后名。

白居易例举屈原和刘伶,研凿其思想、行为和结局,笔起"疑忠臣""轻高士",述醉醒之状;笔落"勿思身后名",与辛弃疾的"了却君王天下事,赢得生前身后名"(辛弃疾《破阵子·为陈同甫赋壮语以寄之》)相向而出。白居易无执于"文死谏,武死战"之愚忠，其理论依据并不脱圣贤名教。孔子有言："邦有道，则仕；邦无道，则可卷而怀之。"（《论语·卫灵公》）"无道"在先，则"卷而怀之"可也。至于"邦"之未来，其后荀子有言"从道不从君"（《荀子·臣道》），不受乱命。邦有道则载之，无道则覆之。改朝换代，替天行道，子所颔首。

话又说回来，"醒者多苦志，醉者多欢情"未必实在。刘伶、阮籍四顾觅死，穷形恸哭，非万苦而何？唯有刘伶《酒德颂》所言："静听不闻雷霆之声，熟视不见太山之形。不觉寒暑之切肌，利欲之感情。"暂时麻醉避苦而已。"香山居士"常理佛，佛曰"众生皆苦"，故此邦无道，大、中、小隐无所不苦，眼不见为净而已。

白居易如离离原上之草，几度欣欣向荣，无奈生态日趋严苛，枯荣不遑接续，又值老迈多病，豪放梗概之气渐失，宁静淡泊之意逐身，认为"中隐"既然理论上行得通，事实上也做得到，就顺理成章，不再作"但伤民病痛，不识时忌讳"之《伤唐衢》，发出"是岁江南旱，衢州人食人"（白居易《轻肥》）这样令权贵"切齿、扼腕、变色"的扫兴言论了。前辈王维道："晚年唯好静，万事不关心。"（王维《酬张少府》）白居易《老来生计》相惜道："老来生计君看取，白日游行夜醉吟。陶令有田唯种黍，邓家无子不留金。人间荣耀因缘浅，林下幽闲气味深。烦虑渐消虚白长，一年心胜一年心。"①《秋雨夜眠》非温非寒，不咸不淡，道是："凉冷三秋夜，安闲一老翁。卧迟灯灭后，睡美雨声中。灰宿温瓶火，香添暖被笼。晓晴寒未起，霜叶满阶红。"②大道如青天，各自得所归。秋夜卧迟，白居易不再奉陪。

古代白居易尚"中隐"，现代鲁迅也未见得"大隐"或"小隐"。

---

① ［清］彭定求等编《全唐诗》，第5166页。
② ［清］彭定求等编《全唐诗》，第5172页。

曹聚仁在《鲁迅评传》中写道:"鲁迅的散文集,有一种称之为《三闲集》,那就是应着成仿吾批评他的话而命名的。(成仿吾说'鲁迅所持的是"闲暇,闲暇,第三个闲暇",他们是代表着有闲的资产阶级,或者睡在鼓里的小资产阶级。……'……)"[①]成仿吾此言切中肯綮。若鲁迅引车卖浆,瓮牖绳枢,朝忧心于衣不蔽体,暮劳神于食不果腹,成分固然分明,然斗大字不识一筐,姓名尚须画圈,何以目光如炬,运笔如矢,于文坛硝烟中擎革命之大旗,作壕堑之鏖战?

胡遂教授在《佛教与晚唐诗》中指出:"大部分贫寒出身的读书士子,连衣食都尚且难以周全,又何来金钱挥霍享受呢?因此,声色享乐对他们而言是明显不现实的,于是他们就只好走归隐渔樵躬耕、寄托于山水自然这一条路了。"[②]魏文帝曰:"贫贱则慑于饥寒,富贵则流于逸乐,遂营目前之务,而遗千载之功。"(曹丕《典论·论文》)正是由于"中隐"心得,于朝市、丘樊间"执两用中",非贵非贱,非忙非闲,白居易才有小舫樊素携乐,新荷小蛮盖杯,早晚贺筵酬唱,醉听清吟管弦。悠闲自在,心广体胖,白居易于是诗出涌泉,笔走惊鸿。《全唐诗》录其近三千首,愈半成之多,真真兑现了"不假良史之辞,不托飞驰之势,而声名自传于后"(曹丕《典论·论文》)。

四、结　语

汤用彤在《魏晋文学与思想》中认为,魏晋"时代——政治上混乱衰弱,但思想上甚自由解放。此自由解放基于人类逃避、躲

---

① 曹聚仁《鲁迅评传》,东方出版中心,1999年,第104页。
② 胡遂《佛教与晚唐诗》,第138页。

闪苦难之要求"①。面临苦难和危险,弗洛伊德在《精神分析引论》中指出:"当危险逼近时,惟一有利的行为就是先对自己的力量进行冷静的估量,并将它与所面临的危险相比较,然后再决定最好的办法是逃避、防御还是进攻。"②关涉人类本性,中西、古今一理。白居易选择了"防御",俯仰进退,游刃有余。既不忘忧国忧民,也活得有滋有味,恬淡自如,是得文人真味。从文学艺术而非政治的角度评估,且不论及其"隐"的概念失之宽泛,依现实眼光看来,是为文人处世的生态选择、文化延续之卓异创造。

原刊《西南农业大学学报》(社会科学版)2008年第5期
谭立:现任中国气象局气象干部培训学院湖南分院副教授

---

① 汤用彤《魏晋玄学论稿》,上海古籍出版社,2005年,第112页。
② (奥)弗洛伊德著,彭舜译,彭运石校,车文博审《精神分析引论》,陕西人民出版社,2001年,第409页。

玄学视域下的中晚唐五代"苦吟"与诗学发覆

仲 瑶

自中唐以迄晚唐五代,"苦吟"不单是作诗之法,更是一种独特的诗学和文化现象。[①]以贾岛为核心的苦吟派更是将"诗"推到至玄至妙之境,且表现出种种痴迷之举,如李洞铸贾岛像顶礼膜拜,唐球之"诗瓢"等。然长期以来,学界多将苦吟一派的耽溺于诗简单归结于科举试律、干谒、求知己等功利性因素,或视之为乱世文士逃避现实的一种精神寄托。就诗学内涵而言,也多局限于文字上的"推敲",间或涉及佛禅之影响,对于"苦吟"的内在发生机制、诗学逻辑、文化内涵以及审美意蕴等更深层问题却始终未能深入,这也在很大程度上限制了对于苦吟派诗史地位的把握和理解。本文拟基于玄学之于古典诗学的深层影响及其历史发展脉络,重新对"苦吟"诗学中的深层议题加以深入挖掘和阐释,进而对"苦吟"及其诗史意义和价值加以重估。

一、"诗道幽远,理入玄微"

"诗者何为",不仅仅是西方,也是中国古典诗学的起点。依其哲学根基的不同,大抵又可以分为"诗教""诗道"二途。前者

---

① 李定广《论唐末五代的"普遍苦吟现象"》,《文学遗产》2004年第4期。

本乎儒学,后者则根于玄学。玄学盛于魏晋,作为形上、本体之学,其特点是贵尚玄远,略于形器。政治、学术之外,玄学之于六朝文艺创作与批评,影响尤深。究其根本,则是将一切艺文活动引向幽微玄远的"道"境,僧肇《般若无知论》曰"独拔于言象之表,妙契于希夷之境"①,其《涅槃无名论》又曰"穷微言之美,极象外之谈"②,既是哲学境界,也是文艺美学境界。就文论而言,首先是对"文"之"体""用"的本体性建构与提升。挚虞《文章流别论》曰"文章者,所以宣上下之象,明人伦之叙,穷理尽性,以究万物之宜者也"③,已透出玄学意味。陆机《文赋》曰"伊兹文之为用,固众理之所因。恢万里而无阂,通亿载而为津。……途无远而不弥,理无微而弗纶。配沾润于云雨,象变化乎鬼神"④,能如此者,非道而何?至于《文心雕龙·原道》则杂糅谶纬:"文之为德也大矣,……言之文也,天地之心哉!……莫不原道心以敷章,研神理而设教。"⑤作为"神理"亦即"道"之所寄的"文"得以超越作为儒家道德伦理教化之具的局限,上升到"写天地之辉光,晓生民之耳目"的文艺美学境界,"作者"的地位也一空前代。纪昀赞曰"自汉以来,论文者罕能及此。彦和以此发端,所见在六朝文士之上",又曰"文以载道,明其当然;文原于道,明其本然。识其本乃不逐其末。首揭文体之尊,所以截断众流"⑥。

盛中唐之际,基于道、佛二教的发展及其在士人中的影响与

---

① [晋]僧肇著,张春波校释《肇论校释》,中华书局,2010年,第63页。
② [晋]僧肇著,张春波校释《肇论校释》,第173页。
③ [清]严可均校辑《全上古三代秦汉三国六朝文》,中华书局,1958年,第1905页。
④ [清]严可均校辑《全上古三代秦汉三国六朝文》,第2014页。
⑤ [梁]刘勰著,范文澜注《文心雕龙注》,人民文学出版社,1958年,第1—3页。
⑥ [梁]刘勰著,范文澜注《文心雕龙注》,第4页。

传播，以及与书论、画论的互动。①玄学本体论在诗论中的作用和价值开始凸显。皎然《诗式序》："夫诗者，众妙之华实，六经之菁英，虽非圣功，妙均于圣。彼天地日月、元化之渊奥、鬼神之微冥，精思一搜，万象不能藏其巧。"②"诗"首先是"众妙"亦即玄远、幽微的"玄道"的外在呈现，其次才是"六经之菁英"。如同玄学家之汲汲于玄道，对玄远幽微的"诗"本体的仰望与渴慕也成为苦吟诗人的终极追求，如贾岛《绝句》："海底有明月，圆于天上轮。得之一寸光，可买千里春。"③整首诗可以视为对神秘缥缈的"诗"本体的一种隐喻性象征。诗人所倾心的不再是高悬天上的明明之月，而是藏映于海底幽深之处的那一轮幻月。相较前者的阴晴圆缺，后者则是虚灵而恒久的圆满。对理想之诗本体及其"寸光"的苦心孤诣构成了苦吟的最核心内涵。

晚唐五代的苦吟诗人也延续了这一诗学内核，如薛能《偶题》："到处吟兼上马吟，总无愁恨自伤心。无端梦得钧天乐，尽觉宫商不是音。"④诗人的苦吟与伤心无关乎现世之愁恨，而源

---

① 不仅是文论，唐人书、画论在体用、构思和审美方式、艺术境界等诸多方面同样深受魏晋玄学的影响，如朱景元《唐朝名画录序》："画者，圣也。盖以穷天地之不至，显日月之不照。挥纤毫之笔则万类由心，展方寸之能而千里在掌。至于移神定质，轻墨落素，有象因之以立，无形因之以生。"见〔清〕董诰等编《全唐文》，中华书局，1983年，第7937页。又张怀瓘《书断序》："书之为征，期合乎道。"同前，第4397页。《议书》："得物象之形，归造化之理。"见〔宋〕李昉等《太平御览》，中华书局，1960年，第3320页。
② 皎然著，李壮鹰校注《诗式校注》，人民文学出版社，2003年，第1页。
③ 〔唐〕贾岛撰，齐文榜校注《贾岛集校注》，中华书局，2020年，第28页。
④ 〔清〕彭定求等编《全唐诗》，中华书局，1960年，第6518页。按：文中所引唐人诗句除标明引自作家别集的，皆出自《全唐诗》。为了避免注释过于冗碎，凡引诗四句以上或全诗引用的皆一一标明页码，仅引用一句或两句的，不出注。

于梦中的"钧天之乐"。后者也是晚唐五代苦吟派所追寻的玄境,如齐己《夜坐》:"远忆诸峰顶,曾栖此性灵。月华澄有象,诗思在无形。"①又司空图《诗赋赞》:"知道非诗,诗未为奇。研昏练爽,戛魄凄肌。神而不知,知而难状。挥之八垠,卷之万象。"②"诗玄"概念也应运而生,如"性野难依俗,诗玄自人冥"(李群玉《东湖二首》其一)、"诗到穷玄更觉难"(张蠙《下第述怀》)、"道妙言何强,诗玄论甚难"(齐己《溪斋二首》其二)。"玄"也因此成为艺术批评的新标准和最高境界,姚合选集以"极玄"命名,韦庄又有《又玄集》。

就诗格而言,"玄"则是对"诗道"的凸显。虚中《流类手鉴》:"夫诗道幽远,理入玄微。凡俗罔知,以为浅近。善诗之人,心含造化,言含万象。且天地、日月、草木、烟云皆随我用,合我晦明。此则诗人之言应于物象,岂可易哉?"③诗之用、诗人之大用也由此得以确立。保暹《处囊诀》曰"夫诗之用也,生凡育圣,该古括今,恢廓含容,卷舒有据,有诗之妙用也",又"夫诗之用,放则月满烟江,收则云空岳渎。情忘道合,父子相存。明昧已分,君臣在位。动感鬼神,天机不测,是诗人之大用也"④。其中,"放则月满烟江,收则云空岳渎"喻诗为天地间的灵气与精华,其神秘意蕴已超越了儒家的伦理教化功用,指向审美之境。

诗用既如此玄微,则创作态度上必极郑重之能事。神彧《诗格·论诗道》写道:"至玄至妙,非言所及,若悟诗道,方知其难。诗曰:'未必星中月,同他海上心。'禅月诗:'万缘冥目尽,一衲乱山深。'薛能诗:'九江空有路,一室掩多年。'周朴诗:'尘世自碍

---

① [清]彭定求等编《全唐诗》,第9442页。
② [清]董诰等编《全唐文》,第8495页。
③ 张伯伟《全唐五代诗格汇考》,凤凰出版社,2002年,第418页。
④ 张伯伟《全唐五代诗格汇考》,第497页。

水,禅门长自关。'此乃诗道也。"①这也正是晚唐五代"苦吟"诗学的更深层逻辑,而诗格的作用即在于彰示"诗道"的妙要与秘旨,徐衍《风骚要式》:"夫诗之要道,是上圣古人之枢机。……前代诗人亦曾微露天机,少彰要道。白乐天云:'鸳鸯绣出从君看,莫把金针度与人。'禅月亦云:'千人万人中,一人两人知。'以是而论,不可妄授。"②

如同玄谈、玄言诗之于名士及其所蕴含的人格和超越意味,面对困顿逼仄的现实,苦吟派也以诗别造一心灵绝俗之境,贾岛《宿山寺》:"众岫耸寒色,精庐向此分。流星透疏木,走月逆行云。绝顶人来少,高松鹤不群。一僧年八十,世事未曾闻。"③又李洞《秋宿润州刘处士江亭》:"北梦风吹断,江边处士亭。吟生万井月,见尽一天星。浪静鱼冲锁,窗高鹤听经。东西渺无际,世界半沧溟。"④借此超诣之境,诗人得以"泛彼浩劫""脱然畦封"。苦吟诗人呕心沥血所寻获的也正是这短暂又永恒的自由、审美之境,如"诗吟天地广"(姚合《赠王山人》)、"醉眼青天小,吟情太华低"(李洞《赠唐山人》)、"诗意自如天地春"(贯休《春末寄周琏》)。反过来,又导致这一群体更加耽溺于诗,杜荀鹤《苦吟》:"世间何事好?最好莫过诗。一句我自得,四方人已知。生应无辍日,死是不吟时。"⑤此外,如"诸机忘尽未忘诗,似向诗中有所依"(尚颜《自纪》)、"因知好句胜金玉,心极神劳特地无"(贯休《苦吟》)、"一联如得意,万事总忘忧"(归仁《自遣》)等,皆自得之语。

---

① 张伯伟《全唐五代诗格汇考》,第494—495页。
② 张伯伟《全唐五代诗格汇考》,第451页。
③ [唐]贾岛撰,齐文榜校注《贾岛集校注》,第453页。
④ [清]彭定求等编《全唐诗》,第8278页。
⑤ [清]彭定求等编《全唐诗》,第7945页。

中晚唐五代苦吟一派的诗歌也由此呈现出浓厚的理趣,如孟郊《赠别殷山人说易后归幽墅》:"夫子说天地,若与灵龟言。幽幽人不知,一一予所敦。秋月吐白夜,凉风韵清源。旁通忽已远,神感寂不喧。一悟祛万结,夕怀倾朝烦。"①"神感"四句正东晋玄言诗体玄之语。苏绛也赞贾岛"冥搜至理,悟浮幻之莫实,信无生之可求,知矣哉。……所著文篇,不以新句绮靡为意,淡然蹑陶、谢之踪。片云独鹤,高步尘表"②。至于齐己《中春感兴》"一气不言含有象,万灵何处谢无私?诗通物理行堪掇,道合天机坐可窥。应是正人持造化,尽驱幽细入炉锤",③已近宋人理趣之诗。诗格所赏者也多此类,徐寅《雅道机要》赞贾岛"辞体若淡,理道深奥,不失讽咏,语多兴味"④。《流类手鉴·举诗类例》:"阆仙诗:'夜闲同象寂,昼定为谁开。'己师诗:'五老峰前相见时,两无言语各扬眉。'以上是达识之句。"⑤

盛唐风骨与兴象也一变而为玄远、幽微之旨,如齐己《新秋雨后》:"夜雨洗河汉,诗怀觉有灵。篱声新蟋蟀,草影老蜻蜓。静引闲机发,凉吹远思醒。逍遥向谁说?时注漆园经。"⑥"蟋蟀""蜻蜓"皆极常见、细微之物,但通过"声"之"新"与"影"之"老"的微妙变化,却巧妙地传达出季节变换带来的生命感受以及幽玄的宇宙意识。苦吟派论诗也多"玄微"之谈,如"古律皆深妙,新吟复造微"(齐己《酬微上人》)、"道从会解唯求静,诗造玄微不趁新"(周贺《赠姚合郎中》)、"江月渐明汀露湿,静驱吟魄入

---

① [清]彭定求等编《全唐诗》,第4256页。
② [清]董诰等编《全唐文》,第7937页。
③ [清]彭定求等编《全唐诗》,第9550页。
④ 张伯伟《全唐五代诗格汇考》,第441页。
⑤ 张伯伟《全唐五代诗格汇考》,第420页。
⑥ [清]彭定求等编《全唐诗》,第9445页。

玄微"（杜荀鹤《秋日泊浦江》）、"入微章句更难论"（郑谷《自遣》）、"一一玄微缥缈成"（李克恭《吊贾岛》）、"诗句造玄微"（王贞白《忆张处士》）。对于贾岛派的玄微之趣、幽深之旨，以宋末江湖派诗人方岳《深雪偶谈》最能得之："贾浪仙……特于事物理态，毫忽体认，深者寂入，峻者迥出。不但人口数联，于劫灰上冷然独存。寻咀余篇，芊葱佳气，瘦隐秀脉，其妙一一徐露，无可厌斁。"①

不仅如此，玄学本体认识论也带来了文艺批评与鉴赏方式的深刻变化。姚最《续画品》："孰究精粗，摈落蹄筌，方穷至理。"②这种略其玄黄、取其俊逸的批评和鉴赏方式也为唐人艺术批评所沿，如张怀瓘《评书药石论》："古人妙迹，用思沉郁，自非冥搜，不可而见。"③又《文字论》："自非冥心元照，闭目深视，则识不尽矣。可以心契，非可言宣。"④在与书画创作、鉴赏的融通之中，中唐以来论诗者尤其是苦吟派亦主张以"冥搜""冥心元照""闭目深视""心契"的方式去研味，如此才能悟得看似"容易"的语言表层下的玄趣和真意。皎然《诗式序》："至如天真挺拔之句，与造化争衡，可以意冥，难以言状，非作者不能知也。"⑤中晚唐以迄五代苦吟一派对于"知音目"的渴求与感慨与此也不无关系，与禅关之打通相似，能够透过表象的种种遮蔽与障碍，洞穿幽微者才是真正的"知音目"，如齐己《寄谷山长老》："岂有虚空遮道眼？不妨文字问知音。沧浪万顷三更月，天上何如水底

---

① ［明］胡震亨《唐音癸签》，上海古籍出版社，1981年，第66—67页。
② ［清］严可均校辑《全上古三代秦汉三国六朝文》，第3469页。
③ ［清］董诰等编《全唐文》，第4411页。
④ ［清］董诰等编《全唐文》，第4399页。
⑤ 皎然著，李壮鹰校注《诗式校注》，第1页。

深。"①明乎此,对于贾岛的"知音如不赏,归卧故山秋"或许会有更深层的了解。

二、"言意之辨"与"苦吟"诗学的两大维度

就方法论而言,魏晋玄学的"言意之辨"也借由名士的清谈品藻一转成为六朝文论的新方法论和诗学新命题。在这之中,"言不尽意"命题对六朝文论的影响尤深,如刘勰《文心雕龙·神思》"至于思表纤旨,文外曲致,言所不追,笔固知止。至精而后阐其妙,至变而后通其数。伊挚不能言鼎,轮扁不能语斤,其微矣乎"②正是对玄学"言不尽意"说的理论转化。与此同时,玄学对本体、无限性的"意"的高悬与渴求反过来也深深刺激、启迪了诗学层面对于言外之意("旨")以及幽微深隐之趣的追求与探讨。刘勰《文心雕龙·隐秀》"隐也者,文外之重旨者也;……深文隐蔚,余味曲包"③已启其端,至于钟嵘"文已尽而意无穷"以及"滋味"说等也都由此而来。可以说,六朝文论对于玄学"言不尽意"命题的这种理论逆转和深层突破虽尚处萌芽阶段,却对整个古典文论尤其是诗学意义非凡。

针对齐梁诗的"兴寄不存",唐人诗学尤其是近体诗学主张以"意"为主。除了儒家诗教体系下的意理之"意",玄学体系下的"意"命题也在发展。皎然《诗式·重意诗例》曰:"两重意已上,皆文外之旨,若遇高手如康乐公览而察之,但见情性,不睹文

---

① [清]彭定求等编《全唐诗》,第9540页。
② [梁]刘勰著,范文澜注《文心雕龙注》,第495页。
③ [梁]刘勰著,范文澜注《文心雕龙注》,第632—633页。

字,盖诣道之极也。"①即源自刘勰"文外之重旨",而极推至"六经之首""众妙之门""空王之奥"。白居易《文苑诗格·语穷意远》云:"为诗须精搜,不得语剩而智穷,须令语尽而意远。"②在章法、篇法上则体现为落句的重余味、余韵,王昌龄《诗格》曰:"落句须含思,常如未尽始好。如陈子昂诗落句云:'蜀门自兹始,云山方浩然'是也。"③又《诗格·十七势》"含思落句势"条:"每至落句,常须含思,不得令语尽思穷。或深意堪愁,不可具说,即上句为意语,下句以一景物堪愁,与深意相惬便道。仍须意出成感人始好。"④此外,齐己《风骚旨格·诗有六断》"不尽意"条曰:"诗曰:'此心只待相逢说,时复登楼看远山。'"⑤可谓一脉相承。

不同于玄学对"象外之意,系表之言,固蕴而不出"的消极体认,中唐以后诗格家论诗则主动追求"意"之深隐。皎然《诗式》:"及至'南登灞陵岸,回首望长安',察思则已极,览辞则不伤,一篇之功,并在于此,使今古作者味之无厌。"⑥白居易《金针诗格·诗有义例七》云:"一曰说见不得言见;二曰说闻不得言闻;三曰说远不得言远;四曰说静不得言静;五曰说苦不得言苦;六曰说乐不得言乐;七曰说恨不得言恨。"⑦正《二十四诗品·含蓄》所谓"不着一字,尽得风流。语不涉难,已不堪忧"。这一点也为晚唐五代诗格所承,《雅道机要·叙通变》云:"凡欲题咏物

---

① 皎然著,李壮鹰校注《诗式校注》,第42页。
② 张伯伟《全唐五代诗格汇考》,第367页。
③ 张伯伟《全唐五代诗格汇考》,第171页。
④ 张伯伟《全唐五代诗格汇考》,第156页。
⑤ 张伯伟《全唐五代诗格汇考》,第415页。
⑥ 皎然著,李壮鹰校注《诗式校注》,第107页。
⑦ 张伯伟《全唐五代诗格汇考》,第358页。

象,宜密布机情,求象外杂体之意。不失讽咏,有含情久味之意,则真作者矣。"①"机情"即幽微玄妙之情,亦即"密旨"。此一概念堪称苦吟派之独造。咏物一体尤追求"旨冥句中",王叡《炙毂子诗格·模写景象含蓄体》云:"诗云:'一点孤灯人梦觉,万重寒叶雨声多。'此二句模写灯雨之景象,含蓄凄惨之情。"②惠洪《冷斋夜话》谓之"象外句":"唐僧多佳句,其琢句法比物以意,而不指言某物,谓之象外句。如无可上人诗曰:'听雨寒更尽,开门落叶深。'是以落叶比雨声也。又曰:'微阳下乔木,远烧入秋山。'是以微阳比远烧也。"③

就创作而言,苦吟一派也追求"含蓄"和"文外之旨",如贾岛《送无可上人》:"圭峰霁色新,送此草堂人。麈尾同离寺,蛩鸣暂别亲。独行潭底影,数息树边身。终有烟霞约,天台作近邻。"④"独行"二句之所以能成为一篇之警策,不仅在于对仗的精工和句式的精巧,更在于艺术构思的巧妙、情感的深厚和意蕴的丰富。它并非写实,而是对别后孑然孤寂生活的一种想象。通首而言,又与其余三联浑然一体,意脉缜密,且能紧扣题中送别之义,故其《题诗后》高标自矜云:"二句三年得,一吟双泪流。知音如不赏,归卧故山秋。"⑤贾岛五律正以此当行,梅圣俞赞"怪禽啼旷野,落日恐行人"云:"道路辛苦,羁愁旅思,岂不见于言外乎?"⑥五绝一体尤重含蓄不尽,如《寻隐者不遇》:"松下问童子,言师采药去。只在此山中,云深不知处。"⑦短短四句之中,隐含

---

① 张伯伟《全唐五代诗格汇考》,第 447 页。
② 张伯伟《全唐五代诗格汇考》,第 390 页。
③ [宋]惠洪撰,陈新点校《冷斋夜话》,中华书局,1988 年,第 50 页。
④ [唐]贾岛撰,齐文榜校注《贾岛集校注》,第 140 页。
⑤ [唐]贾岛撰,齐文榜校注《贾岛集校注》,第 635 页。
⑥ [清]何文焕辑《历代诗话》,中华书局,1981 年,第 267 页。
⑦ [唐]贾岛撰,齐文榜校注《贾岛集校注》,第 638 页。

了三问三答。

体现在艺术风格上,则是追求深隐之致。《金针诗格》序:"梦得相寄云:'沉舟侧畔千帆过,病树前头万木春。''雪里高山头白早,海中仙果子生迟。'此二联神助之句,自能诗者鲜到于此,岂非梦得之深者乎?"① 又司空图《题柳柳州集后序》:"味其深搜之致,亦深远矣。俾其穷而克寿,抗精极思,则固非琐琐者轻可拟议其优劣。"② 诗僧一派尤如此,如齐己《寄诗友》:"天地有万物,尽应输苦心。他人虽欲解,此道奈何深。返朴遗时态,关门度岁阴。相思去秋夕,共对冷灯吟。"③ 又时人赞尚颜诗"不入声相,直以清寂境构成,当时人叹其功妙旨深"④。

乃至刻意求深,景淳《诗评·诗有三体》云:"诗之言为意之壳,如人间果实,厥状未坏者,外壳而内肉也。如铅中金、石中玉、水中盐、色中胶,皆不可见,意在其中。使天下人不知诗者,视至灰劫,但见其言,不见其意,斯为妙也。"⑤ 由此增强了诗旨的隐曲晦涩,也导致了苦吟派及其诗歌在阅读史、批评史上的尴尬处境:一方面是作者的高期许,另一方面则是读者的僻涩之讥。诗格中选录的所谓"感天动地"之句不免有故弄玄虚之嫌,乃至被讥为"鄙陋"。

此外,承认"言不尽意"并不意味着放弃实践、功能层面对"言尽意"的追求。恰恰相反,基于庄子实践哲学中"道"者进乎"技","恒患意不称物,文不逮意"的困境所产生的内驱力,反过来又导向对语言本身的重视和磨炼。不同于玄学以"得意忘言"

---

① 张伯伟《全唐五代诗格汇考》,第 350 页。
② [清]董诰等编《全唐文》,第 8488 页。
③ [清]彭定求等编《全唐诗》,第 9452 页。
④ [明]胡震亨《唐音癸签》,第 82 页。
⑤ 张伯伟《全唐五代诗格汇考》,第 501 页。

为旨归,诗学的内在发展逻辑则是由"立象以尽意"走向追求"言尽意"的无限可能。①也因此,在感慨"言不尽意"的同时,批评家对"言"的言说力以及诗人之于"言"的能动性表现出极高的信心与期待:"笼天地于形内,挫万物于笔端。"而欲达此境,"则须寻觅充足之媒介或语言,而善运用之"。②这也正是"作者"的本分,所谓"在有无而僶俛,当浅深而不让。虽离方而遁圆,期穷形而尽相"(陆机《文赋》)。六朝文论对文"术"层面的探讨正以此为逻辑,随之带来了创作层面的高度繁荣,钟嵘《诗品序》曰:"才能胜衣,甫就小学,必甘心而驰骛焉。……至使膏腴子弟,耻文不逮,终朝点缀,分夜呻吟。"③由这一情形恍然可窥中晚唐"苦吟"风气之端倪。

中唐已还,"诗者,言之精"的观念愈发流行,刘禹锡《唐故尚书主客员外郎卢公集纪》:"心之精微,发而为文;文之神妙,咏而为诗。"④其中,五言近体又被视为尤精者,王昌龄《诗格》:"夫文章之体,五言最难,声势沉浮,读之不美。句多精巧,理合阴阳。包天地而罗万物,笼日月而掩苍生。其中四时调于递代,八节正于轮环。五音五行,和于生灭;六律六吕,通于寒暑。"⑤"诗"既为精妙之物,则作诗、论诗绝非容易事,皎然《诗议》:"或虽有态而语嫩,虽有力而意薄,虽正而质,虽直而鄙,可以神会,不可言得,此所谓诗家之中道也。"⑥刘禹锡《董氏武陵集纪》:"诗者,其

---

① 蔡彦峰《玄学与魏晋南朝诗学研究》,人民文学出版社,2013年,第33—54页。
② 汤用彤《魏晋玄学论稿》,上海古籍出版社,2005年,第183页。
③ [梁]钟嵘著,周振甫译注《诗品译注》,中华书局,1998年,第21页。
④ [唐]刘禹锡撰,《刘禹锡集》整理组点校,卞孝萱校订《刘禹锡集》,中华书局,1990年,第233页。
⑤ 张伯伟《全唐五代诗格汇考》,第171页。
⑥ 张伯伟《全唐五代诗格汇考》,第209页。

文章之蕴邪！义得而言丧，故微而难能。境生于象外，故精而寡和。千里之缪，不容秋毫。非有的然之姿，可使户晓。必俟知者，然后鼓行于时。"①司空图《与李生论诗书》："文之难而诗尤难，古今之喻多矣。"②这也是苦吟派痴迷五律，屡称诗"难"的更深层原因。卢延让《苦吟》："莫话诗中事，诗中难更无。吟安一个字，撚断数茎须。险觅天应闷，狂搜海亦枯。不同文赋易，为著者之乎。"③此外，如"二毛非自出，万事到诗难"（贯休《怀薛尚书兼呈东阳王使君》）、"功到难搜处，知难始是诗"（齐己《贻王秀才》）、"辞赋文章能者稀，难中难者莫过诗"（杜荀鹤《读诸家诗》）等皆甘苦之言。

与书论、画论中的"精熟"论④相应，诗能至于"道"也必借由语言和技巧层面的磨炼。皎然《诗式》曰："五言之道，惟工惟精。"⑤《诗议》又曰："或曰：诗不要苦思，苦思则丧于天真。此甚不然。固须绎虑于险中，采奇于象外，状飞动之句，写冥奥之思。夫希世之珠，必出骊龙之颔，况通幽含变之文哉？但贵成章以后，有其易貌，若不思而得也。"⑥至于刘禹锡则进一步提出诗道乃"工"与"达"的统一："片言可以明百意，坐驰可以役万景，工于诗者能之。风、雅体变而兴同，古今调殊而理冥，达于诗者能

---

① ［唐］刘禹锡撰，《刘禹锡集》整理组点校，卞孝萱校订《刘禹锡集》，第238页。
② ［清］董诰等编《全唐文》，第8485页。
③ ［清］彭定求等编《全唐诗》，第8212页。
④ 受庄子"道"者进乎"技"观念的影响，唐人画论也多精熟之论，如孙虔礼《书谱》："心不厌精，手不忌熟，若运用尽于精熟，规矩暗于胸襟，自然容与徘徊，意先笔后，潇洒流落，翰逸神飞。亦犹宏羊之心，预乎无际；庖丁之目，不见全牛。"见［清］董诰等编《全唐文》，第2045页。
⑤ 皎然著，李壮鹰校注《诗式校注》，第273页。
⑥ 张伯伟《全唐五代诗格汇考》，第208页。

之。工生于才,达生于明,二者还相为用,而后诗道备矣。"①

也因此,自初唐以迄晚唐五代,诗格对于声律、对仗、用事等形式、技巧层面的关注是一以贯之的,而又集中体现为"磨炼"理论。白居易《金针诗格·诗有四炼》:"一曰炼句。二曰炼字。三曰炼意。四曰炼格。炼句不如炼字;炼字不如炼意;炼意不如炼格。"②晚唐五代诗格尤重琢字炼句,徐夤《雅道机要·叙磨炼》:"凡为诗须积磨炼。一曰炼意。二曰炼句。三曰炼字。意有暗钝、粗落。句有死机、沉静、琐涩。字有解句、义同、紧慢。以上三格,皆须微意细心,不须容易。一字若闲,一联句失。故古诗云:'一个字未稳,数宵心不闲。'"③又《雅道机要·叙明断》:"创学之流,未得联联通达,或失磨炼,或犯诸病,皆须子细看详。吟咏不可恃其敏捷,或有疏脱,被人评哂,则坏平生之名。古来名公,尚不免此,今之诗人,切可为戒。所得之句,古之未有,今之未述,方得垂名。或有用志,须精分剖。一篇才成,字字有力,任是大匠名流,不能移一字一句,至于无疑,方为作者矣。"④又《雅道机要·明联句深浅》:"艰难句。诗曰:'觅句如探虎,逢君似得仙。'"⑤

贾岛工五律,尚磨炼,正沿"精工""苦思"一途,如《题李凝幽居》中的名句"鸟宿池边树,僧敲月下门",正皎然所谓"但贵成章以后,有其易貌,若不思而得也"。至如李中《叙吟二首》其一:"往哲搜罗妙入神,隋珠和璧未为珍。而今所得惭难继,谬向

---

① [唐]刘禹锡撰,《刘禹锡集》整理组点校,卞孝萱校订《刘禹锡集》,第237页。
② 张伯伟《全唐五代诗格汇考》,第353页。
③ 张伯伟《全唐五代诗格汇考》,第446页。
④ 张伯伟《全唐五代诗格汇考》,第448—449页。
⑤ 张伯伟《全唐五代诗格汇考》,第432页。

平生著苦辛。"①则是晚唐五代诗人的共同心曲。然困境之下，苦吟之士反过来更将名士玄谈之精思造极投入诗歌创作中："会稽传孙、许之玄谈，庐阜接谢、陶于白社，宜其日锻月炼，志弥厉而道弥精。"②李山甫《夜吟》："除却闲吟外，人间事事慵。更深成一句，月冷上孤峰。穷理多瞑目，含毫静倚松。终篇浑不寐，危坐到晨钟。"③正是苦吟一派诗学思想之写照。诗僧论诗尤重"功"与"业"，如齐己《寄友生》"道妙深夸有琢磨"、尚颜《言兴》"犹惭功未至，谩道近千篇"、齐己《览延栖上人卷》"今体雕镂妙，古风研考精"等。这也是"苦吟"诗学的内在发展逻辑。徐夤《雅道机要·叙搜觅意》："凡为诗须搜觅。未得句，先须令意在象前。……凡搜觅之际，宜放意深远，体理玄微。不须急就，惟在积思，孜孜在心，终有所得。古人为诗，或云得句先要颔下之句，今之欲高，应须缓就，若阆仙经年、周朴盈月可也。"④

可堪注意者，苦吟派之重"推敲"，诗格重视诗眼非仅限于一字一句之工拙，实关乎意境、境界之高下。陶岳《五代史补》卷三"僧齐己"条："时郑谷在袁州，齐己因携所为诗往谒焉，有《早梅》诗曰：'前村深雪里，昨夜数枝开。'谷笑谓曰：'数枝非早，不若一枝则佳。'齐己矍然，不觉兼三衣叩地膜拜。自是士林以谷为齐己'一字之师'。"⑤盖"一"之于"数"不仅紧扣题中"早"，更透出无限禅机与道趣，这才是齐己对郑谷膜拜若神的原因。刘勰《文

---

① ［清］彭定求等编《全唐诗》，第8547页。
② 傅璇琮主编《唐才子传校笺》第一册，中华书局，1987年，第533—534页。
③ ［清］彭定求等编《全唐诗》，第7374页。
④ 张伯伟《全唐五代诗格汇考》，第445—446页。
⑤ ［宋］陶岳撰，黄宝华整理《五代史补》，见上海师范大学古籍整理研究所编《全宋笔记》第八编第八册，大象出版社，2017年，第112页。

心雕龙·隐秀》:"夫立意之士,务欲造奇,每驰心于玄默之表;工辞之人,必欲臻美,恒溺思于佳丽之乡。呕心吐胆,不足语穷;煅岁炼年,奚能喻苦。"①正是苦吟派之诗学追求与写照。"如欲辨秀,亦惟摘句"之法也随之风靡,如虚中《流类手鉴·举诗类例》:

> 闻仙诗:"家辞临水郡,雨到读书山。"李洞诗:"灯照楼中雨,书来海上风。"以上是阴阳造化之句。

> 闻仙诗:"祭间收朔雪,吊后折寒花。"己师诗:"瘴雨无时滴,蛮风有穴吹。"以上是感动天地之句。②

"苦吟"诗学的最终指向是意新理奇,如王昌龄《诗格》:"意须出万人之境。……凡作文,必须看古人及当时高手用意处,有新奇调学之。……凡诗立意,皆杰起险作,傍若无人,不须怖惧。"③徐衍《风骚要式·琢磨门》所谓"言虽容易,理必求险"④。徐夤《雅道机要·叙通变》也主张"凡为诗须能通变体格。摹拟古意,不偷窃名人句,令体面不同,不作贯鱼之手"⑤。王昌龄《诗格》又以能见"自性""自家面目"为超诣:"所作词句,莫用古语及今烂字旧意。改他旧语,移头换尾,如此之人,终不长进。为无自性,不能专心苦思,致见不成。"⑥

整体而言,苦吟派于五律虽不免僻涩、琐碎之弊,对"自性"之追求却不容否认。齐己《赠孙生》曰:"道出千途外,功争一字新。""新"也非单纯文辞层面的雕琢,而具有了呈现一种"适我无

---

① [梁]刘勰著,范文澜注《文心雕龙注》,第635页。
② 张伯伟《全唐五代诗格汇考》,第420—421页。
③ 张伯伟《全唐五代诗格汇考》,第162—170页。
④ 张伯伟《全唐五代诗格汇考》,第453页。
⑤ 张伯伟《全唐五代诗格汇考》,第447页。
⑥ 张伯伟《全唐五代诗格汇考》,第163—164页。

非新"的"自性"意味。韩愈的"惟陈言之务去"①也是"贾岛格"以及"苦吟"的诗学价值所在。宋初九僧以及江湖派之追慕贾岛格也多得于此,胡应麟《诗薮》赞九僧诗云:"其诗律精工莹洁,一扫唐末、五代鄙倍之态,几于升贾岛之堂,入周贺之室,佳句甚多。"②对于"苦吟"派的诗学旨趣,宋人尚多领悟。欧阳修《六一诗话》:"唐之晚年,诗人无复李、杜豪放之格,然亦务以精意相高。"③吴可《藏海诗话》也称:"唐末人诗,虽格不高而有衰陋之气,然造语成就。今人诗多造语不成。"④

技巧层面的精工造极,工而入化也是"入玄"的重要诗学内涵之一。孙光宪《北梦琐言》卷七"郑綮相诗"条:"相国《题老僧诗》云:'日照西山雪,老僧门未开。冻瓶粘柱础,宿火焰炉灰。童子病归去,鹿麛寒入来。'常云:'此诗属对,可以称衡,重轻不偏也。'"⑤神彧《诗格·论破题》"入玄"条:"取其意句绵密,只可以意会,不可以言宣也。贾岛《送人》:'半夜长安语,灯前越客心。'……以上五种惟入玄最妙。"⑥这一内在理路也为宋代诗学所继承,梅圣俞与欧阳修论诗云:"诗家虽率意,而造语亦难。若意新语工,得前人所未道者,斯为善也。必能状难写之景,如在目前,含不尽之意,见于言外,然后为至矣。"⑦可以视为对六朝以迄晚唐五代苦吟诗学的理论总结与提升。

---

① [清]董诰等编《全唐文》,第 5588 页。
② [明]胡应麟《诗薮》,上海古籍出版社,1979 年,第 317 页。
③ [清]何文焕《历代诗话》,第 267 页。
④ 丁福保辑《历代诗话续编》,中华书局,1983 年,第 329 页。
⑤ [五代]孙光宪撰,贾二强点校《北梦琐言》,中华书局,2002 年,第 149 页。
⑥ 张伯伟《全唐五代诗格汇考》,第 489—490 页。
⑦ [清]何文焕《历代诗话》,第 267 页。

三、"苦吟"的另一面：天机、兴会与自然

体、用以及言意关系之外，玄学之于古典文论尤其是古典诗学、美学的最深刻影响体现在艺术构思层面，后者又植根于其独特的审美观照和思维方式。其中，道家的先期影响尤深。张岱年《中国哲学大纲》指出："老子不讲'为学'，而讲'为道'，于是创立一种直觉法，不重经验，而主直接冥会宇宙本根。……玄览即一种直觉。"①在这之中，"心"又居于主导。《老子》第十章："涤除玄览，能无疵。"河上公注云："心居玄冥之处，览知万事，故谓之玄览也。"②欲达"玄览"，则须"致虚极，守静笃"。至《庄子》进一步发展为"心斋""坐忘"，最终达到对道的审美超越式体悟。这种抵达又被归于充满神秘色彩的"天机"，《庄子·秋水》："今予动吾天机，而不知其所以然。"成玄英注曰："未知所以，无心自张。"③这种独特的审美观照和思维方式与艺术创造是相通的，庄子"大匠"寓言中的"梓庆削木为鐻"即生动地体现了这一过程。

以魏晋玄学为接引，与"玄心"的凸显相应，对"思心"之用的发现与探讨成为文论的新命题。陆机《文赋》"收视反听，耽思傍讯，精骛八极，心游万仞，……观古今于须臾，抚四海于一瞬。……罄澄心以凝思，眇众虑而为言。……课虚无以责有，叩

---

① 张岱年《中国哲学大纲》，中国社会科学出版社，1982年，第531页。
② 王卡点校《老子道德经河上公章句》，中华书局，1993年，第34—35页。
③ ［清］郭庆藩撰，王孝鱼点校《庄子集释》，中华书局，2012年，第592页。

寂寞而求音"①云云,已纯然是玄学式的致思方式。至刘勰则特拈出"神思":"文之思也,其神远矣。故寂然凝虑,思接千载;悄焉动容,视通万里;吟咏之间,吐纳珠玉之声;眉睫之前,卷舒风云之色。"②黄侃《文心雕龙札记》云:"此言思心之用,不限于身观,或感物而造端,或凭心而构象,无有幽深远近,皆思理之所行也。"③

与对"神思"的探讨相交织,充满神秘色彩的"天机"也因此成为六朝艺文批评中的一个重要范畴。陆机《文赋》曰:"若夫应感之会,通塞之纪,来不可遏,去不可止,藏若景灭,行犹响起。方天机之骏利,夫何纷而不理?……及其六情底滞,志往神留,兀若枯木,豁若涸流。揽营魂以探赜,顿精爽于自求。理翳翳而愈伏,思乙乙其若抽。"④个中甘苦与晚唐五代之苦吟诗人对"诗道"之难的慨叹颇相通。宋、齐以来尤重"天机",沈约《答陆厥书》:"知天机启则律吕自调,六情滞则音律顿舛也。"⑤刘勰《文心雕龙·隐秀》:"凡文集胜篇,不盈十一;篇章秀句,裁可百二;并思合而自逢,非研虑之所求也。"⑥又萧子显《自序》:"每有制作,特寡思功,须其自来,不以力构。"⑦与"天机"相近的,又有"神助"。钟嵘《诗品》引《谢氏家录》:"康乐每对惠连,辄得佳语。后在永嘉西堂,思诗竟日不就,寤寐间忽见惠连,即成'池塘生春草'。故尝云:'此语有神助,非我语也。'"⑧"梦中得句"因此成

---

① [清]严可均校辑《全上古三代秦汉三国六朝文》,第2013页。
② [梁]刘勰著,范文澜注《文心雕龙注》,第493页。
③ 黄侃撰,周勋初导读《文心雕龙札记》,上海古籍出版社,2000年,第93页。
④ [清]严可均校辑《全上古三代秦汉三国六朝文》,第2014页。
⑤ [清]严可均校辑《全上古三代秦汉三国六朝文》,第6231页。
⑥ [梁]刘勰著,范文澜注《文心雕龙注》,第632—633页。
⑦ [清]严可均校辑《全上古三代秦汉三国六朝文》,第3087页。
⑧ [梁]钟嵘著,周振甫译注《诗品译注》,第69页。

为古典诗学中的一个重要命题。可留意者,在重视"天机"的同时,钟、刘也已注意到"思"与佳句之偶得之间的某种内在联系。

在这一过程中,"六义"之中有起情之用的"兴"因其与艺术构思中的"气""神"等概念的关系而被重新激活,并与六朝流行之"感物""感兴"说相融合而衍生出"兴会"一词,如《宋书·谢灵运传论》:"灵运之兴会标举。"①又《颜氏家训·文章》:"文章之体,标举兴会,发引性灵。"②如同玄学家对道机的妙悟,诗思之来也往往得于"天机",而以陶渊明的"采菊东篱下,悠然见南山"为典范。大谢诗的"兴会标举"也往往有得于此,如《登江中孤屿》:"怀新道转迥,寻异景不延。乱流趋正绝,孤屿媚中川。云日相辉映,空水共澄鲜"陈祚明《采菽堂古诗选》评曰:"'乱流'二句佳。绝流而渡,正尔时不意复有好景,忽得孤屿,悦目赏心,出于望外,觉此境倍佳耳。"③在六朝艺术构思论中,"天机"与"兴会"是相通的。

沿六朝神思论而下,唐人艺文批评论构思也重"天机"与"兴会",虞世南《笔髓论·契妙》:"书道玄妙,必资于神遇,不可以力求也。机巧必须以心悟,不可以目取也。"④诗格家论诗思也强调"兴"与"神",王昌龄《诗格》曰:"意欲作文,乘兴便作。若似烦即止,无令心倦。常如此运之,即兴无休歇,神终不疲。凡神不安,令人不畅无兴。无兴即任睡,睡大养神。常须夜停灯任自觉,不须强起。强起即昏迷,所览无益。纸笔墨常须随身,兴来即录。……须屏绝事务,专任情兴。因此,若有制作,皆奇逸。

---

① [梁]沈约《宋书》,中华书局,1974年,第1778页。
② 王利器《颜氏家训集解》(增补本),中华书局,1993年,第238页。
③ [清]陈祚明评选,李金松点校《采菽堂古诗选》,上海古籍出版社,2008年,第530—531页。
④ [清]董诰等编《全唐文》,第1402页。

看兴稍歇,且如诗未成,待后有兴成,却必不得强伤神。"①皎然论诗更是屡及"神会",《诗式序》:"夫诗人造极之旨,必在神诣,得之者妙无二门,失之者邈若千里。"②此外,还有如:"前无古人,独生我思,驱江、鲍、何、柳为后辈,于其间或偶然中者,岂非神会而得也?"③又如:"有时意静神王,佳句纵横,若不可遏,宛如神助。不然。盖由先积精思,因神王而得乎!"④可以说,"天机""兴会"与"苦思"共同构成了"苦吟"诗学的一体两面。

晚唐五代苦吟一派苦极冥搜之余,也同样推崇"天机",如齐己《山中春怀》"所得或忧逢郢刃,凡言皆欲夺天机"、尚能《中秋旅怀》"冥搜清绝句,恰似有神功"等。乃至形成了一个有趣的悖论,即对"苦吟"之名的否认,如齐己《山中答人》"谩道诗名出,何曾著苦吟。忽来还有意,已过即无心"⑤、《山中寄凝密大师兄弟》"一炉薪尽室空然,万象何妨在眼前。时有兴来还觅句,已无心去即安禅"⑥、《吟兴自述》"兴去不妨归静虑,情来何止发真风"⑦。五绝一体尤多兴到之笔,如贾岛《口号》:"中夜忽自起,汲此百尺泉。林木含白露,星斗在青天。"⑧即乘兴之作,幽清奇绝且极富象征意味。故司空图《与李生论诗书》叹云:"盖绝句之作,本于诣极。此外千变万状,不知所以神而自神也,岂容易哉?"⑨

----

① 张伯伟《全唐五代诗格汇考》,第170页。
② 皎然著,李壮鹰校注《诗式校注》,第2页。
③ 皎然著,李壮鹰校注《诗式校注》,第359页。
④ 皎然著,李壮鹰校注《诗式校注》,第39页。
⑤ [清]彭定求等编《全唐诗》,第9447页。
⑥ [清]彭定求等编《全唐诗》,第9537页。
⑦ [清]彭定求等编《全唐诗》,第9566页。
⑧ [唐]贾岛撰,齐文榜校注《贾岛集校注》,第13页。
⑨ [清]董诰等编《全唐文》,第8486页。

沿皎然"意静神王"之说，苦吟派也以"冥搜"为达致"天机"的最重要一途，如齐己《酬微上人》"搜难穷月窟，琢苦尽天机"、《贻惠遒上人》"经论功余更业诗，又于难里纵天机"。郑谷《读故许昌薛尚书诗集》"属思看山眼，冥搜倚树身"，即是"天机"与"冥搜"融合的典范。唐彦谦《忆孟浩然》"郊外凌兢西复东，雪晴驴背兴无穷。句搜明月梨花内，趣入春风柳絮中"①毋宁说是苦吟派诗学的一种投射。相应的，其诗兴也多于静中得之，徐夤《雅道机要·明联句深浅》："静兴句。诗曰：'古屋无人处，残阳满地时。'"②又《北梦琐言》卷七"郑綮相诗"条载："或曰：'相国近有新诗否？'对曰：'诗思在灞桥风雪中驴子上，此处何以得之？'"③

某种意义上，苦吟派于寂历冥搜中所求者正在于"天机"偶得的刹那，如贯休《诗》"经天纬地物，动必计仙才。几处觅不得，有时还自来。真风含素发，秋色入灵台。吟向霜蟾下，终须神鬼哀"④、裴说《寄曹松》"莫怪苦吟迟，诗成鬓亦丝。鬓丝犹可染，诗病却难医。山暝云横处，星沉月侧时。冥搜不可得，一句至公知"⑤等已近乎禅宗之顿悟，故徐夤《雅道机要》曰："夫诗者，儒中之禅也。一言契道，万古咸知。"⑥反之，则是"销铄精胆"却不达"天机"的痛苦，如"夜夜冥搜苦，那能鬓不衰"（郑谷《寄膳部李郎中昌符》）、"冥搜太苦神应乏，心在虚无更那边"（方干《宋从事》）、"千途万辙乱真源，白昼劳形夜断魂"（齐己《勉吟僧》），"诗魔""诗病""诗囚"之叹也由于此。

---

① [清]彭定求等编《全唐诗》，第7668页。
② 张伯伟《全唐五代诗格汇考》，第433页。
③ [五代]孙光宪撰，贾二强点校《北梦琐言》，第149—150页。
④ [清]彭定求等编《全唐诗》，第9397页。
⑤ [清]彭定求等编《全唐诗》，第8261页。
⑥ 张伯伟《全唐五代诗格汇考》，第439页。

苦吟派的佳作也往往是"天机""兴会"与"精思""冥搜"的统一,如贾岛《郊居即事》:"住此园林久,其如未是家。叶书传野意,檐溜煮胡茶。雨后逢行鹭,更深听远蛙。自然还往里,多是爱烟霞。"①又裴说《访道士》:"高冈微雨后,木脱草堂新。惟有疏慵者,来看淡薄人。竹牙生碍路,松子落敲巾。粗得玄中趣,当期宿话频。"②其中,"竹牙生碍路,松子落敲巾"二句非自冥搜苦思中来,而在于身当其境,自然会妙。此种境界即《二十四诗品·实境》:"取语甚直,计思匪深。忽逢幽人,如见道心。……情性所至,妙不自寻。遇之自天,泠然希音。"③又似《二十四诗品·超诣》:"远引若至,临之已非。……诵之思之,其声愈希。"④

与对"天机""兴会"的推崇相应的,六朝艺文论以自然、天工为最高境界。刘勰《文心雕龙·隐秀》:"雕削取巧,虽美非秀矣。故自然会妙,譬卉木之耀英华;润色取美,譬缯帛之染朱绿。朱绿染缯,深而繁鲜;英华曜树,浅而炜烨。"⑤大谢诗的"芙蓉出水"之美也被认为过于颜延之的"错采镂金"。唐人论艺也以"自然"为最高,孙虔礼《书谱》曰:"同自然之妙有,非力运之能成。"⑥张怀瓘《文字论》曰:"张有道创意物象,近于自然。"⑦唐人近体诗学一面以"重意"矫齐梁诗的"殊乏兴寄";一面弃雕藻绮绘之体,沿"直寻"与"自然英旨"一脉。司空图《与王驾评诗书》

---

① [唐]贾岛撰,齐文榜校注《贾岛集校注》,第485页。
② [清]彭定求等编《全唐诗》,第8264—8265页。
③ [唐]司空图著,郭绍虞集解《诗品集解》,人民文学出版社,1963年,第33—34页。
④ [唐]司空图著,郭绍虞集解《诗品集解》,第37—38页。
⑤ [梁]刘勰著,范文澜注《文心雕龙注》,第633页。
⑥ [清]董诰等编《全唐文》,第2043页。
⑦ [清]董诰等编《全唐文》,第4399页。

曰："左丞苏州，趣味澄夐，若清风之出岫。大历十数公，抑又其次焉。……刘公梦得、杨公巨源，亦各有胜会。阆仙、东野、刘得仁辈，时得佳致，亦足涤烦。厥后所闻，逾褊浅矣。"①已清晰地勾勒出唐人近体诗学的宗脉与旨趣所在。

体现在诗格中，也以"自然"为最高境界，白居易《金针诗格·诗有三般句》："一曰自然句；二曰容易句；三曰苦求句。命题属意，如有神助，归于自然也；命题率意，遂成一章，归于容易也；命题用意，求之不得，归于苦求也。"②所谓"自然句"又以大谢"池塘生春草"为典范，王昌龄《诗格》："诗有天然物色，以五彩比之而不及。由是言之，假物不如真象，假色不如天然。如此之例，皆为高手。如'池塘生春草，园柳变鸣禽'，如此之例，即是也。中手倚傍者，如'余霞散成绮，澄江静如练'，此皆假物色比象，力弱不堪也。"③晚唐五代苦吟派尤赏"池塘生春草"之句，如"谢家园里成吟久，只欠池塘一句诗"（吴融《莺》）、"不独满池塘，梦中佳句香"（曹松《春草》）、"金声乃是古诗流，况有池塘春草俦"（黄滔《经慈州感谢郎中》）、"风流在诗句，牵率绕池塘"（齐己《春兴》）。

苦吟派于五律一体鲜少隶事，并以情景交融为高，与这种自然、清新的诗学追求也有关，如贾岛《赠友人》"五字诗成卷，清新少得偕"、贯休《读刘得仁贾岛集二首》其一"句还如菡萏"、齐己《寄武陵贯微上人二首》其一"诗里几添新菡萏"。这一点也体现在诗格中，皎然《诗式》："情者如康乐公'池塘生春草'是也。"④又贾岛《二南秘旨·论立格渊奥》："情格一。耿介曰情。外感于

---

① ［清］董诰等编《全唐文》，第8486页。
② 张伯伟《全唐五代诗格汇考》，第357页。
③ 张伯伟《全唐五代诗格汇考》，第166页。
④ 皎然著，李壮鹰校注《诗式校注》，第153页。

中而形于言,动天地,感鬼神,无出于情。三格中情最切也。如谢灵运诗:'池塘生春草,园柳变鸣禽。'"①

与大谢诗"真于情性""尚于作用"式的"自然"境界相似,苦吟派的"自然"也并非全任其朴略,而仍自精思、锤炼中来。皎然《诗式·取境》:"取境之时,须至难至险,始见奇句。成篇之后,观其气貌,有似等闲,不思而得,此高手也。"②齐己《谢虚中寄新诗》云:"旧友一千里,新诗五十篇。此文经大匠,不见已多年。趣极同无迹,精深合自然。"③"趣极"二句即道出了苦吟诗学的终极旨趣所在。又《喜彬上人见访》云:"携来律韵清何甚,趣入幽微旨不疏。莫惜天机细捶琢,他时终可拟芙蕖。"④亦可见其诗学路径。此外,如廖融《谢翁宏以诗百篇见示》"高奇一百篇,造化见工全。积思游沧海,冥搜入洞天。神珠迷罔象,端玉匪雕镌"⑤,"工全"即造化之全工,也即"自然"。

综上所述,"苦吟"作为一种诗学,蕴含着深刻的哲学和文化内涵,它是魏晋玄学影响下的六朝文论在唐代诗学中的一个重要实践与发展,且呈现为"诗格"这一独特的批评形态。以六朝文论的本末、体用建构为起点,以"作者"自居的苦吟诗人将诗上升到幽远玄微的"诗道"层面。玄学的审美和超越意蕴也被寓于诗中,"诗"成为这一畸零群体安顿灵魂的不二之途。其诗也因此呈现出浓厚的理趣,并构成了唐宋诗歌转型的重要一环。就方法论而言,沿"言意之辨"开拓出的六朝文论新格局,一方面由"言不尽意""文外之旨"衍生出"重意""含蓄""语穷意远""象外

---

① 张伯伟《全唐五代诗格汇考》,第376页。
② 皎然著,李壮鹰校注《诗式校注》,第39页。
③ [清]彭定求等编《全唐诗》,第9486页。
④ [清]彭定求等编《全唐诗》,第9559页。
⑤ [清]彭定求等编《全唐诗》,第8654页。

格"等批评概念和命题；另一方面，则由"言尽意"走向"苦吟""磨炼"以求自家面目。在苦极"冥搜"的同时，"苦吟"诗学也蕴含着对"天机""兴会"的重视，且以"清新""自然"为一以贯之的诗学追求。"精深合自然"的大谢诗及其"池塘生春草"之句也因此为苦吟派所推崇。总之，作为唐人近体诗学的重要实践与建构者，"苦吟"诗学对宋人诗学乃至明清诗学的诸多方面都影响深远，其诗史、诗学上的意义与价值也有待重估。

原刊《文艺理论研究》2022 年第 4 期
仲瑶：现任浙江大学文学院副教授

日本平安初期汉文
《重阳节神泉苑赋秋可哀》九首初探

邱 燕

一、《重阳节神泉苑赋秋可哀》
九首的作者与创作背景

日本平安初期唐风盛行,有日本学者将其称为"国风暗黑时代"①,小岛宪之指出这个说法最初由学者吉沢义则在其讲义中提出,而他的学生误读了"暗黑"之意,以致后来一些日本学者将此理解为汉唐文化对日本本土文化的遮蔽。小岛宪之认为将其称为"汉风赞美时代"更为妥帖。在外来文化和固有文化的融会贯通方面,这个时代比前一时代有更大进步。②从天皇到朝臣、贵族乃至整个知识阶层都热衷学习汉文化,通过多种渠道接受大量汉籍和汉唐思想,对汉唐文化进行全方位的效仿与借鉴。内藤湖南在其演讲稿《平安朝时代の汉文学》中提到这个时期大部分的日本文化受汉文化的影响而发展。③在文学方面,贵族文

---

① (日)小岛宪之《国风暗黑时代の文学》(补篇),塙书房,2002年,第3—4页。
② (日)坂本太郎著,汪向荣、武寅、韩铁英译《日本史》,中国社会科学出版社,2008年,第123页。
③ (日)内藤虎次郎《内藤湖南全集》第九卷,筑摩书房,1969年,第89页。

人普遍使用汉字,创作了数量惊人的汉诗文作品,形成日本汉文学史上的第一个光辉时代。①从公元814年到827年,短短13年间完成了三部敕撰汉诗文集——《凌云集》《文华秀丽集》和《经国集》。和前两部纯粹汉诗集相比,《经国集》在内容和文类上都有很大的扩展,此总集共二十卷,仿《文选》体例,分体辑录赋17篇、诗917首、序51篇、对策38篇。其所录年限从庆云四年(707)至天长四年(827),时间跨度长达一百多年,作者也多达178人。《经国集》之名源于曹丕《典论·论文》"盖文章,经国之大业,不朽之盛事",集中所录作品之丰富显示出彼时日本文学的繁荣,而通过对此集所收作品的分析,亦可大体了解奈良至平安初期日本的汉文学全貌。

很多时候人们关注和研究平安初期的汉诗,往往忽略了赋这种与诗并存的古老文体。王晓平指出:"从现存的文献来看,辞赋传入日本并对日本文学产生影响,最迟不晚于7世纪后半期,……对日本奈良平安文学研究的结果,已经无可争辩地证实,七、八世纪的日本贵族文士通过传入日本的《文选》等中国书籍,曾孜孜不倦地钻研秦汉以来的中国辞赋。"②《经国集》中赋类的出现,说明当时人们已经熟练掌握这种文体。赋在《经国集》中位于卷首,这是受《文选》编排的影响,同时也表明日本接受者对赋这种文体的重视。肖瑞峰认为,以诗赋取士的制度曾在平安朝短暂实行,"将诗赋作为科举考试的内容之一,始于嵯峨天皇弘仁十一年(820)"。③按照肖氏的说法,在《经国集》诞生前七年,日本已经开始实施"以诗赋取士"的科举制度。日本是

---

① (日)川口久雄《平安朝の汉文学》,吉川弘文馆,1996年,第26页。
② 王晓平《亚洲汉文学》,天津人民出版社,2009年,第318页。
③ 肖瑞峰《中国文化的东渐与日本汉诗的发轫》,《文学评论》1998年第5期。

否实行过科举制度值得商榷,但可以肯定的是,当时的官吏录用考试中加入了诗赋科目内容。《本朝文粹》卷第二《应补文章生并得业生复旧例事》记载:"今须文章生者,取良家子弟,寮试诗若赋补之,选生中稍进者,省更复试,号为俊士,取俊士翘楚者,为秀才生者。"①汉文诗赋创作成为录用官员的一种必备技能,无疑凸显了赋这种文体在当时的重要性。现存《经国集》中收录赋17篇,虽在数量上无法与汉诗相媲美,但作为一种独特且创作技巧要求很高的文体,能在异邦流传生存下来,无疑具有非凡的意义和价值。

在《经国集》卷一辑录的"赋"类中,有九首同题的《重阳节神泉苑赋秋可哀》(以下简称"《赋秋可哀》")。重阳节是日本平安时期的一个重要节日。天皇亲自举办重阳宴,始于天武天皇十四年(685),而将其发展为重阳诗宴,则始于嵯峨天皇弘仁三年。②嵯峨天皇在位时期经常在重阳日举行诗宴,彰显君臣同乐之精神,也用这种方式沟通君臣、贵族之间的感情。这类重阳唱和的作品在敕撰三集中颇多,如《重阳节神泉苑赐宴群臣勒空通风同》《九月九日侍宴神泉苑各赋一物得秋山》等。这种以天皇为中心的酬唱活动,必然导致《赋秋可哀》九首带有一定程度的颂圣色彩,如"皇欢爱发,叡兴自生。……钧天奏乐,馨地寿祯"(菅清公)之类,这是应制之作的共同特征。但不可否认的是,其核心内容还是述写秋天的哀愁。这一组作品由太上天皇(嵯峨天皇,809—823年在位)牵头倡导,另八位作者应和而作,他们分别是淳和天皇(时为东宫,823—833年在位)、良安世、仲雄

---

① (日)大曾根章介、金原理、后藤昭雄校注《新日本古典文学大系·本朝文粹》,岩波书店,1992年,第145页。
② 陈巍《日本平安时期重阳诗宴的来源及其仪式》,《文化遗产》2014年第3期。

王、菅清公、和真纲、科善雄、和仲世、滋贞主(平安初期一些崇尚唐风的臣子模仿汉人,将名字改为三个字,如良岑安世改为良安世),均为皇族或朝廷显要。

为分析的方便,兹选其中两首照录如下:

秋可哀兮,哀年序之早寒。天高爽兮云渺渺,气肃飒兮露团团。庭潦收而水既净,林蝉疏以引欲殚。燕先社日蛰岩岭,雁杂凉风叫江洲。荷潭带冷无全叶,柳岸衔霜枝不柔。寒服时授,熟稼杂收。

秋可哀兮,哀草木之摇落。对晚林于变衰兮,听秋声乎萧索。望芳菊之丘阜,看幽兰之皋泽。年华荏苒行将阑,物候蹉跎已回薄。楚客悲哉之词,晋郎感兴之作。

秋可哀兮,哀秋夜之长遥。风凛凛,月照照,卧对风月正萧条。窗前坠叶那堪听,枕上未眠欲终宵。到晓城边谁捣衣,冷冷夜响去来飞。不是愁人犹多感,深闺何况怨别离。跎蹉四运易行迈,惆怅三秋绝可悲。①(太上天皇)

秋可哀兮,哀秋候之萧然。潘郎可哀之叹,楚客悲哉之篇。虫惨凄而声冷,露咄咤而泣悬。班姬酷怨因轻扇,青女微霜以旻天。却细絺于云匪,授寒服于香筵。

秋可哀兮,哀卉木之洒落。具物缩悴,爽气辽廓。烟断崇岭,云愁幽溪。淮南木叶声虚散,上苑枫林阴未薄。幕下巢空燕早辞,湖中洲喧雁始归。节灰尚如此,情人谁不悲?

秋可哀兮,哀秋晖之易斜。岩筵扫叶,藤杯挹霞。朗吟

---

① (日)与谢野宽、正宗敦夫、与谢野晶子编纂、校订《日本古典全集·怀风藻、凌云集、文华秀丽集、经国集、本朝丽藻》,现代思潮新社,2007年,第118页。

听竹树，夕照倒水砂。脆柳暮兮观疏星，蓺兰蔚兮闻浓馨。物色暂虽使人戚，潭花但喜益仙龄。①（滋贞主）

这种君臣唱和的文学活动滥觞于中国汉代的柏梁列韵，并在曹魏、南朝发展成君倡臣随、同题共作的文坛风习。嵯峨天皇等人依循此例，表现出对汉唐文化传统的衷心钦慕。《赋秋可哀》九首在结构、句法、意象等方面，亦全方位沿袭摹写汉晋诗赋，而其直接模仿的范本则是西晋夏侯湛的《秋可哀》。

二、形制表现的模仿与创新

《赋秋可哀》九首是作为"赋"收录于《经国集》的，也就是说，当时的日本文人将此类作品认定为"赋"而非"诗"。这一文体观与早期中华文化在日本的传播途径密切相关。平安初期日本文人对汉诗文的学习，主要是通过《文选》和唐类书来实现的。"那时的贵族文士便学会了利用《文选》、类书中收载的赋以及有关事物典故语汇，作为制赋的材料。"②《文选》未录夏侯湛《秋可哀》，但《艺文类聚》载其全文，《初学记》亦予以摘录。更为重要的是，两书均将其归入"赋"类，且《初学记》还辑录了夏侯湛的另一篇作品《秋夕哀》，称名为《秋夕哀赋》。显然，当时日本知识阶层就是通过这两部类书接触到夏侯湛的《秋可哀》等作，从而将其作为"赋"来接受和摹写的。夏侯湛《秋可哀》全文如下：

秋可哀兮，哀秋日之萧条。火回景以西流，天既清而气高。壤含素霜，山结玄霄。月延路以增夜，日迁行以收晖。

---

① （日）与谢野宽、正宗敦夫、与谢野晶子编纂、校订《日本古典全集·怀风藻、凌云集、文华秀丽集、经国集、本朝丽藻》，第121页。
② 王晓平《亚洲汉文学》，第319页。

屏絺绤于笥匣,纳纶缟以授衣。

秋可哀兮,哀新物之陈芜。绸篠朔以敛稀,密叶搃以陨疏。雁擢翼于太清,燕蟠形乎榛墟。

秋可哀兮,哀良夜之遥长。月翳翳以隐云,时笼笼以投光。映前轩之疏幌,炤后帷之闲房。拊轻衾而不寐,临虚槛而褰裳。感时迈以兴思,情怆怆以舍伤。①

全文分多章,每章以骚体的"兮"字句领起,此格式由张衡《四愁诗》开创;晋初傅玄《历九秋篇》在继承此格式的基础上加以改造,共十二章,形成"九秋三春"的历时结构;夏侯湛此作亦由"兮"字句领起,分为三章,依次写秋日、秋物和秋夜,其主要句式则为六言的赋体句,而非《四愁》之七言、《历九秋》之六言的诗体句,形成一种亦诗亦赋、非诗非赋的特殊体式,其《春可乐》等作亦同此类。正是因为这种文体的兼综性与边缘性,造成了其文体界定不像《四愁诗》《历九秋篇》那么简单清晰,而显得非常困难,故《艺文类聚》《初学记》和《全上古三代秦汉三国六朝文》视之为"赋",而《先秦汉魏晋南北朝诗》则将其作为"诗"辑录其中。曹道衡论此篇曰:"从文体上说,和赋基本相同。但没有铺张的笔法而着重于抒情,又有点类似于杂言诗。……这类作品在辞赋史和诗歌史上都有重要意义。"②

当然,最能代表汉唐赋体文学的应该是《子虚赋》《二京赋》《三都赋》等描写京都宫苑的大赋,但平安时期日本文人有关中华文化的知识储备和语言表达能力,尚不足以驾驭需"精思傅会,十年乃成"(《后汉书·张衡传》)、动辄数千言的宏大赋篇。

---

① [唐]欧阳询撰,汪绍楹校《艺文类聚》,上海古籍出版社,1982年,第53页。
② 曹道衡《汉魏六朝辞赋》,上海古籍出版社,1989年,第138页。

夏侯湛的《秋可哀》作为西晋诗赋杂糅合流的新体，运用短小的篇幅、精巧的结构、轻灵错落的句法和疏朗飘逸的意象，描写秋天的各种景物，并抒发因季节更替、时光流逝而引发的惆怅与轻愁。此类作品去除了汉晋大赋的雕琢堆砌之弊，却兼有赋的整饬与诗的灵动，也极大地降低了撰写的难度。同时，那种写秋景闲愁的清逸雅致，非常契合彼时宫廷化、贵族化之日本文人群体的审美情趣。因此，嵯峨天皇君臣九人"想拊衾于湛词"（淳和天皇《赋秋可哀》），满怀热情地对夏侯湛此作进行认真地摹写，从而给人们留下了这一组在日本汉文学史早期称得上优秀的诗赋作品。

《赋秋可哀》组赋对夏侯湛《秋可哀》的模仿首先表现在篇章结构上。这九首赋作尽管篇幅有长短之别，描写内容也围绕秋天而各有侧重，但除两篇外，其他七篇均与夏侯湛之作一样由三章构成，每章以骚体句"秋可哀兮"领起，通过此句一定间隔后的重复，形成鲜明的节奏和一唱三叹的吟诵效果。而且《赋秋可哀》九首大体遵循夏侯原作每章各述一事、彼此内容基本上不交叉的原则。如嵯峨天皇所作，首章写"年序之早寒"，集中铺叙天高气肃、水瘦山寒、露重霜降的气候；次章写"草木之摇落"，侧重描绘草木摇落、晚林变衰、秋风萧索的景物；末章写"秋夜之长遥"，则着力刻画抒情主体在秋风秋月中卧听坠叶、感离思亲的惆怅忧伤。又如滋贞主首章写"秋候之萧然"，次章写"卉木之洒落"，末章写"秋晖之易斜"；和真纲先述"岁时之如流"，次述"物候之凄清"，末述"短景之微阳"。除良安世之作按初月、仲月、季月的"三秋"时间顺序外，其他作者大抵都遵循夏侯湛《秋可哀》先秋候、次秋物、末秋夜的叙事结构，层次非常分明。其次，夏侯湛之作先述秋候秋景、后抒感秋叹秋之情的书写脉络，在《赋秋可哀》组赋中也得到了完全的贯彻。虽然其中所抒之情多有"献千秋之寿爵,荷万代之天休"(仲雄王)之类的谀上颂圣之意,或"虽对秋天之凄景,何异冬日之可爱"(科善雄)之类的反悲为喜之志,但都承袭了夏侯湛原作先景后情、卒章显志的抒写模式。

《赋秋可哀》对夏侯湛原作的模仿也表现在语词意象的选择上。夏侯湛描写秋天萧瑟悲凉,主要通过选用中国先秦汉魏诗赋中最典型、最常见的传统意象来表达和渲染,如火星西流、天清气高、壤含素霜、天凉授衣、密叶隙疏、大雁南飞、月夜遥长、感时兴思等等,而这些传统意象,也构成《赋秋可哀》九首状景抒怀的基本要件。其中以天高气爽、霜露降临、草木凋零三类意象的运用最为普遍,九首作品无一例外予以描写,而流火、授衣、大雁、夜长等意象,亦在各篇频繁出现,只不过有的是对原作直接沿用,有的略加改造,表现的方式有所不同罢了。

《赋秋可哀》组赋在形制与表现上对夏侯湛原作进行了刻意而全面的模仿,然而这并不意味着日本平安初期的贵族作者们全然缺乏创新的意识。事实上,他们突破原作的意愿和努力也是显而易见的。例如从句式方面看,明显突破了原作除每章起首为骚体外,全篇皆用六言赋体句的局限,而增加了相当数量的诗体句和《九歌》型的骚体句。九篇作品计有七言句28句、除领起句"秋可哀兮"之外的骚体句22句,同时还运用了少量三言、五言和六言的诗体句以及四言的赋体句。多种句式特别是五、七言句和骚体句的介入,使夏侯湛原作全用六言赋体句的单调之弊得以大大改善。如滋贞主之作,篇中四言、五言、六言、七言交错而出,赋体、诗体、骚体杂糅而成,句法参差灵活,音韵流转优美,将赋体的铺陈、诗体的流丽和骚体的韵致融为一体,形成一种特殊的美学品格。这种写法与南朝谢庄《山夜忧吟》、沈约《岁暮愍衰草》、萧绎《鸳鸯赋》等作如出一辙。显然,《赋秋可哀》的作者虽沿袭了西晋夏侯湛《秋可哀》的题材、结构和主要意象,但在句式方面却又借鉴了南朝诸家诗赋"新变"的路数,从而对原作有所超越。

从表现手法上看,《赋秋可哀》组赋对典故的频繁运用,亦可视为作者们创新求异思维的一个表征。语典如"庭潦收而水既净""哀草木之摇落"(太上天皇),出自宋玉《九辩》"寂寥兮收潦而水清""萧瑟兮草木摇落而变衰";"却暑绤于匣里"(和真纲)、"却细绤于云匣"(滋贞主),出自夏侯湛《秋可哀》"屏絺绤于笥匣";"气肃飒兮露团团"(太上天皇)、"望朝露之团团"(菅清公),出自江淹《四时赋》"秋风一至,白露团团"。事典如"潘郎可哀之叹,楚客悲哉之篇"(滋贞主),分别用潘岳作《秋兴赋》和宋玉作《九辩》事;"伤曹子之恻怛,叹淮王之感忧"(和真纲),前句用曹植作《秋思赋》事,后句取《淮南子》"木叶落,长年悲"①之义。他如"秋夜捣衣""班姬秋怨""九月授衣""万物回薄"等等,汉魏六朝诗赋中不少与"秋"相关的典故,都被用于《赋秋可哀》九篇之中,这与夏侯湛原作基本不使用典故的情况大不一样。嵯峨天皇等贵族文人喜用典故的热情,一方面验证了他们对汉唐文化的钟爱;另一方面也说明,通过认真研读《文选》《艺文类聚》和《初学记》等典籍,平安初期日本文人中的先行者,在汉文化知识的积累上已经有了长足的进步。

三、生命悲感的相通与相异

任何民族之文学母题的形成,都必然有其特定的文化传统和学术认知作为基础。在中国传统的阴阳二元哲学体系中,春

---

① 陆机《文赋》"悲落叶于劲秋,喜柔条于芳春"句李善注:"《淮南子》曰:木叶落,长年悲。"见[唐]萧统编,[唐]李善注《文选》,中华书局,1977年,第240页。

天被视为阳气萌生、万物勃发的季节,而秋天则为阴气渐兴、万物凋零的节候,故"秋"在方位配置上属西方,在五行属性上为"金",主杀;而在人们生活经验的感性范围内,入秋则天气转凉、植物衰败,动物脱毛、大雁南飞,且年岁将尽,呈现出一种肃杀凄冷的氛围,与春天之温暖和煦形成鲜明的对照。《礼记·月令》云孟秋之月"凉风至,白露降,寒蝉鸣",仲秋之月"盲风至,鸿雁来,玄鸟归",季秋之月"霜始降""草木黄落",以可感的特征性景物作为秋季的标签。①古代诗赋中常见的"悲秋"母题,便是在这样的文化传统和生活经验的基础上逐渐形成,并为人们所普遍接受的。

中国文学作品对秋的表述,可追溯到《诗经》"蒹葭苍苍,白露为霜"(《蒹葭》)、"七月流火,九月授衣"(《七月》)、"秋日凄凄,百卉具腓"(《四月》),以及《九歌·湘夫人》"袅袅兮秋风,洞庭波兮木叶下"等简单的描写,但真正成为一个具有原型意义的母题,则是在宋玉的《九辩》中完成的。《九辩》起首以一大段篇幅,通过细致描写草木摇落、天高气清、燕归蝉寂、大雁南游、蟋蟀宵征等富有秋季特征的景物,以及登临送别、薄寒中人、羁旅无友、惆怅自怜等凄苦的心理感受,表达作者贫士失职、年华消逝却老大无成的忧伤和悲怆,因而被后人称为"千古言秋之祖"②。此后在魏晋南朝,以"悲秋"为主题的诗赋大量出现。《艺文类聚》卷三"岁时上"辑录此时期写"秋"的诗赋共 35 篇,而曹丕《燕歌行》《感离赋》、曹植《秋思赋》《遥逝》、陆机《叹逝赋》、陆云《岁暮赋》等名作尚未涉及,可见实际的作品远多于此数。

人与自然的关系,一直是中国古代哲人思考的重要问题。

---

① [清]阮元校刻《十三经注疏·礼记正义》,中华书局,1980 年,第 1373—1380 页。
② [明]胡应麟《诗薮·内篇》,上海古籍出版社,1979 年,第 5 页。

魏晋时期，随着玄学的日渐兴盛，《易经》"立象尽意"的方法被普遍地运用到文学创作领域。陆机《文赋》曰："遵四时以叹逝，瞻万物而思纷。悲落叶于劲秋，喜柔条于芳春。"① 成公绥《故笔赋》序曰："举万物之形，序自然之情，即圣人之心。"② 流转更替的四季、落叶柔条等自然万物，都成为人们叹逝兴感、明志阐理的触媒和载体。这种以"象"表"意"的写法在西晋文坛成为一种流行的模式，尤以"悲秋"主题的诗赋最为典型。而魏晋"因物兴悲"的抒情方式，与日本古代的"物哀"传统在本质上是相通的。

"物哀"作为文学理论是日本江户时期国学家本居宣长在其著作《紫文要领》中提出的，他同时又在《石上私淑言》中指出和歌是因"物哀"而产生的。③ 他将"物哀"看作是日本传统文学独特的追求目标，无论是物语还是和歌都以"物哀"为宗旨。本居宣长认为凡是从根本上涉及人的情感的，都是"あはれ"（哀）；人情的深深感动，都叫做"物のあはれ"（物哀）。④ 不过，这些"物哀"的论述是在对中华文化排斥和抗衡的背景下产生的。中国学者姜文清认为，"物哀"是"平安时代以来日本民族的一种对客观外界做出的以情感反应为主导的认识方式，是一种文艺创作和欣赏中的审美感情的表现"⑤。叶渭渠明确指出："古代文学

---

① ［清］严可均校辑《全上古三代秦汉三国六朝文》，中华书局，1958年，第2013页。
② ［清］严可均校辑《全上古三代秦汉三国六朝文》，第1796页。
③ （日）本居宣长著，子安宣邦校注《排芦小船·石上私淑言》，岩波书店，2003年，第192页。
④ （日）本居宣长著，王向远译《日本物哀》，吉林出版集团有限责任公司，2010年，第160页。
⑤ 姜文清《东方古典美：中日传统审美意识比较》，中国社会科学出版社，2002年，第92页。

思潮从哀到物哀的演进,是经紫式部之手完成的。"①实际上,平安初期日本贵族创作的汉文学,与和文学一样是日本文学的组成部分,其中所蕴含的"物哀"意味,比《源氏物语》要早约两百年。"物哀"作为日本民族的审美传统,其出现是诸多因素促成的。他们对生命的短暂与无常感受尤为深刻,自然界的每一细微变化都会给他们带来心灵和情感上的颤动。反映在文学上便是对具有季节性和流动性特征的物象格外关注:"秋季在四季中最短,且最富有微妙的变化,同时秋的物景最适合日本人情绪性、感伤性的抒发,最适合寄托人的忧郁和寂寞之情,宣泄悲哀的情绪。"②因而秋季常常是催生人们物哀之情的季节,正如本居宣长引用的和歌所说"想要知物哀,须等秋天来"③。

"哀"是人的主观情绪,"物"是外在的客观形态,借助"外物"来表达、寄寓或烘托"哀情","物哀"的审美理想才能完成。西晋的夏侯湛才高位卑,在混乱流离的时代仕途不顺,"以人当秋则感其事更深,亦人当其事而悲秋逾甚",④乃循潘岳"嗟秋日之可哀兮,谅无愁而不尽"(《秋兴赋》)之意,作《秋可哀》篇,由"哀新物之陈芜"到"感时迈以兴思,情怆怆以含伤",时光的飞逝、季候的变化使作者联想到生命之短暂、命运之不济、功业之难成,由此发出生命的悲叹和情感的"哀伤",而其悲叹和哀伤之情,则主要是通过描写天清、素霜、疏叶、大雁等富有秋季特征的外物来

---

① 叶渭渠《日本文学思潮史》,北京大学出版社,2009 年,第 101 页。
② 叶渭渠、唐月梅《物哀与幽玄——日本人的美意识》,广西师范大学出版社,2002 年,第 35 页。
③ (日)本居宣长著,子安宣邦校注《排芦小船·石上私淑言》,第 187 页。
④ 钱锺书《管锥编》(二),生活·读书·新知三联书店,2007 年,第 960 页。

抒发的。这种以外物写哀情的手法,与本居宣长提出的"物哀"美学理想的实现路径——"将心中感情寄托于目之所及、耳之所闻之物,是'物哀'的表现,是托物言情之作"①——完全一致。

与夏侯湛原作一样,《赋秋可哀》九首的共同主题是时光消逝的生命之悲。为了表达这种"哀情",作者们借助从汉晋以来的"悲秋"诗赋和《艺文类聚》等类书提供的素材,精心选择与秋天相关的各类意象,如燕、雁、蝉、蟋蟀、文鱼之类,而尤其偏好植物。兰、菊、柳、枫、竹、桐、芦等花卉草木,是《赋秋可哀》九首使用最为频繁的意象。以"菊"为例,这组作品中有七首出现了此意象:

> 望芳菊之丘阜,看幽兰之皋泽。(太上天皇)
> 粤采黄房之辟恶,复摘菊蕊之延期。(淳和天皇)
> 兰幸佩以擢秀,菊忆杯而含馨。(菅清公)
> 霜凝菊兮萧萧,露留荷兮冷冷。(和真纲)
> 窈窕采黄兮鸳鸯席,簪缨饮菊兮翡翠楼。(良安世)
> 菊方新而欲暮,兰虽败而犹芳。(科善雄)
> 柳敛眉于天苑,菊映色于故栏。(和仲世)

屈原《离骚》云:"朝饮木兰之坠露兮,夕餐秋菊之落英。"陶潜《饮酒》其五曰:"采菊东篱下,悠然见南山。"菊于季秋九月开花,"百卉凋瘁,芳菊始荣。纷葩晔晔,或黄或青"(钟会《菊花赋》)。菊花是秋天特有的物象,形态缤纷,凌霜华茂,又可作为饮品,使人延年益寿,而且被人们赋予了高贵、正直等美好品格。其突出的季节性、涵容的丰富性,以及汉唐中国文人士大夫的特殊钟爱,很容易引发平安初期热衷于汉文化的日本皇室贵族文

---

① (日)本居宣长著,王向远译《日本物哀》,第167页。

人的浓厚兴趣，从而在他们的诗赋中得以频繁运用，在借菊花（物）表达迁逝之感、生命之悲（哀）的同时，也寄寓其某种高于世俗的心志与情怀。九月九日重阳节在日本被称为菊花节，嵯峨天皇还专门写过咏颂菊花的《重阳节菊花赋》。此后，菊之高贵禀性又衍生出威严的寓意，成为日本王室的象征，乃至渐次融入日本国民之文化—心理结构，被当作其民族性格的形象写照。

正如川端康成所述，"大约1000年前的往昔，日本民族就以自己的方式吸收并消化了中国唐代文化，产生了平安王朝的美"。①《赋秋可哀》九首虽全面继承了汉唐"悲秋"题材写景抒情、借物表哀的传统手法，然细加分析，二者亦略有差异。汉唐以"悲秋"为主题的诗赋，通常都不是单纯地抒发迁逝之感，往往兼有怀才不遇、命途多舛、思亲念乡、叹逝悼亡等多种情绪。如潘岳《秋兴赋》以宋玉《九辩》悲秋起兴，将送归怀人之恋、远行羁旅之愤、临川感流之叹逝、登山怀远之悼近的人生"四戚"糅合其中，再加上仕途失意的忧伤、超越尘俗的幻想，使赋作以"悲秋"为主线的情感增添了多条副线，显得极为复杂。《赋秋可哀》九首则不是这样。淳和天皇之作因当时发生了惨烈的宫廷斗争"药子事件"，面对暗藏的危机焦虑不安，故用班婕妤"秋凉团扇"典故，借女子失宠的幽怨喻指宫廷斗争，并希望"粤采萸房之辟恶，复摘菊蕊之延期"，通过佩戴茱萸以驱邪恶、服食菊蕊以安寿命，在"悲秋"的同时抒写了较为复杂的情感。除此篇外，其他八首所抒之情皆为相对单一的时光流逝之叹，充其量掺杂一点"钧天奏乐，馨地寿祯"（菅清公）、"虽悲零落之序，欣奉名辰之昌"（和真纲）之类对君主的感戴颂谀之意，或有意无意透出的不同

---

① （日）川端康成《日本文学之美》，见叶渭渠译《川端康成谈创作》，生活·读书·新知三联书店，1988年，第303页。

于普通人的闲淡雅致。这种情感的单一和闲雅源于作者们皇室贵族的特殊身份,以及奉诏应制的创作动机。他们处于社会金字塔的最上层,世袭制保证了其政治上的稳定特权和经济地位,因而罕有普通文人仕途、物质生活等方面的世俗忧虑,发起酬唱的核心人物嵯峨天皇,既是君临天下的至尊,也是醉心中华文化和魏晋风流的热情追随者。参与唱和的其他作者不能不遵从天皇之作的主旨和模式,很难有太多的发挥与扩衍。

抒情的单一性也决定了《赋秋可哀》九首与汉唐"悲秋"诗赋在审美风格方面存在一定程度的差异。后者因"悲秋"涵容的政治性与社会性而充满着痛苦、焦灼乃至愤懑等趋于激烈的情绪;前者则哀而不伤、悲而不痛,其哀情非常轻淡,甚至透出一种闲雅与雍容的气息。王向远认为"物哀"排斥了社会政治、伦理道德、抽象说理这三种因素,而只是面对单纯的人性人情以及风花雪月、鸟木虫鱼等大自然。①如嵯峨天皇之作,先用秋露、秋蝉、秋霜、秋草等景物渲染肃杀凄苦的氛围,后用秋夜、未眠、捣衣、深闺等意象抒写年华老去的叹惋。作品虽在音乐般的优美吟唱中明确传达出了作者对时光消逝、青春短暂的不绝哀情,却几乎没有不满、怨愤和抗争,"日本的'物哀'的情感表现则是发乎情、止乎情",②不会对情感的善恶加以区分,只是写出人的真实情感并将这种情感表现出来,③自然也无意通过某种方式去转移或消解这种似乎注定与生俱来的生命之哀。这与同为君王的汉

---

① 王向远《日本古代文论的千年流变与五大论题》,《北京师范大学学报》(社会科学版)2014年第4期。
② 王向远《"物哀"是理解日本文学与文化的一把钥匙(代译序)》,见(日)本居宣长著,王向远译《日本物哀》,第19—20页。
③ (日)本居宣长著,子安宣邦校注《紫文要领》,岩波书店,2010年,第156页。

武帝"欢乐极兮哀情多,少壮几时兮奈老何"(《秋风辞》)的慷慨抒怀迥然不同,即使与汉晋"悲秋"诗赋中情感最为平淡的夏侯湛《秋可哀》相比,也少了几许厄于世情的抑郁和沧桑。平安早期的日本崇尚儒学,圣德太子时期的《十七条宪法》中,就提到"以和为贵",显然儒家中和温雅、"哀而不伤"的诗教对此时期贵族文人平淡冲和的哀情表达是有很大影响的,同时日本民族文化中特别突出的唯情传统和实际上已经基本形成的"物哀"审美理想,也在《赋秋可哀》九首这种风格中得到了足够的体现。笔者认为,"物哀"美学的一个重要特征是:在表现时光消逝的生命之哀时,因为将生命易逝视为一种不可违逆的宿命,故抒情主体不仅把"哀"情融入物象之中,淡化了"我"的主体身份,而且也消弭了世俗化的功利之心和与命运抗争的激烈情绪。从这个意义上说,《赋秋可哀》九首深情哀婉而又平淡冲和的风格既是中华汉唐文化与日本民族文化结合的产物,也是日本早期"物哀"美学初步形成的一个标志。

原刊《国际汉学》2018 年第 4 期
邱燕:现任西华师范大学文学院副教授

论林罗山诗文对"楚辞"的接受

李　慧

有学者认为：在世界文学史的范围内，从异国异域撷取题材，往往是为了猎取外国风情，满足作家及读者的"异国想象"。[①]就"楚辞"而言，早期欧美诗人也曾从"楚辞"中取材，甚至对《离骚》等作品加以摹写，但这些借鉴和摹仿大多停留在猎奇和想象的层面。然而不同于欧美，日本汉诗、汉文的载体同样是汉语，不存在与拉丁语系语言之间的语际阻隔，从而也就决定了日本古代汉文学对"楚辞"的接受不仅仅是为了满足"异国想象"，而更多的是一种文化汲取的自然过程和文学发展的必然选择。安土桃山至江户初期的日本，经济文化相对落后于明王朝。生活于此时期的日本著名学者、诗人林罗山（1583—1657）对中国文化无比敬仰，思想上皈依儒家理学，文学上崇尚《诗》《骚》传统，终成一代文化巨子。本文试图探讨林罗山诗文对"楚辞"的接受，从文学艺术的角度阐释中华文学经典对他的影响，以弥补此一领域研究之不足。

一

"楚辞"何时传入日本，目前难以确考。王晓平认为，根据

---

① 王向远《和文汉读》，中央编译出版社，2014年，第263页。

《古事记》《日本书纪》的记载,中国典籍最早传入日本,是在应神天皇(200—310)的时代;又据日本学者竹治贞夫《楚辞研究》,推测日本最早受《楚辞》影响的文献,当为圣德太子(547—622)十七条宪法,因为法律条文中出现了"嫉妒"一词,而这一语词明显来自屈原《离骚》"羌内恕己以量人兮,各兴心而嫉妒"之类的表述。另外,王晓平还引用《大日本古文书》卷一所载"离骚三帖,帖别十二卷,天平二年(730)七月四日",以及日本最早的汉诗集《怀风藻》(751年成书)中出现的如"秋天可悲,宋大夫于焉伤志""沉吟佩楚兰"等与"楚辞"相关的语句,来说明早期"楚辞"传入日本并影响奈良时期文学的情况。① 由于唐代大批日本遣唐使和留学生在中日间频繁往返,特别是天宝年间鉴真东渡日本奈良,很多学者将其视为《楚辞》等典籍大规模流入日本的开始。事实上,王晓平所引"离骚三帖"和《怀风藻》均产生于鉴真东渡之前。另据滋野贞主编撰的《经国集》,其中所录文武天皇(683—707)《重阳节菊花赋》云:"钟生称其五美,屈子餐其落英。"《重阳节神泉苑赋秋可哀》云:"秋可哀,哀草木之摇落。……望芳菊之丘皋,看幽兰之皋泽。……楚客悲哉之词,晋郎感兴之作。"且此集中石宅嗣《小山赋》、阳丰年《和石上卿小山赋》之"乱辞",均采用"○○○○兮,○○○○"的骚体句法。② 可见在鉴真天宝十三年(754)抵日之前五、六十年的初唐时期,日本上层人士已熟知屈原、宋玉的"楚辞"作品,并能自如地运用

---

① 王晓平《楚辞东渐与日本文学传统》,见中国屈原学会编《中国楚辞学》第四辑,学苑出版社,2004年,第 223—226 页。
② (日)滋野贞主《经国集》卷一。其"序"言所录作品"断自庆云四年,迄于天长四载",而"庆云"为文武天皇年号,使用时间为公元 704—708 年。《重阳节菊花赋》《重阳节神泉苑赋秋可哀》题下均署名"太上天皇",故可推断两赋作者乃文武天皇。

"楚辞"意象、句式来从事创作。

公元九世纪末成书的《日本国见在书目录》一书的著录表明,王逸《楚辞章句》彼时已传入日本。而此后的数百年间,随着《文选》等文集在日本上层文人中的广泛传播甚至成为教材,从镰仓初期到江户时代前的大量汉诗和辞赋,汲取"楚辞"语词、句法等形式方面的艺术营养,或感叹屈原、宋玉的坎坷遭际,并借以表达作者忧愤、孤高的情怀。这种情况说明"楚辞"对日本文学的影响日益浓重和普遍。

林罗山不仅是日本江户时代的儒学宗师,也是创作颇丰的文学家。现存他用汉语创作的辞赋七篇,书、记、论、传、碑、铭等各体文章数百篇,诗歌更多达数千首。在他去世之后,经他儿子的精心整理,这些数量惊人的诗文被编纂为《林罗山文集》和《林罗山诗集》,两书均七十五卷,以合"先生之龄数"(《林罗山文集·凡例》)。①除部分应用性、理论性文章外,林罗山诗文大多属于审美性的文学作品,且具有较高的文学价值,因而他被称为江户学者文学的开创者。林罗山诗文所取得的成就是建立在丰富深厚的中国古典文化基石之上的,而"楚辞"则是这块文化基石中最为重要的组成部分之一。

林罗山对屈原和"楚辞"怀有特殊的感情。其《同心兰说》云:"调仲尼之操,纽屈原之佩。"②将屈原与他一生信仰的孔圣人并称。其诗《屈原》曰:"千年吊屈平,忧国抱忠贞。妇枳颂佳橘,漱芳飡落英。湘累非有罪,楚粽岂无情?世俗不流污,终身

---

① 本文所引林罗山诗文,皆本于此两书:京都史迹会编纂《林罗山文集》,ぺりかん社,昭和五十四年(1979);京都史迹会编纂《林罗山诗集》(又名《罗山林先生诗集》),平安考古学会,大正十年(1921)。后文引自此两书者,只注页码。
② 《林罗山文集》上卷,第318页。

唯独清。"①对屈原忠贞之性、忧国之情、独清之质予以高度评价。正是出于对屈原人格的景仰,林罗山不但熟读"楚辞",而且还深入研究、主动训解传播"楚辞"。其《楚辞王注跋》云:"余尝读朱子集注《楚辞》及《后语》,而为之训点。然《七谏》《九怀》《九叹》《九思》者,朱子所除也。如今就王逸本而加训点。"②他对朱熹《楚辞集注》(包括《楚辞后语》和《楚辞辩证》)、王逸《楚辞章句》的训点,既加深了他对"楚辞"全面细致的认识,也为"楚辞"的普及推广提供了便利。对林氏颇有研究的日本学者陈秋萍甚至认为"林罗山正式地对《楚辞》进行了全方位的研究,由此建立了罗山《楚辞》学"③。

林罗山对"楚辞"的喜好亦有其学脉方面的渊源。据日本学者俞慰慈的研究,在日本汉文学史上占有重要地位的"五山禅僧文学"模仿楚辞体式、化用楚辞语词、采用与屈原和《离骚》有关的题材,可以说深受"楚辞"的影响。④东山建仁寺在京都五山中排位第三,是京都最古老的禅宗寺院,也是五山文学的重镇。林罗山自幼被养父母送到建仁寺学习,师从著名的汉学高僧古涧慈稽(1581—1670)。天资聪颖的他在诸位大师身边耳濡目染,打下了扎实的中国古典汉学功底。后来林氏曾撰写过《五山文编序》,论及"虎关《济北集》"等多种"五山禅林之遗稿"。⑤因此渊源,他也自然承袭了五山文学尊崇屈原、倚重"楚辞"的传统。

---

① 《林罗山诗集》下卷,第265页。
② 《林罗山文集》下卷,第634页。
③ (日)陈秋萍《论日本江户硕学林罗山与〈楚辞〉》,见中国屈原学会编《中国楚辞学》第四辑,第260页。
④ (日)俞慰慈《论〈楚辞〉对日本中世汉文学的影响——以五山文学为中心》,见中国屈原学会编《中国楚辞学》第四辑,第171—191页。
⑤ 《林罗山文集》下卷,第587页。

崇敬屈原、熟读并深研"楚辞",使林罗山比同时代日本的任何人能更充分、更全面、更自然而灵活地在创作中借鉴、利用"楚辞"的艺术资源,去合适地表达自己的情志,从而达到增强表现力、丰富作品内涵的目的。

林罗山诗文对"楚辞"资源的利用首先表现在题材的撷取上。据不完全统计,林氏直接以屈原或"楚辞"为题的诗歌有《屈原嗅兰》《屈原渔父》《屈原》《赋楚辞》《云中君》五篇,以与"楚辞"相关的事物为题者则有《秋兰》、《兰》二首、《辛夷花》四篇。另有《感荷有多,因次其玉韵再呈将命者》《和宗吉侍者试笔韵二首》其一、《读五柳先生传》等不少诗作咏屈原高洁之性、忠贞之志,《过小山驿缅想日光山》写淮南小山《招隐士》,甚至还有批判故楚"媚狐"的《郑袖》等等,不胜枚举。以"端午"为题的近二十首诗作中,有《汤山逢端午》《端午节唐律》《函三子捧端午篇以呈之,因次其韵》《函三又有绝句赏端午,复次韵以示之》《端午怀古》《丙申端午春信袖诗来索,雌黄点窜者一二字,乃次韵授之》等六首皆咏屈原,借屈子忠而被谤、含冤沉江的不幸,表达自己辗转蹉跎、老大无成的悲伤与愤懑。此外,他的《洞庭黄柑》乃至吟咏"潇湘八景"之《远寺晚钟》《平沙落雁》等诗歌,取材也源自关于屈原的文化记忆。另如其散文《同心兰说》以《离骚》"结幽兰而延伫"语义领起全文;《兰》以"三闾大夫佩芳草、纫秋兰,栽之九畹,是慕其香也"[①]为立意主旨;《端午寄竹丹牧》则将"古之兹日也,有怀沙自沉者焉。……夫楚大国也,不能容若人之贤,而卒至于暗于椒兰,诳于张仪,身死于武关"[②]等涉及屈子身世的内容作为全篇之核心。

---

① 《林罗山文集》上卷,第400页。
② 《林罗山文集》上卷,第37页。

大量选用、化用相关语词意象，是林罗山诗文汲取楚骚艺术营养的另一种方式。他在诗赋作品中选择运用的"楚辞"意象主要有两种类型。其一是兰蕙桂菊、芙蓉木兰、杜蘅宿莽等香洁草木。此类意象不仅外形美丽、色彩鲜艳，而且具有指向明确的象喻特征。"揽宿莽，餐落英者，楚客之贞节而芳洁也"，①林罗山深得"楚辞"香草美人的表现手法，故其诗文此类意象使用特别频繁，而以"兰"为最。如七绝《秋兰》："堪赏幽兰燕尾扬，灵均纫佩不嫌长。畹中一种得间气，菊后梅前别有芳。"②诗中的"幽兰"取自《离骚》，其幽香暗沁的自然属性象征屈原高洁的品性，也暗喻作者本人孤芳自赏的情怀。其二是湘山楚客、南浦九疑、潇湘洞庭等特定的地域地望。此类意象往往有着"楚辞"或楚文化的深厚渊源和背景，让人联想到屈原流放、湘妃多怨、贾生贬谪，乃至环境的偏远险恶等等，因而具有极强的艺术张力。如七古《又用前体以咏黄陵庙》中的数句："当初楚客将遗佩，极浦清兮玉响升。听取湘灵须鼓瑟，数峰青了曲声腾。九疑如黛翠螺髻，绘与文君非所能。"③前两句中的"遗佩""极浦"均典出《楚辞·九歌·湘君》："望涔阳兮极浦，横大江兮扬灵。……捐余玦兮江中，遗余佩兮醴浦。"后四句又檃括唐代诗人钱起《省试湘灵鼓瑟》诗意。楚客遗佩、涔阳极浦、湘灵鼓瑟、江上峰青、九疑如黛，一系列采自"楚辞"或富有故楚地域色彩的神话意象组合在一起，诸神扬灵的热烈瑰奇、娥皇女英的思慕哀怨和楚域江山的秀美风光，融汇成一种亦真亦幻、凄清幽远的神秘氛围，有效地烘托了诗作关于黄陵庙历史悠久、香火不绝、神人融洽的书写主题。事实上，林罗山有时还直接选用《楚辞》中现成的语句，嵌入

---

① 《林罗山文集》上卷，第205页。
② 《林罗山诗集》下卷，第146页。
③ 《林罗山诗集》下卷，第80页。

自己的诗文中,借以抒发某种特殊的情志。如"悲夫,帝高阳之苗裔,忧同姓之君其如此"(《端午寄竹丹牧》)、"众人皆吊我兮,来吾道夫中情。泪下其如霰兮,恨卜商之失明"(《哀殇文》)。类似的情况颇为常见,可见林氏在诗文写作时运用"楚辞"语汇已成为一种习惯。

二

如果说撷取、选用与屈原和"楚辞"相关的题材、意象,使林罗山的诗文创作领域更为宽广、词汇更为丰富多样、艺术表现更为朗丽飘逸,那么他对楚骚句式、体制合理而灵活的运用,则从整体上影响到其诗文的布局结构、文脉起伏乃至风格韵致。

所谓楚骚句式,是指带有"兮""些"等特有虚词的句子类型,这种句式具有特别强烈的咏叹抒情色彩、节奏错落的音韵感和浓厚的楚文化意味。[①]最常见的楚骚句式有"○○○○○○兮,○○○○○○"(《离骚》型)和"○○○兮○○○"(《九歌》型)两种,以及以此为基础的各类变式。林罗山运用楚骚句式的构设是根据文体特点和表达需要而灵活安排的,并没有固定不变的套路。就诗歌而言,一般只将其作为诗篇中的构成要素来处理。在短篇的绝句中,以放置于诗作开头或结尾的情况居多。如《和宗吉侍者试笔韵二首》之二:"笔可挥兮字可裁,青春童子咏吟来。相期他日趋庭处,学否诗中摽有梅。"[②]《罗浮山》:"两卷麟经读几回,罗浮书院意深哉。梅花却胜桓文事,功亦魁兮罪亦

[①] 郭建勋《汉魏六朝骚体文学研究》,湖南教育出版社,1997年,第30—37页。
[②] 《林罗山诗集》上卷,第201页。

魁。"① 而如果是篇幅较长的古体诗，则安插于篇中，如前文所引《又用前体以咏黄陵庙》即是如此。这些置于开头、结尾和篇中的楚骚句式与七言诗体句有机融合、相得益彰，形成一种整齐与错落交替互渗的疏朗风格。更为重要的是，楚骚句型的间隔性设置产生的节奏感，使作者对异国友人的深厚情谊得到富有层次的表现，从而也就使这些楚骚句式在长诗中具有了某种结构上的作用。林罗山诗歌中也有全篇采用楚骚"兮"字句的作品，如《逢友一篇盖效楚辞体》："有友来兮自西方，西方何处兮洛之阳。两不借兮逾山岳，匹四蹄兮践露霜。……何柔弱兮儿女之态，不远千里兮称豪雄。开口笑兮花庭，握手徜徉兮春风。"② 林氏明确标明此诗为"效楚辞体"，全取《九歌》句法。而《又狂吟一首用前韵》共二十句，句式皆为《离骚》型的加长句，如"堪怜五国城边腥臊风兮，二帝晏驾与霞升"③之类，出句多三字，对句多一字，且将"句腰"之虚字替换为实词，故相比《离骚》反而失去了原有的跌宕顿挫之韵味。

　　林罗山的哀吊类韵文也偏好采用楚骚句式。其《哀殇文》全篇用骚体痛惜因疾病而夭亡者，感慨"倏忽焉来去兮，旻天不吊而不假之年"，满怀哀伤惋惜之情。《朝散大夫中书少卿藤原胁坂君碑铭》《前淡州刺史胁坂藤亨碑铭》《竹中丹州府君碑铭》《鸟羽恋冢石志》《吉田了以碑铭》《菅玄同碑铭》《林左门墓志铭》《刑部卿法印林永喜碑铭》等八篇碑铭的正文亦全用楚骚体，多为《九歌》句型。因为要刻于石碑，这些铭文一般都比较短小。如《竹中丹州府君碑铭》："吁嗟噫兮竹府君，倏忽化兮乘白云。彼

---

① 《林罗山诗集》下卷，第 289 页。
② 《林罗山诗集》上卷，第 405 页。
③ 《林罗山诗集》下卷，第 85 页。

苍者兮胡不吊,使夺年兮捐同群。石可泐兮名可久,感平生兮于斯文。"①或有论者认为这些碑铭都是阿谀达官贵人的应制之作,并无多少真情可言。这种观点不能说全无道理,但至少其中《林左门墓志铭》《刑部卿法印林永喜碑铭》两篇,分别悼怀先己而逝的儿子和弟弟,老年痛失骨肉至亲,故铭文中悲呼"荆花发兮棣枝连,生乎吾后兮死乎吾前""谁使我咏叹哉,劳我者其天兮",借助咏叹抒情色彩极强的楚骚"兮"字句,真切地表达出作者痛彻心扉的哀伤。林罗山此类作品中最有特色的是《宜人荒川氏复词》,该篇悼怀与自己结婚四十八年的妻子荒川氏,整体结构模仿《楚辞·招魂》,令"巫阳"为亡妻招回魂灵:"魂归来兮,东有虾夷,毒箭控弦;魂归来兮,南海漫漫,长鲸吞船;魂归来兮,西有羯房,扰乱山川;魂归来兮,北胡鞑马,飞如鹰鹯;魂归来兮,欲上天而云不可以穿,欲入地而隧不可以及泉。魂归来兮,汝有室,汝有筵;魂归来兮,决不归来,使我悁悁。呜呼魂而有灵兮,何不乘此香烟?"②按东、南、西、北、上、下六个方位依次展开,外陈六方之恶,终言自家之乐,劝引在外游荡的故妻亡魂返归家室,完全是《楚辞·招魂》的浓缩版。而篇中反复出现的呼语"魂归来兮",疾痛惨怛,辞哀而韵长,传达出一种无奈而撕心裂肺的悲恸。

在林罗山的汉语各体诗文中,以辞赋对楚骚句式与体制的接受最为直接、明显和全面。林罗山深研《文选》,尤好赋体,并尊屈原《离骚》为辞赋之宗。其《随笔二》云:"《诗序》六义一曰赋,赋之正者莫若《离骚》。《离骚》者,悲而不伤,怨而不邪,一句之中未尝忘忠也,一章之中未尝忘君也。"③惟其如此,他的辞赋

---

① 《林罗山文集》下卷,第503页。
② 《林罗山文集》下卷,第472页。
③ 《林罗山文集》下卷,第811页。

创作全面效仿楚骚体式也就不难理解。在他现存七篇赋作（另有《汤婆赋》《眼镜赋》仅存赋题）中，除《大猎赋》铺陈丰臣相国大规模狩猎的盛况，题材较为特殊之外，《倭赋》《感秋赋》《鼻疾赋》《齿落赋》《扇赋》《武野草赋》六篇全用骚体的"兮"字句，而且无一例外皆为《离骚》型句法。如《武野草赋》开头写道："惟武野之广莫兮，屡跋涉而无疆。彼行路之人兮，未知聚几日之粮。只见风光浮其际兮，不辨日月出没之方。忽当年初之萌动兮，爰茵上小车之不忙。此腐朽之所依兮，争萤火之夜光。想滋蔓之不可除兮，零露厌泡而瀼瀼。"①赋文由叙写郊野广漠连绵的草甸，联想到古来文人的各种描绘，最终点明思念故乡、归隐书斋的主旨。篇中大量化用《楚辞·招隐士》"王孙游兮不归，春草生兮萋萋"等各类典籍中与"草"有关的成句或语词，呈现出江户时期"学者文学"的特有风貌，但亦难免"掉书袋"之流弊。

《倭赋》是林罗山所有辞赋乃至全部文学作品中最为重要的一篇，所以其子在此赋末尾特意附记："此一篇赋本朝历代之事，其言广大，故不拘年序，以为压卷。"②作为"压卷"之作的《倭赋》是一部叙述日本"历代之事"的宏大史诗，然而这篇内容丰富、叙事纷繁的大赋，在形式体制上乃是对《离骚》和"楚辞"的全面模仿与借鉴。从语言形式上看，《倭赋》全篇采用《离骚》"兮"字句式，大量汲取"昌披""羌""鸱枭""兰蕙""阳侯""中路""踵武""幼艾"等"楚辞"中的语词意象，"鸱枭嘲凤凰兮，兰蕙化为茄""已矣哉，国无人莫知我兮，良马与驽骀骈"等句亦直接从《离骚》原句中化用。从篇章结构上看，陈秋萍曾统计，此赋共 394 句、2 665

---

① 《林罗山文集》上卷，第 10 页。
② 《林罗山文集》上卷，第 6 页。

字,而《离骚》372句、2 468字,①两者的篇幅相差无几;《倭赋》与《离骚》一样,以四句为基本单元,构成一组意义大体自足、韵脚大体一致的句群;《倭赋》与《离骚》均以追溯远古渊源开始,而以总括性的"乱辞"作为收束。除有的句子字数稍有出入外,两者的句式、语气、韵脚完全一致,"固自然之嘉名""又何忘乎故都""愿从天下之广居"等句更明显是对《离骚》的承袭化用。另外,从表现手法上看,《倭赋》多用草木鸟兽暗喻人事,以天际神游象征某种精神活动,而这样的比兴象征手法,也无疑来自《离骚》。

林罗山的辞赋几乎全都是骚体赋。相对以四言、六言为主体的文体赋,骚体赋的"楚辞"体句型,因"兮"字"作为句中一个必然的间隔,有效地遏止了过度的铺陈,并通过反复的出现,形成一定的节奏,从而化解了语言的滞重",呈现出一种"相对疏朗流畅的语体风格"。②林氏作为学者型的赋家,表达喜好用典,行文追求雅正,整体风格偏于古雅典重,而缺了一份飘逸流利的灵动。楚骚体"疏朗流畅"的句法虽不能赋予这种灵动,但对于其过于板滞的弊病显然是有所匡救的。

三

林罗山诗文在题材、语词、句式、结构体制和表现手法等方面都深受"楚辞"的影响,也许有人质疑这只不过是一种艺术形式的沿袭和汲取,与屈原及"楚辞"所蕴含的精神内核并无太大关系,这显然有失偏颇。任何文学形式不仅是语言的组构方式,

---

① (日)陈秋萍《江户文豪林罗山〈倭赋〉双向文化认同考释》,见香港大学中文学院编《"科举与辞赋"国际学术研讨会论文集》,2014年,第124页。
② 郭建勋《辞赋文体研究》,中华书局,2007年,第19页。

也是特定的文化存在;对某种文体形制的效仿和运用,本身就意味着对其所承载之文化和精神的认同与接受。尽管林罗山对屈原与"楚辞"的接受确实主要表现在形式方面,但从众多诗文中,不难感受到他对峻洁品格的坚守、有志难骋的悲怅和"老冉冉其将至"的惜时焦虑,而这正是林氏与屈原精神上一定程度的相通之处。

林罗山尊崇屈原,而尤其推重其"独清独醒"①的人格操守。他在诗文中多次强调屈原"芳洁""忠贞""清忠"的高洁品行,并反复申说"独醒"是屈子所特有的精神。他赞叹"灵均拖带垣衣上,清操何蒙温蠖尘"②,其《醉说》一文曰:"古今之于醉者不为不多,唯有三闾大夫者独醒。"③严格地说,清和醒是有区别的。"清"与"浊"相对,指品行的忠贞与高洁,不受世俗的污染;"醒"与"醉"相对,指洞察事物的判断力,不因环境而移易。尽管林氏曾以诗明志:"一醒一醉地名在,举世刘伶我屈原。"④但同时又主张"醉中有醒,醒中有醉;不醉不醒,不醒不醉"(《醉说》),其实质就是倾向调和与通达。因为"独醒"意味着与社会环境全方位的冲突,信奉儒学、性格温雅平和的林罗山不具备那种"怨灵修之浩荡兮,终不察夫民心"(《离骚》)之"显暴君过"的批判意识,更缺乏"虽体解吾犹未变兮,岂余心之可惩"(《离骚》)的殉道精神,所以他对屈子的"独醒"只能景仰,真正心向往之并终身践行的是其"独清"的人格层面,作为幕僚兼儒者的林罗山尚做不到"独醒"。庆长十九年(1614),江户幕府第一代将军德川家康为了铲除一息尚存的丰臣氏残党,借"方广寺钟铭事件"于当年冬

---

① 《林罗山文集》下卷,第528页。
② 《林罗山诗集》下卷,第158页。
③ 《林罗山文集》上卷,第314页。
④ 《林罗山文集》上卷,第70页。

天发动了大坂冬之役。日本国前任统治者丰臣秀吉的儿子在铸造的方广寺大钟的铭文中有"国家安康"的犯讳字样,林罗山等人认为这是将"家康"二字拆开,则是无理至极。林氏又将"君臣丰乐子孙殷昌"断为"君臣丰,乐子孙殷昌",①表示丰臣后代对此别有用心,此"勘文"成为德川家康进攻丰臣秀赖领地的导火索。因此,林罗山得到酷评:"为立身出世,弃学者之良知,选曲学阿世之路。"②"乃典型御用学者。"③此评论值得商榷。

丰臣氏与德川氏的矛盾由来已久,新老政权的和平交替取决于互相的妥协和认同。从历史资料来看,丰臣集团的最高统治者始终不承认德川家康和德川秀忠的将军身份,所以这场政治斗争早晚会演变为军事上的你死我活,消除异己只是缺乏一个冠冕堂皇的借口而已。况且,当时批判方广寺钟铭的不只是林罗山一人,整个五山高僧几乎都参与了此次对丰臣集团的批判,大家都是奉命而为,我们不应该让林罗山承担所有的责任。另外,林氏奉命所作的墓志铭、传记或者贺词确多颂美歌德之语,但就如扬雄之作《剧秦美新》、阮籍之作《为郑冲劝晋王笺》一样,都只是不得已而为之的特定举动。从现有资料看,林罗山洁身自好,不耍奸弄权,更无意嫉贤干进,终生沉迷书斋学问,远离世俗,颇有清高孤拔之志。其七绝《朝雪》云:"不觉今朝白日催,起看满地雪成堆。寒花若坠木兰露,试使灵均饮一杯。"④既借白雪喻屈原清洁禀性,亦婉言自己与屈子心同意通,愿以清洁自守。在林氏诗文中,类似的表述俯拾即是,而最多见的是以兰梅

---

① (日)揖斐高《江户幕府と儒学者》,中央公论新社,2014年,第16页。
② (日)堀勇雄《林罗山》,吉川弘文馆,1964年,第197页。
③ (日)神谷胜广《林罗山と知识の传播》,《名古屋文理短期大学纪要》1997年第22期,第132页。
④ 《林罗山诗集》上卷,第303页。

菊松等植物、明月皓雪等自然现象为媒介，通过比兴象征的方式来表明对高洁情操的自我期许。如《冬岭孤松》："凋零百卉与千林，炎附寒离世俗心。赢得孤峰一株雪，四时不改色阴森。"①又如《和中秋韵与春江》："月之盈缺几回巡，蟋蟀唫秋鸿雁臻。冰辗一轮天上马，终宵不惹世间尘。"②经冬不凋的松、冰清玉洁的月，他如幽香暗放的兰、冷蕊清香的菊、凌霜傲雪的梅，乃至寒枝独立的冬青、栖高饮露的蝉，在林罗山的诗作里经常被作为纯洁清高的象征物来书写，这几乎成了一种模式。而在他视为大丈夫必备的四种品质中，气节被列在首位，其次才是度量、襟怀和蕴藉；③其晚年亦以梅明志："路遇梅花须负戴，卸舆何愧鬓毛斑。"④可见他对自己人格的砥砺与自信。

　　林罗山与屈原精神上的另一个相通之处是有志难骋的悲怅。屈原的理想是通过"美政"，即举贤授能、循法不偏，以"及前王之踵武"（《离骚》），振兴楚国。但因楚王昏聩、谗臣当道，他终因理想破灭而悲愤自沉。林罗山曾说："天不生仲尼，万古如长夜。"⑤（《圣象赞》）他的人生理想便是以儒学取代佛教，使之成为日本的统治思想，以达到国家富强、百姓安乐之目标。为了实现这个理想，他不得不以剃发为僧的特殊方式进入幕府，希望借助政治权力来推动。然而这一行为并不被人们理解，甚至有人斥之为"卖身求荣"。面对亲人的疑惑、同僚的冷眼、朋友的反目，他只能屈心抑志，忍尤攘诟。为了张扬儒学，林罗山举办关

---

① 《林罗山诗集》下卷，第152页。
② 《林罗山诗集》上卷，第252页。
③ 《林罗山文集》下卷，第752页。
④ 《林罗山诗集》上卷，第206页。
⑤ 此句取自朱熹之语，林罗山诗常径用中国诗人原话，或稍加改动，以下不再另外说明。

于朱熹《论语集注》的公开讲座,清原家为了保住对中国古籍释讲的地位,将其举报至幕府,使之几乎身陷囹圄。他顶住压力,以"松林绿密势峥嵘,雪干霜皮节操清"①来自勉。为了坚持儒家君臣大义的基本原则,他批评二代将军德川秀忠对后水尾天皇(1596—1680)的种种无礼行为:"盖上下定分,君有君之道,父有父之道。为臣忠,为子孝,其尊卑贵贱之位,古今不可乱。"②为此不惜承担遭到排挤和冷遇、秀忠在位期间终不得重用的后果。林罗山关心民瘼,诗歌中屡屡吟咏百姓生活的艰难。其《田家悲冬》写道:"五亩茅庐婆又贫,谁知粒粒悉皆辛。君主永在灵台囿,试问当时冻馁民!"③为替"冻馁民"呼吁而不惜尖锐讽刺灵台囿的"君主",愤激之情跃然纸上。

清末学者俞樾在《东瀛诗记》中首列林罗山的诗歌,并赞扬他在日本为推行儒学所做的杰出贡献:"罗山之在东国,亦可称筚路蓝缕以启山林者矣!"④然而在当时佛教势力依旧昌炽,而他本人只不过长期担任幕府的文化幕僚,在没有任何行政权力的背景下,林罗山振兴儒学、造福苍生的理想之途极为艰难。在这一过程中所遭受的曲解、抨击、构陷,以及由此带来的无奈和悲怅,在他的诗文中得到了相当程度的表现。他深切理解屈原在楚国"当时之世之人皆浊而醉"⑤环境下的抑郁悲愤,同情屈子被楚王疏远乃至流放的痛苦。其《三品羽林君辱赐前题之芳和盥读之余戾之案上蓬莱生辉感荷有多因次其玉韵再呈将命者》曰:"江南物色孰同工,莫道《离骚》忘不通。屈子振衣沾缟

---

① 《林罗山诗集》上卷,第117页。
② 《林罗山文集》下卷,第847页。
③ 《林罗山诗集》下卷,第196页。
④ [清]俞樾《东瀛诗记》,书林书局,2015年,第3页。
⑤ 《林罗山文集》上卷,第37页。

袂,木兰露堕楚烟中。"①正因为对屈原报国无门的痛苦感同身受,再联系到自己同样坎坷的命运,他对世俗小人也极度厌恶:"毫厘差谬百千里,名利期圣群小朋。广额似妆蛾缘黛,妖魂不熠牡丹炉。"②亦难掩屡遭困厄、壮志难酬的愤懑:"只有雾中秋景在,满襟老泪出如泉!"③甚至借"感雨"为题,相当偏激地希望彻底重造新的世风和环境:"凭谁更假娲皇手,炼石断鳌重补天!"④林氏诗风整体偏于敦厚平和,较少激烈情感的宣泄,然而当念及小人嫉妒、命途多舛、有志难展的偃蹇遭际时,也情难自禁地与屈原一样慷慨陈词,尽情地抒发积压于内心的委屈和悲怅。他的这部分诗歌,因其较强的批判性而具有了更为重要的价值。

感叹时光消逝的生命之悲也是林罗山与屈原的精神相通之处。《离骚》有云:"日月忽其不淹兮,春与秋其代序。惟草木之零落兮,恐美人之迟暮。"屈原的辞作总是弥漫着一种无法排解的迁逝之感和生命之悲。林罗山的诗赋也同样表现出这种敏锐的时间意识。在他的《诗集》中,"岁时"类共十二卷,再加上近百首月令诗,与时间节候相关的诗作多达千余首,而他对时光流逝的感慨抒怀,几乎全是借助吟咏岁时节令及相关物象来表达的。早在中年,林罗山就在《晚秋即事》中写道:"可惜莠收遄欲过,二毛日日白纷多。戏鱼深渺波心冷,老却东西南北荷。"⑤进入老年后,这种惜时叹老的情绪愈加浓郁。作于六十三岁的《齿落赋》既叙其牙疾,亦感叹时光荏苒,一去不回:"於戏余老之将至

---

① 《林罗山诗集》下卷,第118页。
② 《林罗山诗集》下卷,第79页。
③ 《林罗山诗集》上卷,第25页。
④ 《林罗山诗集》上卷,第99页。
⑤ 《林罗山诗集》下卷,第193页。

兮,叹逝水之不可少稽。……譬诸落花之辞柯兮,奈何枯杨之生稊。"①流露出浓重的寞落萧索之意。作于次年的七绝《丙辰端午》序曰:"余今享年六十四,其间在车武,不知几端午也。"诗中云"一茎白发扬州镜,八八端阳续命丝"②,更充满了对时日无多、年命几何的无奈与感伤。时间消逝不可逆转的特性与个体生命的有限性构成一对悲剧性的矛盾关系,由此导致的生命之悲惟有在宗教信仰中方能消解。林罗山作为一位儒者,并不相信永生、轮回、灵魂不死、生死齐一诸说,因而也就不可能通过宗教的渠道破除生命大限的终极难题。而更为重要的是,他的生命之悲与屈原一样,还来自事业难成、理想未遂的紧迫感和焦灼感。林罗山在幕府服务数十年,却只能担任起草文书、咨询故实之类的工作,始终无法进入权力核心,以实现自己振济天下的理想。这种人生目标无法达成的压力和焦虑,随着年龄的增长而日益难以排遣,故他在诗作中反复诉说:"老马为驹无伯乐,鹿逢三叶又虾蟆。"③"云间黑发笑何事,山不白头人白头。"④其对时岁易尽的叹惋与世无伯乐的哀怨混杂在一起,给诗作平添了几分动人情性的魅力。

综上可知,林罗山与屈原内在精神上确有某些共通之处,从而也就决定了其诗文对屈原与"楚辞"的接受不完全只是形式体制和表现手法上的借鉴和汲取,同时也有某种程度的思想情感和精神气韵的相通相融。值得指出的是,林罗山的汉语诗文对中华文学经典的继承吸纳是全方位的,《诗经》《楚辞》《史记》以及杜甫、韩愈等人的优秀作品都对其产生了重要影响。而另一

---

① 《林罗山文集》上卷,第9页。
② 《林罗山诗集》上卷,第231页。
③ 《林罗山诗集》上卷,第249页。
④ 《林罗山诗集》上卷,第58页。

方面,林罗山与屈原、林氏诗文与"楚辞"之间的差异也是明显的。林罗山性格平和、处事圆通,与屈原之狂狷偏激截然不同,更不具备屈原那种强烈的批判意识和为追求真理不惜身死的抗争精神;同时,林氏诗歌浅显平易、辞赋典重繁缛,总体上缺乏"楚辞"那种错落流利、瑰丽奇诡的特殊韵致。因此,林罗山虽然在学术上取得了较大的成就,但其文学创作却未能产生太大影响,更遑论与"楚辞"比肩了。

原刊《中国文学研究》2018 年第 1 期
李慧:现任贵州师范大学文学院讲师

《离骚》英译史视阈下的宇文所安译文初探

冯 俊

一

近两个世纪,中外学者不遗余力地译介和推广中国典籍《离骚》。从1929年到2007年,先后有华裔学者林文庆,译界伉俪杨宪益、戴乃迭夫妇,以及许渊冲、孙大雨、卓振英等参与过《离骚》的翻译。有关华人学者的译文,以后笔者将专文讨论,本文则集中阐述和分析西方译者翻译《离骚》的历程。

1879年,英国驻华公使帕克(Parker)在《中国评论》(*China Reviews*)第309页至314页发表《离骚》译文。该译文没有附加任何有关作者和诗歌背景的介绍,也缺少相应注解或评论。英国外交家、汉学家翟理斯(H.A.Giles)甚至认为:"帕克是个草率的译者,译文中有一些严重的错误。"[1]英国汉学家霍克斯(David Hawkes)评价:"与其说是翻译,不如说是解释。"[2]通过运用通俗英语,帕克给目的语读者提供了一种自然流畅的译文,尽管和意境深远的《离骚》原文相距甚远,但毕竟开启了《离骚》

---

[1] Lim Boon Keng. *The Li Sao, Elegy on Encountering Sorrows by Chu Yuan*. Tapei: Cheng Wen Publishing Company, 1974: xxi.
[2] David Hawkes. *Ch'u Tz'u: The Songs of the South, An Ancient Chinese Anthology*. Boston: Beacon Press, 1962: 215.

在英语世界的翻译,提升了英语世界对《离骚》的认知度。

1895 年,理雅各(James Legge)的《离骚及其作者》(The Li Sao Poem and its Author)一文发表在《皇家亚洲学会杂志》(The Journal of the Royal Asiatic Society)上。作者参考王逸《楚辞章句》的注解和介绍,对译文的相关条目做了非常翔实的注解,使西方读者进一步接触到《离骚》所蕴含的两千多年前的中国哲学思想、道德伦理、科学技术等远古文化。同时,因其视野的局限和西方大国主义的优越感,理雅各在文中引用了赫尔维侯爵的观点:"长篇诗歌需要方法和创造力,但是中国人这方面天赋欠缺。他们对于屈原作品的推崇就是中国人缺乏这种天赋的证明。要找到能和荷马和维吉尔相提并论的中国诗人只是徒劳。"①并且在译文中表达了屈原在思想上的"愚蠢"以及《离骚》文学价值的平庸。霍克斯认为:"译文显然比帕克的更加精准,但是因为译者对原文的鄙视,译文没能吸引英语读者的兴趣。"②

1947 年,美国诗人白英(Robert Payne)、俞铭传(Yu Mi-Chuan)等在《小白驹:自古至今中国诗选》(The White Pony: Anthology of Chinese Poetry)中选译了《离骚》。白英自称:"我的职责仅仅是一个编者和修订者,因为我的中文知识不足以裁决如何去翻译中文诗歌的那些微妙之处。"③这一版本的《离骚》译文实际上是由西南联大学生俞铭传翻译,白英负责编辑

---

① Professor Legge. The Li Sao Poem and its Author. The Journal of the Royal Asiatic Society of Great Britain and Ireland,1895(1):77-92.
② David Hawkes. Ch'u Tz'u: The Songs of the South, An Ancient Chinese Anthology:215.
③ Robert Payne. The White Pony, An Anthology of Chinese Poetry. New York:The John Day Company, 1947:xxviii.

的。霍克斯评价该译文称:"其注脚时有误导作用,但是译文清新可读——是除韦利译文外唯一没有阻碍读者理解的英语翻译。"①不同于理雅各对《离骚》文学价值的轻视,在《小白驹:自古至今中国诗选》中,译者对屈原的崇高人格和历史价值持肯定态度。同样是将屈原和西方认知度高的大诗人维吉尔对比,理雅各突显西方文学的优势,该译本则把屈原和维吉尔置于平等的地位,没有伯仲之分。②同时,译者引用司马迁对屈原的高度赞誉,指出西方读者也许对此赞誉不认同,但是会被诗人绚丽的想象力折服。③

1959年,霍克斯在其专著《楚辞》中翻译了《离骚》。该译本以王逸《楚辞章句》为底本,有41处尾注,并且以4页篇幅的附注对文中出现的5处名词在文化渊源上给予解释说明。与白英对屈原《离骚》中的绚丽想象力点到为止不同,霍克斯深入挖掘了这种充满想象力的天际遨游,认为其思想内涵是对人类悲剧生活的逃避,其形式来源是中国早期文学萨满吟唱中的心灵之旅,同时进一步指出天际遨游这一精神之旅是中国诗歌的伟大传统,而这一传统正是始于屈原的《离骚》。④

1975年,旅美作家柳无忌(Wu-chi Liu)、罗郁正(Irving Lo)等编译了《葵晔集:三千年中国诗选》(*Sunflower Splendor: Three Thousand Years of Chinese Poetry*),该书于1975年、

---

① David Hawkes. *Ch'u Tz'u: The Songs of the South*, *An Ancient Chinese Anthology*:217.
② Robert Payne. *The White Pony*, *An Anthology of Chinese Poetry*:79.
③ Robert Payne. *The White Pony*, *An Anthology of Chinese Poetry*:79-80.
④ David Hawkes. *Ch'u Tz'u: The Songs of the South*, *An Ancient Chinese Anthology*:21-22.

1983年、1990年、1998年分别由双日出版社与印第安那大学出版社出版。此书出版时恰逢中美建交、两国开启外交关系之际,迎合了美国国内凝视神秘东方古国的风潮,在美国出版界引起轰动。但该书只有《离骚》的部分译文。

1984年,美国诗人伯顿·沃森(Burton Watson)在他的《哥伦比亚中国古诗集:十三世纪以前》(*The Columbia Book of Chinese Poetry: From Early Times to the Thirteenth Century*)中选译了《离骚》。译文语言平实,通俗易懂,可读性很强。译者指出原文有多元的内涵和象征意义、充沛的情感和强有力的道德说教,但是对原文字里行间郁郁不安的寓言寓意和作者遭遇不幸的原因表示费解。①

1996年,由美国汉学家宇文所安(Stephen Owen)翻译和编辑、诺顿出版社出版的鸿篇巨著《中国文学选集》(*An Anthology of Chinese Literature: Beginnings to 1911*)中选有《离骚》的译文。译者不赞成施耐尔马赫(Friedrich Schleiermacher)两种极端的翻译方法(即刘若愚后来提到的适应目的语的"自然化"和保留原文特点的"野蛮化"),他认为绝大部分译者应该平衡这两种极端的翻译,选择一些可以"自然化"的因素,同时尊重源语言的差异。②

2008年,美国汉学家戴维·亨顿(David Hinton)在其所编《中国古典诗歌选集》(*Classical Chinese Poetry: An Anthology*)中辑录了《离骚》缩减版的译文。译者认为原文"太长甚至有些

---

① Burton Watson. *The Columbia book of Chinese Poetry: From the Early Times to the 13th Century*. New York: The Columbia University Press, 1984: 47.
② Stephen Owen. *An Anthology of Chinese Literature: Beginnings to 1911*. New York: W. W. Norton & Company, 1996: xliii.

单调沉闷",把原文93句诗歌简缩成21句。他高度评价"楚辞"在中国文学史上的崇高地位,并分析其影响渐微和西方学者对之漠视的原因:"楚辞诗歌的形式比《诗经》更为气势磅礴,更加具有生命力和影响力,但是因为其萨满宗教的视角使其在中国随后以经验主义为重的士大夫文化中关注度减少,这种宗教视角也降低了楚辞对现代西方读者的吸引力。"[1]译者指出,在整个楚辞体系中,《离骚》是最重要的诗篇。同时他还关注到《离骚》对于在中国以"辅助君王爱民、惜民为己任的知识分子"来说,并不是自我怜悯的哀歌,而是对政府腐败无能和对人民悲剧性影响的反抗。[2]

2012年,哥伦比亚大学和纽约州立大学教授夏克胡(Gopal Sukhu)出版了专著《离骚新解》(*The Shaman and the Heresiarch: A New Interpretation of the Li Sao*)(纽约州立大学中国哲学和文化系列)。他把《离骚》视为中国诗歌传统的里程碑,也是中国诗歌中第一首长篇的寓意诗,并在专著的附录部分提供了《离骚》的翻译。书中提到中国古代早期《离骚》注释本(王逸《楚辞章句》)的一些不足之处,其原因在于中国文学传统中总体上的高度政治化解读。这一专著对《离骚》的阐释基于战国时期的文物和文本,还包括最近出土的文物,不仅揭示了中国古代哲学的某些侧面,而且折射出古代楚国政治宗教的败落。该书主体分为七个章节,前两章介绍王逸和汉代注释,第三、四章从萨满宗教的角度来阐释《离骚》的两性共存和芳草象征体系,最后三章则讨论《离骚》中的哲学思想和萨满宗教的天际遨游。

在百余年的《离骚》英文翻译史上,就出版社影响力和发行

---

[1] David Hinton. *Classical Chinese poetry: An Anthology*. New York: Farrar Straus and Giroux,2008:55.
[2] David Hinton. *Classical Chinese poetry: An Anthology*:55.

量而言,霍克思、沃顿和宇文所安的译文对《离骚》"走出去"影响颇深。宇文所安于1999年在香港大学的一次演讲中提出传统文化在传播中面临的两个问题:一方面,美国学生和读者不愿意面对那些真正陌生的东西,因为他们不愿意面对在接触到陌生东西之后对自己的反思;另一方面,传统文化的"国有者们"常常觉得最根本的东西是不可译的。①故本文将其放在整个《离骚》英译史的大背景下,通过对比三大汉学家在《离骚》译文中突破宇文所安提到的传统文化的两个翻译困境(即境外读者的陌生化和民族主义的不可译)的途径,来阐释宇文所安《离骚》翻译的理念与成就。

二

传统典籍的文体形式是翻译过程中的黑匣子。《离骚》是骚体文学的代表作,骚体这一独特的古代文体在一些国内学者视野里是不可译的:"辞、赋、骚是中国古典文学中所特有的文类,即使对于中国当代作家也很陌生,因此它们在某种程度上具有不可译性。"②骚体文学区别于其他文体的特点是其独特的"兮"字句型。《离骚》的"兮"字句型是最成熟、最完备的骚体句型。"兮"字被置于单句之末,每行中间位置还嵌入一个"之、其、而、于、以、夫"之类的虚词,这类虚词被刘熙载称为"句腰"(《艺概·赋概》)。这样也就构成《离骚》特有的句型"○○○+句腰+○○兮,○○○+句腰+○○",如"乘骐骥以驰骋兮,来吾道夫

---

① (美)宇文所安著,田晓菲译《他山的石头记——宇文所安自选集》,江苏人民出版社,2006年,第290页。
② 王宁《比较文学、世界文学与翻译研究》,复旦大学出版社,2014年,第229页。

先路"。由十个实字和三个虚字组成的流畅长句,足以承担一种叙事风格。①任何一种文学形式都是有意味的形式。在中国古代文学史上,骚体多用于表现哀怨的情绪:"相对四言诗和文体赋,骚体参差错落的句式具有更大的灵活性和自由度,特别是句中反复出现的'兮'字,含有特别强烈的抒情咏叹意味,尤其适合表现那种凄越复杂、缠绵悱恻的个人情绪。"②

霍克斯按句式特点(即"兮"字的位置)和字数特点,把中国诗歌分为"歌体"和"骚体",并且分析了中国诗歌从《诗经》的歌体到楚辞的骚体为主,再转变到汉代的赋体和魏晋南北朝时期的骈体。在理论上,霍克斯清晰地介绍了"骚体"这一独特文体的特点及其演变过程,但是在翻译实践中,他却不得不承认"古诗英译最大的损失并非原文意义上的微妙,而是诗歌的形式"③。他采用的是重音格律的无韵体,每句音节数不同,但各句重音均为5个。同时部分诗句中还运用了在英文诗歌中读起来朗朗上口的头韵,尽量使这首无韵体的译诗不会给读者零乱和松散之感。他宣称:"无论是否达到效果,我尽力运用节奏和谐音手段,再现一些原文的音韵效果。"④

伯顿在译文的引言部分介绍和说明了《离骚》的句式特点:"诗歌每行用了6或7个汉字,每一诗句的句腰有个语法助词,读音较轻,并且在单数诗句的结尾出现语气词'兮',这样能缓解

---

① (美)孙康宜、(美)宇文所安主编,刘倩等译《剑桥中国文学史》(上卷:1375年之前),生活·读书·新知三联书店,2013年,第108页。
② 郭建勋《汉魏六朝骚体文学研究》,湖南教育出版社,1997年,第76页。
③ David Hawkes. *Ch'u Tz'u: The Songs of the South*, *An Ancient Chinese Anthology*: 15.
④ David Hawkes. *Ch'u Tz'u: The Songs of the South*, *An Ancient Chinese Anthology*: vii.

诗句的单调,增加音韵的变化。"①但是在译文中,伯顿没有考虑格律和韵律的运用,而是运用了散文式的语言,因为译文面向的是普通读者,通俗易懂的句式风格能增加译本的受众群体。

相比之下,宇文所安在翻译的体裁形式上做了大胆有益的尝试,这是以往《离骚》译者没有关注或者说难以企及的领域。宇文所安编撰的《中国文学选集》纵贯整个中国古代文学,对"一个个复杂而又迥然不同的文本家族"②的流变过程和内在关系,宇文所安有深刻的了解,所以他不但没有忽视而且再现和突出了楚辞的文体特点。《离骚》的基本句式是"○○○+句腰+○○兮,○○○+句腰+○○"。宇文所安在注释中说:"在楚辞种类繁多的句式中,有两种最常见的句式,就是诗句中央被语气词'兮'或一个轻音节隔开。这种诗体在我的翻译中以诗句中的空格来呈现,这个也是中世纪英语和古英语的强音诗的半诗句文体特点。"③在译文中,宇文所安将位于句腰的虚词用空格来代替,切分两个句子的"兮"字则用逗号、分号、冒号、破折号等标点来对应。

译文中对应骚体的半诗体背后承载的是西方绚丽文明的重要文学类型——悲剧。纵观半诗体的发展史,最有代表意义的两部作品都是悲剧:一部是罗马诗人维吉尔(Virgil)运用半诗体在《埃涅阿斯纪》(*Aeneid*)中暗示戏剧人物的巨大压抑,因为这些人物身体和内心的痛苦使其无法表述完整的句子;另一部

---

① Burton Watson. *The Columbia Book of Chinese Poetry: From the Early Times to the 13th Century*:47.
② Stephen Owen. *An Anthology of Chinese Literature Beginnings to 1911*:xliii.
③ Stephen Owen. *An Anthology of Chinese Literature Beginnings to 1911*:156.

经典诗歌《贝奥武甫》(*Beowulf*),是一个英雄Beowulf与怪兽搏斗死亡的悲剧史诗故事。宇文所安运用形式上与骚体平行的半诗体给西方读者特别是译文的目的读者——有很高文学修养但是缺乏东方文化背景的研究者和学生——提供了预设性的假定,即译文的悲剧色彩,为读者了解《离骚》中的屈原悲剧人格埋下伏笔。同时,宇文所安世界文学的大视野,使其对"兮"字的译文处理体现出中西文化的平等对话。同样面临着命运和现实的困境,西方悲剧侧重其崇高感,悲剧的崇高与其他各种崇高一样,具有令人生畏而又使人振奋鼓舞的特性。① 而《离骚》原文的悲剧在中国文化视域中是一种"幽怨"型情感,朱熹就曾说屈辞"尤愤懑而极悲哀,读之使人太息流涕而不能已"②。《离骚》原文中的"兮"字,在宇文所安的译文中大部分用1/2节奏的逗号、分号和冒号来对应,此外还有14处破折号和1处标点的有意空缺,以此来标记作为泛声的一定长度的语音持续,从而很大程度上保留原文中"兮"字的咏叹意味。

标点符号在英文诗歌里是极富生命力的表意工具,破折号和标点符号的有意空缺,凸显出译者对原诗的精确解读和力图让非汉语母语读者领悟原诗文化内涵的良苦用心,也使西方的悲剧崇高美和楚骚哀怨之美珠联璧合,交融无间。③ 在宇文所安的译文中,有些破折号的运用突出了《离骚》的悲剧崇高美。如"不抚壮而弃秽兮,何不改乎此度?乘骐骥以驰骋兮,来吾道夫先路":

    Cling to your prime,【　】forsake what is rotting——

---

① 朱光潜《悲剧心理学(中英文)》,中华书局,2012年,第93页。
② [宋]朱熹《楚辞集注》,上海古籍出版社,1979年,第73页。
③ 译文中的【　】符号为本文作者所加,用以表示宇文所安译文中的空缺位置。

> Why not change 【   】from this measure of yours?
> Mount a fine steed, 【   】go off at a gallop——
> I will now take the lead, 【   】ride ahead on the road.

译文中第一个破折号前的句子为祈使句。一方面祈使句的主语省略对应了中国古典诗歌主语缺失的特点,同时也符合英文中祈使句对第二人称"你"的建议和要求的表意习惯。原文的"壮"被翻译成"your prime"(你的壮年),把上文"美人迟暮"译文采用的第三人称即"her drawing"(她的美貌),转化到互动的第二人称,暗示作者并未与君决裂,勾画了期盼明君、共建"美政"的崇高英雄形象。同时,对应"不抚壮而弃秽兮"中"兮"字的破折号,强调主人公引导君主弃暗投明的决心,升华了译文祈使句的磅礴气势;第二个破折号位置在"gallop"后,gallop 意为飞奔,这个破折号在视觉上契合诗人"乘骐骥以驰骋"飞奔的轨迹,增加了悲剧的崇高感。

而"屈心而抑志兮,忍尤而攘诟。伏清白以死直兮,固前圣之所厚"译文的破折号,则在句式和节奏上把诗句一分为二:

> Bending one's heart, 【   】quelling one' will
> Abiding faluts found, 【   】submitting to shame,
> Embracing pure white, 【   】death for the right——
> These indeed were esteemed 【   】by wise men before us.

破折号前的部分因字数相等,结构相似,朗读起来一气呵成,节奏感强;破折号后则转为疏朗舒缓,迂徐婉转。破折号前后的一张一弛,生动地刻画出屈原忍辱负重、不改初衷的悲剧英雄形象。

同时,译文中有些破折号和标点空缺也烘托了《离骚》的哀怨色彩。如"何昔日之芳草兮,今直为此萧艾也":

  These plants that smelled sweet 【　　】in days gone by
  have now become nothing 【　　】but stinking weeds.

与其他部分译文用两个单句表达不同,这里译者用包含定语从句的复合句来表达,用来分隔两个单句对应的"兮"字的标点符号则有意空缺。这种空缺打破了读者在阅读译文时的惯性,促使读者在阅读中体验原文的内涵即"昔日芳草"的缺失。译文的侧重点是"昔日"的一去不复返,原文的意义内涵"芳草不再"得到进一步凸显。这种处理很好地烘托出《离骚》哀怨和缠绵悱恻的特质。又如"汩余若将不及兮,恐年岁之不吾与":

  They fled swiftly from me,【　　】I could not catch them——
  I feared the years passing 【　　】would keep me no company.

译文中的破折号,通过阅读中附加于实义语言的语音持续,使原诗作者时光易逝的哀叹情绪显得浓郁而悠长。在这段译文中,第一个主语是"they"(他们)。英语的代词一般代指上文的某个内容,但是译文中的 they 是指下文中的"years"(岁月)。细心的读者应该能体味到译者独具匠心的句式安排,在阅读中追溯 they 的意义能指时,领悟到意义只能向前寻找,从而真正理解诗句"汩余若将不及兮,恐年岁之不吾与"的时间一维性内涵。

  宇文所安的译文极大地拓展了典籍文体"不可译"的疆域,运用西方古英语中的半诗体和多样化的标点符号,在最大限度地保留和重现骚体"兮"字句型的形式的同时,也呈现出中西文化间的平等对话。

三

美国当代青年学者马思清在《翻译屈原的"来世"》一文中说:"尽管现代以英语为母语的年轻人有了解中国文化的愿望,但是他们深刻体会到《离骚》的世界好像一个陌生而怪异的世界。这种强烈的陌生感正如他们从阅读荷马和弥尔顿诗歌体验的陌生感一样是来自历史的原因。"①《离骚》原文在中国历史语境中的政治解读和宗教背景对于西方读者是最为陌生的。下面试从译文开头、"民"的措辞以及两性视角来分析三位汉学家对陌生化内涵的处理。

在处理《离骚》起首四句"帝高阳之苗裔兮,朕皇考曰伯庸。摄提贞于孟陬兮,惟庚寅吾以降"时,霍克斯的翻译选词偏重英美读者的接受习惯,对"帝高阳"中的"帝"译为英国人对皇室陛下的尊称"high lord","朕皇考"译文为我的父亲"my father",没有触及"皇考"有亡故之意。值得一提的是霍克斯在1981年发表了一篇学术文章《高阳的祖先》,从人类学的角度梳理屈原的祖先"高阳"部族从远古一直到秦国的发展,证明其是掺杂血缘、宗教和政治关系的部落联盟。伯顿的译文稍显笼统,对于赋予中国传统文化的"帝"和"皇考"均没有涉及。宇文所安的译文则特别注重《离骚》文本所蕴含的厚重的中国文化传统,"帝高阳"翻译为"God-king Gao Yang"。他在《离骚》翻译的序言中说:"在《楚辞》有种超验主义的叙事,夹杂着道家无为而治、君主与

---

① Monica Eileen Mclellan Zikpi. *Translating the Afterlives of Quyuan*. Eugene: The University of Oregon,2014: 7.

天帝和而为一的观念。"①这种复杂的政治和宗教神话结构,深深根植于当时楚国的巫鬼文化中。屈原生活的时代,楚国巫鬼祭祀之风盛行。在楚文化背景下成长起来并且司职"左徒"和"三闾大夫"的屈原,其意识形态和文化修养中包含着非常浓郁的楚国巫祭文化传统,其诗文中也弥漫着巫祭色彩。对于文本的深度考察应该充分考虑其文化背景。在《离骚》中,作者将宇宙、天地、人事作为统一整体进行思考。王逸《楚辞章句》解释"帝"为"德合天地称帝"②。在西方,God 是浸染着宗教和神话色彩的人化形象,King 是一个现实的社会阶级形象,译文把这两个形象结合起来,一个显性,一个隐性,不但突显了主人公出身的高贵,而且还原了《离骚》源文本中的隐性文化即天人合一的整体结构。在表达"吾以降"时,译文"that I came down"一方面最大限度地保留了中文表意的隐喻性,因为 came down 的字面解释和中文的"降"高度吻合;另一方面,这种寓意性阐释又与上文的"God-king"相互呼应,暗示主人公的神性,带着具有神性的王者从天而降的寓意,从而强调其出身的高贵,体现了"君权神授"这一典型的中国古代意识形态。

对《离骚》原文中"民"的阐释众说纷纭,各有不同。全诗"民"字共出现六次,王逸将其统称为"万民",朱熹解释为"众人",游国恩认为"民生"即"人生"。③ "民"可以解释为有政治意味的、与统治者相对应的人民,也可以是剥离社会属性的自然人。霍克斯和伯顿对"民"字的阐释有 man,people,person 三

---

① Stephen Owen. *An Anthology of Chinese Literature Beginnings to 1911*:155.
② [汉]王逸《楚辞章句》,景印文渊阁《四库全书》第1062册,上海古籍出版社,2003年,第3页。
③ 游国恩主编《离骚纂义》,中华书局,1980年,第129—130页。

种。man偏重自然属性的人,people是指与政府或上流社会相对的人民、民众、大众,person是people的单数形式。"民"在宇文所安的译文中只有单一的man,是有哲学高度的单一个体。他选择的是以"人"为立足点的阐释,没有带着中国许多学者贴上的"忧国忧民"的政治标签。事实上,这一政治主旨是《离骚》在中国不同历史背景下被挖掘和深化的思想意识形态,特别是在中华民族有外患时,《离骚》就会被赋予强烈的历史使命感,激发百姓大众的爱国热忱。宇文所安这种区别于伯顿和霍克斯的用词选择,在深层次上来自他"世界诗歌"的高度。在宇文所安看来,政治因素的参与和干涉与其"世界诗歌"的概念背道而驰。在1990年的《什么是世界诗歌?》一文中,他认为北岛的诗歌"远离了狭窄的意义和明显的政治色彩"[①]。在译文中,他把"民"上升到有哲学高度、放之四海皆准的"人",而不拘泥于有政治范畴的国家、具体国别的人民,契合了宇文所安对世界诗歌的展望,即"形式复杂但无国界影响,无需历史,也不会留下创造历史的痕迹"[②]。

《离骚》的性别书写历来是楚辞学界的研究焦点。游国恩的楚辞"女性中心主义说"从不同意象着手,结合各种考据和翔实的历史背景,论证"屈原以女子自比是很有理由的"[③];疑古学者孙次舟的"屈原弄臣"论,引发了对屈原同性恋身份的争论等等。这种模糊性和多元化正是《离骚》经典文学的艺术张力,把《离

---

① Stephen Owen. The Anxiety of Global Influence: What is World Poetry?: *The New Republic*, 1990-11-19: 30.
② Stephen Owen. The Anxiety of Global Influence: What is World Poetry?: 32.
③ 游国恩《楚辞女性中心说》,《游国恩楚辞论著集》(第4卷),中华书局,2008年,第2页。

骚》叙述者的性别视角固定为女性、男性或同性恋,则是对《离骚》丰富的艺术表现力的削弱。在《离骚》原文中,作者忽而是娇羞幽怨的女性,忽而是高冠长剑的男性,其性别视角随着诗歌表达主旨的需要而改变。在原诗中,这种性别视角的转换是在意象描绘和长篇叙事中了无痕迹的隐形转化。《离骚》原诗的两性关系主要体现在君臣关系、求女和"蛾眉遭嫉"的情节上。中国封建政治体制下的君臣关系与两性夫妇关系具有同构性,《离骚》中的"求女"几乎都是男性"寻找明君"或"寻求同道"的隐喻性表达;而当叙事转向"蛾眉遭嫉"的视域时,诗人又将自我身份转换为蛾眉粉黛的女性。诗人与他者的叙事身份就这样在男女两性间转换。在上述三位译者的译文中,原诗两性关系的"他者"——君王或所求之女,总是通过"他"和"她"的人称变化来呈现。"翻译就是很明显的改写,因为翻译可以折射出源文化范畴之外的作者或者作品的形象。"[1]三位翻译家在处理爱情隐喻的翻译过程中体现出了不同的改写方式。

  霍克斯在第一版的《南方之歌》中,认为这种隐喻与《离骚》深层次的政治寓意不匹配。他提出,为了给出一致的解释,只能对原诗作很大的改写或重写。[2]1967 年霍克斯在《大亚细亚》发表《女神的求索》,指出《离骚》中的求女情节实际上是世俗化巫术:"本是宗教仪式中的祭文惯用的语汇,在《离骚》中只是为世俗诗人所借用罢了。"[3]霍克斯的译文第一次给西方读者系统地

---

[1] Andre Lefevere. *Translation, Rewriting, and the Manipulation of Literary Fame*. London and New York: Routledge, 1992: 9.
[2] David Hawkes. *Ch'u Tz'u: The Songs of the South, An Ancient Chinese Anthology*: 213.
[3] (英)霍克思著,丁正则译《求宓妃之所在》,见尹锡康、周发祥主编《楚辞资料海外编》,湖北人民出版社,1986 年,第 168 页。

呈现《离骚》爱情隐喻的奇特视角,虽然会在一定程度上给西方读者造成阅读障碍,但展现了《离骚》的原文特点。霍克斯在第一版译文中的改写臆断,是译者对《离骚》源语文化的不理解或抵触:"朋友的交情和君臣的恩谊在西方诗中不甚重要,而在中国诗中则几与爱情占同等位置。"①基于文化差异上的沟壑,霍克斯在后来的研究中把"求女"归结于宗教仪式的世俗化。

伯顿在《楚辞》介绍部分指出,诗人的性别转换来自《离骚》糅杂的主题:除了一个郁郁不得志的贵族世子在文章中体现的和儒家传统一致的政治说教主题外,还有一个充满宗教文化的萨满主题。体现君臣情欲关系的语言和"萨满们用来向他们神圣的爱人表达爱意的语言相似"②,诗篇中诗人求偶的寓意就是寻找能肯定他价值的君主。伯顿指出了两性视角和萨满宗教的联系,这融合了西方人文化视角的解读,因为西方爱情诗最长于"慕",中国情诗最善于"怨"。③

宇文所安在《楚辞》的前言中指出,奇特的政治叙述与萨满对神的爱欲关系相对应,萨满哀怨被神抛弃,然后宣告自身的美丽和价值,最后遨游天际,完成精神追求;同时,他在注释中也强调诗人的求偶是寻找能欣赏自己的明君的隐喻。④宇文所安在译本的前言中进一步解释了政治寓意、两性寓意和萨满宗教的关系,使读者不仅能理解两性视角中的"怨",在本质上还原了《离骚》原文中君臣关系的"怨",即萨满怨恨被神抛弃对应君主

---

① 朱光潜《诗论》,中华书局,2012 年,第 69 页。
② Burton Watson. *The Columbia Book of Chinese Poetry: From the Early Times to the 13th Century*:47.
③ 朱光潜《诗论》,第 71 页。
④ Burton Watson. *The Columbia Book of Chinese Poetry: From the Early Times to the 13th Century*:155.

放黜诗人;而且他将萨满文化置于两性关系和政治叙事中,相对于直接陈述西方读者陌生的封建君臣关系,萨满与神的爱欲关系这一充满异域色彩的表达更能引起西方读者的共鸣。《离骚》的两性视角对没有中国文化背景知识的读者来说有其鬼魅和晦涩之处,宇文所安用开放和多元的心态对待文本的解读。他认为:"每一个传统都能从另一个借鉴文本,根据西方的文学解读方法来解读中国的文本在道义上无可非议。"①在《中国传统诗歌与诗学》中,他用原型理论阐释诗人与君主的关系是"家庭浪漫史,正如约瑟和他哥哥的故事,一位长者,一位君主,他的恩(与父母对孩子的'爱'同样的词)被渴望。这种'爱'的条件是出仕,如果拒绝为长者服务,就需要有大量的文字辩护——我多么享受孤独,我多么轻视仕途的尔虞我诈、勾心斗角"②。宇文所安用西方文化中影响最大、渗透最深的《圣经》故事来解释"仕途的焦虑——对西方心理学模式而言不是尴尬的、过分的要求"③。这种借用"他山之石"的解读,客观上推动了《离骚》从古老的东方走向广阔的世界文学之林。宇文所安的译文充溢着作者浓厚的源文化意识,同时也兼顾了译文在西方读者视角下的理解和接受度。

四

文化翻译学派的巨匠、比利时学者安德烈·勒菲弗尔

---

① (美)宇文所安著,陈小亮译《中国传统诗歌与诗学:世界的征象》,中国社会科学出版社,2013年,第29页。
② (美)宇文所安著,陈小亮译《中国传统诗歌与诗学:世界的征象》,第170页。
③ (美)宇文所安著,陈小亮译《中国传统诗歌与诗学:世界的征象》,第171页。

(Andre Lefevere)把翻译定义为文化语境中的改写活动:"翻译即改写。所有的改写,无论目的如何,都反映了一种特定的意识形态和诗学,并在特定的社会用特定的方式操纵文学。"①《离骚》的早期译文充满误读,也曾经被贴上劣质文学的标签。赛义德在《东方主义》中说:"东方,是西方人的一种文化构想物,是西方为了确认'自我'而构建起来的'他者',具有异质性、落后性、柔弱性、懒怠性,是对东方的一种扭曲、误解。"②《离骚》在西方世界遭到的冷遇,折射出弱势文化在强势文化的夹缝中生存的尴尬处境。

在《离骚》英译史的前期,因中国国力衰弱,其璀璨的典籍文化只能沦为衬托西方文化中心主义的一种弱势存在。新中国成立以来,中国的国力和政治影响力不断增强,《离骚》的文学价值在西方汉学家的努力推介下逐渐得到肯定,在西方世界的认知度也逐步提高,并呈现出多元化的解读。

霍克斯的《离骚》译文学术性强,对《离骚》的文体特点和内涵都有详尽的解释。霍克斯是二战后成长起来的英国专业汉学家。这个时代的汉学家没有早期传教士或外交官的宗教使命和政治背景,他们学习汉学源于非政治诉求的学术兴趣,即了解世界文化遗产的一部分,力求科学地重新认识中国。霍克斯就是这批汉学家中的翘楚。他的《离骚》翻译开始于1949年北大求学时期,1959年发表在楚辞专著《南方之歌》中。他翻译《离骚》的这十年正是新中国百废俱兴、在世界舞台上寻找认同和肯定的时期,也是西方乃至整个世界对新生中国重新审视和观察的

---

① Andre Lefevere. *Translation*, *Rewriting*, *and the Manipulation of Literary Fame*: vii.
② 转引自孙会军《普遍与差异——后殖民批评视阈下的翻译研究》,上海译文出版社,2005年,第119页。

时期。英国政府在世界政治格局发生转变的情势下,对汉学研究表现出极大热忱,提供一大笔专款——"斯卡伯勒报告专项拨款"——来支持英国的汉学研究,以了解中国和其他亚洲国家的文化与历史。不同于以前对"东方"的猎奇和歧视,西方国家在意识形态上积极认识新生的中国,迫切需要了解中国的文化渊源,而不是从"他者"的角度去俯视东方。霍克斯的《离骚》翻译就是这种文化语境下的产物。他的学术化翻译,对《离骚》这部厚重的中国典籍在西方被正确理解与实际接受做出了有效努力。

伯顿的《离骚》译文诞生于 20 世纪 80 年代。当时的中国从"文革"浩劫中走出来,加快了改革开放的步伐,与西方国家的文化互动日益频繁。作为汉学研究重镇,美国哥伦比亚大学出版社赞助出版了伯顿的《哥伦比亚中国古诗集:十三世纪以前》。伯顿的《离骚》翻译秉承了美国大诗人庞德"创意英译"的诗学观点,现代性强,相对通俗易懂,省略了典籍翻译过程中目的语的语内翻译(即没有奉行翻译中的对等原则,古代汉语对应现代英语而不是古英语)。伯顿曾说:"我发现诗歌翻译最好的方法就是尽量多阅读当代美国的优秀诗歌,因为当代美国英语正是我在诗歌翻译中想用的特别语言。我从来没有试图翻译成前现代英语诗歌的风格或形式。"[①]他的《离骚》译文无疑遵循了这一原则。

宇文所安的《离骚》译文发表于中国持续稳定发展时期,当时新技术特别是计算机开始蓬勃兴起,全球化经济技术发展初露端倪。1990 年宇文所安敏锐地感受到全球化给世界文化和文学带来的焦虑。他给第一次提出的"世界诗歌"概念打上了引号,因为这个世界是被烙印上西方霸权主义的世界。宇文所安

---

① Balcom J. An Interview with Burton Watson. *Translation Review*, 2005(70): 7-12.

的"世界诗歌"概念保持着一种张力,他一方面强调北岛"世界诗歌"的可翻译性、意象的凝练度和对狭隘政治意识形态的疏远;另一方面认为北岛的新诗是与中国传统割裂的、深受西方浪漫主义诗歌传统影响的诗歌,消费着西方对九十年代中国政治问题的了解和关注。2003年宇文所安再次阐释世界诗歌,文章标题中的引号从"世界诗歌"变成了"世界"诗歌,这个细微的位置改变表达了宇文所安对世界诗歌有了新的认识。宇文所安毕业于被称为"新批评主义"大本营的耶鲁大学,他偏重对文本的分析,甚至是表达符号的运用。引号中的世界,是意识形态和文化现实中的世界,但是诗歌已经从引号中的世界独立出来,突破了时间的桎梏和狭隘的地域性。诗歌不仅存在于长期浸淫在西方文化语境中的中国新诗中,也存在于曾经被割裂的中国传统诗歌中。世界诗歌需要"考虑到语境和文化的差异"[1](差异性)、"不能裁判文学质量等级"[2](开放性)、"目的读者感到有舒适度的差异边缘性"[3](有效性)。宇文所安的《离骚》翻译是其"世界诗歌"理念形成过程中一个里程碑式的实践。

宇文所安的《离骚》译文具有浓厚的源语文化意识,同时又极具张力地与"世界性"进行对话。在处理"不可译"的文体特点和"陌生化"的原文内涵时,译者在世界诗歌的视域下,注重多元语言文化的差异性,保持意义的开放性,实现传播的有效性。宇文所安的译文对骚体的文体特点,做到了"得意"而不"忘形",

---

[1] Stephen Owen. Stepping Forward and Back: Issues and Possibilities for "World" Poetry. *Modern Philology*, 2003(4): 538.
[2] Stephen Owen. Stepping Forward and Back: Issues and Possibilities for "World" Poetry: 536.
[3] Stephen Owen. Stepping Forward and Back: Issues and Possibilities for "World" Poetry: 537.

《离骚》的骚体形式是有着特别浓厚汉民族色彩的文化载体，在跨文化交流中必然遇到语言文化的阻隔。宇文所安创造性地将古英语半诗体对应骚体，不仅还原了骚体中语气助词的节奏感，还铺垫了全诗的悲剧性。尤为可贵的是，对"兮"字这一饱含丰富中国文化因子的虚词的巧妙处理，使东方文化语境下的哀怨美与西方的悲剧崇高精神相得益彰，交融无间。在翻译词句的斟酌上，他最大限度地忠实于原文中的宗教渊源和文化阐释，同时兼顾译文的世界性。对于《离骚》独特的两性表达，宇文所安成功再现了两性视角下"怨"的本质，而且用圣经故事原型来构建世界性的阐释模式，推进《离骚》在西方世界的认同。宇文所安的《离骚》译文是"民族性"和"世界性"的动态平衡，消除了西方中心和东方中心的二元对立，在差异中构建交流和交融的途径，从而有效实现中国文学传统在异域的传播。宇文所安的"世界诗歌"理念体现了世界性和民族性的辩证统一，对当下的典籍翻译具有重要的借鉴价值和指导意义。在以和平与发展为主旋律的全球化背景下，在中国经济文化实力日益增强的现实条件下，中国古籍翻译固然不能一味考虑境外读者的接受度而采取颠覆性的改写，应该最大限度地保留本民族文化的精神内涵和文体特色，但同时也不能死守诘屈难懂的直译，以增强文本在"世界"范围内的普适性与开放性。

原刊《中南大学学报》（社会科学版）2015年第5期
冯俊：现任长沙学院外国语学院讲师

康达维译《文选·赋》：
学术研究型深度翻译

钟达锋

一、引　言

《昭明文选》在西方汉学界长期未受重视，一直没有完整的英译本。《文选》文体之庞杂，文化蕴藉之深厚，令译者望而却步。美国汉学家康达维（David R. Knechtges）迎难而上，将《文选》译成英文，厘为八卷，填补了先秦典籍与唐诗之间汉文学典籍英译的空白。该书目前已出版前三册，即《文选·赋》的英译，[1]近年来引起了国内学界的关注。

《文选》选赋56篇，分15个子目，竭尽各类题材，网罗先唐主要赋作。辞赋语言之艰涩，典故之深奥，学界共知。国人通读《文选·赋》已属不易，而欲将其译为外语，难度可想而知。康达维将全文译出并加注，其译文精准流畅，令人叹为观止。康达维能担此大任且译出精品，不仅由于其贯通中西的汉学家身份，更

---

[1] Knechtges, D. *Wen Xuan, or Selection of Refined Literature*. Vol.1. Princeton, N.J.: Princeton University Press, 1982. Knechtges, D. *Wen Xuan, or Selection of Refined Literature*. Vol.2. Princeton, N.J.: Princeton University Press, 1987. Knechtges, D. *Wen Xuan, or Selection of Refined Literature*. Vol.3. Princeton, N.J.: Princeton University Press, 1996.

为重要的是，康达维专攻辞赋，精熟"选学"，素有汉学界"辞赋研究宗师"之美誉。英译《文选·赋》是康达维数十年学术积累之硕果，是学术研究型深度翻译，具有深厚学术背景。

二、"《文选》学"：康译《文选·赋》的学术基础

康达维在《文选·赋》英译本导读中说："此译本归功于整个《文选》学术传统。""如果没有数百年来学者们的评点、注疏、训诂、解读，此译本是不可能完成的。"[①]典籍翻译必须建立在其解读传统基础之上，这是由典籍的特性决定的。

典籍之为典籍首先在于它的历史性，它属于"过去时代的精神创造物"[②]。由于时代的变迁，典籍已"不再属于现代的不证自明的内容"[③]，而成为阐释和研究的对象。典籍通过层层注疏研究将其意义一代接一代地传达到当代。"注疏"一词本义即体现了典籍的意义传递："注"为对经文的注释，而"疏"为对经文注释的注释。扬雄《甘泉赋》有"伏钩陈使当兵"之句，"钩陈"之语，处于古代文化语境中，现代读者不读注释则不解其意；而"当兵"与现代白话之"当兵"义殊，亦不可通。故李善引郑玄《礼记注》解"当"为"主"，又自解"主"为"典领"，而在今译本中译作"掌管"。典籍意义传递可见一斑。实际情况则更为复杂，"专就《文选》的

---

① Knechtges, D. *Wen Xuan, or Selection of Refined Literature*. Vol.1：70.
② （德）汉斯-格奥尔格·加达默尔著，洪汉鼎译《真理与方法——哲学诠释学的基本特征》，上海译文出版社，2004年，第84页。
③ （德）汉斯-格奥尔格·加达默尔著，洪汉鼎译《真理与方法——哲学诠释学的基本特征》，第84页。

语言来说,书面语和口语夹杂,历史上的经典文献语言和作家的习惯语并存,全民习用语和文学专用语并出"。① 研究《文选》成为专门的学问,即"选学"。旧"选学"的发展可分为隋唐、宋元明、清三个阶段,而从文本意义传递的角度看,《文选》通达现代读者大致经历了四个阶段:一为入《选》赋作旧注,二为唐代"选学",三为清代"选学",四为今注今译。② 前二者将赋作纳入较为通俗的中古文言体系;清代"选学"致力于解疑释难;今注今译则变文言为白话,是通达现代读者的关键。

西方典籍经历了从一地到另一地、由一种语言到另一种语言的翻译过程,而中国典籍则以训诂注疏的方式从古至今一脉相承。典籍注疏的实质也是一种翻译,即语内翻译中的历时性翻译(diachronic translation)。③ 训释词义是点对点的译释,释事释典是副文本式的翻译,作题解和小传则可视为导读式的编译。这是一个不断注解的"语内翻译"过程,只涉及时间的变化;而西方典籍的传播则是一个"语际翻译"的过程,既涉及时间的变化,又涉及地域的变迁。雅各布森认为,对文学作品的任何解读与批评,或对哲学著作的分析与阐释,只要不涉及两种语言间的转换,都可视为语内翻译。④ 根据这一宽泛的定义,传统"选

---

① 阴法鲁审订,陈宏天、赵福海、陈复兴主编《昭明文选译注》,吉林文史出版社,1988年,第3页。
② 骆鸿凯《文选学》,中华书局,1937年,第73—86页。
③ Gottlieb, H. Multidimensional Translation: Semantics Turned Semiotics. In H. Gerzymisch-Arbogast & S. Nauert (eds.). *Mu Tra 2005 – Challenges of Multidimensional Translation: Conference Proceedings*. Saarbrücken: Mu Tra, 2005: 36.
④ Jakobson, R. On Linguistic Aspects of Translation. In R. Brower(ed.). *On Translation*. Cambridge, MA.: Harvard University Press, 1959. 232 - 239.

学"就是一个语内翻译的历时过程。骆鸿凯总结了"选学"的五个方面：注释、辞章、广续、雠校、评论。①其中具有文字意义传递功能、为《文选》外译奠定基础的是注释。注释是旧"选学"的核心内容，也就是这个语内翻译过程的核心，而雠校、评论对翻译亦有帮助。

与现代文本的翻译不同，典籍翻译必须面对文本校勘问题。典籍在流传过程中难免出现讹误、缺失、羼入，译者必须加以甄别，做出选择。一般情况下，译者会选择较为通行的版本进行翻译。《文选》不仅版本多，各本有异，而且许多入《选》作品本有出入，相较之下文字亦或有出入；即便各本相同，亦或有文义不通似为讹误之处。《文选》胡克家覆宋尤袤本较为通行，但康译《文选·赋》不受制于胡刻本，而是充分利用"选学"的校勘成果，力图全面反映文本真面目。《西都赋》中，《文选》各本皆有"众流之隈，汧涌其西"之句，而英译本未译此句，因为此句被孙志祖、梁章钜、胡绍英等清代"选学"家考证为后人羼入，已为学界认可。②各本文字有细微出入之处，康达维在注释中均一一注明，尽管文字差异往往不影响意义。《神女赋》"王曰""玉曰"之争为学术公案，至今未有定论，两者互相矛盾，不能兼顾，译者无法回避。面对这一状况，康达维选择"宋玉梦神女"之说，这一主张有较强学术依据，③且对话逻辑更为严谨，易为外文读者接受。

康译《文选·赋》对"选学"中的赋作评析涉及较少。康达维在前言中说："译者亦不提供本卷所译作品的文学评析，而更愿

---

① 骆鸿凯《文选学》，第 42 页。
② Knechtges, D. *Wen Xuan, or Selection of Refined Literature*. Vol.1： 98 – 100.
③ Knechtges, D. *Wen Xuan, or Selection of Refined Literature*. Vol.3： 411.

意让作品自显其义,除了一些有多重解读的段落。"①译本虽附有大量注解(其篇幅超过译文本身),但一般紧扣文本,不脱离其文辞意义,基本恪守翻译本职。"选学"中的文学评析对翻译的影响是间接的。翻译家不满足于对字词意义的理解,则翻译之前必对作品的主旨、风格及影响有所了解,这就需要考察其文学批评史。《文选·赋》译本中的题解和作者简介,作为译文的延伸,具有评析的性质,源自文学批评史,而非译者个人的理解。

《文选》的注释主要包括以下几个方面,它们直接决定了译文的内容。一是对普通字词的注解。注家辨字形,注字音,释词义,变古奥文言、生僻用语为通行文字,为理解打下基础,使翻译成为可能。二是对名物的训释。铺排名物是辞赋的一大特征。《文选·赋》中有大量花草树木、虫鱼鸟兽及各种器物,如果译者仅按字面意义以自己的理解加以译释,或以音译予以回避,那么译文的忠实度和可读性都将大打折扣。康达维对每一名物都详加考证,所赋予的译名皆有文献基础,其依据主要来自李善注和清代"选学"家的考证。三是对历史典故的注释。喜用典故是辞赋的另一特征,《文选》中纪行赋、志赋用典尤多。唐代注家释典详细,后人也有补益,康达维在译本注释中采用了其中与文义密切相关者,使译文文义通畅,也深化了读者对译文的理解。四是对语典语源的考释。辞赋常套用先秦典籍词句或沿用旧句,语出有典者颇多。后世文本与历史文本必然有千丝万缕的联系,探明这种联系是注家的本职工作。英译本指出了许多语句的源头,这些注解来自"选学"家对语典语源的考释。五是对典章制度、习俗礼仪等文化现象的注解。这些注解对翻译尤为重要,因

---

① Knechtges, D. *Wen Xuan, or Selection of Refined Literature*. Vol.1: xiv.

为译文面对的是处于不同文化语境的读者，对文化现象的注解可以避免因语言的转换而将原文纳入本土文化的思维定式和文化预设中产生误读或曲解。最后要特别提出的是对联绵词的研究。联绵词语义模糊，是辞赋翻译的一大难题。康达维做了大胆而有理有据的翻译，主要得益于朱珔、胡绍英等清代"选学"家的注释。

综上所述，由于赋作产生的语境已经远离现代读者，文本意义需要在注疏等历史文献中探寻，外文翻译也就必须建立在"选学"基础之上。这里需要说明的是，典籍翻译要经过"语内翻译"并不意味着古文言须先译成现代白话。有学者认为，即便没有经过外在的"由文言翻成白话再译成英语"的过程，这个过程也存在于译者的头脑之中。①然而，从《文选》的翻译情况来看，如前所述，它所经历的"语内翻译"主要是"选学"中的注疏。康译《文选·赋》建立在《文选》的注疏和对其的研究之上，而非由白话文注本译出。实际上，《文选·赋》的今译本略晚于康达维英译本，两者并行，非前后承继关系。汉学家在本国从事中国古文献研究，他们解读古汉语文本的水平可能高于其现代汉语表达能力，将文言先译为白话，不仅多余，而且勉为其难。把文言转换成白话的推断更符合本国译者的实际情况，因为本国译者以现代汉语为思维语言，常通过现代汉语理解古代文言。而外国译者的思维语言是其本族语，翻译过程更为复杂。尤其当外国译者同时也是研究者（汉学家）时，现代汉语只是探寻文本意义的辅助手段，而非翻译的必经之路。在"巡回涂而下低"（《西都

---

① 黄国文《典籍翻译：从语内翻译到语际翻译——以〈论语〉英译为例》，《中国外语》2012年第6期。

赋》)一句中,白话译本将"回涂"误解为"回路",从而误译为"归途";①而在英译本中,康达维译为"a spiraling course"(回旋的道路),准确把握了"回"之本义。此处可见康达维为译之细,亦可见西方译者常由文言直达外文,有时竟能避免白话文的"负迁移"。

三、西方汉学:康译《文选·赋》的学术背景

康达维的翻译工作是在西方汉学的大语境下进行的,背靠西方汉学传统。汉学作为西方研究中国及中国文明的一门学问,有广义、狭义之分。在欧洲,汉学实际上是中国学、中国研究;而在美国学界,它的范围较窄,一般指对中国传统语言、文学、思想及艺术的研究,即中国"经典学"。随着国际学术的发展,广义的"汉学"渐渐被"中国研究"替代,使得"汉学"更集中于中国经典研究。康达维的汉学观受薛爱华(Edward Hetzel Schafer)影响,②在薛爱华看来,汉学就是对古代汉语文本的语言学研究。③ 辞赋翻译是对中国文学经典的研究和传播,属于狭义"汉学",但由于辞赋包罗万象的特点,康译《文选·赋》的背后是整个"中国研究",包括中国历史、地理,甚至物产、建筑等。

---

① 阴法鲁审订,陈宏天、赵福海、陈复兴主编《昭明文选译注》第一册,第43、56页。
② 蒋文燕《研穷省细微 精神入画图——汉学家康达维访谈录》,《国际汉学》2010年第2期。
③ Schafer, E. What and How is Sinology?. Inaugural Lecture for the Department of Oriental Languages and Literatures. University of Colorado, Boulder, October 1982.

汉学实质上是西方人对中国文化的理解和阐释。翻译活动须以现有的认识为起点，也就必须利用目的语中已有的阐释体系。以西方语言阐释中国文化的译者（即便其身份是中国人）往往需要先进入西方汉学这一学术传统，在现有的阐释体系中做出新的阐发。虽然西方火龙与中国龙是不同的文化概念，以dragon译"龙"实属谬传，但是翻译中沿用至今，无可替代。在西方阐释中国文化的语境中，dragon已被赋予了"龙"的含义。与之相似，译本中"凤"为phenix，"鸾"为simurgh，"麟"为unicorn，诸如此类，概念相距甚远。康达维译赋力求准确，对此虽有保留，但仍因袭沿用，因为它们在汉学翻译中已成相对固定的对译名，在汉籍译本的语境中具有特定的文化意义。阴（yin）、阳（yang）等音译文化概念也只有在汉学的语境中才有意义。《文选》英译，作为西方汉学的一部分，无法绕开汉学话语体系，另辟蹊径。除此之外，西方汉学传统对康译《文选·赋》的影响和支持还表现在以下几个方面：

首先，西方汉学中的"选学""赋学"研究，特别是早期赋译，直接孕育了《文选·赋》的英译。《文选》在早期西方汉学界有零星的研究和翻译，康达维总结了韦利（Arthur Waley）、赞克（Erwin von Zach）、吴德明（Yves Hervouet）、海陶伟（James Robert Hightower）、华兹生（Burton Watson）等人在赋的翻译和研究方面所取得的成就，提出在此基础上做全面深入的翻译工作。[1]韦利是辞赋最早的译者，第一次以rhapsody译辞赋，这一译法经康达维倡导成为相对固定的译名。他翻译了《高唐赋》等几篇较短的赋，拉开了辞赋翻译的序幕。他关于辞赋语言华

---

[1] （美）康达维《欧美"文选学"研究概述》，见俞绍初、许逸民主编《中外学者文选学论集》，中华书局，1998年，第1178—1185页。

丽不可译的论述,①实际上向后世的译者提出了译赋的挑战。华兹生直面这一难题,翻译了多篇散体大赋,但回避了许多疑难之处,留下了可改进的空间。海陶伟是较早关注《文选》的西方学者,作为康达维的导师,他对《文选》文体的研究为《文选》翻译做了铺垫。另外,康达维对海陶伟"忠实而优雅"的翻译风格甚为推崇,翻译中引为标准,尽力仿效。②在其他西方语言方面,法国汉学家吴德明的司马相如辞赋研究、奥地利学者赞克的《文选》德文译本对康达维的辞赋翻译和研究都有启发和借鉴作用,《文选·赋》英译本中有多处引述,作为译文的依据或参考。赞克的德文译本是《文选》唯一较为完整的译本,康达维在扉页标明"为纪念赞克而作",以示对前辈事业的继承。康译《文选·赋》是博采众长、攻坚克难、精益求精的集大成者。

其次,天文地理、社会历史、习俗礼仪等方面的汉学研究为翻译提供了文献支持。赋的题材包罗万象,记录了自然、社会、历史、文化现象,包含着百科知识。康译《文选·赋》有"选学"文献做基础,但是要给中国的各种事物、现象赋予恰当的西文名称,做出更符合译文语境的解释,最终还需要西文文献的支持。李约瑟的《中国科学技术史》(*Science and Civilisation in China*)③是天文历法、工程建筑等方面的总参考。荷兰汉学家施古德(Gustav Schlegel)的《星辰考原》(*Uranographie Chinoise*)④是

---

① Waley, A. *The Temple and Other Poems*. New York: Alfred A. Knopf, 1923: 43 – 44.
② Knechtges, D. *Wen Xuan, or Selection of Refined Literature*.Vol.1: xii.
③ Needham, J. *Science and Civilization in China*. Cambridge: CUP, 1954.
④ Schlegel, G. *Uranographie Chinoise*.Taibei: Chengwen, 1967.

将中国古代"星宿"与西方星座相对应的参考和依据。在社会历史方面,《史记》有华兹生的译本(Records of the Historian)①,《三国志》有方志彤的译本(The Chronicle of the Three Kingdoms)②,此外还有马瑞志(Richard B. Mather)翻译的《世说新语》(Shih-shuo Hsin-yü: A New Account of Tales of the World)③以及多种研究论文,涉及制度、风俗、艺术、宗教等许多问题。自然物产方面,康达维在详解《文选》注疏的基础上,参考西文专业著作,所引文献数十种,其中包括汉学界中的药物学家伊博恩(Bernard E. Read)所著的《中国药材》(Chinese Materia Medica)④系列。地域文化方面,赋中涉及西域少数民族之处更需要外文文献佐证,康达维以中亚史专家何四维(Anthony Francois Paulus Hulsewé)的《中亚之中国》(China in Central Asia)⑤为主要参考。在《文选·赋》所引证的众多汉学家中,薛爱华研究领域最为广泛,涉及礼仪、装饰、园林、宝石、神话、历法等诸多方面,为译本提供了有力的文献支持。译文中用古汉语拟音翻译某些神物的做法(如"螭""蛟"译为 tya,kog)本自薛爱

---

① Watson, B. *Records of the Historian: Chapters from Shih chi of Ssu-ma Ch'ien*. New York: Columbia University Press, 1969.
② Fang, A. *The Chronicle of the Three Kingdoms*(220－265).*Vol.1*. Cambridge, MA.: Harvard University Press, 1952. Fang, A. *The Chronicle of the Three Kingdoms*(220－265).*Vol.2*. Cambridge, MA.: Harvard University Press, 1965.
③ Mather, R. *Shih-shuo Hsin-yü: A New Account of Tales of the World*. Minneapolis: University of Minnesota Press, 1976.
④ Read, B. *Chinese Materia Medica: Animal Drugs*, *Avian Drugs*, *Dragon and Snake Drugs*. Taibei: Southern Materials Center, 1977.
⑤ Hulsewé, A. *China in Central Asia*: *The Early Stage*, *125 B.C.-A.D. 23: An Annotated Translation of Chapters 61 and 96 of the History of the Former Han Dynasty*(*Sinica Leidensia*). Leiden: E.J.Brill, 1979.

华的《朱雀》①。

  再次,汉学中先秦典籍的翻译研究拓展了《文选·赋》英译本的深度。如前文所述,《文选·赋》中语典多,语出《诗经》者随处可见,赋作浸润着儒、道思想,其思想主旨不随文字自显。读者要解析出其中深义,必须回到历史语义场中。原文读者要回到国学传统中,而译文的读者则必须进入西方汉学传统中。儒家经典有多种译本,在英美学界影响较广的是理雅各(James Legge)的《中国经典》(*The Chinese Classics*)②。涉及《论语》《孟子》的篇目,康达维多援引《中国经典》;而涉及《诗经》的则引高本汉(Klas Bernhard Johannes Karlgren)译本(*The Book of Odes*)③;涉及《楚辞》的则引霍克斯(David Hawkes)的《南方之歌》(*The Songs of the South*)④。先秦典籍译本构成了赋译的源头,使译文与原文一样具有历史深度。

  最后,汉学中的古汉语研究指导着翻译,也可弥补翻译的不足。翻译是译意,语言形式是不可译的。互文源自汉语特殊的文化语境,与汉语单音节的特性有关,译文无法再现,只能在注释中加以解释说明,康达维向读者推荐了傅汉思(Hans Hermannt Frankel)对互文的研究论著⑤。另外,赋中许多联绵词具有很强的语音效果,译本以高本汉的古汉语拟音提示联绵词的古汉

---

① Schafer, E. *The Vermilion Bird: T'ang Images of the South*. Berkeley: University of California Press, 1967.
② Legge, J. *The Chinese Classics*. Taibei: Wenxing shudian, 1963.
③ Karlgren, B. *The Book of Odes*. Stockholm: Museum of Far Eastern Antiquities, 1950.
④ Hawkes, D. *Ch'u Tz'u: The Song of the South*. Boston: Beacon Press, 1962.
⑤ Frankel, H. *The Flowering Plum and the Palace Lady: Inerpretations of Chinese Poetry*. New Haven: Yale University Press, 1976.

语读音,使读者结合联绵词词义翻译体察其音义一体的效果。

译文注释将译本置于汉学文本网络之中,西方汉学构成了译本的学术背景。康译《文选·赋》既源自汉学传统,也将以其高质量的译文进入传统,成为汉学中的经典译本。诚如白润德(Daniel Bryant)所言:"这是一本应该立即被每一个对前现代中国文学有严肃兴趣的学者拥有的书。一旦获得,它将是此人藏书中最常参考咨询的书之一。"①

四、《文选·赋》的翻译: "高水准的学术活动"

西方汉学包括汉籍翻译与汉学研究两方面。从已出版刊发的著述来看,②康达维的汉学成果集中在辞赋领域。三册《文选·赋》英译是最主要的成果,翻译方面还有小册《扬雄汉书本传》及与弟子合译的龚克昌《汉赋研究》英文版。学术专著有《汉赋研究两种》《汉赋:扬雄辞赋研究》,还有散见于《哈佛亚洲研究》《淡江评论》等刊物及会议论文集中的学术论文五十余篇,其中精华十八篇集于一册,以《早期中国宫廷文化与文学》为题出版。③

汉学研究与汉籍翻译相辅相成,相得益彰。一方面,翻译是研究的准备,译文是论证的基础。在翻译的基础上加以分析论

---

① (加)白润德撰,许净瞳译《评康达维英译〈文选〉第一卷》,见南京大学古典文献研究所编《古典文献研究》第十四辑(《文选》学专辑),凤凰出版社,2011年,第337页。
② 苏瑞隆、龚航编《廿一世纪汉魏六朝文学新视角——康达维教授花甲纪念论文集》,台北文津出版社,2003年,第4—24页。
③ 苏瑞隆《异域知音:美国汉学家康达维教授的辞赋研究》,《湖北大学学报》(哲学社会科学版)2011年第1期。

述是汉学研究的基本模式。《汉赋：扬雄辞赋研究》第四章以大半篇幅翻译了《羽猎赋》和《长杨赋》，在此基础上分析两赋在写作手法和艺术特色上的异同。另一方面，学术研究也是翻译的基础，翻译的前期准备往往就是学术研究活动，可能成就学术创见。康达维说："若想翻译中古文学的作品，译者首先要熟悉这一时期全部的文学体裁。……我花了很长的时间研究这些文类的历史和背景，以充分了解其文体结构和风格。"[1]在深入研究的基础上，康达维撰文探讨了赋的源流，主张赋的本源为"诵"。[2]对赋体特征的理解把握直接影响到翻译的文体风格，康达维译"赋"为 rhapsody，以韵文抒情描写、散文叙写串接的"狂诗体"翻译赋，切合其文体特征。

实际上，汉籍翻译与汉学研究密不可分，典籍翻译本身就是一种学术研究活动。康达维说："如果译作选择适当的话，翻译本身是一种高水准的学术活动，与其他学术活动具有同等的价值。"[3]从研究方法看，《文选·赋》的翻译主要是语文学的研究活动，即通过大量文献考证确定文本意义。"语文学"（philology）相当于"小学"，即文字、音韵、训诂的考据之学。如前文所述，《文选》没有可直接参考的今译本，李善注不是唯一解读，且李善注本身也需要研究鉴别。因此，理论上讲，译者必须搜集所有注家的注释、解读，加以鉴别分析，结合相关佐证材料，确定文字意义；同时译者还必须勾连相关西文文献，比较分析西文中相对应

---

[1] （美）康达维撰，李冰梅译《玫瑰还是美玉——中国中古文学翻译中的一些问题》，见赵敏俐、（日）佐藤利行主编《中国中古文学研究——中国中古（汉-唐）文学国际学术研讨会论文集》，学苑出版社，2005年，第27页。

[2] （美）康达维《论赋体的源流》，《文史哲》1988年第1期。

[3] （美）康达维撰，李冰梅译《玫瑰还是美玉——中国中古文学翻译中的一些问题》，第27页。

的概念,选择适当的表达方式。这个过程耗时长,工作量巨大,非一般翻译可比,与学术研究无异。从研究对象看,《文选·赋》的翻译是对中国中古时期的历史和文化的研究,文化研究包括生态文化、物质文化、社会文化、宗教思想等几个层面的研究。

生态文化是指赋作所反映的生态环境,包括地理、矿产和动植物。上林苑具有怎样的地形地貌?王粲所登之楼在何处?此类问题一般翻译并不深究,但作深度翻译则必须对读者有所交待。康达维对赋中地名做了详细文献考证,指出其在现代中国的具体位置(存疑者提供参考资料),还根据赋中描述,结合地理资料,为《上林赋》《西征赋》《登楼赋》等八篇赋绘制草图。赋中涉及的矿产主要为玉石。《南都赋》"铜锡铅锴,赭垩流黄。绿碧紫英,青雘丹粟。太一余粮,中黄瑴玉"中有十四种矿物,康达维由《说文》证"锴"为"铁","瑴"为"珏";通过郭璞《山海经注》、章鸿钊《石雅》、葛洪《抱朴子》等文献,推断"流黄"为"硫磺","青雘"为蓝铜矿之一种,"丹粟"为"丹砂","太一余粮"属赤铁矿,"中黄"属褐铁矿;又以伊博恩、薛爱华等汉学家的英文研究资料印证以上推断并确定其英文名称。①赋中植物,即花、果、草、木、竹,名目更为繁多。《吴都赋》罗列树木二十余种,除常见的松、梓之外,其余十三种树木,康达维以整页注解一一考证其所指,提供其现代汉语名称、英语俗名及拉丁学名等信息。而白话文译本则照抄原文,未做任何译释,仅在注解中标注"皆为树名"。②读英译本方知所谓"平仲"原来是银杏,而"古度"实际上是无花果,原文中生奥的文字褪去了神秘色彩,此为康达维考证

---

① Knechtges, D. *Wen Xuan, or Selection of Refined Literature*.Vol.1: 312.
② 阴法鲁审订,陈宏天、赵福海、陈复兴主编《昭明文选译注》第一册,第277、305页。

之功。唯有竹类，赋中有细小类别，考证难度太大，加之竹本非英美土产(bamboo 系外来借词)，故康达维不无遗憾地全用音译，但仍在注释中引证相关文献推测其类型。动物，即鸟、兽、虫、鱼，赋中亦有大量罗列，康达维考证亦不遗余力。有些动物在文学作品中具有神话色彩，可能并无实指，但康达维仍考证其原型。如，"鼋鼍"实为鳖(turtle)、鳄(alligator)之属，而"兕"为一种野牛(gaur)。赋家常为博物学家，赋的翻译就不得不作博物学研究。

《文选·赋》中物质文化主要涉及中国古代建筑，诸"京都赋"大篇幅描写城郭、宫殿、亭台楼阁，另有"宫殿"一目选《鲁灵光殿赋》《景福殿赋》两篇。中国建筑别具一格，外观"反宇业业"，内饰"反植荷蕖"，此类形态西方读者不易理解。为译京都、宫殿赋，康达维研究了各种地理方志、考古资料，对《三辅黄图》等生僻文献稔熟于心。就《西都赋》"建金城而万雉"一句，译本有大段注解，援引《大戴礼记》《韩诗疏》及现代考古文献，说明"雉"为何种度量单位，推测"金城"实际情况如何。① 由此可见康译《文选·赋》的学术深度。建筑只是衣食住行中"住"的一个方面，古代饮食、服饰、车船与现代生活迥异，也需要考证研究，因此《汉朝服装图样资料》《考工记》等偏离文学研究的资料成为关键的参考依据。康达维论述中国古代饮食的文章，反映了其独特的学术兴趣，也可以说是翻译中考证研究的延伸。

社会文化主要指社会机构制度及各种社会文化活动。翻译赋中官职、机构名称必须对汉代政治制度有所了解；而为翻译赋中仪式、礼仪，康达维深入研究了《周礼》和《礼记》。关于"三驱"

---

① Knechtges, D. *Wen Xuan, or Selection of Refined Literature*. *Vol.1*: 386.

(《东都赋》),李善注引《周易》"王用三驱",康达维以此为线索查孔颖达疏,释译"三驱"为田猎中"三面驱兽"(three-sided battu)之制;又据《礼记》《穀梁传》解"三驱"为"三田"(three hunts),并指出汉代"三田"之义更为盛行,可能是班固本意。①《文选·赋》有"音乐"一目,考察古乐成为必做的功课。关于"予乐""雅乐"之辨,康达维在一番翔实考证后指出"予乐"含"雅乐"之意,两者无根本矛盾;此条注解占据大半页,近千词,俨然一篇小论文。②赋中关于傩戏、舞鹤戏、七盘舞等社会文化活动的描写有的简略有的模糊,缺乏相关文献做参考,翻译就十分困难。赋作蕴含儒、道等诸子百家思想。作为汉学家,康达维对儒、道经典比较熟悉;但作为严谨的译者,就必须查证核实赋中思想的源头。《文选》中涉及佛教思想的赋作是孙绰的《游天台山赋》,其中巧妙地糅合了道家思想。"色空""应真"等概念源自佛家,而"妙有""害马"等来自老子、庄子,康达维一一分辨、溯源,指出其出处和具体页码。译本中针对神话、历史、典故的注解最多,查证此类文献的工作量最大。正史之外,《山海经》等志异神话、《西京杂记》《越绝书》等方志野史亦在考察征引之列。另外,译本中每篇赋都附有题解,详细考察其社会历史背景。康达维曾撰文对鲍照《芜城赋》创作年代与场合作考辨,否定了鲍照作《芜城赋》用以呈现刘诞叛变后广陵城破败状况的流行观点,延续了鲍照目睹汉代广陵残墟而作此赋的传统说法。③社会文化、社会

---

① Knechtges, D. *Wen Xuan, or Selection of Refined Literature*. Vol. 1: 160.
② Knechtges, D. *Wen Xuan, or Selection of Refined Literature*. Vol. 1: 154.
③ Knechtges, D. (ed.). *Court Culture and Literature in Early China*. Aldershot: Ashgate, 2002: 325 - 329.

思想、神话历史的研究是文学的外部研究,也属于文学研究的范畴。文学翻译需要文学批评研究,但康达维的翻译已经远远超出了一般翻译需要做的研究工作。

从哲学高度来看,翻译与学术研究本质相通,都是理解和阐释的活动。伽达默尔说:"一切翻译就已经是解释,我们甚至可以说,翻译始终是解释的过程。"① 狄尔泰说:"我们说明自然,我们理解精神。""自然需要说明,人则必须理解。"精神科学方法的本质也是理解。② 翻译属于精神科学研究活动。作为深度翻译,康译《文选·赋》凸显了翻译作为学术研究活动的一面。深度翻译要求译者通过注释等副文本手段构建原文产生的"文化网络",以保留原文中的历史文化信息。文学典籍需要深度翻译,主要原因是文学典籍的历史文化价值往往高于其文学审美价值。散体大赋在它产生的时代的价值首先在于"体国经野"的社会政治功用,其次是"奇美巨丽"的文学趣味。而作为典籍,它原有的社会政治功能在现代社会中已丧失,相关的审美趣味不易为读者体察,取而代之的是反映古代社会面貌的历史文化价值。古代文学作品中的"兰"实物对应于英文中的 thoroughwort,但一般模糊地译为 orchid,因为 orchid 无疑更有诗意,而"thoroughwort 佶屈聱牙,难入诗行,而且未向读者传递任何东西"③。但康达维坚持用 thoroughwort,在保留真实生态文化信息与提供类似的审美效果之间选择了前者。在一般的

---

① (德)汉斯-格奥尔格·加达默尔著,洪汉鼎译《真理与方法——哲学诠释学的基本特征》,第 388 页。
② 转引自潘德荣《西方诠释学史》,北京大学出版社,2013 年,第 289—290 页。
③ Waley, A. *The Nine Songs: A Study of Shamanism in Ancient China*. London: Allen and Unwin, 1955: 17.

文学翻译中,历史、文化是文本的背景,是必须考虑的因素;而在典籍翻译中,历史、文化往往成为翻译的内容和对象,读者希望从中获得历史文化知识,而非审美体验。当然,这与康达维的翻译策略也不无关系。康达维推崇"绝对准确外加丰富注解"的翻译,他说:"我的翻译方法是语文学派的,毫无顾忌的忠实;我赞成纳博科夫(Vladimir Vladimirovich Nabokov)的至理名言:'最笨拙的直译比最漂亮的意译有用千倍。'"① 康译《文选》主要针对研究中国文学的外国学者或学生,总体策略是在保证译文可读性基础上以直译为主。康达维自称"世上最慢译者",② 他的翻译是锱铢必较、点滴积累的研究活动,既非简单的技术性语言转换,也很难说是艺术性的再创造。

五、结　语

《文选·赋》英译本是"选学"在域外的延伸。"选学"是英译的学术基础,西方汉学则构成了英译的学术背景。中国"选学"主要用于进入原文本,而西方汉学则用于构建新文本。《文选·赋》的翻译是开拓性的研究工作,译作本身也不仅是翻译,同时也是难得的研究资料,必将成为汉学中的经典。

原刊《外语教学与研究》2017 年第 1 期
钟达锋:现任南昌大学外国语学院副教授

---

① Knechtges, D. Problems of Translation: The *Wen hsuan* in English. In E. Eoyang & Y. F. Lin (eds.). *Translating Chinese Literature*. Bloomington: Indiana University Press, 1995: 47.
② Knechtges, D. Problems of Translation: The *Wen hsuan* in English: 47.

翟理斯译介苏轼考

徐 华

翟理斯(Herbert Allen Giles,1845—1935),是19世纪后期至20世纪初期英国汉学发展历史中举足轻重的人物。外交官出身的他,治学领域宽广,中西贯通,在译介中国文学作品方面可谓成就卓著。由于其在英国汉学界巨大的影响力,他与理雅各、德庇士被并称为"19世纪英国汉学的三大星座",从而使近代英国汉学的创立和发展熠熠生辉。

一、翟理斯结缘中国考:
毕生奉献,著作等身

由于翟理斯的父亲曾做过翻译和编辑,所以受父亲影响,翟理斯从小就爱上了中国古典文学作品。1867年,22岁的翟理斯来到中国,在英国大使馆任翻译,此后历任汕头、厦门、宁波、上海等地领事馆副领事或领事,成为了一名外交官。在中国生活25年后,翟理斯脱离外交界,回到英国,后执教于英国剑桥大学。作为国际汉学的名家和剑桥大学第二任中国语言文学教授①,他在剑桥大学执教中文35年,只收了3名学生,却终身致

---

① 英国剑桥大学第一任中文教授是威妥玛(Thomas Francis Wade, 1818-1895)。

力于中国文学和文化的研究,致力于培养研究汉学的新人,为后来英国汉学的蓬勃发展立下了汗马功劳。

翟理斯对于中国的研究涉及中国历史、宗教、绘画、哲学、语文等各个领域。在研究中国的几十年间,著作超过60种:文学方面,他陆续出版了《古文选珍》①(Gems of Chinese Literature,1884)、《古今诗选》②(Chinese Poetry in English Verse,1898)、《中国文学史》(A History of Chinese Literature,1901)等专业著作。工具书的编纂方面,《华英字典》(A Chinese-English Dictionary,1892)和《古今姓氏族谱》(A Chinese Biographical Dictionary,1898)是其代表作。在翻译成果方面,《聊斋志异》(Strange Stories from a Chinese Studio,1880)是他的代表作,《庄子》(Chuang Tzŭ: Mystic, Moralist, and Social Reformer,1889)、《三字经》(The San Tzŭ Ching or Three Character Classic,1873)、《佛国记》③(Record of the Buddhistic Kingdoms,

---

① 1923年,《古文选珍》第二版出版。第二版《古文选珍》是在修订、增补1884年第一版的《古文选珍》(内容以散文为主)和1898年版《古今诗选》(内容以诗歌为主)的基础上完成的。1923年新版的《古文选珍》分为两卷:散文卷和诗歌卷,后又分别命名为《古文选珍:散文卷》(Gems of Chinese Literature: Prose)和《古文选珍:诗歌卷》(Gems of Chinese Literature: Verse)。此两卷本又于1965年由美国纽约帕拉冈书局(Paragon Book Reprint Corp.)、多佛出版社(Dover Publications)再版,在欧美都有较大影响。故1923年版和1965年版的《古文选珍》都是两卷本,即散文和诗歌的合集。为了区分这三个版本,下文分别称为"1884年版《古文选珍》""1923年版《古文选珍》"和"1965年版《古文选珍》"。
② 又译为《中诗英韵》《古文诗选》。
③ 1877年,翟理斯翻译《西游记》为Record of the Buddhistic Kingdoms(《佛国记》,又称《法显传》)。1923年7月底,翟理斯重译并出版了《佛国记》新译本,新译本的英文书名为The Travels of Fa-hsien(399-414 A.D.), or Record of the Buddhistic Kingdoms。(参见厉平《中国文学在英语世界的经典化:构建、受制与应对》,《解放军外国语学院学报》2016年第1期)

1877)等翟理斯也曾翻译过。他还编写了不少介绍中国风土民俗的读物,如《中国共济会》(Freemasonry in China,1880)、《中国的手相术》(Palmistry in China,1904)等。翟理斯在中文教育方面的影响更广泛,他编写的《华英字典》是当时学生学习中文的必备工具书,他的《汉言无师自明》(Chinese Without a Teacher: Being a Collection of Easy and Useful Sentences in the Mandrian Dialect, with a Vocabulary)因大受欢迎甚至至少重印 9 次。他提倡使用的以其前任韦德(Thomas Wade)[①]和他本人命名的"韦翟"(Wade-Giles)拼音法,更是在西方使用了半个多世纪。[②] 当然,功夫不负有心人,翟理斯也因其突出的贡献在业内获得了与汉学有关的所有殊荣。

翟理斯的一个儿子翟林奈(Lionel Giles)生在中国,很早就在父亲身边耳濡目染,曾辅助翟理斯撰写大英百科全书中文部分。后来子承父业,独当一面,主持了大英博物馆图书馆东方部汉籍科写本股的工作。翟林奈还翻译了中国经典典籍《论语》《孙子兵法》,撰写了关于老子、列子、孙子等的论著,编著了《钦定古今图书集成索引》等。[③] 汉学史上很难再找到像翟理斯和他儿子那样热爱中国、奉献汉学的外国学者型父子了。

翟理斯用一生的实际行动证明了他与中国结下的不解之缘。他在其《回忆录》(The Memoirs of H.A.Giles)第 85 页结尾处写道:"从 1867 年开始,我毕生有两个主要愿望:第一是要让人们能够更加容易、更加正确地掌握和理解中文,包括书写与

[①] 此处据吴伏生论文(见下条注释),实即前文所述威妥玛(Thomas Francis Wade)。
[②] 吴伏生《翟理斯的汉诗翻译》,《铜仁学院学报》2014 年第 6 期。
[③] 何寅、许光华主编《国外汉学史》,上海外语教育出版社,2002 年,第 196 页。

口语;第二是要引起人们对中国人民的文学、历史、宗教、艺术、哲学和风俗的更深兴趣。"可见,翟理斯创作的目的就是在西方读者中普及中国及其文化。他在为 1876 年出版的《中国随笔》①(Chinese Sketches)一书所作的序言中,还曾撰文纠正了当时对中国有偏见的西方人的看法,他说:"人们似乎普遍认为,作为一个民族,中国人是个道德沦丧和堕落的种族;他们虚伪、残忍、无恶不作;目前,比酒更烈的鸦片正在他们当中横行肆虐;只有强行传播基督教才能使这个帝国免于迫在眉睫的灭顶之灾。然而,在中国八年的经历则告诉我,虽然中国人有他们的缺点,但他们勤奋、清醒、乐天,处在西方社会中的财富与文化、邪恶与痛苦两个极端的中间。"

二、翟理斯译介中国文学考: 关注苏轼,持之以恒

中国宋代大文豪苏轼最早被英语世界的人们认识源于德国籍传教士郭实腊(Karl Friedrich August Gützlaff,1803—1851)于 19 世纪 30 年代对苏轼的译介。19 世纪 30 年代至 20 世纪 20 年代正是英语世界苏轼研究的萌芽期,这一时期致力于苏轼研究的人主要是外交官、传教士和大学教授,而翟理斯显然是其中出类拔萃的。翟理斯很早就关注到苏轼在中国文坛的地位和影响力,于是在其编撰的《古文选珍》《古今诗选》《中国文学史》等著作中都有对苏轼的评介。翟理斯作为蜚声国际的汉学家,多次详细介绍苏轼及其作品,无疑对于苏轼在英语世界的传播

---

① 又译为《中国札记》(Chinese Sketches,London:Trubner&Ludgate Hill,1876)。

起到了十分重要的作用。

　　1870年,时任英国驻华领事馆初级职员的倭妥玛写了一本关于老子及其学说的专著。[1]翟理斯经过研究,虽然承认倭妥玛先生的作品"从整体上看是不错的",但是也指出了倭妥玛在这本著作里出现的错误,即倭妥玛说苏东坡曾经编过一本《老子解》,而翟理斯证实编《老子解》的人不是苏东坡,而是他的弟弟苏子由。[2]这是翟理斯第一次公开地谈到苏轼的问题。

　　而后,翟理斯于1884年第一次出版的《古文选珍》用长达24页的篇幅翻译介绍了苏轼及苏轼的10篇散文,分别是《喜雨亭记》(THE ARBOUR TO JOYFUL RAIN)、《凌虚台记》(THE BASELESS TOWER)、《超然台记》(THE TOWER OF CONTENTMENT)、《放鹤亭记》(THE CHALET OF CRANES)、《石钟山记》(INACCURACY)、《方山子传》(OLD SQUARE-CAP THE HERMIT)、《前赤壁赋》(THOUGHTS SUGGESTED BY THE RED WALL: SUMMER)、《后赤壁赋》(THE RED WALL: AUTUMN)、《黠鼠赋》(A RAT'S CUNNING)、《潮州韩文公庙碑》(THE PRINCE OF LITERATURE)。[3]翟理斯的这本英译古代散文集突破了当时多数汉学家只关注苏轼诗歌的局限,第一次比较集中地向英语世界的人们介绍了苏轼的经典散文,因此具有开创性的意义,此书至今在国外仍颇受欢迎。

---

[1] Thomas Watters. *Lao-Tzu: A Study in Chinese Philosophy*. Hong Kong: *China Mail*, 1870.
[2] 王绍祥《西方汉学界的"公敌"——英国汉学家翟理斯(1845—1935)研究》,福建师范大学2004年博士学位论文,第159页。
[3] Herbert A. Giles. *Gems of Chinese Literature*. London: Bernard Quaritch, 1884: 183-207.

翟理斯的另一本文学著作是于1898年出版的《古今诗选》。《古今诗选》收录了二百五十余首作品,时间跨度从先秦至清朝,中国诗歌史上的经典作家和经典作品在书中占了很大比重,其中当然收录了苏轼的诗歌。显然,翟理斯是要向西方读者全面地介绍中国诗歌。尤其值得一提的是,如前所述,1923年版《古文选珍》按照中国历史朝代进行划分,无论是选译89位作家共计186篇作品的"散文卷"还是收诗人一百三十多家的"诗歌卷",都译介了苏轼及其作品。翟理斯十分爱好中国的诗歌,他曾饶有风趣地说:"一首中国诗,在最好情况下,也是个有待打破的硬核桃。它绝无我们熟悉的语言内部的屈曲变化与附着关系这一类的语法上的标志,通常在五或七个单音节一行的诗句里,表达一些深藏不露的意思。"①翟理斯也深谙中国诗歌的艺术精髓,他曾说:"简洁实际上是中国诗的精魂,对诗的评价不在它宣言什么,而在它意指什么。就像在绘画里一样,艺术家在诗歌里的终极目的是'象外之意',无论在何种情况下,这样的诗人都只能归入'印象主义者'。"②

《古文选珍》与《古今诗选》为翟理斯《中国文学史》的写作奠定了扎实的基础,而与此同时,翟理斯在文学史料等方面的积累显然也在不断地向前推进,因此在1923年版《古文选珍》中,作家的数量较之1884年版《古文选珍》与1898年版《古今诗选》已经有了大量的增加,其中许多在1901年版《中国文学史》中便已经出现了。③

翟理斯于1901年通过伦敦威廉·海涅曼公司出版了英语

---

① 转引自张弘《中国文学在英国》,花城出版社,1992年,第141页。
② 转引自张弘《中国文学在英国》,第142页。
③ 徐静《镜像与真相:翟理思〈中国文学史〉研究》,福建师范大学2010年硕士学位论文,第22页。

世界里第一本以文学史的形式向读者呈现中国文学发展历程的书——《中国文学史》。[①] 该书选介了中国两千多年来有代表性的诗文作品,在西方人面前展现了一幅极具东方异域风情的恢宏文学历史画卷,被誉为19世纪以来英国译介中国文学的代表性成果。这部《中国文学史》因仅凭翟理斯一己之力,难免流于浮泛,也有谬误与遗憾,但是能够立足于西方文化传统的背景,以史的意识与整体观念来观照中国文学,运用西方学术观对中国文学进行再构建,在当时是很有前瞻性的。[②] 翟理斯的《中国文学史》宋代部分在介绍王安石之后就用了5页的篇幅对苏轼的生平及文章创作进行了介绍。

三、翟理斯译介苏轼及作品考:评价公允,有所侧重

(一) 对苏轼总体评价较高

翟理斯在1884年版《古文选珍》里对苏轼的介绍是比较详细的,全节取名"苏东坡"(SU TUNG P'O),包括对苏轼的简短评价和对苏轼的十篇散文代表作的翻译。对苏轼的评价,主要有两段,第一段原文如下:

> An almost universal genius, like Ou-yang Hsiu, this writer is even a greater favourite with the Chinese literary public. Under his hands, the language of which China is

---

① 据考证,中国人自己用中文写的中国文学史,最早一部是上海科学书局1910年发行的林传甲编写的《中国文学史》,比翟理斯的晚了近十年。(参见何寅、许光华主编《国外汉学史》,第213页)
② 何寅、许光华《国外汉学史》,第214—215页。

so proud may be said to have reached perfection of finish, of art concealed.①

翻译为：像欧阳修一样，苏东坡几乎是一个全才，他甚至更是中国文学大众的宠儿。在他的笔下，中国如此引以为傲的语言可以说已经达到终极的完美和潜在艺术的极致。

第二段原文如下：

> Su Tung-p'o shared the fate of most Chinese statesmen of the T'ang and Sung dynasties. He was banished to a distant post. In 1235 he was honoured with a niche in the Confucian temple, but his tablet was removed in 1845. After six hundred years he might well have been left there in peace.②

翻译为：苏东坡和唐宋时期大多数中国政治家的命运一样。他曾被流放到偏远之地。1235年他被尊奉在孔庙的壁龛上，可是其牌位却在1845年遭人移除。他本可以在六百年后依然存放在那里而不受打扰。

很明显，初次在文选中向英语世界的读者介绍苏轼这位中国全才，本应该比较全面，但是翟理斯的这两段介绍却很不全面，比如苏轼除了是一个文学家、政治家之外，其书法家、画家等身份都没有交代。而尽管翟理斯对苏轼的才华给予高度肯定，但是给读者的印象是比较空泛的。另外，文中提到孔庙里苏轼牌位兴废的历史，没有表明跟下文的散文译介有什么紧密联系，显得比较突兀。

---

① Herbert A.Giles. *Gems of Chinese Literature*：183.
② Herbert A.Giles. *Gems of Chinese Literature*：184.

而在 1965 年版《古文选珍》①中,翟理斯在介绍苏轼部分的开头还增加了如下一段评价,这段话实际上是翟理斯对苏轼超强的语言运用能力的赞扬:

> In subtlety of reasoning, in the lucid expression of abstraction, such as in English too often elude the faculty of the tongue, Su Tung-p'o is an unrivalled master.②

翻译为:在微妙的推理、抽象概念的清晰表达等英语常常驾驭不了的语言功能方面,苏东坡都是无出其右的大师。

翟理斯在他 1901 年出版的《中国文学史》里对苏轼的介绍篇幅也不长,分为两部分:一是苏轼的生平及对他的评价,二是苏轼的几篇作品。这本著作里,翟理斯对苏轼评价同样很高,较 1884 年版《古文选珍》介绍更为详细。他说苏轼"是一个政治家,他树立的敌人比交到的朋友还多,并因与肆无忌惮的对手持续斗争而被陷害,因此被流放到海南——一个野蛮的、几乎未知的区域;苏轼也是一位杰出的散文家和诗人,他的作品深受中国人喜爱"。

(二) 多次译介苏轼散文

1.《中国文学史》介绍的苏轼散文

(1) 选译四篇名篇

明代王圣俞在编选《苏长公小品》时评价道:"文至东坡直是不须作文,只随笔记录便是文。"可见苏轼创作水平的高妙。苏

---

① 笔者只找到 1884 年版和 1965 年重印本,故本文以此两个版本为例研究。
② Herbert A. Giles. *Gems of Chinese Literature*. New York: Paragon Book Reprint Corp., 1965: 169.

轼的散文有"一种百炼钢化为绕指柔"的境界，情理交融，行云流水却又朴素自然，还常常在浓郁的诗情画意中渗透出深沉的哲思。翟理斯的《中国文学史》对苏轼作品的介绍，也是侧重于其四篇散文。文中没有添加任何标题，笔者根据翟理斯的英文内容推断出对应的苏轼散文篇名：一是全文翻译了《前赤壁赋》(The Red Cliff)；二是介绍了《喜雨亭记》(The Arbour to Joyful Rain)的创作背景，并选译了其中一段；三是介绍了《放鹤亭记》(The Chalet of Cranes)，并选译了其中一段；四是介绍了《睡乡记》(The Sleep-Land)片段。而前三篇文章在1884年版《古文选珍》里都介绍过，不过《古文选珍》都是直接翻译苏轼散文的全文内容，而《中国文学史》在翻译苏文前都用三言两语传递出文章的创作背景。

《中国文学史》里《喜雨亭记》原文如下：

> The completion of a pavilion which Su Shih had been building, "as a refuge from the business of life," coinciding with a fall of rain which put an end to a severe drought, elicited a grateful record of this divine manifestation towards a suffering people. "The pavilion was named after rain, to commemorate joy." His record concludes with these lines:—
>
> "Should Heaven rain pearls, the cold cannot wear them as clothes;
>
> Should Heaven rain jade, the hungry cannot use it as food.
>
> It has rained without cease for three days—
>
> Whose was the influence at work?
>
> Should you say it was that of your Governor,

> The Governor himself refers it to the Son of Heaven.
> But the Son of Heaven says 'No! It was God.'
> And God says 'No! it was Nature?'
> And as Nature lies beyond the ken of man,
> I christen this arbour instead."①

翻译为：苏轼的亭子落成，"作为一处人生的避难所"与一场结束严重旱灾的大雨联系起来，引发对神显灵庇佑受苦老百姓的感激之情。"亭以雨名，志喜也。"他用文字记录总结：

> 使天而雨珠，寒者不得以为襦。使天而雨玉，饥者不得以为粟。一雨三日，繄谁之力？民曰太守，太守不有。归之天子，天子曰不然。归之造物，造物不自以为功。归之太空，太空冥冥。不可得而名。吾以名吾亭。②

《放鹤亭记》一节的原文如下：

> Another piece refers to a recluse who—
> "Kept a couple of cranes, which he had carefully trained; and every morning he would release them westwards through the gap, to fly away and alight in the marsh below or soar aloft among the clouds as the birds' own fancy might direct. At nightfall they would return with the utmost regularity."
> This piece is also finished off with a few poetical lines:—

---

① Herbert A. Giles. *A History of Chinese Literature*. London: William Heinemann, 1901: 225-226.
② [宋]苏轼《苏东坡全集》，北京燕山出版社，2009年，第1519页。

"Away! Away! My birds, fly westwards now,
To wheel on high and gaze on all below;
To swoop together, pinions closed, to earth;
To soar aloft once more among the clouds;
To wander all day long in sedgy vale;
To gather duckweed in the stony marsh.
Come back! Come back! Beneath the lengthening shades,
Your serge-clad master stands, guitar in hand.
'Tis he that feeds you from his slender store;
Come back! Come back! Nor linger in the west."①

翻译为：另一篇提及一位隐士，他"有二鹤，甚驯而善飞。旦则望西山之缺而放焉，纵其所如，或立于陂田，或翔于云表；暮则傃东山而归"。这篇文章也完成了几行诗：

> 鹤飞去兮，西山之缺。高翔而下览兮，择所适。翻然敛翼，婉将集兮，忽何所见，矫然而复击。独终日于涧谷之间兮，啄苍苔而履白石。鹤归来兮，东山之阴。其下有人兮，黄冠草履葛衣而鼓琴。躬耕而食兮，其余以汝饱。归来归来兮，西山不可以久留。②

最后一篇是苏轼的《睡乡记》，翟理斯介绍到：这篇《睡乡记》是基于王绩的《酒乡记》创作的。原文为"His account of *Sleep-Land* is based upon the *Drunk-Land* of Wang Chi"，接下来就引用了《睡乡记》里的一段：

---

① Herbert A.Giles. *A History of Chinese Literature*: 226.
② [宋] 苏轼《苏东坡全集》，第 1529—1530 页。

A pure administration and admirable morals prevail there, the whole being one vast level tract, with no north, south, east, or west. The inhabitants are quiet and affable; they suffer from no diseases of any kind, neither are they subject to the influences of the seven passions. They have no concern with the ordinary affairs of life; they do not distinguish heaven, earth, the sun, and the moon; they toil not, neither do they spin;But simply lie down and enjoy themselves. They have no ships and no carriages; their wanderings, however, are the boundless flights of the imagination.①

这段对照苏轼《睡乡记》,为:"其政甚淳,其俗甚均,其土平夷广大,无东西南北,其人安恬舒适,无疾痛札疠。昏然不生七情,茫然不交万事,荡然不知天地日月。不丝不谷,佚卧而自足;不舟不车,极意而远游。"②

在"苏轼"(SU SHIH)这一节的最后,翟理斯还提到了苏轼的弟弟苏辙,原文为:"His younger brother, SU CHÊ(1039-1112), poet and official, is chiefly known for his devotion to Taoism. He published an edition, with commentary, of the *Tao-Te-Ching*."③翻译为:"苏轼的弟弟,苏辙(1039—1112),诗人和官员,主要因对道家学说的贡献而闻名。他出版了《道德经》的注本。"④

---

① Herbert A.Giles. *A History of Chinese Literature*:226-227.
② [宋]苏轼《苏东坡全集》,第1539页。
③ Herbert A.Giles. *A History of Chinese Literature*:227.
④ 翟理斯在这里提到的苏辙所著"《道德经》"的注本"就是前面提到的《老子解》。

我们可以发现,翟理斯对苏轼散文的介绍并不多,有的翻译还有错漏,但是能够在文学史的撰写过程中选取比较有代表性的苏轼散文作品向西方读者介绍,其进步意义还是很大的。至少在英国汉学还不兴盛的20世纪初期,这能让更多的人通过苏轼散文了解苏轼的思想,感受以散文著称的"唐宋八大家"之一苏轼的风范,通过接触中国文学从而把握中国古代的历史脉络等。

(2) 对《前赤壁赋》情有独钟

在翟理斯的中国文学类著作里,苏轼散文《前赤壁赋》无疑深受他青睐。无论是1884年版《古文选珍》还是1901年版《中国文学史》,他都全文翻译介绍了这篇文章,而且这两本著作的《前赤壁赋》内容几乎一样,所不同的是:第一,只有《古文选珍》对赤壁所在何处专门加了注释。翟理斯指出苏文中的"赤壁"不是《三国志》里提到的周瑜火烧曹操战船的地方,此处据说一面岩壁被火烧红了,苏东坡好像是把赤壁的地点搞错了。原文在"赤壁"(THE RED WALL)二字处注释为:"Not the spot mentioned in the *San-kuo-chih*, where Chou-Yü burnt Ts'ao Ts'ao's fleet, and where a wall is said to have been reddened by the flames. Su Tung-p'o seems himself to have mistaken the identity of the place."① 而笔者认为这段话也应写进《中国文学史》中去,便于英语世界的读者了解历史上赤壁之战和苏轼被贬黄州抒写赤壁的故事。读者如加以探究会发现,是翟理斯误会了,苏轼其实并没有搞错,苏轼明白《前赤壁赋》里的赤壁其实是他在黄州见到的赤壁,也是他在词作《念奴娇·赤壁怀古》

---

① Herbert A. Giles. *Gems of Chinese Literature*: 197.

当中提到的赤壁①,不是三国赤壁之战的赤壁,所以苏轼说"人道是,三国周郎赤壁",即"人们说那就是三国周瑜鏖战的赤壁",言下之意即"三国周郎赤壁"不一定是我所说的赤壁,证明苏轼对赤壁之地的真实情况是清楚的。

第二,翟理斯《中国文学史》中《前赤壁赋》的全文英译之前有一段翟理斯撰写的介绍,而 1884 年版《古文选珍》里没有,这段介绍如下:

> The following is an account of a midnight picnic to a spot on the banks of a river at which a great battle had taken place nearly nine hundred years before, and where one of the opposing fleets was burnt to the water's edge, reddening a wall, probably the cliff alongside.②

翻译为:下面的描述是关于一河岸边的一个午夜野餐地,在这里大概九百年前曾发生了一次剧烈的战斗,而敌方的一支战船被烧到河边,可能烧红了旁边的一段悬崖峭壁。

《前赤壁赋》的英译在文学译介研究领域是一大热点,也是苏文中翻译版本最多的一篇,而翟理斯的翻译颇有见地,下面节选一段进行分析:

> ……哀吾生之须臾,羡长江之无穷。挟飞仙以遨游,抱明月而长终。知不可乎骤得,托遗响于悲风。
> 苏子曰:"客亦知夫水与月乎?逝者如斯,而未尝往也。盈虚者如彼,而卒莫消长也。盖将自其变者而观之,则天地

---

① 赤壁:此指黄州赤壁,一名"赤鼻矶",在今湖北黄冈西。而三国古战场的赤壁,文化界认为在今湖北赤壁市蒲圻县西北。
② Herbert A.Giles. *A History of Chinese Literature*: 223.

曾不能以一瞬。自其不变者而观之,则物与我皆无尽也。而又何羡乎?……"①

翟理斯的翻译为:

> ... Alas, life is but an instant of Time. I am long to be like the Great River which rolls on its way without end. Ah, that I might cling to some angel's wing and roam with him forever! Ah, that I might clasp the bright moon in my arms and dwell with her for aye! Alas, it only remains to me to enwrap these regrets in the tender melody of sound.
>
> "But do you forsooth comprehend," I enquired," the mystery of this river and of this moon? The water passes by but is never gone; the moon wanes only to wax once more. Relatively speaking, Time itself is but an instant of time; absolutely speaking, you and I, in common with all matter, shall exist to all eternity. Wherefore then the longing of which you speak? ..."②

翟理斯第一段的翻译里加入了"Alas""Ah"等语气词,加强了情感的表达;对于苏轼问客人:"客亦知夫水与月乎?"翟理斯翻译时增加了一句"But do you forsooth comprehend",有反问之意"可你真的能理解……吗?"这里的"forsooth"一词是指"真的、的确"的意思,翟理斯融入了自己的理解,表达出在苏轼眼里对于客人能否理解水与月的真实意思表示怀疑的这层含义。另外,翟理斯理解了苏轼的原意是要向客人讲出水与月的神秘和

---

① [宋]苏轼《苏东坡全集》,第1190页。
② Herbert A.Giles. *Gems of Chinese Literature*:199.

与众不同,因此他在翻译的时候增加了词汇"mystery",恰到好处地传情达意。① 翟理斯的翻译能够比较准确地传达出苏轼在这篇散文里的哲思,堪称经典。

2.《古文选珍:散文卷》新增的一篇散文

1965 年版《古文选珍:散文卷》在保留 1884 年版《古文选珍》入选的 10 篇苏轼散文基础上,多选译了一篇苏文《书戴嵩画牛》(A SOUND CRITIC)。② 这篇散文短小精悍,匠心独运,以小见大。翟理斯的译文如下:

A SOUND CRITIC

In Ssǔ-ch'uan there lived a retired scholar, named Tu. He was very fond of calligraphy and painting, and possessed a large and valuable collection. Among the rest was a painting of oxen by Tai Sung, which he regarded as exceptionally precious, and kept in an embroidered case on a jade-mounted roller. One day he put his treasures out to sun, and it chanced that a herdboy saw them. Clapping his hands and laughing loudly, the herdboy shouted out, "Look at the bulls fighting! Bulls trust to their horns, and keep their tails between their legs, but here they are fighting with their tails cocked up in the air; That's wrong!"

---

① 何苗《从翻译适应选择论评析苏轼散文的两个英译本》,华中师范大学 2014 年硕士学位论文,第 46 页。
② 目前学界有不少学者都误以为翟理斯的 1884 年版《古文选珍》选入了 11 篇苏轼散文,其实,经笔者对照查阅原书发现,1884 年版《古文选珍》只有 10 篇苏轼散文的译介,而 1965 年重印 1923 年版《古文选珍:散文卷》时才在 1884 年版基础上增加了一篇《书戴嵩画牛》(A SOUND CRITIC)。

Mr. Tu smiled, and acknowledged the justice of the criticism. So truly does the old saying run: For ploughing, go to a ploughman; for weaving, to a servant-maid.①

对照苏轼原文:

书戴嵩画牛

蜀中有杜处士,好书画,所宝以百数。有戴嵩《牛》一轴,尤所爱,锦囊玉轴,常以自随。一日曝书画,有一牧童见之,拊掌大笑,曰:"此画斗牛也。牛斗,力在角,尾搐入两股间,今乃掉尾而斗,谬矣。"处士笑而然之。古语有云:"耕当问奴,织当问婢。"不可改也。②

我们不难发现,翟理斯译介这篇别致有趣的苏文,主要是想介绍这篇散文给人的启示:即批评凭空想象的做法,倡导要仔细地观察事物。所以他把题目《书戴嵩画牛》翻译为 "A SOUND CRITIC",意为"一位明智的批评者"。显然,翟理斯颇为欣赏苏轼创作技巧的高超和语言运用的高妙。不过,翟理斯在译介时,部分地方采用了省略原则,比如"常以自随""不可改也"都没有译出。笔者认为,翟理斯这样处理,虽不影响原文本意,但是"常以自随"若省略了,则在表达杜处士爱画之切上还欠缺一些效果;"不可改也"若省略了,则无法强调"没有调查就没有发言权"的重要性。

(三) 对苏轼诗歌的初步涉及

1965 年版《古文选珍:诗歌卷》相较于 1898 年版《古今诗选》,

---

① Herbert A. Giles. *Gems of Chinese Literature*, 1965: 187.
② [宋] 苏轼《苏东坡全集》,第 3235 页。

内容进行了删减和修改,而苏轼的两首诗歌仍然入选 1965 年版《古文选珍:诗歌卷》,翟理斯在苏轼一节的开头有这样一段介绍:

> Statesman who suffered banishment more than once. In 1057 he took the highest degree, coming out second on the list. As a litterateur he is the very first rank.①

翻译为:一位不止一次遭到流放的政治家。1057 年,他获得殿试第二名。身为文学家,他是第一流的。

接下来的两首诗歌经笔者翻译对照,发现翟理斯介绍的是苏轼的两首七绝《春宵》和《花影》。②

1. 翟理斯的译文与苏轼的《春宵》对照:

> SPRING NIGHTS③/春宵
>
> One half-hour of a night in spring is worth a thousand taels/春宵一刻值千金,
>
> When the clear sweet scent of flowers is felt and the moon her lustre pales/花有清香月有阴。
>
> When mellowed sounds of song and flute are borne along the breeze/歌管楼台声细细,
>
> And through the stilly scene the swing sounds swishing from the trees/秋千院落夜沉沉。

---

① Herbert A. Giles. *Gems of Chinese Literature*, 1965: 395.
② 据戴玉霞、成瑛考证:"1898 年,英国著名汉学家 Giles, H.A.(翟理思)翻译出版 *Chinese Poetry in English Verse*(《古文诗选》),其中收录苏轼诗词 2 首(《春宵》及《纵笔》)。"详见戴玉霞、成瑛《苏轼诗词在西方的英译与出版》,《中国社会科学院研究生院学报》2016 年第 3 期。由于笔者没有亲见 1898 年这一版本,故仅以 1965 年重印本为实。估计是 1965 年的版本保留了《春宵》,删掉了《纵笔》,改增《花影》。
③ Herbert A. Giles. *Gems of Chinese Literature*, 1965: 395.

2. 翟理斯的译文与苏轼的《花影》对照：

WHIGS AND TORIES[①]/花影

Thickly o'er the jasper terrace flower-shadows play/重重叠叠上瑶台，

In vain I call my garden boy to sweep them all away/几度呼童扫不开。

They vanish when the sun sets in the west, but very soon/刚被太阳收拾去，

They spring to giddy life again beneath the rising moon! /又教明月送将来。

翟理斯的这两首译诗都有一个共同的特点，就是押韵。苏轼的《春宵》一诗各句末尾为"金、阴、细、沉"，翟理斯的翻译便注意了"taels"与"pales"押韵，"breeze"与"trees"押韵。《花影》一诗中"台""开""来"押韵，而翟理斯的翻译每句末尾注意"play"与"away"押韵，"soon"与"moon"押韵。不过，中国古代绝句的押韵一般是二四句押韵，而翟理斯也不完全遵循这一规律，他根据语义需要作了特殊处理，翻译时处理为一二句末字押韵、三四句末字押韵，使押韵的特点更明显。

（四）对苏轼作品的译介数量很有限

尽管翟理斯青睐苏轼，但是对苏轼作品的译介数量还是很有限的。除了1884年版《古文选珍》集中介绍10篇苏文，1923年版《古文选珍》介绍11篇苏文，1898年版《古今诗选》介绍几首苏诗外，翟理斯的《中国文学史》对苏轼的介绍是很不全面

---

① Herbert A.Giles. *Gems of Chinese Literature*, 1965：395.

的,他只关注了苏文,而苏诗、苏词等在这本文学史中都没有提及,这就容易让西方读者从史学角度了解苏轼时走向片面。苏轼作为一个全才,他的文学作品又岂是翟理斯《中国文学史》里的几篇散文就能代表的?因此,文学史的撰写至少应该对苏诗和苏词作简要介绍,并对苏轼在这些文体上的成就做一个点评。

四、翟理斯的地位及影响考:
传播苏学,功在千秋

翟理斯对于苏轼及其作品在英语世界的传播之功甚大。虽然苏轼的作品都是他在编纂文集的时候收录进去或者撰写文学史的时候融入进去的,但是上述提到的翟理斯的三本文学著作都在英国汉学界产生了重要影响,受到越来越多的汉学研究者的关注,对于苏学在海外的传播无疑是"随风潜入夜,润物细无声"般的,将功在千秋。

(一) 提倡诗歌的韵体翻译观点历久弥新

翟理斯无疑是将大量的中国经典诗歌推广到西方世界的第一人,他提倡诗歌的韵体翻译,[①]并在自己的翻译作品中明确体现其翻译思想。从《古今诗选》的前言,我们可以分析出翟理斯的翻译思想:1. 注重押韵。他倾向于将古典诗歌译成韵文而非散文体。当保持韵律和意义之间产生冲突时,他宁愿舍意保韵。2. 尊重原作。他认为原作是根本,翻译首先是不侵犯原作,然

---

① 韵体翻译即在翻译方法上表现为特别注重押韵,当然,这种韵律并不是原诗的节奏韵律,而是符合维多利亚诗风的节奏韵律。

后才谈得上再创造。他指出:"必须时刻牢记:译者只不过是最好的叛徒罢了。"3. 注重语言形式。比如提倡诗节行数方面忠实于原诗。总之,翟理斯的翻译诗学深受他所处的维多利亚时代诗学的影响,而他在古典诗歌翻译中遵循的翻译策略、方法和技巧引领了他那个时代的翻译范式。①

翟理斯《古今诗选》一书的出版引发了对中诗英译究竟应该韵译还是散译的讨论。当时不少人对翟理斯在《古今诗选》中提倡的韵体翻译表示质疑,认为在诗歌翻译中是不可能实现押韵的,而翟理斯却直面批评,坚持己见,他还引用了英国诗人史温朋(Algernon Charles Swinburne, 1837—1909)的一句名言——"英文抒情诗离不开韵律:无韵的抒情诗是残缺不全的"——来说明以诗译诗是众望所归的策略。十年后,英国著名评论家斯特拉奇(Lytton Strachey)在重读《古今诗选》时,不无感慨地说:"这本诗集已经出版十年了,人们还是忍不住会说,这本诗集所收录的诗歌是我们这一代人读过的最好的诗歌……"②

(二)受翟理斯影响的汉学名作与苏学传播

翟理斯在汉学界的影响无可非议,更令人惊讶的是,受其影响的无数汉学研究者更是多次公开明确地在自己的著作中提到了翟理斯的名字和他的著作,这一点更加难能可贵。

在欧美享有"中国古诗专家"之誉的朗斯洛特·阿尔弗雷德·克莱默-宾(Launcelot Alfred Cranmer-Byng, 1872—1945)曾通过他自己的一些文字,表露了他是因深受翟理斯及翟理斯

---

① 陈月红《以译入为鉴——中国古诗走出去的新思考》,《山东外语教学》2015年第6期。
② 王绍祥《西方汉学界的"公敌"——英国汉学家翟理斯(1845—1935)研究》,第105页。

儿子翟林奈的影响而热爱中国传统诗歌文化。1902年,他出版的诗集《长恨歌及其他》(*The Never Ending Wrong and Other Renderings*)第一部分便重译了翟理斯1884年版《古文选珍》和1901年版《中国文学史》中共19首汉诗,其中包括翟理斯曾以散文的形式译出,而原文并不是诗歌的作品,如苏轼的《放鹤亭记》,朗斯洛特·阿尔弗雷德·克莱默-宾对这些译诗均采用诗歌形式重译。他的另一部重译作品《宫灯的飨宴》在选择唐代以后的作家作品时又选择了苏轼的作品。①

1918年,在翟理斯的《古今诗选》出版后差不多二十年,英国汉学界又出现了一本对后世影响巨大的英译汉诗选本:阿瑟·韦利(Arthur Waley,1889—1966)的《汉诗一百七十首》(*A Hundred and Seventy Chinese Poems*)。这部选集以韦利1916年出版的《汉诗选译》(*Chinese Poems*)为基础,原本的52首作品被扩充至170首,里面就收入了少数苏轼的诗。在《汉诗一百七十首》的参考书目中,韦利明确将翟理斯的《古今诗选》放在首位,并称赞它"巧妙、灵活地综合了押韵和直译"②。可见,韦利受翟理斯作品影响较深。韦氏此选集一经问世便大受欢迎,同年就出了修订第二版。"在以后的几十年间,此书在英美数十次再版,并被转译成德文和法文,产生很大影响。"

1934年,旅华多年并精通汉学的英国人骆任廷(James Stewart Lockhart)编辑了一本中诗英译辑本《英译中国歌诗选》(*Select Chinese Verses*),书中所选诗歌,主要取自翟理斯的《古

---

① 江岚《韵同相感深——英国诗人克莱默-班对中国古典诗歌西传的贡献》,见《2010年中国文学传播与接受国际学术研讨会论文汇编》(中国古代文学部分),2010年,第477—478页。
② 吴伏生《汉诗英译研究:理雅各、翟理斯、韦利、庞德》,学苑出版社,2012年,第172页。

文选珍》和阿瑟·韦利的《汉诗一百七十首》等,年代自先秦至唐宋,苏轼的两首诗歌《花影》和《春宵》就收录其中。①在《英译中国歌诗选》的"序"部分,明确提到了此书的诞生受到翟理斯及阿瑟·韦利的作品影响。②

翻译家许渊冲先生在其2010年出版的著作《中诗英韵探胜》(第二版英文版)的序言中明确介绍了翟理斯的影响,收录了翟理斯等国内外诗歌翻译家的译诗以及他本人的译诗,并附上了简短的评论。其中第十一章"苏轼简介"部分先后介绍了全英文版的苏轼词《沁园春》,诗《题西林壁》,词《洞仙歌》《贺新郎》,后正文部分又选入了苏轼的五首词(英文版),分别是《江城子》(十年生死两茫茫)、《水调歌头》(明月几时有)、《永遇乐》(明月如霜)、《念奴娇·赤壁怀古》(大江东去)、《水龙吟》(似花还似非花),③并对苏轼及这五首词都作了点评。

此外,语言学家吕叔湘曾于1980年首次出版了《中诗英译比录》④一书,在其序中就谈及翟理斯译诗之得失并在此书中收录了翟理斯的部分译诗,后世学者在论及西方汉学家翻译中国

---

① 骆任廷《英译中国歌诗选》(Select Chinese Verses)分为两部分:PART I,PART II。其中"PART I"部分在首页明确了是由翟理斯翻译的(原文为:PART I Translations by HERBERT A.GILES),而苏轼的《花影》(Flower Shadows)和《春宵》(Spring Nights)就位于该书"PART I"的第45页至46页。
② 由民国张元济所书"序"原文为:"英译吾国歌诗向以英国翟理斯(Herbert A.Giles)与韦勒(Arthur Waley)二君为最多而精。前者用韵,后者直译,文从字顺,各有所长。其有功于吾国韵文之西传者甚大。"(Herbert A. Giles, Arthur Waley. *Select Chinese Verses*. The Commercial Press, Limited Shanghai, China, 1934:序)
③ 许渊冲《中诗英韵探胜》,北京大学出版社,2010年,第300—322页。
④ 此书分别于1988年、2002年出版了新版本。

古诗之得失时便多次引用此书,可见该书的价值与影响力。①1981年,外文专家丰华瞻在《外国语》刊物上发表了论文《也谈形似与神似——读汉诗英译随感》,他指出汉诗英译往往只顾"形似",能达到"神似"要求的不多。而译诗贵在传神,翟理斯的译文正是符合"神似"的范本。②吴伏生的《汉诗英译研究:理雅各、翟理斯、韦利、庞德》是2012年出版的一部研究汉诗英译的著作,此书第三章专门讨论翟理斯。论者注重文本细读,认真考辨了当年的史实,将翟理斯的译诗放入具体历史语境中探究,并与阿瑟·韦利的译作进行了对比。

一些杂著里也随处可见翟理斯的信息,如辜鸿铭在《一个大汉学家》和《中国学》两篇文章中评价了翟理斯的文化著作。莫东寅在2006年出版的《汉学发达史》③中简要介绍了翟理斯与他的儿子翟林奈,提及了翟理斯的《中国文学史》等。2006年,张西平在《欧美汉学研究的历史与现状》④一书中较详细地论及翟理斯关于中国文化的著作,从比较宏观的角度肯定了翟理斯在英国汉学史上的地位。⑤

诸如此类的著作还有很多很多,无法一一赘述。以上足见翟理斯及其思想的影响之大、传播范围之广,对于苏学的传播力也就不言而喻了。

---

① 王绍祥《西方汉学界的"公敌"——英国汉学家翟理斯(1845—1935)研究》,第7页。
② 详见丰华瞻《也谈形似与神似——读汉诗英译随感》,《外国语》1981年第2期。
③ 莫东寅《汉学发达史》,大象出版社,2006年。
④ 张西平《欧美汉学研究的历史与现状》,大象出版社,2006年。
⑤ 顾真《文人著译第一流——汉学家翟理斯研究》,上海外国语大学2012年硕士学位论文,第4页。

五、结　语

　　翟理斯作为19至20世纪英国汉学界最有影响力的汉学家,其毕生致力于中国文学、文化等的研究实在精神可嘉,但是更重要的是,他的研究颇受欢迎,流传甚广,甚至成为许多汉学研究者竞相模仿的对象,可见其思想和著作的价值是无比宝贵的。他对苏轼的持续关注和精心译介,能够经得起时间的考验,也让更多西方的读者认识了中国的文学巨匠,为海外"苏学"的逐渐兴起和广泛传播奠定了坚实的基础,翟理斯的思想与成果无疑将泽被后世。

原刊《西南民族大学学报》(人文社会科学版)2017年第5期
　　徐华：现任西南民族大学预科教育学院副教授

中国小说对越南文学的影响

(越)范琼山

一、越南的汉字小说

从汉朝开始,交州地区(现为越南)已开始使用汉字。唐朝时期,已有越南人来中国留学,后来留在中国做官,最有名的是姜公辅,官职高达宫廷中的谏议大夫。939年,越南宣布独立后,汉字仍然保持其独尊地位,被作为官方文字。后来,通过汉文译本,越南人才能跟佛教打交道。

越南文学当时与中国文学相同,即文史不分,最早的散文都是皇帝的旨谕、大臣官员的奏本及士大夫的评语,而不是虚构出来的作品。到13、14世纪,越南文坛才出现一批新类型的作品,系受到六朝志怪小说和唐传奇的影响。现存最古老的文本是1329年李济川的《越甸幽灵集》,此作品按传记形式创作,共有28个传说。另一个同类作品是1493年陈世法的《岭南摭怪》,这是历史与虚构相结合的奇异观察总集。16世纪阮屿的《传奇漫录》才是真正的历史虚构作品。阮屿出身于有文化的家庭,他本已通过会试,在清全县做知县,后因对国家命运政治动荡的烦恼而以照顾老年的母亲为由辞官归田隐居。《传奇漫录》就是阮屿在归隐后创作的,系借鉴瞿佑的《剪灯新话》改写而成。

众所周知,《剪灯新话》在中国比较有名,在中国本土也有不少模仿它的作品。最早模仿《剪灯新话》的作品是1419年李昌祺的《剪灯余话》，后来是1592年邵景詹的《觅灯因话》。在越南，此类"剪灯"作品也大受欢迎。阮屿的借鉴让我们知道《剪灯新话》从16世纪已经被越南人所知并喜爱。《传奇漫录》曾多次印刷，最值得注意的是1783年的版本有喃字注解及其他评语。此作品被越南文学界给予很高的评价。他们认为其作者是当时知识分子的代言人，能够说出他们对社会动荡的不满，并且能够预感到16世纪越南社会一个新阶层的崛起。借用神奇现象，使魔鬼、野兽变成文人劝解统治阶层，变成美人用其言语传达儒教的教训。《传奇漫录》后来还被女作家段氏点(1705—1748)根据其内容延续写成《传奇新谱》。她从事教学工作，因将18世纪初邓陈琨汉字作品《征妇吟》翻译成喃字版本而成名。

遵守模仿中国作品文风的原则，也有些作家以越南社会背景为主题创作历史散文小说。其中有《皇越春秋》，已被翻译成越南语(西贡，1971年)。此外，还有记事散文一类。此类文学在很长时间内被忽视，最近才受到学者们的关注。

二、喃诗传(亦称喃字韵文小说)

喃诗传兴盛于17世纪至19世纪，通过手写版本或木本刻书而流传。至20世纪，越南字的广泛使用导致这种刻书方式逐渐埋没。因此，现在虽然此类作品的越南语版本大部分都能找到，但喃字原作则不然。此外，越南现在尚未有对此类作品的完整统计，而且大部分木本刻书的年代不早于19世纪末叶，甚至可以说已经找不到最初的版本，加上此类作品大部分是失名的，因此对其年代的确定难上加难。

通过借鉴民歌的创作形式，诗人对其作品进行革新，以简单易懂的六八诗体、双七六八诗体代替束缚严格的韩律诗。这些诗体是越南民族诗体，其更加平易、易于押韵，而且诗句数量不限。因此诗人可更自由地表达自己的思想感情，故事内容也能够更加丰富多样。18、19 世纪的很多长篇小说以六八诗体来创作，尤其是有些作品长达几千行。

虽然以诗歌形式来创作是脱离模仿中国作品的一个标志，但越南此类文学与中国文学仍保持着密切的关系。喃诗传中有很多作品是来源于中国文化与文学的：有来源于中国历史故事的作品，如汉代苏武被遣匈奴的故事《苏公奉处》，汉代王昭君公主被嫁给匈奴人的故事《王嫱传》，又如《王嫱传》中借鉴三、四世纪《西京杂记》及元代马致远《汉宫秋》的情节；有借鉴唐传奇的作品，如《白猿孙恪》来自《补江总白猿传》；有借鉴明清杂记的作品，如《潘陈传》来自明代高濂的《玉簪记》；还有借鉴明清话本或小说故事情节的作品，如《花笺传》《玉娇黎》《二度梅》《好球新传》《潘陈传》等，其中最具特色的是阮攸的《翘传》。越南阮朝勤正殿学士阮攸（1765—1820），在其 1813 年至 1814 年出使中国期间因对青心才人二十回小说《金云翘传》感兴趣而产生借鉴的念头。青心才人《金云翘传》的创作年代至今尚未明确，但我们可知其早在 1754 年已流传到日本并且很受欢迎。因此，作品的创作时间很有可能是在 17 世纪末或 18 世纪初。我们也未能确定阮攸模仿此作品的时间。现在越南文学界普遍认为，阮攸在出使回国之后才创作《翘传》，而且《金云翘传》在阮攸改作之前已被广大越南群众阅读。

中国小说在越南的流传没有多少记载，但可推断其流传途径主要有二——中国移民及书贩子。1734 年北越郑主集团颁布谕旨，明确要求各地印刷更多书籍，并禁止中国书籍流布。此事可证明当时两国之间的书籍交换数量巨大。19 世纪最后四十年，连喃字作品有时也在广东省印刷出来，尤其是在佛山市，其封面也标明出版地。

越南改作基本上保留中国原作的框架，只对人名、地名进行修改。这些作品是后来几个世纪抒情诗传诞生的前提。由于越南文人对中国才子佳人小说特别感兴趣，他们又善于描写情感，特别注重以言辞技巧、句法与修辞手法为表露自己才能的手段，因此他们对借鉴其他作品没有太大的顾虑，他们自己认为其作品的一切都是脱胎换骨的。与之同时，由于越南文人受到孔教的深刻影响，因此也追求"文以载道"的目标。阮辉嗣的《花笺传》是其中一个。阮辉嗣（1743—1790）出身于文化水平出众的家庭，并曾参加会试、殿试。《花笺传》来源于广东弹词木鱼歌创作的作品《花笺记》。越南版以六八诗体创作，共有约1 800句，基本上保留了原作的所有人物。佚名作者的《女秀才传》借鉴凌濛初的《女秀才移花接木》，华裔越南人李文馥（1785—1849）的《玉娇黎新传》借鉴中国才子佳人小说《玉娇梨》，李文馥也将元杂剧《西厢记》润色为越南诗传《西厢传》等等。

终身受到儒教思想的束缚使越南文人对历史小说、甚至本来受到都市公众欢迎的志怪小说都没有太大兴趣。越南现存的模仿历史小说、志怪小说的作品较少。如《西游传》来自《西游记》、《佛婆观音传》来自《观音出身南游记》、《军中对歌》来自《隋唐演义》等。

虽然借鉴中国原作的喃诗传数量较多，但实际上，这些作品只占越南喃诗传总数的一小部分，即典雅喃诗传，而占大部分的通俗喃诗传，它们的来源基本上是越南民间故事，与中国文学作品毫无瓜葛。

三、中国小说的越南国语译本

翻译潮流的产生始于越南文字的拉丁化。由于越南东京义塾集团的提倡与鼓励,翻译作品的读者数量迅速提升。要记得当时越南语创作并不多,报纸登载什么内容取决于法国人,很多从法语、英语翻译成越南语的作品出现并推广。这意味着越南记者兼任译者身份,越南报纸成为新的文学平台。

潘继丙(1875—1921),越南儒者兼记者,①非常提倡将外国文学作品翻译成越南语,他也是《三国演义》越南语译本的译者。他认为:"我们安南现在有很多人学习国语字,真是可喜可贺。从前我国男人必须经过多种苦练、耗费父母的金钱才能拿起书来阅读,但仍尚未完全领悟到书的精神。但现在,不管是男人还是女人,甚至是小孩都能拿起书来诵读,并且读一字懂一字,读一句并理解其深藏的意味,可谓已能够领悟到书的精神。可惜的是,字虽然易读,人人都懂,但书从哪找?读完《宫怨吟曲》又读《翘传》,总共不到十几类,读得快的人几日便能读完。由上述的原因,我们才决定出版这些书籍,称为喃译外书,每周一集。"

喃字作品的越南语译本最早出现于19世纪80年代,而中国小说的越南语译本直到20世纪初叶才出现。在很短时间内,很多中国历史小说的译本纷纷出现。比如《三国演义》的河内潘继丙译本及西贡阮廉风、阮安居译本同时问世。《三国演义》在越南人的心目中是一个非常独特的作品,其人物已走出书页,融入到越南人的日常生活当中,被他们用来形容某一种人或某一种性格,比如说"多疑如曹操""暴躁如张飞""勇猛如关羽""智慧如孔明"等。近期,越南学者邓邰梅在讲述其小时候读《三国演义》的印象时说:"我祖父曾跟我叔父们说金圣叹善于评小说,他人对他不公。但我发现大人还看小说,所以我也看。首先我偶然找到《三国》,极妙,我完全被它吸引住!还记得有一次,一到

---

① 亦是越南《登古丛报》(1907)与《东阳杂志》(1913)的秉笔者。

深夜,我还看。我祖母醒来把书藏起来,我才上床睡觉。还有一次,读到关云长之死,我痛哭并几日不敢看此书。"①

除了《三国演义》外,四大名著里面的《红楼梦》《水浒传》《西游记》都被翻译成越南语,而且彻底融入到越南人的生活当中。此外,还有很多中国历史小说及爱情小说也被翻译成越南语,历史小说有《东周列国志》《东汉演义》《后三国演义》《残唐五代史演义》《北宋演义》等,爱情小说有《二度梅》《平山冷燕》《再生缘》《后再生缘》等。

1920—1930 年都市人口的增加推动了印刷技术的起步,并且也推动了一种新文学体裁的诞生,即 1925 年左右出现的武侠小说,其主要译者是华裔越南人李玉兴(笔名华人)。他从 1927 年至 1941 年翻译了不少于 16 本中国武侠小说,如《绣像众英雄大闹三门街》《九美奇缘》《五剑十八义》《蛮荒剑侠》《小五义》等。

20 世纪 40 年代开始出现中国现代小说的译本,如鲁迅的《阿Q正传》《药》《狂人日记》《孔乙己》《故乡》,老舍的《骆驼祥子》等。琼瑶的一系列爱情小说,如《窗外》《潮声》《水云间》《一帘幽梦》《心有千千结》《梅花烙》,金庸的一系列武侠小说如《射雕英雄传》《神雕侠侣》《倚天屠龙记》《天龙八部》《笑傲江湖》《鹿鼎记》也受到广大越南人的热烈欢迎。

后来,中国当代小说的译本有:莫言的《丰乳肥臀》《檀香刑》《红高粱》《透明的红萝卜》,张贤亮的《男人的一半是女人》《男人的风格》《绿化树》《青春期》,贾平凹的《废都》,郑万隆的《渴望》,顾漫的《何以笙箫默》,等等。

现在,中国的言情小说及网络小说也受到不少越南年轻人

---

① 邓邰梅《在学习与研究道路上》第二集,文学出版社,1969 年,第 191—192 页。

的热烈欢迎。其中有很多译本成为越南书籍市场上的畅销书。

由此可见,虽然语言和文字相差甚远,但越南人与中国文学还保持着非常密切的关系。最初,中国文学是越南汉字文学及喃字文学的创作材料。后来,当越南字出现并盛行后,中国文学通过译本已成为越南文化遗产的一个重要组成部分。中国文学作品的翻译反过来也给现代越南语及越南文学带来了不小的影响。

原载罗宗宇、傅湘龙主编《多维视角下的海外汉学风景》,湖南大学出版社,2017年12月

范琼山:现任ThanhmaiHSK教育发展与国际合作有限责任公司高级顾问兼讲师

论中国当代少数民族诗歌抒情话语修辞方式的嬗变

涂 鸿

诗歌是心灵与情感的载体。西方现代主义对中国当代少数民族诗歌写作的影响是巨大的,其诗歌写作语体发生了深刻的嬗变,从相对单一走向多元,从封闭走向开放,从再现走向表现,在形式的解构与重构中不断变化与更新。法国象征主义诗人马拉美(Stéphane Mallarmé,1842—1898)认为,诗是"一点一点地引发一种事物以便呈现某种情绪的艺术"[①]。抒情性作品是偏重于表达个人内心情感的文类,其主要体裁是诗。为了确切表达主体对客体的体验与感受,诗人常采用特定的艺术规范与艺术形式来表现艺术内容,在诗的常用艺术手法中,除了对仗、对偶、格律、结构等规范外,还常涉及诗歌写作语体的传达方式问题。这里所谓的抒情话语修辞方式,并非语文中的修辞手法,而主要是指诗歌抒写的表现方式,即诗歌运用特定的抒情表达形式,以提高诗歌的艺术传达魅力。

诗歌抒情话语的修辞方式,既包括传统常用的比喻、拟人、倒装、对比、排比、借代、用典等,还包括现代常用的象征、歧义、通感、影射、联想等,此外,还涉及诗歌的形象外化、陌生化、变

---

① 转引自曾巍《词义深渊、个人气质与期待视野——20世纪20年代新文学对法国象征主义的接受》,《黄冈师范学院学报》2006年第5期。

形、时空交错、多重象征、神话套用等艺术手法。

创新是艺术的生命。20世纪80年代以后，中国少数民族诗人的现代审美意识找到了一个更高的艺术视点。在他们的创作中，作为外部形态的民族、地域的文化环境和风情，被诗人们与相应的现代诗歌艺术联系起来，通过诗歌写作语体传达方式的嬗变，将中国当代民族诗歌的审美特质升华到了一个新的高度。

一、开放性：从相对单一走向多元

在近现代中国少数民族诗歌创作中，常运用一些类似中国古典诗词中的赋比兴、"情景交融""虚实相生"之类的艺术手法，来呈现只可意会不可言传的意境美，以表情达意、增添韵致。然而，当代少数民族的诗歌在接受了西方现代主义的影响之后，渐渐实现了它的解构、重构与自觉性的创造。西方现代主义在中国的传入、移植和被接受使中国的少数民族诗歌抒情话语修辞方式实现了现代意义上的"创造性转化"，即从相对单一的诗歌写作语体传达方式向多样的诗歌写作语体传达方式转变。当代的中国少数民族诗歌不仅包含着传统悠久的古典诗学，同时又吸收了大量的西方现代主义成分，其写作语体传达方式经过时间的锤炼与诗人们的不断努力渐趋成熟。

首先，大量的优秀少数民族诗人运用西方现代主义的象征、歧义、通感、影射、联想等修辞方法实现了对当代少数民族诗歌的解构和重构。如彝族诗人吉狄马加的《黄伞与少女》："舞步的古朴，踩着大山的高音/流蜜的口弦，把心放在唇边/以视觉的符号表达需要/脸是丰富的音响效果/爱是目光失落的节奏。"在此诗中，吉狄马加运用现代主义的手法来"体现我们民族真正的民族精神,而不是那种表面的东西"①,还运用了象征、暗示、通感等诗歌写作语体传达方式,且通感手法的运用最为显著,视觉、听觉、嗅觉、触觉相互转换、运用自如。诗人流沙河在《序〈初恋的歌〉》里对其诗做了论述:"一个古老的少数民族出了一个年轻的现代诗人,他用潇洒的散文语句写诗。他的诗告别了俳偶的尔比尔吉(彝族谚语),不拘不束,如风中鸟,如水中鱼。"诗人的语言表述实现了诗歌写作语体传达方式的转换,走向了语体的自觉。

彝族的柏叶是一位极具现代特色的少数民族诗人,他在《祖国》中写道:"祖国,我望眼欲穿的祖国/我生死相恋的母亲/你是高原女人的唱红的/一朵最鲜艳的山茶花/我是花蕊上采蜜的蜂儿/你是阿爸宽大厚实的掌心里/密布的茧子,清晰的纹络/我是茧子里痛苦的希望/我是纹络上汹涌的江河/……/祖国,我望眼欲穿的祖国/我生死相恋的母亲。"在对祖国的热爱情怀的反复抒发中,诗人通过排比表达他汹涌的感情,"高原女人""山茶花""阿爸宽大厚实的掌心""密布的茧子"象征民族的苦难与坚韧,"我""蜂儿""痛苦的希望""汹涌的江河"则暗示国家与民族在苦难中孕育的希望和中华民族生生不息的勇气。

苗族诗人太阿的组诗《湘西的红兜兜》之《腊梅花》写道:"湘西山地的春天从腊梅枝头/渐渐闹起来/粉红、深红、彤红、暗红/红的心情随青翠的河流/随一把铜唢呐的吹奏/挂在了春天的腰带上。"其中"湘西山地的春天从腊梅枝头/渐渐闹起来"一句,运用西方现代主义中的"互文"手法,由古诗名句"红杏枝头春意闹"转化而来,如同艾略特《荒原》中的诗句"她所坐的椅子,像发亮的宝座/在大理石上放光"(描写一个坐在梳妆台前的现代妇女)用的是莎士比亚《安东尼与克莉奥佩特拉》第二幕第二场中

---

① 吉狄马加《吉狄马加的诗》,四川文艺出版社,2004年,第2页。

的典故"她所坐的游艇,像发亮的宝座/在水上放光"。太阿还运用了通感修辞把视觉、触觉、听觉融为一体,对腊梅的颜色进行细致描绘,又把这种美好的感触还原为知觉,使春天极富形象感、雕塑感和知觉化,勾勒出一幅生机盎然的湘西春景图。组诗中另一首《吊角楼的窗口跑出一条纱巾》里的"吊角楼的窗口跑出一条纱巾/爱情的冥想/落入一条河流的悠长"则以意味深长的突转使诗歌凝练含蓄,凸显"爱情"这一人生永恒的命题,由"纱巾"联想到的"爱情"在悠长的历史河流中使读者浮想联翩。

20世纪西方文学艺术以人本主义、科学主义为基础,在叔本华、尼采、柏格森、弗洛伊德、克罗齐等人哲学思想的影响下,形成了反理性、反传统的文学思潮。这一思潮包括象征主义、魔幻现实主义、表现主义、存在主义、结构主义、解构主义等文学流派。这些流派产生于西方工业社会和后工业社会,表现现代人的心灵,表现对人生的苦闷与思考、对现实的否定与绝望,表现现代化背景下人被异化、物化之后的痛楚及压抑。另一方面,他们对文学艺术从主题到人物再到表现手段、形式实行全面颠覆,同时注重文艺形式技巧的探索、创新与实验,这是人们审美观念的一次剧烈变革。

这种思潮也影响了中国当代少数民族诗人的创作。苗族诗人太阿在组诗《世纪的玫瑰》之《不是每一个都那么幸运》中写道:"不是每一个人都那么幸运/遭遇台风/在爱情的第十次红色风暴中/封闭所有的窗台/……/我成为稀世之鸟/沧桑看云/看邻家的女子盛开成一朵花/褪成遥远的风景。"诗人以"台风"和"红色风暴"象征爱情的劫难,"窗台"则是诗人满溢爱情的心。同诗中"城市成为无鸟的海/心冷成风中摇晃的旗",是把内心具象为客观事物,外化的形象表达了荒芜冷漠的世界和人心。组诗中另一首《情殇:痛苦的黄金》里的"痛楚感应发胀的肚脐/脚趾/早知道南方不是故乡/就不应渴望油菜花般的爱情",通过通感,"让肚脐"去"感应",让"脚趾"去"知道",用极其新奇的方式表达了对爱情的失望。在"一切价值重估",消解人,消解历史,消解一切神话、精神、伦理道德甚至爱情成为时代主题的情况下,"城市成为无鸟的海","爱情"褪成了遥不可及的"风景",而"我"则在爱情的劫难中成为"稀世之鸟",即使"心冷成风中摇晃的旗",仍于绝望中寻找希望。这已不是传统少数民族诗歌的语体传达方式,而带上了鲜明的现代色彩。

其次,通过对西方现代主义艺术表现手法的吸收,当代少数民族诗歌创作体现了创造性的特征。诗歌中抒情主体是作为个体的人,偏重自我和内心世界,注重形式的独立性价值,表现出了较大程度的"艺术至上"和"文学自觉"精神,在诗人所构建的话语里,包含了多重的意旨,拓展了诗歌意象的空间。如彝族诗人吉狄马加的《鹰爪杯》:"把你放在唇边/我嗅到了鹰的血腥/我感到了鹰的呼吸/把你放在耳边/我听到了风的声响/我听到了云的歌唱/把你放在枕边/我梦见了自由的天空/我梦见了飞翔的翅膀。"其实这就是一种对自我民族文化深层的抚摩,表现出灵魂底层对文化之根的焦灼与渴望,表达了诗人对本民族文化的认同与发扬。这里彝族的传统仍然是重要的元素,但它们已经变形为个人化的意象,高度意象化的现代诗歌语体方式完全替代了传统诗歌形式。这样的书写既是彝民族的书写,也是象征主义、意象派性质的书写,更是诗歌抒情话语修辞方式的更新。

蒙古族诗人席慕蓉的诗作浸润着东方古老哲学,带有宗教色彩,透露出一种人生无常的苍凉韵味。如她的《一棵开花的树》:"如何让你遇见我/在我最美丽的时刻/为这/我已在佛前求了五百年/求它让我们结一段尘缘//佛于是把我化作一棵树/长在你必经的路旁/阳光下慎重地开满了花/朵朵都是我前世的盼望//当你走近/请你细听/那颤抖的叶/是我等待的热情/而当你终于无视地走过/在你身后落了一地的/朋友啊/那不是花瓣/是我凋零的心。"这首诗从理性的眼光看,表达了生命是有限的,生命的存在表现出不可避免的悲剧性;从灵性的角度看,却表达了生命能在与自然的统一中获得永恒,生命的存在因而也显示出澄澈透明的超越性。为了获得超越生命的美丽,我"在佛前求了五百年",终于感动了佛,"佛于是把我化作一棵树"。按照一般的心理逻辑,生命一旦与自然融为一体,就找到了一个让心灵自由驰骋的世界,这个世界是生命的皈依之所。然而这首诗却并没有沿着心理逻辑运行下去。心理时间和物理时间再次碰撞的结果,是化作了开花的树的生命不仅没有获得无限的自由,反而在现实时间和"你"的双重伤害中落了一地的花瓣。生命的有限性不可克服,就这样通过席慕蓉的独特书写传达出来。诗人偏重于内心情感的抒发,以自身感情为出发点,展现了一个真实的自我。

再次,少数民族诗人为他们的诗歌注入了新的活力,拓展了更为广阔的视野,在具有现代色彩的诗歌写作语体传达方式的驱动下,创造性地运用了陌生化、变形、互文、形象外化、时空交错的诗歌语体传达方式。如藏族诗人吉米平阶的《最初》:"海还是婴儿安眠于她的怀抱/先人们在水珠上翩然舞蹈/所有的波涛都放声长歌/那时候这里还没有秘密//喜玛拉雅在海的子宫里蠕动/珊瑚在旁边堆砌圣洁的白塔/太阳还是今天照着我们的那一轮/涉过遥远的空间像老人一样微笑//一只鹰在海面低低盘旋/低低地看着自己的投影/有一片小小的新地正在滋长/上面有第一块刻着字的石头。"[①]作为民族化特征突出的藏族诗,它

---

① 才旺瑙乳、旺秀才丹主编《藏族当代诗人诗选(汉文卷)》,青海人民出版社,1997年,第105页。

具有明显的现代主义特征,在字里行间跳动着许多非逻辑性的意象,并不断蔓延与叠加。这种意象与意象之间的流动、转移,让人把握到的是一种感情的宣泄,一种不同于日常言语表达的歌唱性陈述。而这种无逻辑的语言跟潜意识的无序性自由展开可能是一致的。荣格看来,潜意识才是非逻辑的,但又是"流动性"的、不间断性的。生产技艺后进的民族往往运用这样的表达来直陈未经逻辑化的内心真实,但是给现代人的印象是,这种直陈反而更具有隐秘的性质。

白族诗人栗原小荻的诗集《白马在门外》也体现了这种非逻辑性跳动的特征。在人类情感活动的无限可能性的多元价值取向中,选取感情活动的失落与孤独这一元,并且始终保持着这一种姿势,构想天涯,构想着"我的故事"。不仅是栗原小荻创造了这种无序的失落与孤独,也正是这种无序的情感状态再造了栗原小荻的诗歌世界。

二、解构、重构:形式的选择与变迁

中国当代少数民族诗人在向时代迈进的同时,随着主体意识的觉醒,在"民族性"与"世界性"之间更新了诗歌传统的语体传达方式,这种自觉使他们更主动地选择与时代相契合且能准确抒发其民族情感和民族精神的表现形态。黑格尔(Georg Wilhelm Friedrich Hegel,1770—1831)认为:"内容和完全适合内容的形式达到独立完整的统一,因而形成一种自由的整体,这就是艺术的中心。"[①]同样,诗歌写作抒情话语修辞方式和语体

---

① (德)黑格尔著,朱光潜译《美学》第二卷,商务印书馆,1979年,第157页。

传达方式选择得当,也是增加诗美的重要因素之一。

20世纪80年代初,少数民族诗歌主要采用比喻、排比、对比、赋比兴手法等传统的诗歌抒情话语修辞方式写作,或直接铺陈,或使用比喻,或借物起兴,使诗歌内容较为简单清楚、明白易懂。吉狄马加却在表面看似单一的诗歌写作语体传达方式里注入了深刻的内涵:"响在东方/响在西方/响给黄种人听/响给黑种人听/响给白种人听/响在长江和黄河的上游/响在密西西比河的下游/这是彝人来自远古的声音/这是彝人来自灵魂的声音。"(《做口弦的老人》)排比的句式使诗文简洁整齐,节奏明快,但却内蕴深刻。在《自画像》中,诗人写道:"我传统的父亲/是男人中的男人/人们都叫他支呷阿鲁/我不老的母亲/是土地上的歌手/一条深沉的河流/我永恒的情人/是美人中的美人/人们都叫她呷玛阿妞//……啊,世界,请听我回答/我——是——彝——人。"支呷阿鲁是彝族古代著名的英雄,呷玛阿妞是彝族古代出名的美女,古典英雄美女的组合,无疑是对本民族历史的弘扬,诗人还要向世界喊出自己的声音:"我——是——彝——人。"这种直白且具有简单情节的语体传达方式,表达了诗人深重的历史使命感,以及对濒临同化的民族生存状态的痛楚与思索。

从20世纪90年代起,"回归文学自身"和"文学自觉"成为主流,把对人、对民族自身的关怀融入到对文学价值的追求之中,形成一种异于80年代以前的文学景象。加之市场化、网络化、经济全球化日益加深,少数民族文化经历着更加剧烈的解构与重构的阵痛。在这两大主流影响下,具有自觉意识的优秀少数民族诗人们在坚守民族文化价值的同时积极借鉴外来形式,他们的作品不仅具有本民族的文化特质,而且受西方影响的痕迹逐渐加深。

少数民族诗歌写作语体传达方式在历史长河中不断嬗变，时代不同，对诗歌写作语体传达方式的选择及侧重亦不同。20世纪90年代以后，少数民族诗歌写作语体传达方式主要在直白抒情的基础上，侧重于隐晦朦胧，诗歌写作语体传达方式的象征性、寓意性、暗示性得到进一步加强，这种复调式的语体传达方式，更能准确表达少数民族诗人在现代环境中的复杂心情。

蒙古族诗人查干的组诗《中国我的酒杯不斟自满》之《景山更夜》中有这样的诗句："今夜/登上景山/灯的河流打从脚下穿过/故宫博物院的老梦/仍在巨大的香炉里睡着/筒子河边的更夫/记不清现在是何年月/歪脖子树换栽了好几棵/历史的神经/也已麻木。"诗中"夜""景山""河流""故宫""香炉""更夫""歪脖子树"这一连串的物象象征古老民族的悠远历史，暗示诗人对历史变迁的沧桑感触。"景山"上的"歪脖子树"则是利用崇祯吊死的典故进一步抒发诗人对于物是人非、沧海桑田的叹惋。

查干的组诗《梦痕湘西》之《凭吊黄丝古堡》写道："母水牛和小水牛/是一句遗言在此复活/披雨过桥仍是它远古的/韧性/只两声哞哞/就沉重了湘地秋韵/那牛角弯弯/挑起一枚淡蓝的/西月/勾起些许/沉重而又轻松的/故事。"诗中可见的事物是湘地古桥、弯弯的牛角和淡蓝的西月，不可见的则是富有诗味的湘西秋韵和逝去的人生岁月，使人联想到现代社会的浮躁，沈从文的古朴湘西是一去不复返了，只留下些许梦痕追忆，宋玉悲秋也莫过于此。可见的事物与不可见的精神之间相互契合，正如波德莱尔认为的那样："万事万物与人的内心世界息息相通、互相感应，世界是一座'象征的森林'，可以通过种种物象来象征内心无穷的奥秘。"组诗中另一首《你好 披绿衣的鸟小姐》写道："我忙点头称是/她方振翅高高飞起/消失于远方水岚/成了一丝儿眷恋/线线/点点。""我忙""她方"之间的连结极富节奏感，而"线线""点点"之间的韵律则是音乐收尾时的一咏三叹,极富音乐性的语言引发读者无限的遐想,仿佛有一只美丽的鸟儿正从头顶翩翩飞过,飞远了,还留下白云朵朵碧蓝的天。在《"非典"启示录——致舍身救人的白衣战士和所有为战胜非典而战斗的人们》中,他写道:"风/懒懒地吹着/云/远远地游着/今宵牡丹在寂寞中盛开/所有的蜂蝶都从梦魇中醒来。"风成了懒懒的,云游得远远的,寂寞中的牡丹无人欣赏,梦魇中的蜂蝶全迷失了方向。

诗中所有这些意象构成象征的网,表现了人们对生死命题的重新思考和终极追问,死亡成了灵魂中的最长久的悲痛。"以我观物,故物我皆着我之色彩",诗中"物"的形象描绘包藏了"我"对世界和人生的复杂深切的感觉,从"梦魇"中醒来的人们陷入了痛苦的思索。

三、文化嬗变中民族诗歌创作的使命意识

西方现代主义文学的影响其实也只是中国少数民族诗歌写作语体传达方式发生嬗变的一个外在因素,在很大程度上,它只是作为一种选择方式提供给少数民族诗人参考与借鉴,或者在这一嬗变的过程中它起到了催化剂的作用,加快了嬗变的步伐。因为只有当外来影响与本土文化和作家主体的内在表达需要相契合时,外来的影响才可能促使本土作家相应地在创作中产生出既与世界文化现象相关或同步,又具有自身生存环境特点的文学意象。这些意象不是对西方文学的简单借鉴与模仿,而是以民族自身的血肉经验加入世界格局下的文学,以此形成丰富的、多元的世界性文学对话。所以,在西方现代主义文学影响下

的中国当代少数民族诗歌写作语体传达方式的嬗变，产生出的新的诗歌写作语体传达方式与载体，正是由少数民族诗人自身的个性特点及其民族文化历史特定环境所造成的。

西方现代主义文学的影响是必然的，但是自20世纪80年代以来，国门大开，各种浪潮，包括物质上的、精神上的、政治上的、文艺上的、哲学上的等等，铺天盖地汹涌而入，覆盖了整个中华大地。在这样一个实地距离与虚幻距离被拉扯得越来越近的时代，历史上一度处于政治、经济以及文化边缘的少数民族地区也无法幸免。而作为一个民族智慧的代表、最具激情、最具忧患意识的少数民族诗人，他们所受到的影响是首当其冲的，他们所遭受的冲击绝非如常人所遭受的那种物质性冲击一样简单。除此之外，重大的冲击体现在他们即使受伤流血也要奋力抗争与挽救的精神上，这种精神充满了对一个民族存亡的忧患意识，他们以及他们的诗歌自然也就被赋予了"拯救者"的使命。但是在承担这一重要角色之前，他们必须在三个方面做出确切而理智的选择与判断：

首先，是在大时代思潮和文化变革精神，即在现实世界全球话语和国家话语交叉影响下做出选择与判断。面对在一个时代中具有一定影响力、号召力的社会思潮和文化变革精神视而不见的话，则会被时代抛弃，落后于历史潮流的步伐，这不但不利于少数民族诗人本身的发展与创新，还会影响到整个民族的文学面貌。反之，如果要敞开胸怀迎接新的挑战，呼吸新的空气，即要积极纳入全球化语境中去，则要考虑到在积极的参与中，如何去保存好本民族的特色，如何在不损害其本质的基础上转换诗歌写作语体的传达方式，从而在全球化语境中为本民族文学谋求一席之地。对国家话语的态度也是一个不可忽视的问题。国家话语与民族语言具有冲突性与矛盾性，少数民族诗歌如果采用本民族语言来表达,有利于保留原汁原味的民族特色,但是它也必须冲出这种空间有限的狭隘性,只停留在本民族的内部鲜为人知的话,就不利于它的对外开放。古人云:他山之石,可以攻玉。如果少数民族诗人能积极利用国家话语为自己的创作与主旨服务的话,那么这一矛盾就可以得到妥善的处理与解决。这也就是我们说的"和而共生"。

其次,是面对本民族文化的深度震撼和精神家园失落时,身负"救世者"重任的少数民族诗人是如何选择这一角色的。作为先觉者的少数民族诗人必须自觉地思考文化变革给其带来的使命意识和历史责任。他们必须明白,这是为本民族文化求生存求发展,在互利的条件下与异质文化和平共存。"百花齐放"是文学发展的一个追求,如何成为这其中的一份精彩和不可或缺的部分,是少数民族诗人必须严正对待的问题。

再次,对个人生命与生俱来的独特生命悟性与灵魂纠葛的态度选择。本民族独特的历史文化传统与地域特色塑造了少数民族诗人独特的个性和内在情感,把这一独特的个体置于西方现代主义文学等思潮影响下的环境,面对极可能给个体带来创变的外在因素的影响,如何去接受新的表现手法与诗歌写作语体的传达方式,并将之运用到自己的表达上来,同时在表达方式得以创新的情况下,如何把本民族独特的历史文化传统和地域特色赋予个人生命与生俱来的独特生命悟性与情感保存下来,并把它过渡到新的语体传达方式中去,这是令少数民族诗人灵魂痛苦的过程。在这一过程中,选择的态度必须谨慎,把握好尺度,既不能使内在的独特个性在新的嬗变中被改变得面目全非,又不能故步自封,无所创新。因为在新的抒情方式中使民族的情感获得新的生命,焕发出新的活力,正是少数民族诗歌在西方现代主义思潮影响下发生嬗变的根本所在。

这三个方面的选择与判断得到确定之后,少数民族诗人从外到内已被塑造成新时代的民族代言人。一方面,他们以本民族历史文化环境为背景,积极主动地抒写心灵,释放情感,并极力使之成为本民族情感体现的一个缩影,逐渐由客体的真实趋向主体的真实,由被动的反映趋向主动的创造,努力使诗人的个性与本民族的共性达到高度的融合统一;另一方面,因为受到西方现代主义文学的洗礼与影响,少数民族诗人也不再像他们的前辈那样只是做牧歌式的抒写与歌唱,也不只是想让世界认识到他们民族的存在。他们已经把这种抒写转变为一种沉重的使命,诗歌的形式重于内容的表达,内容则史无前例地充满了本民族在全球化语境下如何生存下去的忧患意识。这种新的诗歌抒情话语的修辞方式和诗歌写作语体传达方式的嬗变,使他们得以大声地呐喊出本民族在新的历史环境中感受到的喜悦与困惑、焦虑,而这种使命感与忧患意识又使他们积极地为本民族探求新的精神出路。

原题《在形式的解构与重构中自觉选择——中国当代民族诗歌写作语体的嬗变》,原刊《当代文坛》2010年第6期

涂鸿:现任成都师范学院文学与新闻学院教授

桃坞烘霞

虚心涵泳　切己体察

杨　赛

2001年年初,我第一次到郭老师班上上课,郭老师见我的第一句话就是:"面试的时候,你的基础很差呀。"当场把我吓出一身冷汗。以后每次上课,我都是战战兢兢,大气不敢出。郭老师说,湖南师大古代文学专业有治辞赋的传统,人人都要背楚辞。那时网络和手机都没有普及,功能也很少,到岳麓山上读书成了我最大的爱好。我经常爬到岳麓山上,对着湘江水,大声诵读《离骚》《山鬼》《湘君》《湘夫人》《文心雕龙》《诗品》。我读得声情并茂,乐在其中,自然能够陶冶性情,直养文心。朱熹所谓的"虚心涵泳"大概就是这种境界。除了文学书,史学书我也读一点。在岳麓山上,我把《史记》《汉书》《后汉书》《三国志》《新唐书》《旧唐书》都读完了,还读了《资治通鉴》,有的篇目我不止读过一遍。学术著作更是点灯夜读,我读得最多的是《管锥编》。我一般是对照《管锥编》,把原著找来读,学着钱锺书先生的方法来做笔记,书上边角处密密麻麻写的都是我做的小考证。我慢慢学着做学术研究。

刘勰在《文心雕龙》中说屈原写《离骚》,曾得"江山之助"。岳麓山春则嫩绿,夏则苍翠,秋则烂漫,冬则肃静。远望潇湘水,近看橘子洲,难免心猿意马,我写了一首《正情赋》:

夫何女之佳特兮,举世而莫能与之争。集天地之大化兮,汇万物之精灵。性高洁同兰蕙兮,体优雅而会心。美要眇而宜修兮，恒顾盼以自怜。拢娥眉以掩目兮，启皓齿而含唇。琢白玉以立颈兮，翻墨韵而随风。举素手以摄衣兮，指纤纤如柔荑。蹑虚步以探履兮，身袅袅而余馨。尝弦歌于东闱兮，隔湘水而闻音。心几乱而不止兮，屡溯游而相从。纵一苇之不如兮，数清秋之晨星。叹霜天之欲晓兮，倚乔木而驰神。初携手上河梁兮，又相与步于中庭。户绝尘染，空寂无人，铺章设采，拨瑟鸣琴。吾发《关雎》之曲，女和《褰裳》之声。曲罢对酌，交心而歌。吾起而歌曰："与苍天之皓月兮，从高树之孤禽。望两心之于一兮，致终岁而困穷。夜不寐以守影兮，昼数寝而求容。苟乐极而忘忧兮，恐欢欣其不真。"女立而和曰："独处闺兮弱无依，思君子兮情伤悲。君之来兮何其迟，日将夕兮华色衰。敢托身兮纵勿辞，恣相娱兮两相知。"酒酣兴尽，错陈而卧。弹乌白之恶鸟，杀长鸣之晨鸡。恨东方之既曙，互掩泣而分离。觉枕树而昼寝，悲落叶于秋风。

我读着前人的诗词，一来了兴致，就拟写一些古体的诗文，当然也顾不上什么押韵和用典。写完还十分得意，把这些恶诗、恶词、恶文、恶赋发表在学校的报纸上，或是寄给师长们，并得到了一些前辈们的鼓励。

袁行霈先生建议我为自己的诗词作品作注。郭建勋老师说："《白马篇》如五丁开山，奇矫凌厉，刚健豪迈，颇有左思、鲍照之风。《子夜歌》如九曲回环，清丽流畅，深情绵邈，亦有吴声、西曲之致。然婉则婉矣，总觉风云气少，儿女情多，似未若《正情赋》之明雅巧丽者也。"蒋凡先生说我"在古代诗词、古文，甚或骈文，都有习作，并有一些较为成熟的作品"，而且由于我熟悉创作，也可以给我研究古代的文章学提供诸多方便条件。邓国光先生说："先生为文，精思巧构，苟非得古人神髓者不能至于此也。以如此之文心从事古代文学之研究,信必能成大器,为学坛增光彩也。先生文采俊朗,亟盼善加珍视,努力奋进,苟能日诵萧《选》,蓄德日久,真积力入,自更上一层,项侔古人,凌风当代,吾自拭目。"我的涂鸦之作完全称不上这些谬奖,但师长们的激励却给了我莫大的鼓舞,我学习中国文学劲头更足。

郭老师是知名的古代文学研究专家,在辞赋文体研究方面卓有建树。我在《楚辞的文体学研究——读郭建勋教授的〈先唐辞赋研究〉》一文中写道:

> 中国传统的文体批评受"原始以要终,体本以正末"的影响很深,往往将新文体看成是旧文体的直线延伸;要么重本轻末,导致保守与复古,要么锐意标新,忽视发展与流变。他认为新文体的产生是诸多旧文体共同作用的结果,旧文体和新文体之间的同构性以及突破自身局限的内在必然性决定了向新文体演进的速度与规模。作者没有把字词和篇章作为文体研究的基本单位。如果从字词入手,文体学就无法摆脱训诂学的影响,且受到时间和空间的双重限定;如果从篇章入手,文体学就未免和政治伦理学联盟,迂回于从内容到形式的老路。作者始终抓住"兮"字句式这个重心,因而能鲜明地突现楚辞体的特点,科学地反映楚辞体的演变及与其他文体的关系。

我在郭老师的指导下完成了硕士学位论文《祝尧〈古赋辩体〉研究》。祝尧是元代重要的辞赋学家,但他的官阶不高,生平没有详细记载,《广信府志》所记略详,我没有见到祝尧传世家谱,其家学渊源亦难考定。现存祝氏著述仅有《古赋辩体》和《手植桧赋》两种,其他均亡佚。仅存几处记其生平的文献表述各有不同,我只能根据元代的典章制度和《古赋辩体》的序跋稍加厘辩，写了篇短文《祝尧生平著述考略》。《古赋辩体》是元代重要的辞赋学著作，我发表了5篇辞赋学方面的文章。我从各地图书馆找到《古赋辩体》的几个版本：有明成化二年(1466)金宗润刻本、明嘉靖十一年(1532)刻本、明嘉靖十六年刻本和《四库全书》本。这算是我学术的起步。我在硕士论文《后记》中写道：

  三年前，建勋先生不计愚驽且钝，收愚于门下。传愚道，授愚业，解愚惑。琢之磨之，奖之掖之。建勋师风神俊朗，望之而厉，即之也温；春风化雨，润物无声，谆谆善诱人。此文倘有些许萤光，皆是先生授火传薪之功。

  ……

  倏忽之间，三年已逝。绿漫江南，情靡柳岸。轻舟载酒，仗剑西游，蓟北回首，兰台如梦。呜呼！世言得楚之神韵者，当高冠博带，佩杜衡芳芷，于白水之滨、南溟之浦浩歌阳春白雪。已矣乎！太史公曰：高山仰止，景行行止，虽不能至，心向往之。

选自《任昉与南朝士风》书后《跋》，商务印书馆，2021年5月

横眉冷对千夫指，俯首甘为孺子牛
——夜话我的恩师郭建勋先生

禹 翱

我儿大名叫翰如，是郭老师取的。

翰如出自《易·贲卦》"六四"爻辞："贲如，皤如，白马翰如。"翰如，意思是"白洁干净"，指清清白白做人，此其一；前面有"白马"为修饰，所以有"白马王子"的意思，此其二；"翰"亦指向古代的"翰林院"，故同时还包含能读书、有远大前途的寓意，此其三。这是郭老师给我家乐乐取名字时发给我的原文。

我和老公都很满意，感恩不尽。

念着翰如这个名字，想起读研时的种种往事，不觉深深怀想起我的老师来。

读研期间，我对郭老师是充满了畏惧的。一是郭老师对学生要求严格，而自学后考研的我没有经受高中与大学的系统教育，古文功底太薄，很难达到郭师的要求，不论与老师面谈汇报学习情况还是交笔记作业，总是战战兢兢，如履薄冰。二是郭老师批评学生从不留情面，我曾有两次被郭老师训得躲在宿舍痛哭流涕，还有很多次羞愧得无地自容……但我也确实是在郭老师的严格督促下，慢慢学会找资料、写论文的，慢慢懂得什么是好论文、好文章。三是郭老师形象也很酷，身材高大，肤色偏黑，且铁面无私，不苟言笑。上课时，也只有"一言堂"一种方式，同学们或正襟危坐侧耳倾听，或埋头苦干勤做笔记，你咳嗽一声都会影响课堂氛围。他坐在椅子上，连眼神都很少与我们正面交流，目光大多停留在我们头部以上的空气里。这种距离感更增加了郭师的威严。

过于严厉的老师，总会招来一些怨恨，再说，就我们那点小小的阅世资历，哪里能够完全理解、珍惜老师的远见卓识与良苦用心？于是被老师痛骂之后，多少会有点怨言，这点老师洞若观火，但从不在意。郭老师骂人也有特点，他一怒之下，可把我们骂得一文不值，尔后又总是于心不忍，过几天又缓和语气安慰安慰。这种经历大多数同门师姐妹都有过。但每一届也有老师特别满意的、幸免于责难的同学。所以，老师的怒火大多是怒其不争，恨铁不成钢。而我们大多数人，恐怕至今还在怀念着被老师痛骂的日子，成年后还能有谁会为你的不进步而大动肝火？那针针见血的训斥里，分明就是一种深爱嘛！

有天在"郭老师语录"中看到有同学记下这样的话："这个世界永远是世态炎凉的社会，成功了——鲜花、赞美；失败了——落井下石。"这话是郭老师说的，我深信不疑。郭老师是院长，还有着浙东师爷的明锐与洞彻。他像鲁迅：横眉冷对千夫指，俯首甘为孺子牛。

"语录"中还写道："其实在座各位同学都是'数数然'，我也一样，小学想考好的中学，中学想考好的大学……一直到死，几乎世界上所有的人都俗成这样！"我没听他讲过庄子，但我能想象他说这话时的神情。他恨这种俗，又逼着自己无可奈何地去了解、去适应。

郭老师卓尔不群，自称个性狷介，实则世事洞明。我那时还有点幼稚，满脑子理想主义，分明老师是个极深刻、极有个性的学者，但有时会觉得郭师有些言论与见解冷静到冷酷，让我难以理解。

而今我或许能理解一部分了,甚至认为他身上体现着现世生活里的一种最理想的人格:在残酷的现实里艰难地实践着理想,在喧嚣世俗中依然保存特立独行的品格。

事实上,在其位,谋其政。若不精通世态,他如何能运转一个文学院?他已经不能将自己的角色定位于一个纯粹的学者,相反他还要为文学院这群纯粹的学者撑起一片蓝天。也正是这份在滚滚红尘中练达出的透彻,才使他那么苛刻地要求我们吧?——既要读好书做好学问,又要到大城市找到好工作,尤其还要家庭富裕与生活幸福。

时光荏苒,往事历历。

读研时的每个教师节,郭老师都会宴请我们,必定是上好的酒店如集贤宾馆、羊城饭店等,或者很有特色的风味饭店,跟老师吃过湘江边的河鲀、新化的三大碗等,那是我们读研期间难得的改善伙食的机会。而每到这个时候,老师都会和我们讲起他读博时拿到稿费,请同学吃梅菜扣肉的往事。那是老师最美好的记忆之一了吧。然而,有痛风病的老师忌食很多,他每每点很多大菜款待我们,他自己倒吃得很少,吃饭时他总在说话,这时的他会和我们讲师大、湖大文学院许多老师的轶事,形象有趣。说句真心话,我那时吃得倒也不多,和郭老师吃饭总有几分拘谨胆怯,偷眼看郭老师,他注视着满桌子狼吞虎咽的学生,平日冷峻的眼神里确实是有几分慈爱的,脸上也挂着几丝难得的笑意。

研究生常把导师称为"老板"。研一时在宿舍聊天,我顺着同学口吻也随口说了一声咱郭老板如何,小玲立马纠正我:"他从来没有利用我们赚过钱,不能叫郭老板。"

郭老师博士毕业于北师大,普通话发音准确,吐词清楚,他会讲长沙话,但不大受长沙的"塑普"影响。这在他这个年纪的老师里很少见。我是很喜欢听郭老师的课的。他上课语气平淡，有种看透红尘纷扰的冷峭，思路清晰、严谨。上课若能追着老师的思路跑，总会有意想不到的收获，与自己看书的感觉很不一样。

年过半百研究先秦文学的郭老师绝不是埋在故纸堆里的老古董，他擅长随机点评时事，常会让我们会心一笑。2005年老师评点李宇春是伶人当道。2007年于丹在百家讲坛红火的时候，他就表扬于丹普通话好，让我们忍俊不禁。他说："可能口才是不错，普通话比较好，于丹其实和我是一个老师，只是我是博士，她是硕士。"

再比如他后来说的："你看那个喜羊羊，你说有什么东西，人家创造了二十几个亿！"

老师在课堂上经常用这种方式，对这个轻浮喧嚣的世界表示着他的无奈，这也是一个知识分子对社会的关注与关怀吧。

文学院五周年院庆，私以为那一场晚会中，最出色的节目是郭老师的演唱！舞台上的郭老师挺拔自若，有玉树临风之姿，歌声高亢清亮，余音缭绕，不由令人拍案叫绝。

……

终于，我们还是一茬一茬地从湖大毕业。离开了郭老师，散落在天涯海角。

不知道是名师出高徒，还是别的什么原因，郭门的弟子除了我之外，个个都很有出息。不是继续读博深造，就是考公务员考出状元水平，或是留高校、进机关、入名企……而我，是唯一一个留在长沙做了中学教师的。这种付出多回报少的低水平的就业，曾是郭师不屑的，我也深觉有愧师门。然而能力有限，性情所致，我选择了让喜好做主，就在雅礼中学待了下来。

因为近在咫尺，每年总要厚着脸皮去看看老师和师母。木已成舟，老师反倒总为我的工作出谋划策。比如我曾经老推荐学生看《南方周末》,而郭师建议读《光明日报》和《中国青年报》,说《南方周末》观点过于犀利前卫,不适合要参加高考的高中生阅读。神奇的郭老师啊,我还一直都没跟您汇报,我今年高考前给学生发的最后一份五页的阅读材料中,竟然命中三个省份的高考作文题,而这些文章都是我从这两份报纸中收集选择的。

再后来,郭老师看到我一讲起学生就眉飞色舞,他说,我看你真适合做中学老师,能做自己喜欢的工作,比什么都好。

毕业后,郭老师对我们的态度仿佛从严师转为慈父了。大大前年的正月初一,我在穷乡僻壤的婆家过年,山窝里的电话信号很不好,我就想等中午回镇上的娘家再打电话给郭老师拜年。时值正午,我正在山路上悠然地走着,准备去搭车,意外地发现郭老师打电话给我了!我无比紧张地接通电话,郭老师说:"就你这么晚没发信息,又没打电话给我,我担心是不是出什么事了。"知道我一切安好,郭老师也就放心了。放下电话后,我真的羞愧难当,正月初一就让老师担心我。

今年春节,我倒记得打了好几个电话给郭老师拜年,但都没有打通。心想郭老师是不是去上海女儿家过年去了。正月里一直忙着准备省里的示范课,终日在家备课写教案,也没去郭老师家拜年。加之毕业班开学事多,又有入学考试,我已经不记得拜年这件事了。直到又接到郭老师的电话,问我是不是要生孩子了,怎么没有我的音讯?真被老师言中了,就在那之前的一个星期,突然发现我确实要做妈妈了。

暑假里,接到小玲的电话,说郭老师去厦门旅游。路过中山,打了电话给小玲,邀她出来面聊了两个小时,饭也没吃就又走了。老师是如此牵挂着他分散在四面八方的弟子们……

在小玲的提醒下,宝宝取名的重任我也一个电话就交给郭老师了,咱老师是国学大师啊,才三天就给我家乐乐想了好几个名字，还和师母商量了好久，定下两个让我们选择，其中一个就是翰如。

一水之隔。我希望小翰如快点出生，快点长大，好带着你去看妈妈的老师啊！

我其实是真不敢妄写郭老师的，在众多郭门弟子中，我属于最无文才也最没出息的，更不敢胡说郭老师是个什么样的人。写这篇文章，仅仅是一个学生对恩师的怀想，情动于中，而形于言。

作于 2012 年 9 月
禹翱：现任雅礼中学语文教师

郭师与我的两次人生选择

王艳霞

毕业已经13年,每当有人问起,我都会介绍,我是古代文学专业的研究生,但是在郭门来说,我又是一个绝对的异类。跟多数同门继续坚持学术道路不同,我选择了成为一名媒体从业者。我之所以成为今天的我,有两次关键的人生选择,都离不开老师的鼓励。

还记得大四毕业年度,正在湖南卫视娱乐频道实习(游荡)的我,被郭师叫到会议室一番交谈,问到毕业之后的选择。我说想就业,但是郭师语重心长地说:"你已经获得保研资格,就业的机会以后有的是,在校园里安静读书的机会却很少。"其实我当时根本不能完全理解郭师的良苦用心,完全是出于尊敬,听从了郭师的建议,投入师门,开始了古代文学先秦两汉魏晋南北朝方向的学习。这是我第一次的人生选择。

古代文学对我来说极具吸引力,诸子百家的多元思想,清新质朴的《诗经》,深情华丽的《离骚》《古诗十九首》,魏晋名士风流……在郭师等老师的带领下,极大丰富的文学(史学、哲学)世界在我眼前依次展开,但当年的我,屁股坐不住冷板凳,觉得故纸堆不是我的安身之所,热衷于开店(在天马公寓跟人合伙租赁了一个打印店)、代课(在长沙的民办高校代课),在补贴家用、体验社会、人生百态中匆忙度日。幸亏郭老师定下了规矩,每周要去家中汇报一周读书心得——这在当时是我最痛苦窘迫的事情，因为我那一周，又把大把时间拿去体验生活了。然而毕竟有汇报的压力，我多少还念了一点书。回头来看，之所以在媒体还被认为"有功底""善于写大稿子"，主要还是得益于这几年的学习。如果时光倒流，我想我一定会是最认真的那个学生吧！

匆匆三年，研究生毕业，同级的仲瑶、张伟都在考博，我则每天都在搜罗各大媒体招聘的消息，憧憬着做一个"铁肩担道义，妙手著文章"的记者。毕业前几个月，几乎不是在考试，就是在去考试的路上。《长沙晚报》《大河报》《新华日报》、南方报系、新华社、中央台……我报名了所有我能看到的媒体，也通过了一些笔试，却总是在面试阶段败北。得知我立志要去媒体工作后，郭老师没有否定，而是转述已故刘再华师的评价说，刘老师说你不适合做媒体，我觉得你挺适合的。这简简单单一句话，给了我莫大的勇气，让我继续在求职之路上奔走，最终在距离长沙千里之外、江海之滨的江苏南通落脚。这是我第二次的人生选择。

毕业多年，每当在群中看到郭师为同门取得的一些成绩而由衷欣慰，我心中都会泛起微澜——如果当年我也像同门一样，选择学术道路，会不会也是一名让老师自豪的学生了？生活没有如果，既然我选择了另一个赛道，我也将带着郭门的荣耀，成为更好的自己，不辜负老师的教诲和鼓励。

王艳霞：现任南通广播电视台全媒体新闻中心记者

沉朴蕴华　丰姿卓然
——记恩师郭建勋先生

崔金英

我是 2003 年,湖大文学院建院第二年考入的汉语言文学本科专业。彼时郭建勋老师正值壮年,带研究生之余也给大二的本科生们授课。郭师修学数十载,内积外发俱臻化境,是业内敬仰的国学名士。他在台上传经授典之时,偏偏堂下坐着的是一群对钻研学问尚懵懂未知的我们,现在想来真是奢侈。

郭师治学严谨,并不因我们只是本科生就放松要求,每堂课检查课文背诵几乎是必备环节。尤其郭师主业研究楚辞,涉及屈原的篇目几乎全部要求背诵,其中难度最大的当属《离骚》。同窗小子中多顽劣懈怠者,皆苦不堪言。听闻其中一人毕业后做了某公司主管,但凡遇到中文系毕业者前来求职,必要求背诵《离骚》,简直时刻谨记身体力行传承郭师之学风文脉。

郭师讲课引人入胜,难得的是他从不靠文人八卦轶事吸睛,而是与他要布的道融为一体,一言一止皆自带古代圣贤名士的气质风华,讲先秦诸子便雄浑浩荡,讲建安风骨便慷慨激昂,讲魏晋风流便别致倜傥,让我们在沉醉着迷中领略千古圣贤文脉的摄人魅力。本人是开小差惯犯,但只要是郭老师的课,我从不曾有半分走神,也正是这难得的好习惯促成了我与郭老师之间的师徒缘分。

本科毕业,我以年级综合第二的成绩获得保研资格,因为久为长沙的冬雨所苦,也因为湖大没有全额公费研究生,我选择了外保,目标是家乡的山东大学。结果材料准备了,人也跑到山大等待面试了,院系教务处却临时通知,我的外保资格没有了,并让我马上电话里确定保本院的意向导师,否则内保名额也要浪费掉。要是只能保本院,那还谈什么选不选的呢?对我来说只有郭师一人啊!

无比坚定地报上郭老师之后,在回程的火车上我就开始紧张,先前的一腔孤勇早化作万丈自卑,我除了成绩还稍稍可看,其他一无长处。郭老师给我们授课已经是两年前的事情了,对他来说,我籍籍无名,却在"叛逃"母校不成后,还觍着脸选他为师。以郭师之狷傲,怎会轻易答应?

果然,面试室外为我们加油打气的学长笑容有多温暖,我的主考官郭师的脸色就有多冷酷,他瞟了一眼面前的疑似我的资料,说:"你就是那个保外没保成的学生?想做我的学生可没那么简单。"我正忐忑要接受怎样的刁难,郭师抛出了他的问题,一个有关文学风格嬗变的问题,他大二时讲过,因为并不是本科生需要掌握的范围,所以当时只是略略一提,并没有深入。可是谁叫我是郭师的铁粉呢,也是老天可怜我有生以来那么虔诚地对待一个老师的课堂,所以我清楚地记得当时郭师关于这个问题说的每一个关键字,并把它准确地复述了出来。

听了我的回答,郭师翻脸比翻书还快,面上冷凝之气一扫而空,语气也和缓许多,专业拷问开始转为闲聊天:"你原来打算保哪个学校啊?"我说:"山东大学。"郭师跟邻座老师对了个眼色,说:"山大也没有很好嘛。你为啥一定要保外呢?"我说:"因为湖大是半公费,每年还要交3 000块钱。"噢……郭师又跟邻座老师对了个眼色,说:"3 000块钱也没有很多嘛,再说不是已经免除了5 000块嘛……"我连连点头称是。面试就这样有惊无险地结束了。

　　读研的三年,我从未为我的选择后悔过,可是每次见郭师也真是煎熬啊。文学读研不像理工科,要跟导师朝夕相伴泡实验室,郭师基本上一个月见我们一次,检查我们的学习状况,布置读书功课。我对读书的态度基本上是混沌感性地愉悦自我,能否转化成输出能力是一个玄学问题,所以我的表达能力一直很拙劣。每次郭师要我们依次讲述学习心得时,我都如坐针毡,期期艾艾、唯唯诺诺、不知所云。这让交流谈吐向来挥洒自如、气场两米八的郭师情何以堪啊!我想得到郭师的青睐,不想让郭师轻看,可是我无法证明自己。这样的心理压力几乎伴随了我整个读研时光。因为又敬又怕,与郭老师的关系表面上就比较疏离,没有形成很多师兄师姐那种跟老师像家人般的熟悉亲昵。

　　读研时除了郭老师查功课带来的威压,其他时间我都过得很欢脱。平安夜前夕跟室友们策划扮作"Christmas girl"卖平安果,我兴致勃勃地在郭师停在院里的车的外把手上也放了一个,室友笑我不敢当面给老师,行径鬼鬼祟祟,说了好多种令人泄气的可能,比如它会被人拿走,或者郭师虽然见到但是会笑这种小孩子把戏,随手把它扔掉……我没有信心辩驳,但是总觉得郭老师不会。虽然如此,我也很好奇,那个平安果到底结局会如何呢?转过年来,新学期开学,我们照例去老师家中拜见老师、师娘,闲谈中,赫然发现那个平安果就摆在一个博古架上,我不由得心中一阵感动,没想到郭师温柔至此,对于不知名的小小心意也能如此尊重珍视。

　　老师常常教导我们要"内圣外王",达不到也至少要做到外圆内方,就是内心要坚持原则,同时也要尽量适应社会规则,做到形式上的融入。那时,"剩女"这个词汇刚刚兴起,社会氛围对此充满轻慢和嘲讽,加上就业日益困难的现实情况,一直把我们当作学术人才培养的郭师不得不无奈地改弦更张,开始跟我们说:"我希望我的学生都走学术这条路,但是你们女孩子若不想读博,早点毕业,早点找工作、嫁人也很好,我不会强求。"我知道郭师说出这番话绝不是推卸教导责任,他是在为自己学生的未来人生打算。

毕业多年后,在郭老师的嘱咐下,师弟们将郭门弟子全部联系聚集在一起,建立了"郭门"微信群。弟子们在这里讨论精神困惑,交流个人作品,绝少涉及现实中的名利得失。每每看到同门在此讨论某个话题,就像回到了才华和热血都无比珍贵的大学时代。感谢郭老师,在我们毕业多年后仍心心念念关注弟子们的成长,非常有心地建立这样一个灵魂和情怀的寄托之所,让我们这些在俗世中饱受社会毒打的弟子获得慰藉和重新出发的力量。

谨以此文恭祝郭师七十岁寿辰。

崔金英:现任山东省青岛市城阳区人大常委会办公室研究室二级主任科员

贺郭师七十寿辰二首

陈 娜

松云高卧有所思,平生重爱楚华辞。
濯足濯缨沧浪水,凤飞凤栖碧梧枝。
南国橘生深难徙,石渠经传老不移。
请看桃李多年意,不觉春山日已迟。

退而修初服,尚爱辨古今。
麓山朝晖静,湘水日暮云。
可语二三子,从游五六人。
不图名麒麟,况乃轻黄金。

有关郭师二三事

倪宏达

前段时间,同门新明兄邀请我为老师七十寿辰文集写篇回忆性文章,这让我既高兴又迟疑。高兴的是,能有机会参与这样有意义的事;迟疑的是,毕业近十年来,工作环境远离文学,久不作文,恐文字生疏,为众人耻笑。但感怀于老师当年教诲,便觉得只要写出心中所想即可,现在也顾及不了许多了。我有幸于2010年9月至2013年6月拜于老师门下。在与老师相处的三年时光里,我收获甚多。这里将追忆一些与恩师相关的事。

一、"出其不意"与高大伟岸

当初在读大学时,便听人反复提及郭师之名。我报考湖南大学文学院也是慕名而来。在研究生入学考试复试环节,我见到了坐在众评委中央的他。郭师在面试时问了我两个问题,我有些紧张,觉得自己没有答好,所以认为老师不会录取我。复试后,自觉表现拙劣,心情低落。我没有立刻返回安徽,而是在湖大文学院楼附近及校园别处走了走,以作最后留恋。两三天后,我在湖大文学院研究生录取名单中竟意外地看到了自己的名字,并且是在郭师名下。当时,我惊喜得不顾一切地蹦了起来,差点摔坏了手机。

在入学后的师生见面会上,我第一次近距离接触到了郭师。

当会议宣布导师与其对应研究生名单后,老师分别喊了"刘祥、倪宏达、刘婷、向勤",并从台上走下来,其他人立刻让了让。我们立刻应声围了过去。老师比我想象中的高大,得有一米八了。这让我一直认为湖南当地人都很矮的看法碎了一地。他方正持重、眼光犀利、脸露威严、自带气场,对我们简要嘱咐了入学注意事项和需做的一些准备工作。然后,他喊了几个名字。我看到几个人(牛海蓉、陈冠梅等老师)都恭敬地到了他跟前。郭师照例威严地指点了一二,她们不住地点头。对我而言,这是次心怀敬重、收获敬畏的见面。我在无言中感到了老师的威望和气势。

二、"快交论文"与"忐忑之路"

研究生第一个学期临近期末,湖南大学文学院各学科研究方向的学生都得交期末论文。正值严寒,除了上课,大家多蜷缩于寝室被窝。随着交论文期限逼近,在床上谈天说地终究不是个事。稍微自觉点的学生已开始行动,但对那些马大哈同学与懒虫同学,刀不架上脖子,他们还是不会动的。突然,有个同学灵光乍现,想了个歪点子。他找了一张郭师表情极其严肃的照片,并在老师嘴边P了几个字和一个感叹号:"快交论文!"从那时起,当有人不想写论文时,一出此图,他会心头一凛,立刻有了劲头;当同学QQ群聊得乌七八糟时,一出此图,大家的嘴巴顿时收敛许多。此图可谓治乱之神器,屡试不爽,大家很是受用。我们一直用至毕业。

从学校集贤宾馆右转往上,有一条通往郭师家的必经之路。研一上学期,老师有次在家里召见我们,并严厉指出了我们一些学习问题,同时布置了难度颇高的新任务。自那之后,我们便有些"怕"去他家。每次从天马公寓到岳麓书院,我们总是谈天说地、脚踏清风,但一到集贤宾馆、吹香亭那片地带,路就莫名变得难走、变得"忐忑"。路逐渐上坡,刘祥、刘婷、向勤和我似乎立刻腿中灌铅,变得体力不支。我们往往在这短短的路上花了不少时间与很多力气,却走不快、走不远。有时候,上一届的师姐与我们一起去老师家,速度还稍快点。但多数只有我们四个人在这条路上"忐忑",并反复作见面后的各种假设,靠互相鼓励才能蜗牛般地挨至老师家门口。

三、文学之声与"临时军饷"

研究生上课很少发教材,我们上课主要靠耳朵听。郭师常用自己的讲义给我们上课,以口述为主。知识面广且注意力集中的学生会更受益。把老师讲课录音整理成文档后再次学习的做法,是一些基础稍差的同学的福音。整理讲课录音是个细活,需要很大的耐心一点一点听。有时在知识深奥处听个十遍八遍,并查阅相关资料后才能把录音内容写准确,这是常有的事。录音里,郭师音色洪亮、吐字清晰、节奏铿锵。长时间保持这种讲课状态是不易的。听着录音中一字一句的吐纳,能让人感受到教师这一职业的崇高和伟大。有时候音乐会听烦,反而老师的声音听不烦。听着听着就感觉跟老师更近了,听着听着也感觉跟老师更亲了。这是文学之声,也是文化之美,每一个字都饱含着老师对我们的爱。

给研究生上一次课时间很长,很耗费精力。除了喝水,也有别的办法提神。郭师是抽烟的,所以他上课总带着"芙蓉王"。郭师的烟雾缭绕能让课堂带上点仙气和古典的味道。有次上课,郭师照例点燃了"芙蓉王"。那天老师兴致颇高,提到了《世说新语》中"竹林七贤"之一的刘伶醉酒的典故。老师津津有味地念到:"天生刘伶,以酒为名。一饮一斛,五斗解酲。妇人之言,慎不可听。"也提到了嵇康醉酒之态:"嵇叔夜之为人也,岩岩若孤松之独立;其醉也,傀俄若玉山之将崩。"郭师讲得兴起,我们听得入神,但烟雾却戛然而止。老师叫离得最近的男同学到跟前轻声说:"去杨舟那里拿点烟来。"于是,我一溜烟跑去找办公室主任杨舟筹措"军饷",心里渴望得到很多"芙蓉王",没想到他只靠着"白沙"过日子,并对我犯难道:"我哪里搞得起'芙蓉王'啊!"为了尽快给老师续上仙气,我只能尽快把一包"白沙"放到了老师面前,大家立即齐刷刷看向"白沙"。郭师嘴角略微上扬后瞄了我一眼,迅速把那包"白沙"放到桌肚抽屉里,接着继续烟雾缭绕。我后来琢磨:老师轻声对我说讨"军饷",也就是不便让课堂上的大家都知道,而我拿回的"白沙"也应放到他的桌肚抽屉才好。正是这些细节,让我从那时起学着把长者和领导交办的事做得更妥当。

四、哈特波波与乌苏里江

当年,郭门师生聚会基本都在长沙通程广场的哈特波波。这是相对高档的自助餐厅,家境较好的学生在这里放松聊天,农家学子在这里大块朵颐。我属于后者。十年前的哈特波波,各色饮料和食物已是异常丰富、美味,超出我的想象。读研来到省会级城市之前,长自农村的我也很少让味蕾充分满足。大家只管攀谈嬉笑,我只管埋头苦干。当时心想,每人75元的自助餐也太贵了,要多吃,不能让老师钱花得冤枉啊。其实,这属于农村人最朴实的想法。师门之中,女生居多,所以我的战斗力显得尤其突出。当年,我体力精力旺盛、爱锻炼,消耗大,通常一个人可以吃三四个女生的食物。郭师看着大家吃饭,和蔼地笑着,同时说出了后来在同门间广为流传的经典语录:"我就爱看倪宏达吃饭,在哈特波波,只有他可以吃回本。"

郭师桃李满天下,郭门弟子遍布四海。每年五六月毕业季,大家总会以不同方式为当年毕业的学姐学长送行,KTV是郭门师生最常用的。我听到郭师唱的第一首歌是《乌苏里船歌》,这是父辈们爱听爱唱的民歌。老师用雄壮的歌喉把赫哲族的幸福生活唱成了大国之声。当时,同学们唱的那些多半是关于爱情的靡靡之音,包括我自己哼唱的一些歌也是这样。说来蹊跷,可能是受到了郭师演唱和歌曲内容的感染,我大致也是从那时开始留意,并逐渐喜欢上了那些歌颂国家和人民幸福生活的歌曲。

五、麓山巍巍与湘水泱泱

在湖南大学三年,我和同门、朋友爬过很多次岳麓山,早对山中四季景象习以为常。直到临近毕业再爬岳麓山,方真正感受到麓山之巍巍。在山脚下居住的郭师,三年的言传身教,让我铭记在心。毕业前,郭师对我有过两次严厉批评和一次鼓励,让我受益匪浅,难以忘怀。两次批评都是关于毕业论文。一次在郭师家中,老师严厉批评了论文初稿在行文严谨性与用词规范性方面的问题;另一次是在毕业论文答辩会上,老师以我的论文序言为反面教材,严厉批评了部分同学行文繁琐累赘之风。这两次批评使我受到深刻的思想洗礼,当时的场面也很惨烈。一次鼓励,是郭师了解到我家境贫寒和当时的困境后,给予我的精神鼓励与经济帮助。郭师用师者的智慧和长者的经验,帮我战胜了脆弱,走出了低迷。在批评和鼓励的背后,我深感郭师严于治学之德与授业解惑的再造之恩。

毕业前,在文学院古代文学专业毕业晚宴和师门欢送晚宴上，我们和郭师聚了两次。当离别真正到来的时候，我们心里很不是滋味。大家促膝而谈、寒暄道别。我平时较活跃，但此时反而安静了一些。因为我想集中精力，用眼睛和耳朵带走更多的画面和更多的欢笑。我多次望着融入毕业气氛的恩师郭建勋教授，不知道他在那些时刻的具体感受如何。我多想单独找他聊聊啊！此一别，往日多少情景又浮现眼前；此一别，又不知何时能再见；此一别，希望他往后平安康健。我临别前最后一次来到湘江边，回首巍巍麓山，思绪万千。三年来，郭师的教导照顾、同门兄弟姐妹的深长情谊，无数场面、无限留恋，都化作眼前泱泱湘水的连绵不绝。

2022年10月25日记于安徽工作驻地办公室

倪宏达：现任安徽建工建材科技集团第二分公司党支部副书记、工会主席

在"郭门"学习的日子

童佳路

一

我来湖南大学文学院求学始于 2009 年 8 月。彼时我不懂文学,文学史、文学理论、写作、思想史这些概念我区分不了,自己的作文常被认为语言平淡,"土气"的标签已被贴了六年。

入学的第一堂课正是郭老师上的。这堂课老师问了我们两个问题:"什么是文学?""为什么来学文学?"我已经记不清自己的答案,因为我当时的理想就是大学毕业去中学教书,对高深学理无甚兴趣,也从不关注。虽然当时信誓旦旦想要读研,但根本不敢考虑选择郭老师做导师。

不过,郭老师首肯的答案我还记得一些。一是文字与文学之辨。这影响到了我硕士阶段写学位论文时对"文学观"的判断,也间接影响到我后续研究中对文学材料的取舍。二是读书与生活之辨。读书与生活都要把握好节奏,尤其是在状态不好之时,仍然要保持自己的能力输出。

那堂课的专业内容是《诗经》。老师侃侃而谈,从容不迫,以学理辩难常识,有力而不躁进。这大概就是"学者风范"了。

那年的古代文学课,当教室外一片狂欢消费之音时,郭老师在黑板上写下:"开卷无非净土,闭门即是深山。"

二

本科的时间过得很快。习惯了中学生活方式的我,既懒得自我改变,也尚不懂得分辨学习和读书。有课就上,无课休息,一天睡十多个小时也曾是有的。这样一晃就进入了大三。

按培养计划,我大三开始需要选择导师。对学术界一无所知的我,凭借对古代文学些许的兴趣找到了郭老师,相当直接地表达了希望拜老师为导师的愿望。郭老师直接答应了。

这是我求学路上最顺利的一次得师经历了。

现在回过头看,当时的我是过于自信的,这种自信恰好来源于不知。因为不知道学海多大,所以觉得自己已经明白很多;因为不知道治学之难,所以对未来规划疏于盘算。此《逍遥游》中蜩与学鸠之谓。老师曾经说过师兄的读书法,我浅尝辄止,读书不求甚解。

转眼进入大四,真正的困难出现了。郭老师治学和教育都非常有经验,当然,这是因为今天我在回溯记忆,当时面对未来四年可以持续研究的大题目,我是惶恐的。真正接触研究,方知学问难做。

三

我真正开始学习,始于大三。原因不详,起初是觉得好玩,翻开古今中外的经典名著,如进入了五光十色的新世界,自己的小天地被知识的洪流涤荡干净。那一年,我从孔孟荀韩读到《乡土中国》《万历十五年》,又从《史记》《三国志》学到《莱茵河》《宽容》。

但以一年认真学习的功底,迈向研究生生涯,多少是心虚的。果然,本科毕业论文成为了一系列坎坷的开端。

起初是失焦,面对文学与哲学的交叉,我不知道要回应的核心问题究竟是什么。忙碌三个月,最后把草稿写成了相关作家作品摘要。再者是误将散文当论文。当然,我也看不懂专家的论文,于是自己的论证和引证多停留在辞章表面。

郭老师拿到初稿,批评了整整一节课。最后将文本反馈给我,里面密密麻麻全是老师的批改,行文中连标点符号也被老师仔细斟酌。最后,附有老师手书的一整页修改意见。语言是严厉的,但老师的教导是温暖的。

大四下的那个学期,是被毕业论文阴雨笼罩的学期。最后仓促答辩,进入硕士研究生阶段。因为研究已有基础,我们的进度赶在了不少同学的前面。这时,老师也提高了要求。首先是读书,老师为我们开列了包括《诗经》《楚辞》《庄子》在内的十余本专业文献以及相关理论专著,我们需要自选其中几本,定期上交读书笔记。然后,老师鼓励我们多论学,多做研讨。

四

看似平顺的开局,于我而言,则又成一段波折。

暑期加开学三个月,新修改的论文再次暴露了自己学渣的本色。这次老师是真的生气了,老师翻开文本,逐条指出我论证不成立的原因,或是逻辑错误,或者语言不通,或者材料本身就错了。文章确实被老师细看过,因为上面的批改笔记再次精确到了标点,后面仍然是一整页的修改意见。末了,"完全不行",老师作出了结论:"行文要干净,思路要集中。有一分材料,甚至只能说半分话。"

但老师从未放弃任何学生,即使是我这种差生。"要不你调整一段时间吧,先放下。"老师说道。我仍然记得那是那年的九月末,天气刚刚转凉。之后的一个月,我继续保持以前的读书节奏,基本功薄弱,除了补课,没有捷径可走。一个月以后,我上交了七页笔记。

这是我第一次得到老师的肯定:"可以,有想法,有深度,就是太少。"等到了十一月再次交作业时,老师继续启发我:"既然你对理论更有感觉,要不试试《文心雕龙》?"当时我卡在旧题目已两个多月,期间一个字也写不出来。以当时的水平,我无论如何也不能弥合理论与文本的关联。

《文心雕龙》同样对我是新天地。骈文、文学理论、南北朝……这些名词以前给我的印象是枯燥和费解。若无导师鼓励,我恐怕至今也不会碰《文心雕龙》。自然,我是从译注本开始读的,从入冬一直读到开春,读得很慢。

五

我从未如此认真地读过任何一本书。先读原文,再看注释,然后择其条目摘录,最后写出读后感。《文心雕龙》不厚,但我花了一个季度方才看完。

同门大多已经在谋划开题了,唯独我抱着刚读完的书,仍然在茫然中。老师此时也不催,要我自己翻阅过往的研究论文。但作为"小白",我根本不会梳理问题。放眼各种文章,眼中全是光怪陆离的话语,读到最后,心中只剩下了一些浮光掠影。于是,半年以后,老师终于忍不住了:"这么久,你竟然没有题目?"

此时离拟定开题报告已不足3个月。老师再次为我指明了方向:"《文心雕龙》涉及文学、文体、作家和美学,看看哪个方面是可以着手的？"然后,推荐我阅读穆克宏先生的论文,并以为样板。于是又经过一寒假的研究,刘勰对汉代作家的批评成为了我的主攻方向。

郭老师对学术要求一丝不苟。接下来,开题报告的写作成为重点。老师希望我们能将详细提纲写入报告,详细程度要到将论文定本的书写变成有关材料和关联词句的填空。我那时笔记尚未整理完,于是凑了篇提纲当作业交了。

"这是你昨晚写成的吧？"老师一眼看破,"不要轻视治学方法和学术规范。提纲通了,论文才能写顺。学术规范虽然繁琐,但它是学界的要求。而论文一旦印成了铅字,是不允许还有错误的。"此时,距离提交正式开题报告不足两周。

2015年春,是我硕士生涯最紧张的时期。我一度以为自己会延期毕业,我清楚地知道自己的短板,也知道是我前期的混乱导致报告写作时间不足。开题答辩那天,我是强打起精神进行发言的,郭老师做了补充说明:"书读得仔细,研究框架清晰。"最后,直到答辩老师开口:"这个文献确实到位了,材料足够了……"我知道,稳了。

六

郭老师的学习策略在研三发挥了奇效。暑假,我以每日千字速度推进。从定题到预备,我用了一年多,但从写下第一个字到完稿,我只用了两个多月。这为后续就业赢得了相当充足的时间。

进入冬季,论文基本完工。后续工作非常顺利,我研三下的那学期,拢共只在学校住了一周,其余时间全部花在了就业上,我丝毫不担心自己论文无法通过。五月,是最终落幕的月份,一切都结束了。

经过这几年的磨砺,我最后当然也没当成中学老师,而是去大学从教了。我以学术为业的个人目标和治学方法、为文态度均是这些年从郭老师处习得的。

2020年,我准备攻读哲学专业博士生,郭老师对我关心良多。先是准备了推荐信,复习过程中又不断鼓励我,关心我的状态。结局是圆满的,我最终回到了湖南大学,只是换了个专业。

回想这些年,改变的不只是年龄,最重要的是人的精神。我找到了未来发展的方向,也习得了治学的基本能力,养成了良好的研究习惯。同学常说我资料翔实,他们不知道的是那紧张的三年里,郭老师是如何培育我们的。没有那些年的捶打,我是不可能走上学术道路的。

时光易逝,就以此篇文字简单回忆过往,以纪念那些过去的日子。

童佳路:现为湖南大学岳麓书院博士研究生

师恩如父

张洁弘

人在异国他乡，回想最多的，还是恩师和师母从厨房端出热气腾腾的饭菜的情景，亲情和温暖顿时满溢于胸。

生命中那些美好的记忆与情愫，即便隔着电脑屏幕，隔着万水千山，也亲切如许，清晰如昨。

在内心细数一下，我跟老师与师母的交往，已经七年了。

七年来，我们事实上已经由师生变成家人了。

一

2015年，我从西南大学文学院戏剧影视文学专业保研到郭师名下。因为深知自己基础薄弱，所以早在保研面试之前，我就去湖大文学院旁听过郭老师给本科生开的课程，但在课堂上见识过老师的威严以后，我心里更加底气不足了。

感谢命运的机缘巧合，我有幸成为了郭老师门下的一名再普通不过的研究生。然而，因为自知离老师的学术要求相去甚远，很长一个阶段内，我见到老师都像老鼠见了猫一样，生怕露馅儿。

郭师身材高大，脸色威严，目光犀利，见到我们时很少微笑，甚至几乎从不直视我们，多数时间都是沉思的状态。其讲话也言简意赅，比如："说说这个月你们读了哪些书？""你们四个，跟我来。"发现我们没按照要求完成阅读任务,老师会一言不发,一根接一根地抽烟,让坐在对面的我们诚惶诚恐,大气也不敢出。

记得第一次去老师家汇报本月的读书情况时,因为先前懒散的学术习惯,我并没有做太多的准备,以为可以用本科应付考试的方法蒙混过关。结果可想而知,被训得狗血淋头。

从老师家走出来,天已经黑了,晚秋的风在岳麓山的小径上吹得呼呼作响。走在下山的路上,脑海中回想着老师言语里的愤怒与痛心,那天明明没有下雨,我全身却像被冰雨淋湿了那样寒冷,在老师家强忍着不敢哭的我,一路上带着泪回家,早已看不到身后的同门。

从那天开始,我不敢懈怠,才真正开始一本书一本书、一个字一个字地阅读起来,读《诗经》《史记》《左传》《国语》,读与专业相关或不相关的学术经典。我现在仅有的那点古代文学功底,都是那个时候积攒下来的。

而与我一起被骂的"革命战友"王君,当时郭师怒极时说他的"你是不是从很遥远的乡下来的,一点学术水平也没有"也变成了我们现在每次聊天必会调笑他的梗。

战战兢兢地到了写毕业论文的时候,有一天早上上课,同门陈君跟我说:"我昨天晚上竟然梦见郭老师了,梦见老师催我交论文。醒来以后心慌无比,冷汗直流。"还有一次,陈君又说:"昨天下午五点左右,我在四食堂碰见老师买馒头。"同门王、边二君听后再也不敢在那个时段去吃饭,连四食堂附近的路也不敢走。可见老师那时让我们生畏的程度。

唯一稍显轻松的时刻,是每次下了课后,从教室送老师步行回家的路上,老师会跟我们分享他的学术经历:从去福建跟黄寿祺先生学习到被北师大破格录取成为聂石樵先生的博士生;从回湖南师大任教到一步步在艰难中建立起湖南大学文学院。

而我看到的则是一位想保留最理想人格的学者,在理想和世俗之中艰难地平衡着,还竭力为中文系所有老师撑起一片纯粹的学术天空。

多年后想起这些,仍旧觉得老师巧妙又精准的处理方法给了我很多启示,起码证明了一个道理:只要足够努力,理想和现实的平衡真的可以存在。

郭师当时调笑说,他在北师大就读期间,为了养家不得不帮出版社写自己看不上的杂书。现在的我为维持在伦敦的生活,也不得不强写自己并不情愿的财经类公众号,或许可说是另一种形式的师承,也或许可以说是时代赋予的尴尬共情。

还有老师多次提到的师兄师姐们:文采斐然的杨赛师兄、最多只跟同学聊十五分钟就要埋头学习的仲瑶师姐、因为热爱跨专业转到文学院且才华横溢的铁生老师、一边学习一边养家的宏达师兄、功底扎实又勤勉刻苦的新明师兄……师兄师姐们成功的故事在前,无形中给了我很多激励。

因为英文的优势,研究生二年级的时候,我第一次从学校申请到了经费,去了美国布朗大学,那是我第一次受到现实意义上学术的鼓励,内心非常窃喜,好像要糖吃的小孩,第一个给老师发信息,却只收到老师两个字的淡定的回复:"好的。"

我顿时非常泄气,觉得"好的"那两个字背后分明写着:请你先把我要你读的书读好,别做没用的事。于是半点也不敢松懈,从美国回来后,又开始密集地投入老师要求的学术训练中。

后来直到毕业前,我从师妹口中,听到老师对我"喜欢折腾"的评价,分明带着骄傲和自豪。我才明白,老师对我们的肯定与夸奖,都放在背后。

严羽在《沧浪诗话》里说:"夫学诗者以识为主,入门须正,立志须高;以汉魏晋盛唐为师,不作开元、天宝以下人物。"感谢郭师,在我们甚至还没有确定会进入学术圈之前,他就以赋学研究入门者的标准来要求我们,为我们制定了系统规范的学术框架。他一方面向我们介绍赋学研究的前辈及研究成果,教我们赋学研究的方法和切入点,在指导论文的过程中逐字帮我们修改,教我们学术写作的方法;另一方面,老师用自己及师兄师姐们的亲身经历为我们打开了一扇学术世界的窗口,让我们看到了那个只要足够努力、勤奋、勇敢和坚持就可以到达的地方,离我们并不遥远。

现在回想起来,老师表面严格要求我们、甚至还责骂我们,内心却对我们甚是疼爱。老师每学期都会带我们改善生活,带我们去吃学生时代我们消费不起的哈特波波;还有手机打车软件刚刚兴起时,我帮老师打了一个车从溁湾镇回东方红广场,不到3公里,却被老师反复询问:要不要紧,会不会影响我的生活。甚至有一年收假回校,老王带了一点家乡的野生蘑菇送给老师,老师竟然把老王叫到家里,坚持要给他两瓶酒和一盒茶叶作为回礼,让他带回家去送给父母,老王拗不过老师,最终拿了一瓶酒离开。要知道,那时候的一瓶好酒对我们很多穷学生来说就是一个传说。

哪怕后来有了更多的经历,只要想起那些在岳麓山下,跟随老师读书的日子,就会怀念起那段人生里最美丽的光阴。

是啊,等到再长大几岁,我才明白,一生中像郭师这样满心希望、尽力督促你上进努力,不怕你记恨、不怕你骂的人,又有多少呢?

二

在老师门下的前两年,我都是在敬意与恐惧中度过的。一方面，我敬佩老师的为人与学术成就；另一方面，我又为自己达不到老师的要求而深感恐惧。

二年级时，湖大文学院发生巨大变化，两位与老师年纪相仿的古代文学学者的突然离世，给老师带来了很大的冲击。

我无法想象老师的内心到底被震撼到了什么程度，我只知道，我心目中那个受人尊敬的老师，变成了我身边普通的中年人。

他也会有畏惧，会有疼痛，会有脆弱。

去过老师家一次以后，我发现老师被心魔困扰，觉得自己"生病了"，遍访名医又始终得不到确定的答案，就又陷入心魔当中。

我回家后在家里哭，我想不到我心目中高山仰止的老师，在生命面前，怎么变成了这个样子。我很想告诉老师，医生都说没问题就是没问题，不用用做学术的精神去探究疾病，可又不知道怎么说出口。

我只能一趟又一趟地在闲暇时去老师家里，去看看老师跟师母。

毕业后，我期待已久的"博士录取"offer没有来，坚持不找工作，也坚持不愿意尝试任何国内博士考试的我受到了打击。

彼时也是老师内心挣扎的阶段，我亦习惯性地每月去老师家，跟老师、师母度过一个早上，然后理所当然地留下来蹭饭。

我们三个人一起吃饭，师母一般会做四个菜，每样菜量不多，品类却很多样：香芋排骨汤、松露鸡汤、香干炒肉……当然，还有我最爱的炒干鱼。

我们师生抱团取暖，生活似乎会好过一点。

拿不到博士录取通知，在长期的自我心理压力下，我被查出某项身体指标出了问题。

拿到检查结果那天，年轻的我第一次意识到生命可能遭受的威胁。现在想来十分可笑的事,当时却成为我长达几个月的巨大恐惧。我害怕还没有实现理想,生命就无情地消逝了;我害怕终于拿到录取,成功入学,却在国外苟延残喘、病入膏肓。我从一个斗志昂扬、充满理想的年轻人,变得在路上看到蚂蚁死了都会流泪,那种对生命消逝的巨大恐惧一点点地吞噬着我的内心,而且想都不能想,越往深想就越陷入困顿。我终于理解了我的老师一点点。

我自己状态不好,也不敢再去看老师,生怕自己的情绪影响到他们。

休整了很长时间后,我才去老师家看望他们,尽管装作若无其事,老师和师母还是发现了我的异常。我什么也没有说,从内而外透出的恐惧却吓坏了他们。

回到家后,我收到了一条老师的信息:洁弘,不用担心,不管发生什么事,我们一起面对。

我不知道一向惜字如金的老师,是如何敏感地发现了我的异常,也不知道老师有没有想过,如果我真的面临巨大困难,那句话会为他带来的责任与麻烦。

可是我相信我言出必行的老师,他一定是把我当作最亲密的学生与家人,才说出这样的话的。

父女的情分,大概是那个时候建立的罢。

从那个时候起,我好像突然可以读懂老师了。

我读懂了每次去老师家,他总会说:"你们都不用来,去忙自己的事情,把工作做好。"却掩藏不了的开心与幸福。

我读懂了老师被神经拉扯的腿疼折磨,却在自己的精神世界里游离,无人理解的困与扰。

我读懂了老师在病痛中对平凡人生的羡慕,他羡慕师母的快乐与简单,甚至在腿疼到不能出门时,他还羡慕起红叶楼下那个扫地的工人,然后一整个下午就陷入别人的人生。

我读懂了老师和师母,子女都不在身边,只能通过遥远的视频表达牵挂的不舍与思念。

我读懂了老师收到师兄师姐们从远方发来的微信,有好消息时无法抑制的快乐和欣慰。

我读懂了老师是如何穿梭在我们读过的《周易》《庄子》和楚辞里,他越是往深里想就越是沮丧。

我读懂了老师对我们像父亲一般的担忧,他希望我们都过得富足又幸福,盼着我们每个人都好。他企盼我们有所成就,又担忧我们为追逐世俗的功名所累。

我读懂了师母发自内心的关切和温柔,比起老师的殷切期望,她对我们的爱只有:希望我们都健康和快乐。

我也读懂了老师的脆弱,他从让众人仰望的人,变成我们身边的普通人,不知道内心要承受多大的落差。

我读懂了,却又不知道怎么办才好。

生活的压力重重叠叠地降临,我又隔了很久没去老师家。

后来,等到某一天我再去看望他们,我发现老师慢慢接受了现实,从不愿意出门到每天出门散步,顺便买回今天的小菜。再一次吃到师母做的炒干鱼时,我发现老师好多了。

老师终于跟自己内心和解,又变回那个让我仰慕的老师。只是这一次,多了更多的亲切与温柔。

老师会在我穿着短袖的时候,刻意帮我调高家里空调的温度;老师会在我要走的时候,看出我最爱师母给我的哪样小零食,然后塞很多给我带回家去;老师会叮嘱师母,今天中午洁弘要来,让师母多做一个我喜欢吃的菜;老师会在提起陈、王、边三君时,担心起他们的工作和感情状况。

后来,我去耶路撒冷读博,在古城里孤独地给老师发微信,想要放弃,老师没有责备我的退缩和软弱,只是表达他的担心,他担心我退了学回国也没法过上想要的生活,告诉我在哪里都是要面对压力的。

后来,我在一段情感长跑里受伤,在老师家崩溃到大哭,师母心疼地拥抱着我,老师大概也无可奈何,就像当年发现我没有按照他的要求读书那样,他又一根一根地开始抽烟,似乎在沉默地安慰我。过了良久才迸出一句:"长远来看,也不是坏事。"

后来,我去了很多城市:看过纽约时代广场的灯光,在耶路撒冷的哭墙边听过彻夜的祈祷,在重庆的夜晚开车行过一座又一座桥,也在伦敦的秋天踩着落叶去学校里上课。不管我在哪个地方生活,只要想到在岳麓山的小径上面,穿过集贤宾馆,穿过学生时代那条走了无数遍的窄窄的小路,想到在红叶楼4栋1单元那间小房子里,依然住着我的老师和师母,他们永远留了一盏灯给我,不管外界如何变化,不管我成功还是落魄,他们永远都会给我最赤诚的温暖和怀抱,我就会在无数个艰难的关头重新鼓起勇气,去面对生活。

感谢命运的机缘巧合,原本以为像我这样自由散漫的人,是不配给这样勤勉正直的先生做弟子的;原本以为我就算成为了老师的学生,以我不守常规的个性,我们师徒的缘分也仅限于研究生三年。

没想到缘分用另一种方式照亮了我们,在老师的影响下,我逐渐领悟到要实现我心目中真正意义上的"自由",除了勤奋,别无他法;那些看起来轻松自适的人,背后都付出了极其艰辛的努力。即使过程充满波折,我最终还是走上了学术的道路;老师似乎也在我的影响下,开始接受人生除了学术工作以外,也还有别的路径通向成功,而路的尽头只有四个字,就是"自由"和"快乐"。

感谢命运,让我遇到了那么好的老师和师母,他们给了我那么多的关怀和疼爱。

感谢老师,他为我树立了良好的古代文学学者的典范,让我始终对学术充满了敬意与神往。

感谢老师,因为老师,我没有走歪,即便一生都无法成为像老师那样勤勉且完美的人,但我可以坦荡地说,我做了一个像老师一样正直、善良且诚实的人。

感谢老师,因为老师足够公平地对待每一个人,所以我们师门纯粹简单,没有任何比较,只有相互鼓励与帮助。

感谢老师,给我们提供了那么好的氛围,在"郭门"里,我们拥有了一群永远年轻与炙热的伙伴,我们拥抱理想、讨论学术,也分享工作、吐槽生活。

感谢老师,在独生子女的年代,我跟同届熊文、强镪、培文三君结下了深厚的友谊,这么多年过去了,尽管现在的我们天各一方,也依然常常联络,亲密得就像真正的"兄弟姐妹"。

感谢师母,她是那样地疼爱我,记得我出发去以色列之前,师母发微信跟我说,一定要在走之前去家里坐坐。可后来诸事驳杂,我最终没有去。没想到第二年回国,师母从包里小心翼翼地拿出好多张美金给我,说是给我的零用钱,怕我的奖学金不够。我在那一刻掉下泪来。只觉得自己无能,还没有赚到更多的钱孝敬老师和师母,却让年迈的师母从私房钱里取钱给我。

在有限的人生中,遇到这样好的老师跟师母,是我的幸运。

再一次以此文恭祝郭师七十岁寿辰,我真诚地思念着他们。

张洁弘:现就读于伦敦大学亚非学院

忆往昔，展未来

陈熊文

2022年10月29日，深夜，刚从社区值守回来。一直答应师兄要交的稿子，至今一个字也没写出来，下午向师兄表达了歉意，也是对老师的歉意。同门刚刚发来她用心用情写出的作品，想让我提修改意见。从她文章的字里行间，让我想起了尘封几年的过往，一幕幕研究生时期的记忆涌现心头，瞬间找到了丢失很久的写作情怀。得益于同门文章的感染，才让我在这一刻匆忙而又真诚地写下这篇文章。

关于研究生时期的记忆，关于对郭师的印象，关于与同门同学之间的情谊，有太多想要讲述的故事，有太多想要抒发的情感，不知从何说起，也不知从何下笔，说不尽，也写不完，这里仅记录几件虽小却印象深刻的故事来表达内心的情感。

郭师是一位学识渊博、授课有方的老师。我喜欢文学作品，却不喜欢看文学史，但是听着老师的讲解，发现《中国文学史》也没那么难读，每一堂课都能听得津津有味。老师对楚辞有深入的研究，对《离骚》的讲解精彩生动，让我清楚看到了屈子的高洁品格，真正感受到了屈子的无奈和苦闷，深刻领略到了屈子的爱国情怀。老师也会讲《周易》，记忆最深的是对乾卦卦辞和爻辞的解释，他会把卦爻辞与实际生活工作联系起来，说明处世之道。工作之后，我也时常会想起老师对乾卦卦爻辞的解说，刚好能与个人的实际相联系。

　　郭师是一位严肃而又和蔼的老师。老师对学生要求很高，经常会办读书会，让我们交流读书心得，那时我虽尊敬老师，却也是害怕他的。他对论文撰写的要求也很高，我记得当初不知道哪来的勇气去跟老师提要换论文的选题，被老师严厉地批评了一顿，心里还是很委屈的。但幸好有老师的指引，他没有放弃对我的期望，还提供了很多稀有的参考资料，让我最终顺利地完成了论文。论文的完成也让我明白了，不要轻易说自己不行，也不要轻易放弃。也正是因为老师平日里的要求更高，我们在答辩的时候少了很多坎坷，也能尽早地没有后顾之忧地去找工作，这些都是他提前为我们考虑好的。

　　老师不仅关注我们的学业，也关注我们的生活和工作。我性格内向，不爱表达，我记得老师那时候也因为这一点专门指导过我。还有一次，我的手机被偷了，老师听说了，还特意问我在经济上有没有困难，虽然丢了手机很难过，但是这样的关心让我感到很温暖。2020年疫情暴发，老师也不忘惦记在武汉的我，一句问候给了我很大的支撑和鼓励。

　　我记得每次上完课，与老师和同门共同行走在校园林荫道上的画面；也记得每次教师节，众多同门欢聚一堂说说笑笑的场景；还记得毕业与老师告别时的不舍情景……时间过得很快，一眨眼，毕业已经四年多了。四年多以来，因为疫情，我没再见过老师，但对老师深深的敬意和谢意没有消减半分。

　　这些故事虽小，但平凡而细小的故事积攒起来就是最美好的记忆。不忘来时路，方知向何生。有读书时的经历，有老师的指引，有同门之间的互助，我得以不断成长，这些足以支撑我在未来独自前行，能够不怕风雨。

夜已深，行文至此，很难得能以这样的形式，再次向许久未见的郭师和各位可爱的同门表达内心的感谢。愿都能不忘往昔，也都能奋力前行、展望未来。

陈熊文：现任职于武汉市东西湖区劳动人事争议仲裁院

红叶小楼与敬爱的郭师

杨 凌

那时我还未进入郭门。

考研那段时间,我在网络上联系了一位湖大研究生学长,没见过面。但我时常请教学长,找他答疑,时间长达大半年。浏览湖大文学院官网的时候,我看到了郭建勋教授的专栏,老师的研究方向主要是楚辞、辞赋研究、汉魏六朝文学研究、先唐作品中的女性研究。我很感兴趣,心里默默将郭老师定为目标导师。

有一次在和这位学长聊天时谈起郭老师,才得知他正巧是郭门学子,学长说:"老师特别好,每月会请学生去家里喝茶。"少不更事的我心想,哇,这位老师真好啊!

那时的自己不懂"喝茶"的深层含义。但说来有趣,正因为这一份机缘,我更加想加入郭门,目标明确。考研期间给老师发邮件,老师悉数回应,言辞温和礼貌,带着对后辈的鼓励。虽未曾谋面,但看到邮件的回复,内心涌起一股暖流,更坚定了自己的想法。

后来,考研成绩出来了,我是第二名,顺利加入了郭门。郭老师成了亲导师,学长成了师兄。

开学初,我和可澜、谢雪去到老师家,那是开学后第一次正式见面,我们都甚是紧张。幸有师母为我们沏茶,笑容亲切和善,轻言细语,拂去我内心的不安。我们坐在桌前聊了几句,郭师便转身进入书房,拿出几本书,有《汉魏六朝骚体文学研究》

《楚辞与中国古代韵文》《先唐辞赋研究》,是老师这些年学术研究的部分成果。郭师在每一本书的扉页题字,写上日期,递赠给我们,动作缓慢而郑重。那一次会面,那几本书,我想既是老师对我们加入郭门的欢迎,也是无言的嘱咐,叮嘱我们这几年要沉下心来,好好读书。

郭门有一个规矩,学生每个月去老师家聊一聊这个月的阅读书目与学习心得。原来,这就是师兄说的"喝茶"。但"茶"不是那么好喝的。

老师家在岳麓山下的红叶楼,风景甚好,但我从来无心顾及。去老师家的前后几天,我都必定是在异常忐忑不安的状态中度过的。我会在红叶楼下来回踱步,左右不适。读了书,怕思考得不够深,没有发现研究论题而被老师批评;没读书,更是恨不得打洞三尺,自掘坟墓。徂年既流,业不增旧,说到底,还是自己勤奋不够,为懒惰找借口。

在诸多次"喝茶"的交谈中,我切实感到老师治学态度的严谨,对任何一个学术细节都不放过。对文史流变,老师有理有据,表达观点;对帮助过自己的学术前辈,老师在漫谈中流露出尊敬怀念之情;对社会乱象,老师言辞犀利,针砭时弊。就这样,老师的为人处世和治学风格在学生心里都慢慢清晰。

研三上学期,我约好与老师讨论毕业论文初稿的事情。走到红叶楼下,还是忐忑不安,已经做好了被批评的准备。不料这一次,老师神态舒展,一边点头一边说:"嗯,还是下了功夫的。"

郭师对学术的要求极高,指导学生亦是严苛,记忆里老师很少表扬学生。那天从老师家出来,我看到岳麓山下的红叶楼被古树环绕。那绿色生长茂盛,阳光照耀下来更显苍翠欲滴。林荫道上,光影在地面闪烁,很像印象派画家捕捉到的自然一幕。我驻足欣赏了很久,低矮的红叶楼和葱茏的古树安然伫立,竟如此美好。这几年经历的所有压力和焦虑,都因为老师的这一句夸赞,变得值得。

当我回去对照修改意见仔细翻看论文时,才惊讶地发现,每一页都有郭师修改的痕迹。大到谋篇布局,小到标点符号,问题尽数列出。又想起先前老师跟我说因为我的纸质论文字号太小,他是对着放大的电子版文稿,在纸质稿上一一修改的。当时的我无比汗颜自责,近百页的初稿,一字一句地细读,每一页的标点错误都有朱批,我能想象出老师扶着眼镜,蹙眉凝神,对着电脑几经思考,又在纸稿上涂涂改改的样子。就因为我的疏忽,为老师徒添多少麻烦啊?

这也是令我印象最深的,即老师对学术、对工作的极度专注认真。正是因为这份一丝不苟,老师才能在漫长厚重的古代文学研究领域中,构筑起辞赋研究这一版图,获得诸多专业学者的尊敬认可。这一份收获,是长期不被人关注,扎根在辞赋领域默默无闻耕耘的硕果,得来不易,不得不令人佩服。

老师也为我们上过"汉魏六朝文人诗歌研究"的课程,主要采用中文系传统的教学模式,以老师讲课为主。虽无互动,但每一节课的授课内容,无一句废话,全是省炼措辞与精彩内容的结合体,可以说质量极高。老师对学术研究的极度严谨理性的态度,至今影响着我。文学史是一门科学,任何学术观点的表达都要有据可循,须慎思明辨,反复剖析,否则经不起时间的推敲。再看老师《汉魏六朝骚体文学研究》,亦不得不感叹,老师的文字言简义丰,常读常新,足见其深厚的学术根基。

毕业后我和老师仍保持联络,距离也近了很多,抛去了学生时代的畏惧,更多的是对长者的牵挂和思念。这是一位传统的长者,修身齐家,正心诚意,望子成龙,望女成凤,希望我们事业有成。当我第一次开车去找老师时,当我带男朋友去探望老师时,当我为老师送去家乡特产时,这位长者看到年轻人工作和生活顺利,掩不住脸上开心的笑容。当我迷茫困顿,在老师家失声痛哭时,这位长者亦不会吝啬关爱和鼓励,客观分析我的优势,帮我树立信心。也是经由那一次我才明白,原来郭师对学生的爱一直都在,只是藏得很深,鲜少表达。老师希望我们获得世俗意义上的成功,但更希望我们每一位学生都能平安快乐,理性的背后是浓浓的情,这份情尤为真挚,不是亲情胜似亲情。

红叶小楼就好像我的能量补给站,每每去到老师家,看到老师和师母的笑容,我的内心都非常满足。因为每一次会面都是珍贵的礼物,让我蓄积能量,抵御身外营营。郭师是我的导师,亦是我非常敬爱的长者。作为老师,郭师教学与治学的作风将滋养我一生;作为长者,他永远是晚辈坚实的后盾,为年轻人注入一股能量,这份能量深沉厚重,坚定恒久,静默地流淌。

谨以此文献给我敬爱的郭师,人生路上有这样一位可亲可敬的长者,实属我的幸事。

写于 2022 年秋

杨凌:现任湖南信息学院通识教育学院讲师

致我最敬的老师——郭建勋先生

谢 雪

记忆仿佛会过滤,走过的路那么熟悉,就同写论文时焦虑不已的心情一样,现在回忆起来,却总能感觉到温馨与美好。

六年多前,初次见到郭老师时,不在院楼,是在中楼的一间大的阶梯教室里,那天是 2016 级研究生新生与导师们的见面会。伴随着砖红色木地板嘎吱嘎吱的跳动,一个瘦高单薄略显佝偻的身影,在我的右前方隔着五六排的位置耸立起来。这时我才将名字与人对应起来,原来他就是我的老师——郭建勋教授。

也是从那时开始,我就知道老师身体不太好。可是,他依旧上课,院楼四楼也总是坐满了学生。

老师家沿着岳麓书院往上走,就到了。在四楼,楼梯陡陡的,爬上去气喘吁吁。现在想来,多半是怕老师问及学业,心里紧张。那时的学子对师长,半敬半畏,而我是我们仨中话最少的一个。老师曾在就业推荐表中写到"为人忠厚",这或许是和老师接触三年来,能留下的最为深刻的印象吧。每次或餐桌旁或客厅坐定后,老师便会询问这段时间的学习情况,期间师母布置茶水点心,没有哪次不是这样。客厅墙壁上唯一一幅"忍默勤"的字,那是老师的老师黄寿祺先生的手笔。工作这几年,对这三个字似乎有了更为深刻的理解,我想能真正做到实属不易。

陶潜"纵浪大化中,不喜亦不惧。应尽便须尽,无复独多虑"

这四句,是老师主讲"汉魏六朝文人诗歌研究"课程时提到的。讲解魏晋名士,总会让人不由自主地为之触动。我还记得老师感叹已去世的启功先生,二十年弹指一挥间过去,那停留远处的眼神,满是难以言状;又谈及启功先生的学生吴龙辉教授,如斯生活充满自在,似乎在这东晋诗人田园生活的刻画中活出了自己。而那一刻的我似乎成了红楼中的宝玉,悟了。

我想,文字的解读是多样的,但愿我没有曲解老师的话。

有次老师问及所读书目,我开口说道,《文心雕龙·序志篇》,读之流泪。古今墨客在这浩如烟海的文卷中,或许也曾有"生也有涯,无涯惟智。逐物实难,凭性良易。傲岸泉石,咀嚼文义。文果载心,余心有寄"的契合。从老师家告辞,每次都有耽误老师休息、耗费老师精力的愧疚与负罪感,挥手关门的那一刻,彼此的嘱托如此真切,仿佛就在刚才。有人说告别是为了下一次更好的重逢,可今年是毕业的第四年,我还是没再见过老师。期间去过一次长沙,想由天马去看望老师,大概是老师不愿麻烦后辈吧,无缘见面。如果说那时的我们学习都能有所长进,才是真正做到没辜负老师吧。可惜的是,我们毕业后都没有选择继续读书,我自认是缺少天分的,但不知是否老师会觉得我们也是能读出来的,只是个人没有决心罢了。

"外不负俗,内不愧心",这是老师时常说的话。我工作后尽力做到这八个字,不让自己过于标新立异,也不至于过分格格不入,我想"去执"也很重要吧。

从以前的老院楼往师大穿过去,抄小道沿着山势向上走,这是我们在老师有课时经常走的路。每到岔路口时,老师都会执意让我们止步,有时候我们仨就这样看着老师远去,依旧是单薄的身影。

老师突然间的生病或许并不突然,聊天中才得知去了上海看病，在轻描淡写中述说着旁人根本无法切身体会的痛苦。此刻的我才知道那时的自己是多么后知后觉，在长沙看医生的时候师兄陪伴着，与老师共同承担着，我想老师是甚感欣慰的吧。而我，像是一个永远的后进生，只会摇头或是点头。

按说，论文答辩本该是记忆犹新的。可我，竟记不太清了。原本，老师由于身体原因是不来了的，可老师居然来了，而且身着中山装，格外重视地来了。从山麓沿着红楼直到研楼这一路，老师会想些什么呢，我不得而知。我们是老师最后一届学生，听师兄师姐们讲述老师曾经的严厉与要求，相较之下，留给我们仨的更多是感动。老师学术上的成就是一目了然的，还有那么多优秀的师兄师姐，我想无论是作为一名学者还是一名老师，老师应该是能会心一笑的吧。再次翻开那张答辩时的照片，朱颜鹤发的老师依旧是那么的和蔼亲切。

"心画心声总失真，文章宁复见为人。"只可叹我没有如椽大笔，无法道尽一二，就此落笔。期待早日再见！

谢雪：现任岳阳市第十六中学语文教师

老 师 好

闫春红

早上连上三节课,放学时已又累又饿,我急驱小电驴奔向经常光顾的小吃店,进店直奔点菜窗口。

"一碗炸酱面!"

"加辣!"老板娘笑着补充道。

我会心一笑道:"在店里吃!"

高效默契!

环顾不大的店面,靠门处还有一个空位,将要坐下去,抬头发觉对面一个小伙子在对我微笑,我的大脑此时高速运转,"彭海!"几乎就是一瞬间,我喊出了他的名字。小伙子笑得更开心了!

他是我上一届的学生,家是外市的,上了一年多就转走了,谁曾想,三年之后我们竟在一家小吃店相遇。边吃边聊,得知他现在工作还不错,家里已在本市买了房子。又聊起了班级里的同学,因为当学生时就很内向,所以他只提起了几个同学的名字,并说,他们人都不错。我颇震惊,他提到的那几个学生正是每个节假日会集中问候我的人!

"老师好!"

"老师,您还记得那次表演么?《荆轲刺秦王》——我演秦武阳!"孩子的眼里闪着光,红彤彤的脸更红了,"那次表演让我爱上了读书!尽管我没去考大学,但我读的书一点都不少呢!"孩子露出满口的大白牙,灿烂地笑着。

怎能忘记呢?

开学才三周,他所在的班却闻名整个年级,上课睡觉、讲话、吃东西,要么不回答问题,要么起哄乱嚷嚷!他们班所有的任课老师都被气得够呛!而我常用的法宝就是给他们讲故事,听着故事的他们倒是安静了下来,但一节课却讲不了多少课,所以他们班的课程总是会比另一个班慢许多。第三周适逢市教育局教研员要推门进课堂,我语重心长地对他们说:"这是个挑战也是个机会!改变你们形象的时刻来了!只要想改变,什么时候都不会晚!"尽管我扯着嗓子铿锵有力地喊出了上面的话,但声音依然轻飘飘地浮在他们的窃窃私语中,像低吟飘散在风中,像细水浮流过坚硬的地面。

第二天,我如往常一样走上讲台准备上课,刚要开口,语文课代表猛地站了起来,因为动作幅度太大,椅子都被带倒了。孩子们竟然还都没有起哄!我吃了一惊,刚想问明情况,课代表开口了:"老师,我们有个礼物要送给您!现在请您把课堂交给我们一会儿!"

说完,她环顾了一下班级,点了点头,七八个孩子手拿课本果断地站起来走上讲台,待所有人都定位好,语文课代表洪亮的声音响起:"《荆轲刺秦王》之'廷刺秦王'开始!"

一个男生旁白响起:"荆轲奉樊於期头函,而秦武阳奉地图匣,以次进……"

秦武阳扑通一声跪倒在地,脸上尽显惊恐之态,双眼目光躲闪,双唇微启又合又微启,身体抖个不停,周围所有的演员都奇怪地看着他,有的眉头微蹙,有的撇起了嘴,有的用手指指点点……这时,秦武阳双臂直伸,拉动着上半身紧贴着地面向前延伸,好像要把自己嵌进地板里……

没错，他就是彭海，那个上课一大半时间都在睡觉，不睡觉时处于游离状态，和人说话不敢看人眼睛的孩子，竟然能如此从容而真切！竟然能如此认真而动人！震惊、开心、感动的情感瞬间搅在了一起，刺啦啦地冲向我的鼻头，涌向我的眼眶，彻彻底底地化作了眼泪！

出乎意料地，英雄虎胆的荆轲、惊慌失措的秦王、尽失其度的群臣，甚至经荆轲和秦王环绕追逐却依然屹立不倒的"柱子"，都表现得精彩绝伦。在表演结束的那一瞬间，班级里爆发出雷鸣般的掌声，事后才发现，我自己拍得手都红了！

那节课，孩子们上得特别认真，并且，从那堂课后，年级里抱怨孩子们的声音越来越少了，表扬的声音越来越多了！这个秘密，我和孩子们心照不宣，对孩子们而言，他们记住了"改变从什么时候开始都不晚"；而我却记住了激励与认可对孩子们质变的催化作用，让我时刻谨记并坚持用发展的眼光看待学生！

虽已踏入社会三年多了，这孩子依然有些拘谨，一份回锅肉米饭没吃完，就起身走向里面，在我扭头想看看他在干什么的时候，他已经往回走了，一样的青涩的微笑，说："账已结过了！您慢慢吃！"在我准备拿钱时，他已快步出了店门。

这让我想起大概2012年的时候，当时已怀胎六七个月，和老公逛商场，在玻璃电梯里看着商场里熙攘的人群，看到两个中学生模样的男孩子跌跌撞撞地跑着，还不时望向玻璃电梯。在我出了电梯，定位在一家店铺门前时，那两个男孩子气喘吁吁地出现在我的面前，上气不接下气地说："闫老师！闫老师！"我颇震惊，也就是在一瞬间，我喊出了其中一个男孩子的名字，他是近两年前我已离职那个学校的学生，还是班级的语文小组长；另一个是他的朋友，其他学校的。记得当时那个孩子满脸通红，额头上渗着细小的汗珠，笑意盈满眉眼。

还记得有一次,打开 QQ 群,有几个孩子的签名里写着"闫老师,我很想你!你好吗?"当时的自己泪奔不止。

如今,带过的这些孩子,有的已读大学,有的已踏入社会,平常也不怎么联系,节假日里会收到些祝福和问候,每当 QQ 空间更新时,高兴抑或失落,空间里总能看到他们的踪迹与安慰。

教师这份职业带给老师们最大的安慰便是:在某个不起眼的地方、在某个不经意的瞬间,迎面而来一张纯挚无邪、笑意盈盈的脸庞,随之而来一声"老师好",如秋风中的红叶落于掌心,欣喜、感动!

闫春红:现任南昌市外国语学校语文教师

祖国，我是你的孩子

张多姣

祖国，你是那炼石补天的女娲，
我便是你手中的顽石，放着五彩的光；
你是辟地开天的盘古，
我便是那逼人的斧刃，擎在你古铜色的臂膀。

你是游走的飞龙，
千百年来舞着雨骤风狂；
我就是那闪着幽光的龙鳞，
随着风，骄傲自在地飞翔。

你是三皇五帝千秋万载的功业，
仁披大地，万物呈祥；
我便是这华夏大地一颗黄沙，见证着
秦皇汉武各述风流，唐宗宋祖百世流芳。

你是浑天仪惊破历史的震动，
叫醒了沉睡的大地，冲破了昏暗的束缚捆绑；
我就是那绵长声音中的小小粒子，
一蹦一跳传播着科学的曙光。

你是越溪边浣纱的西施女，
历史在你的指间源远流长；
我便是那丝丝轻柔的白纱，缠绕着
病树枯灯下老祖母那，诉不尽的衷肠。

你是五十六朵金花编扎而成的花环，
描成天使的淡妆；
我便是五彩花瓣中小小的一片，
梦想着飞上天空，随着天女的花篮将大地铺香。

你是郑和七下西洋，
满载着民族的友好，乘风破浪；
我便是那船头溅起的翩翩水花，
洁白欢畅。

你是中华历史画卷里那九十九道弯呵，
绵延不断，九曲回肠；
我便是其中最荡气辗转的一曲，
滴溜清脆，叮咚作响。

坚船利炮敲碎了你的胸膛，
我不是那抵挡一切风雨的铁窗；只能眼看着
那喷薄而出的热血哟，
混着我的泪与无尽的魂殇。

那带着盔甲的嗜血的士兵，似虎如狼，
你是那沉睡千年，终被唤醒的雄狮；

撼天动地的张狂,嘶啸中的悲壮,
那似剑的眼神,是我投出的钢枪。

你是奋勇前行的斗士,保卫着
这一方净土,这一片苍凉;
我是你身后尘土飞扬,
无限奢望,无限希望。

你是映日高扬的红旗,
在那世纪的东方;
我是绕你膝下的微风,
一丝静谧,一丝清凉。

你是平静大海下骤起的波澜,
无人知晓你暗流涌动的方向;
我是这汹涌中的水草,
随波逐流,似傻如狂。

你是春日的和风,吹散天空的阴霾,
你是南下的老人,那闪着的泪光;
我是微风中轻摆的细柳,
冬去春来,生机重放。

你是新世纪的一声钟响,
雾中的天籁呵,那么悠扬;
我是晨曦中的一滴露珠,
揉揉睡眼迎接第一缕阳光。

你是东方升起的明珠，
璀璨，晶亮；
我是包裹在明珠中的一粒沙子，
饱满，安详。

你是西部的春旱秋风，
冬寒夏热促逼着你的脊梁；
让我化作一片云，带来
荒漠的鲜草芬芳，和那农舍的冬暖夏凉。

祖国啊，你是我的母亲，
承受着我们的一切欢喜康健，痛苦悲伤；
祖国啊，你是我的明天，
那里有我们的人生，我们的向往。

让我，做你永远的孩子，
带着你的使命，你的牵挂和梦想；
去到任何一个，
你想圆梦的地方。

原刊《湖南大学报》第1138期（2007年10月1日）
张多姣：现任浏阳市第六中学语文教师

贺郭建勋教授荣休诗五首

说明：2019年6月，郭建勋教授荣休。7月13日上午，湖南大学文学院古代文学教研室在学院301室举行"郭建勋教授荣休学术座谈会"。会上，湖南师范大学文学院陈松青教授、湖南大学文学院陈冠梅副教授、唐志远副教授、向铁生副教授各有贺诗。兹经作者同意，一并选入。

为郭教授荣休作

陈松青

说易笺骚若许年，弦歌雅颂自翩翩。
从今往后开新境，聊效陶潜偶种田。

自注：读书种田都是古人向往的自由境界，而今读书多不自由，种田仅存幻影。郭教授退休了，田或许种不成，但尽可以由着性子读书写作，游山玩水，做自己想做的一切。这一天我也期待很久了。

陈松青：现任湖南师范大学文学院教授

为郭师荣休作
——和陈松青教授韵
陈冠梅

不惧易山盘涉艰,又开赋境创新篇。
从今俯仰轻天地,且效陶潜傲世间。

自注:郭师荣休学术座谈会上,见陈松青教授所作七绝,有感而发,谨此急就一首,以贺吾恩师。

为郭老师荣休作
唐志远

师恩八载追随久,许我私瞻数仞墙。
临水怀人屈祠畔,登高作赋岳城阳。
常承謦欬春风坐,又化愚顽书院旁。
且喜今朝休沐日,但凭杯酒颂安康。

自注:我自二〇一一年来湖南大学工作,即追随郭老师学习,为屈原学会和辞赋学会事,承教尤多,受益匪浅,于今八年矣。今当郭老师荣休盛会,追惟往事,辄赋小诗以记之,感怀师恩,并祝先生寿。

唐志远:现任湖南大学文学院副教授

为郭师荣休作二首

向铁生

离骚一卷掌中经,辞赋千篇论贾生。
求道武夷行惕惕,开坛岳麓志冥冥。
书藏万物圣贤意,学蕴苍生风雨情。
兰蕙滋来百亩后,人间处处颂金声。

曾记当年初授经,诗骚赋易诵庄生。
湘江沧浪泛空阔,岳麓松云入杳冥。
论学吾侪属天命,从行诸子体人情。
师恩桃李春风暖,长继弦歌万里声。

自注:己亥六月,郭师建勋先生荣休。郭师乃湖大文学院恢复办学后第二任院长,功勋卓著。小子受惠良多,无以言表,作此二诗,以致意焉。

向铁生:现任湖南大学文学院副教授

桐荫别径

百龄影徂　千载心在
——为纪念恩师黄寿祺先生诞辰九十周年而作

郭建勋

在我居室的客厅里,挂着一幅装裱精致的书法作品,从右至左是三个大字"忍默勤",右上方是竖写的六个小字"建勋仁仲雅属",左下方为"六庵老人书",书法工稳遒劲,透出一种厚重圆融的风格。这幅作品是我的至爱,十五年来搬了五次家,它总是挂在最醒目的位置上,因为这幅作品早已超出了它的物理属性和艺术价值,凝聚着恩师黄寿祺先生对我为人为学的教诲与期望。

那是1986年暑假快结束的时候,我在湖南老家接到先生的电报,命我立即返校。满怀疑惑赶到福州,方知是一件美差:与郭天沅学兄陪同先生前往上海、兰州、西安等地讲学。记得第一站是上海,先生在上海古籍出版社作了一场关于《易经》的学术报告,反应非常热烈;此后还会见了先生大学时代的老同学、著名作家王西彦,两人促膝畅谈,时间长达两个半小时。第二站是位于兰州的西北师范大学,先生受郭晋稀教授之邀,给该校的古代文学研究生讲授"楚辞研究"课程,此后便与北京大学袁行霈教授、谢冕教授、中国社会科学院近代史研究所江枫研究员等人一起,在西北师大伏俊琏学兄的陪同下,乘一辆交通车,经河西走廊前往敦煌游览。一路上先生兴致极高,谈笑风生。迷人的西北风光更使他诗情不可遏止,或随口吟哦,或闭目冥思,数日间共创作旧体诗十余首,令同行的袁、谢诸位先生佩服不已。第三站是位于西安的陕西师范大学,先生在辞书研究所作了一场学术报告,并与当地名宿霍松林教授等人进行了会谈。在陪先生参观"碑林"时,先生指着一块刻有"忍默勤"三字的石碑对我说:"建勋,这三个字概括了为人为学的准则,可惜你只做到了其中的一个字。"我问是哪个字,他说是"勤"。接着又说:"你知道我'之六'的字是怎么来的吗?我年轻时性格过于刚烈,祖父便给我取了这个字。在《易》数中,九为阳,六为阴,之者变也。之六,也就是要变得收敛一点,也就是'忍''默'的意思。"那时我年轻气盛,自视甚高,尤其喜欢表现自己,一有机会便高谈阔论,或与人争论得面红耳赤。先生话虽不多,却一针见血,对我的触动非常大,并使我不得不直面自己性格上的缺陷。为了时刻警醒自己,返校后我请先生写下了"忍默勤"三个字的条幅,此后一直挂在家中。每当稍有成绩想要张扬的时候,或遇到不顺将要爆发的时候,或对学问感到厌倦想要偷懒的时候,只要看到先生手书的这三个字,就会回忆起先生的谆谆教诲和殷殷期望,适时地调整自己的心态,从容地面对纷繁的世事与人生。

先生出身于福建霞浦一个书香世家,青年时代在北平私立中国大学求学期间,又师从尚秉和、吴承仕、高步瀛、杨树达等国学大师,不仅打下了深厚的学术功底,同时也养成了治学严谨、对学生要求严格的作风。先生是我国恢复研究生招生后的首批硕士生导师,然而从 1978 年至他逝世的十多年里,他只招收了两届共五名学生,因此要成为黄门弟子并不是一件容易的事。作为先生的关门弟子,我对此的感受特别深切。1985 年我报考先生的研究生,便经历了重重难关。首先是专业课的笔试难度极大,例如要将《楚辞·山鬼》翻译成现代诗歌,而且试卷上根本不提供原作；又如十个名词解释为一介、二南、三玄、四始、五常、六义、七音、八索、九流、十翼,令考生叫苦连天。其结果是十数名考生中只有我撞大运达到了分数线。接下来是炼狱般的面试。先生与穆克宏师、陈祥耀师等几位端坐桌旁,一脸肃然;笔记员、录音机双管齐下,如临大敌。我从未见过这样的阵势,紧张得全身发抖,汗流浃背,脑子里一片空白,也不知是怎么回答问题的。两个多小时的面试已令我精疲力竭,奄奄一息,谁知紧接着还有一场笔试,而且竟然要求用文言文写一篇自传!就在我被独自关在会议室,几乎要放弃的时候,中文系的一位老师(陈庆元老师抑或张善文学兄?)进来对我说:"黄先生今年计划招两人,现在只有你一人来复试,录取肯定没有问题。你不要紧张。"我这才定下心来,勉强写完了那篇半文半白的自传。就这样,我经过一轮又一轮近乎苛刻的考试,才得以进入先生的门下,开始为期三年的硕士研究生求学生涯。

入门如此艰难,入门之后也同样不易。先生平时很少正儿八经地给我上课,但每学期开学之初,他就会交给我一份必读书目,并要求每学期写一篇相关的读书报告,力争达到发表的水平;他也很少进行正式的检查,只是在我去他家有事或打牙祭时,于闲聊之中了解我学习的情况,解答我提出的疑问。然而正是这种计划性与随意性的结合,既可以逼迫我去阅读大量的古代典籍,打下较扎实的专业基础,又能引导我去选择某个专题展开比较深入的研究,提高发现问题、解决问题和写作论文的综合能力。先生要求的必读书目、读书报告和闲聊式检查,给我的压力是无所不在的,我不得不日复一日地读书、思考和写作,这种状态几乎三年未曾间断,从而也就在专业上有了较大的进步。这期间所写的几篇读书报告,后来修改充实为学术论文,先后发表在《福建师范大学学报》《中国哲学史研究》《文学遗产》等刊物上,构成我学术研究的起点。

先生对论文、著作的发表极为谨慎,可以说到了严苛的程度。他研治《易》学数十年,蜚声海内外,但《周易译注》直到七十余岁时才出版(与张善文合作);他的《群经要略》年轻时即已写成初稿,也到晚年才正式出版。其间先生多次谢绝中华书局等著名出版社的索稿,用 40 年的时间来修改一部不到 20 万字的著作,这对急功近利的时人来说,简直就是天方夜谭。严谨的态度和长久的积累,给学术著作的质量提供了可靠的保证。在近 20 年海内外出版的百余种《周易》译注本中,先生的《周易译注》最为学人所推重,至今无人超越;而《群经要略》更以其精审的概括与评论,在经学研究领域引人瞩目。先生谨于著述的态度也贯穿于对学生的要求之中。三年间我写的所有读书报告、学术论文和硕士学位论文的每一稿,他都审读得极为认真细致。先生对文中的观点通常比较宽容,不加太多的干涉,但对于学术规范方面的东西却要求非常严格。文章的结构是否平衡、语句是否通顺、引文是否准确、语词运用是否妥帖、标点符号是否恰当,没有什么能逃过他的眼睛,甚至文中每一处引文,他都要翻原书一一核对。记得有一次我因为嫌麻烦引用了二手资料,结果很短的一段引文错了三处,先生在旁边用红笔批了四个大字:"这是硬伤!"我的硕士学位论文手稿有四万多字,几乎每一页都留下了先生红笔的批注或改动的痕迹,最长的批注有将近两百字。每一篇文章审读完毕,先生通常都要在封面写上几句简要的评价,并注明日期,署上"六庵老人"的名号,程序一丝不苟。我毕业以后的头两年,每当写完一篇文章,总是因再没有先生的全面审读而惴惴不安,不敢拿出去发表。先生谨于著述的作风对我影响极深，与许多同辈相比，我的出手总是要慢半拍，因为我觉得先生仍然在关注、监督着我，令我在学术上始终战战兢兢、如履薄冰，不致草率而为。

先生在学问上对我非常严格，生活上却关怀备至。我读研时已结婚，并有两个小孩，经济上颇为困窘，先生多次问我是否需要资助；学生食堂的伙食不太好，他便隔三岔五叫我去家里打牙祭，令我身边的同学羡慕不已；每次放假回家，他总要让我带点糖果之类的礼物给小孩，就像对待家里的亲人一样。一次我生病，他竟然拄着手杖，一步一步地走到27号楼来看我。先生当时已75岁高龄，又身患糖尿病，因而他的这份关怀尤见真挚，令我终生难忘。

我曾听过有关先生的一则逸闻，说20世纪70年代，学校党委找先生谈话，希望他入党，先生答曰：入了党就必须将整个身心交给党，我老母尚健在，须尽孝心，入党的事以后再说罢。直到母亲去世，先生才提出入党的申请。这个段子是否属实，我未曾调查，但窃以为确实形象地表现了先生的性格特征。先生就是这样的人：认真而实在，从不说半句漂亮话，容不得半点虚伪与矫饰。他为学如斯，为人亦如斯。

先生是知名学者，在海内外影响甚巨。1990年先生受邀赴美国讲学，因过于劳累引发疾病，回国后于当年7月不幸仙逝，享年79岁。尽管先生已离开了我们，但学术界并没有忘记他。1993年我报考北京师范大学聂石樵教授的博士生，聂师得知我出自先生门下，便欣然接纳，并屡次与我谈及先生的生平事迹。北师大中文系的其他资深教授，也无不为先生的去世感到惋惜。"桃李不言，下自成蹊"，无论是作为一位著名学者还是忠厚长者，先生都是值得人们去怀念和景仰的。他通过留给后世的丰富著述和精心培养的学生，将他的生命与未来相连接，从而超越时间,获得了永恒与不朽!

2002年8月
于长沙岳麓山寓所

原载张善文、黄高宪主编《中国易学:2002年黄寿祺教授诞辰九十周年、2005年黄寿祺教授逝世十五周年纪念文集合编》,福建教育出版社,2010年6月

温雅如玉　厚重如山
——深切缅怀恩师聂石樵先生

郭建勋

1993年,我报考北师大中文系古代文学博士生,选的导师是聂石樵教授。专业课成绩还不错,可英语只有49分,离录取分数线差一分。聂先生专门为此向校方打了个报告,才录取了我。就这样,我以38岁高龄开始了在北师大三年的求学生涯。

因为那年北师大古代文学仅招了我一人,所以聂先生并没有为我开设很正式的专业课,但他每个学期都给我列了必读书目,并要求每两周左右去他家一次,汇报学习情况,期末交一篇读书报告,其实也就是一篇学术论文。

每次去小红楼聂先生的家,师母邓魁英先生总会贴心地为我泡上一杯热茶。在我稍做汇报之后,便是海阔天空的漫谈,大凡专业方向、学术掌故、为人处世等等,无不涉及。在这样的交谈中,聂先生讲了很多治学风格、寻找论题、写作论文等方面的经验,也谈了许多做人的道理。相对于古板的、程式化的授课,这种漫谈式的教学,让我受益更多。后来我自己指导博士生,也是这样做的。

学习汇报的时间可以灵活变通,内容亦可繁可简,但期末的读书报告是一定要交的。正因为聂先生这个严格的规定,在开始撰写博士学位论文的前两年,我写了四篇文章,而且全都在核心期刊发表了。也正是因为他张弛有节、宽严合度的悉心指导,我才能在没有太多压力的状态下，完成了二十多万字的博士论文《汉魏六朝骚体文学研究》，并顺利通过答辩。后来经过修改与充实，这篇博士论文正式出版，聂先生亲自为此书作序，褒奖有加，令我对继续从事古代文学的研究有了更多的自信。

1996年7月我博士毕业，因家庭问题并没有留在北京，而是回到了长沙，但此后的二十余年里，我经常去北京出差，只要有时间，都会去看望聂先生和师母，跟他们聊聊天。还记得聂先生九十寿辰，北师大文学院为他举办了盛大的庆祝活动，我专程赴京。面对众多前来祝贺的学生和同事，聂先生一如往常地神色蔼如，却明显难掩笑意。谁料不到三年，即2018年3月13日，他老人家便永别了深爱他的家人、亲友和弟子，溘然仙逝，享年92岁（虚岁）。而彼时我却身罹疾病，正在医院做包括PET-CT在内的各种检查，无法亲往吊唁，内心之悲苦惶恐，实难与外人道也。

聂先生为人温文尔雅，说话轻言细语，待人接物谦逊平和，无论贵贱老幼皆如斯，即使弟子犯错，亦从不厉声苛责，而是细说原委，耐心引导。在学术界，他从不论人短长，从不与人争高下，视虚名如敝屣，其澹泊自守，人所共知。

聂先生说，他一生只专注三件事，即读书、教书和著书。在我的印象里，他既不下棋，也不看电视剧，没有任何的娱乐活动，这三件事几乎构成了他生命的全部。他的宅所名曰"三通居"，意指书房、客厅、餐厅三者通用，虽如此逼仄，他却自得其乐。一身老式的蓝色中山装，他一穿就是几十年，从没觉得寒碜。也许在他心里，这三件事以外的其他，都是无足轻重的"外物"吧。

聂先生与邓魁英先生是大学同班同学，又同在古代文学教研室工作，两人在教学、研究上互相砥砺，在生活上相敬如宾，这样的学术伉俪、神仙眷侣，举世罕见。1991年以前，聂、邓两位先生,一直以副导师身份,承担启功先生所招博士生的指导工作。而在聂先生自己单独招收博士生后,依然延续这个工作,且从不懈怠。原因就在于启功先生是聂先生的老师,为老师做事,哪怕没有任何的名誉与报酬,他也心甘情愿。

著名学者刘盼遂先生是影响聂先生学术道路和学术风格最深的老师,聂先生一生都对他充满了敬仰和感怀。刘先生"文革"罹难后,聂先生花了大量的时间和精力,搜集整理他散见于各种刊物上的文章,终于在2002年整理出版《刘盼遂文集》,完成了他一个夙愿。记得1994年,我交给聂先生的读书报告里引用了刘盼遂先生的学术观点,但没有在名字后加"先生"的称谓,聂先生用铅笔在稿纸旁批了一行字:"刘盼遂先生是我们的老师!!!"令我惊诧而汗颜,这才知道恬淡娴静的聂先生,内心情感却是如此的丰富淳厚。

聂先生的学术风格一如他的为人,平和而朴实。一切结论都来自对原始材料的合适取舍、细致分析与精密判断,尊重史实和证据,决不发凿空之论、作夸张之语。他在给我的一封回信里说:"辨章学术,考镜源流,是我国古人撰写史书的目的,也是我自己愿遵守的原则。"他的《先秦两汉文学史》《魏晋南北朝文学史》《唐代文学史》《古代戏曲小说史略》等文学史著作,无不在充分掌握材料的基础上辨其真伪、考其源头、分其类别、清其脉流、明其演进,从而客观地揭示文学史发展演变的轨迹。

聂先生治学的朴实无华,丝毫也不影响其博大与厚重。除了文学史,他还有《屈原论稿》《司马迁论稿》等专题性研究著作,《楚辞新注》《玉溪生诗醇》(与王汝弼先生合注)等对经典的注解,以及收录于《古代小说戏曲论丛》《古代诗文论集》中的学术论文。从时间上看,先秦至元明清全面贯通;从文体上看,诗歌、辞赋、散文、戏曲、小说众体备论。先生之学蕴,可谓博矣厚矣!

聂先生作为教师,数十年间培养了大量的专业人才,遍树桃李;一生中撰述了四百多万字的学术著作,嘉惠学林。先生一辈子辛勤耕耘的所有结果,必将随着时间的推移而日益彰显其独特而不朽的价值。

写于2022年10月10日

学高德博 人之师表
——怀念恩师马积高先生

郭建勋

摆在面前的六封信,是我从保存多年的旧函中好不容易翻检出来的,也是我所能找到的马积高先生亲笔写给我的全部信函。先生写信向来不著年份,但根据邮戳可查到,寄信时间依次为1993年12月11日、1993年12月17日、1994年5月26日、1994年9月12日、1994年10月18日、1994年11月12日、1996年4月2日,全都集中于我在北京求学三年的时间段里。

事实上,从1988年8月开始,直至2001年5月先生逝世,我一直在他的身边工作和学习,自然也就没有通信的必要。这些为数不多的信里只有一个内容,那就是搜集《历代辞赋总汇》相关资料。试将其中最早的那封照录如下:

建勋同志:

　　来信收到,谢谢你的奔忙。

　　有关问题,答复如下:

　　1. 善本目录暂不复印。

　　2. 普通本卡片抄写费,可按郝先生的要求照付,只是时间希望尽可能快一点,最好能由你寒假回家时带回。为减少抄写之劳,且稍节经费,除按来书所提建议,凡文人专集有多种版本可选择抄一二种完全者外,还可建议:凡四库本、四部丛刊本、丛书集成本、四部备要本、上海古籍影印的清人别集本均不抄，中华及上海古籍出版社的标点本更不要抄。

3. 拟骚与辞赋总集可抄。

祝

近祺

马积高
12月7日

此外，在信笺上方右端还附了一段文字："又：来信请寄舍下：北村3栋23号。因我很少去系，王毅又离开了中文系，寄系稽延时间。"

1991年，由先生主持的国务院古籍整理小组重点项目《历代辞赋总汇》正式启动，全国共有五十余人参与。为了培养年轻人，先生有意让当时只有讲师职称的我和李生龙担任总编委、分册副主编，给我们压了不少校点和编纂的任务。

1993年8月底，我赴北师大攻读博士学位，因为查阅资料较为方便，此后三年，我便按照先生的指示，不断去国家图书馆、北大图书馆、北师大图书馆搜集资料，通过官方或私人的渠道，或抄写、或复印、或拍照，先后带回长沙的资料多达几十公斤。

这六封信便是先生对我的相关指示，从中也不难看出先生细致入微的筹划和对项目进展缓慢、经费不足等问题的焦虑。

编纂《历代辞赋总汇》是一个旷日持久的漫长过程，事无巨细都要先生亲自操持，长期的精神压力，严重地损害了先生的健康。1998年10月下旬，我与先生一起去南京大学参加第四届国际辞赋学术研讨会，住在同一间客房。会议结束的前一天晚上，先生病了，头晕发烧，脸色苍白，当时我非常紧张，生怕他病情加重，幸亏第二天起来有所好转，还坚持完成了作为全国赋学会会长的例行总结。然而从南京回长沙后，先生的身体就逐渐走下坡路,但他仍然要为编纂之事劳心不已,从而导致健康状况不断恶化。我一直固执地认为,假如不编《历代辞赋总汇》,先生至少可多活五到十年!

好在此书编纂整理二十余年,经历诸多波折,终于在2014年由湖南文艺出版社正式出版,煌煌二十六卷,逾2800万字,足可慰先生于九泉矣。

在学术界,海内外朋友都将我视为马积高先生的学生,我为此深感荣幸和骄傲。虽然我在学生阶段其实并未入先生门墙,但在湖南师大中文系工作的十四年间,常列先生之侧,得其教诲,沐其恩泽,早已将先生尊为恩师;先生也对我严格要求并寄以厚望,从来是把我当弟子对待的。人的生命历程中,总会遇上几个影响自己一生的人。于我而言,马积高先生就是这样的人。

1988年6月,在福建师大中文系攻读硕士生的我面临学位论文答辩,业师黄寿祺教授与马积高先生是世交,乃请他担任答辩小组的主席,我由此得以有缘认识先生。先生对我的论文予以很高评价,并建议我回湖南工作。尽管当时苏州大学等几所高校已有意接收我,因了先生的建议,我最终毫不犹豫地选择了湖南师大。

毕业后不久,因某些原因,我曾经一度想弃教从商。先生还是希望我继续从教,并多次与我深谈,从此我便在中文系安心教书,同时在先生的指导下从事辞赋方面的研究,直到先生去世。而我职业生涯的研究,也始终以辞赋为主要对象。我毕业后工作单位和专业领域的选择,与先生的关系可谓大矣。

先生学识渊博。就文学而言,从先秦两汉直至明清,无所不通,而尤以辞赋研究雄踞学林,为世所重;就哲学而言,先生于诸子、理学,亦可成一家之言。先生为学重材料、精分析,思维严谨,风格平实,从不求惊人之语,亦不发凿空之论。

先生又不同于皓首穷经的纯书斋学究。他年轻时就研习过西方的理论著作,有开阔的学术视野;他时刻关注国家政治文化的走向,从未忘记一个人文学者应该承担的社会责任。在他去世前的几个月里,先生还多次与我们谈及对待文化遗产的原则和对盛行一时的新国粹主义应持的批判态度。

先生为人的儒者风范,人所共知。无论讲课还是平时说话,总是轻言细语,即使面对无端挑衅或无理唐突,他也面色蔼如,一笑置之。他对物质生活要求甚低,一箪食、一瓢饮,便自得其乐。居赫石北村三栋数十年,拥挤而潮暗,校方也多次提供较好的住房,可他总是以书多搬家麻烦为由拒绝。一套中山装,穿了三十多年。在我的印象里,从没见他添置过新衣,也从未与人谈过个人收入之类的话题。

先生从教一生,深谙为师之道。他从不强行要求学生怎么做,对学生的不足也从不斥责,而是侧面提醒引导,并辅以身教,让学生在不知不觉之间得到改善与提高。我年轻时性格疏放,桀骜不驯,受先生言行感召,耳濡目染,总算慢慢有所收敛。

先生对弟子的专业进展尤为关注,提携更是不遗余力。我的职称评定、论文发表、著作出版,都曾得到他主动的帮助。1997年,他致信《中国韵文学刊》编辑部,建议由我顶替他担任该刊编委;2001年5月19日,也就是先生去世的前一天傍晚,我和妻子去医院探望他,他还告诫我做学问不要时松时紧,要持之以恒,同时眼光不能太局促,要更开阔一点。

先生乃三湘名师,桃李满天下。他对所有的学生都从不吝啬他的关爱。即使是在先生健康状况已经很差的最后几个月里,他仍然一如既往地亲笔回复所有学生的信函,给他们的著作写序或推荐信。在先生的心里,教过的学生永远有着极重的分量。

说实话,当时我对先生如此认真地处理这些"琐事"不太理解,也曾有过怨言。可是,在先生的追悼会上,当我看到那么多先生教过的学生,从全国各地赶来,挤满了悼念大厅,当我目睹他们真诚的泪眼,乃至因悲伤过度而痛哭失声的时候,我才明白因"大爱"而铸就的人格魅力是如此震撼人心。先生的道德学问早已超越世俗与功利,在当下社会,尤显弥足珍贵。

原题《韶响难追　师恩难忘——怀念恩师马积高先生》,原载王毅、阳盛海选编《深藏劲骨文自豪:马积高先生纪念文集》,岳麓书社,2008年10月

碧沼观鱼

郭建勋教授小传

郭建勋,湖南涟源人,生于1954年6月3日(农历五月初三日)。中学毕业后曾做过工人,担任过蓝田中学英语和语文教师。1983年毕业于娄底师范专科学校(现湖南人文科技学院)中文系。1988年毕业于福建师范大学中文系,获文学硕士学位。1996年毕业于北京师范大学中文系,获文学博士学位。1988年起任教于湖南师范大学中文系,1989年升任讲师,1993年升任副教授,1997年升任教授,1998年被评为湖南省高校首批学科带头人,兼任湖南师范大学文学研究所所长。2001年起任教于湖南大学中国语言文学学院,先后担任学院常务副院长(2002—2006)、院长(2006—2014)。2005年被评为享受国务院特殊津贴专家,2015年获评"全国优秀社会科学普及专家",2019年6月荣休。

始从黄寿祺先生治《周易》学,曾出版《新译易经读本》《周易译注》等。后又师承聂石樵、马积高两先生,转入楚辞与赋学研究,主持国家社科基金项目"辞赋文体研究"等,出版《汉魏六朝骚体文学研究》《楚辞与中国古代韵文》《先唐辞赋研究》《辞赋文体研究》等著作,在《文学评论》《文学遗产》《光明日报》等发表相关论文七十余篇,主持完成了"静一学术论丛"丛书和"屈原及先唐辞赋史研究"系列论文,分别获湖南省第十、第十三届哲学社会科学优秀成果二等奖,"楚辞与中国古代韵文"系列论文与《先唐辞赋研究》分别获湖南省第七届、第八届哲学社会科学优秀成果三等奖。在对辞赋的深入研究中，又相继开拓出诗赋中的女性文学与海外辞赋学两大研究路径，主持湖南省社科基金项目"汉魏六朝诗赋中的女性题材与性别表达""魏晋南北朝诗歌之女性书写研究"等，发表相关论文十余篇。

个人著作之外，还主持或参与《历代辞赋总汇》《新译尚书读本》《先秦诗精华二百首》《古文观止·明诗》《古诗文精品录》《绝世妙笔〈古文观止〉新编》等古籍的整理，参与《辞赋大辞典》《历代辞赋鉴赏辞典》《历代山水名胜赋鉴赏辞典》相关词条的撰写，并出版有长篇历史小说《赵匡胤》（又名《宋太祖》）。

长期从事中国古典文学的教学工作，为本科生和研究生开设过"中国古代文学""楚辞研究""汉魏六朝文人诗歌研究"等课程。主编《中国语文》《大学基础写作》、参编《中国古代文学史》《古代文学教程》等教材，还主编了《青春飞扬的日子——湖南大学本科生习作选》，主持完成的"信息化条件下中文写作实践训练教学模式的改革与实践"获第十一届湖南省高等教育省级教学成果二等奖。

自1997年起招收硕士研究生，2012年起招收博士研究生，所指导的学生计有62人，其中博士7人、硕士54人、访问学者1人，毕业生已在教育、出版、传媒等各个领域有所建树。

此外，还兼任中国屈原学会副会长、中国赋学会副会长、湖南省屈原学会会长、湖南省古代文学学会副会长、湖南大学辞赋研究所所长等多种学术团体职务，同时担任《中国韵文学刊》编委、《湖南大学学报》（社会科学版）编委等。

郭建勋教授著述总目

袁嘉玮　整理

说明：自1987年始，郭建勋教授已出版著作22部，发表学术论文96篇，另作有书评2篇、序文7篇、散文3篇。兹分"著作""论文""其他"三编，汇总郭建勋教授自1987年以来正式出版、发表的著述，少数曾参与整理、撰写的古籍整理著作和辞典等不再计入。

一、著　作

《汉魏六朝骚体文学研究》，湖南教育出版社，1997年3月。
《楚辞与中国古代韵文》，湖南师范大学出版社，2001年4月。
《先唐辞赋研究》，人民出版社，2004年5月。
《辞赋文体研究》，中华书局，2007年4月。

《新译易经读本》，三民书局，1996年1月。（2007年11月再版）
《周易译注》，《中华四经：中国古经典译注》，广州出版社，1997年8月。
《新译尚书读本》，三民书局，2005年5月。

《博士与中学生谈语文学习方法》，湖南师范大学出版社，

1999年9月。

《赵匡胤》,兰州大学出版社,2000年1月。
《宋太祖》,华夏出版社,2007年1月。(2013年1月再版)
《宋太祖》,华文出版社,2021年3月。

《青春飞扬的日子——湖南大学本科生习作选》第一辑,湖南大学出版社,2011年6月。(主编)
《中国语文》,湖南大学出版社,2004年6月。(与胡辉杰合作主编,2012年9月再版)
《大学基础写作》,湖南大学出版社,2007年3月。(主编,2008年2月再版)
《中国古代文学史》,湖南文艺出版社,1992年5月。(撰写第三编第四、第六章,2006年12月再版。万卷楼图书有限公司1998年7月、人民文学出版社2009年5月再版)
《古代文学教程》,中国广播电视出版社,1990年8月。(撰写第三、四、八、九、十、十一、十二、十五、三十讲)

《中国古代选人用人方略》,党建读物出版社,2004年11月。(与江征合著)

《历代辞赋总汇》,湖南文艺出版社,2014年1月。(《先秦汉魏晋南北朝卷》副主编)
《先秦诗精华二百首》,陕西人民出版社,1998年10月。(与聂石樵、李山合著)
《古诗文精品录》,湖南人民出版社,1997年10月。(与羊益新、尹慧平合著)

《古诗观止》,国际文化出版公司,1996年3月。(撰写明诗部分)

《绝世妙笔〈古文观止〉新编》,岳麓书社,2014年10月。(与翟新明合著)

二、论　文

《〈老子〉和〈庄子〉中的辩证法思想之异同》,《福建师范大学学报》(哲学社会科学版)1987年第2期。

《〈周易〉之"周"发微——兼论〈周易〉循环的变化观》,《中国哲学史研究》1987年第4期。

《〈周易〉的循环变化观浅探》,郭天沅主编,福建师范大学图书馆古籍组编《文献史料研究丛刊》第一辑,福建省地图出版社,1988年12月。

《汉人观念中的"辞"与"赋"》,《文学遗产》1989年第3期。

《论"楚辞"在汉代盛行的原因》,《福建师范大学学报》(哲学社会科学版)1989年第2期。(人大复印报刊资料《中国古代、近代文学研究》1989年第9期全文转载)

《汉人对"楚辞"的整理和编纂》,《中国文学研究》1989年第2期。

《扬雄及其〈反离骚〉之再认识》,《求索》1989年第4期。(人大复印报刊资料《中国古代、近代文学研究》1990年第2期全文转载)

《〈诗经〉中的意象浅说》,《中国文学研究》1990年第1期。

《孔子提出的"君子"言行模式》,《湖南师范大学社会科学学报》1990年第3期。

《略论"楚辞体"作品在汉代的流变》,《中国韵文学刊》1990

年第 1 期。

《"楚辞"名义浅探》,《中国文学研究》1991 年第 2 期。

《论屈原特出人格的内涵及其历史影响》,《中国文学研究》1992 年第 2 期。

《论贾谊的辞赋及其意义》,《求索》1993 年第 4 期。(人大复印报刊资料《中国古代、近代文学研究》1993 年第 12 期全文转载；又载《新亚学术集刊》第十三期"赋学专辑",香港中文大学新亚书院,1994 年)

《骚体的形成与称谓辨析》,《湖南师范大学社会科学学报》1995 年第 6 期。

《论建安骚体文学转向个性化、抒情化的内因外缘》,《求索》1996 年第 2 期。

《论建安骚体文学情感指向的主要层面》,《中国文学研究》1996 年第 2 期。

《论建安骚体文学的转捩》,《北京师范大学学报》(社会科学版)1996 年第 3 期。

《楚辞学》,中华孔子学会编辑委员会组编《国学通览》,群众出版社,1996 年 9 月。(与聂石樵合撰)

《论阮籍、嵇康的骚体作品及其他》,《湖南师范大学社会科学学报》1996 年第 5 期。

《晋代骚体文学的艺术风格与主要体式》,《中国韵文学刊》1996 年第 2 期。

《晋代骚体文学的三大主题》,《中国文学研究》1997 年第 1 期。

《论南朝骚体文学艺术上的新变》,《湖南师范大学社会科学学报》1997 年第 3 期。

《论晋代骚体文学情感的世俗化》,《人文杂志》1997 年第

5期。

《论骚体的形式特征及其变异形态》,雒启坤等《聂石樵教授七十寿辰学术纪念文集》,巴蜀书社,1997年11月。

《略论楚辞的"兮"字句》,《中国文学研究》1998年第3期。(人大复印报刊资料《中国古代、近代文学研究》1998年第10期全文转载)

《楚辞·楚歌·楚声》,《古典文学知识》1998年第3期。

《从单一到多元 从继承到超越——二十世纪楚辞研究概述》,《文学遗产》编辑部、黑龙江大学中文系编《百年学科沉思录:二十世纪古代文学研究回顾与前瞻》,人民文学出版社,1998年9月。

《略论屈原的特异人格及其范型意义》,褚斌杰、张忠民、刘宗发等编《屈原研究论集:1999·秭归》,湖北美术出版社,1999年6月。

《论陆云的辞赋》,《中国文学研究》1999年第4期。(与玄桂芬合撰)

《象征:情欲与"大道"——汉魏六朝"神女—美女"系列辞赋的探讨》,南京大学中文系主编《辞赋文学论集》,江苏教育出版社,1999年12月。

《论楚辞在形制与表现上对文体赋的影响》,《中国文学研究》2000年第3期。

《骚体赋的界定及其在赋体文学中的地位》,《求索》2000年第5期。(人大复印报刊资料《中国古代、近代文学研究》2001年第3期全文转载)

《论楚辞句式对文体赋的侵淫》,《中国韵文学刊》2000年第2期。

《楚辞的文体学意义——兼论楚辞与几种主要的中国古代

韵文》,《中国文学研究》2001年第4期。

《楚辞与骈文》,《湖南大学学报》(社会科学版)2001年第4期。(人大复印报刊资料《中国古代、近代文学研究》2002年第5期全文转载)

《楚辞与歌、赋、诗、词》,《古典文学知识》2002年第1期。

《游国恩的楚辞研究及教育品格述论》,《淮阴师范学院学报》(哲学社会科学版)2002年第1期。(与李艳合撰)

《论词对楚辞的接受》,《求索》2002年第1期。(人大复印报刊资料《中国古代、近代文学研究》2002年第6期全文转载)

《楚骚与哀吊类韵文》,《云梦学刊》2002年第2期。

《贾谊其人与他的辞赋创作》,庾建设主编《湖湘文化论坛》,湖南大学出版社,2002年5月。

《论楚辞孕育七言诗的独特条件及衍生过程》,《中州学刊》2002年第5期。(人大复印报刊资料《中国古代、近代文学研究》2003年第1期全文转载)

《论汉魏六朝"神女——美女"系列辞赋的象征性》,《湖南大学学报》(社会科学版)2002年第5期。

《论乐府诗对楚声楚辞的接受》,《中国文学研究》2002年第4期。

《论骚体文学研究在当代楚辞学中的定位》,《淮阴师范学院学报》(哲学社会科学版)2003年第1期。(又载中国屈原学会编《中国楚辞学》第四辑,学苑出版社,2004年1月)

《南朝女性题材辞赋之探讨》,漳州师范学院中文系编《辞赋研究论文集——第五届国际辞赋研讨会》,中国文史出版社,2003年11月。

《骚体文学:当代楚辞研究中的一个新领域》,《中国韵文学刊》2003年第2期。

《两汉魏晋辞赋中的现实女性题材与性别表达》,《中国文学研究》2003年第4期。

《论文体赋对楚辞的接受》,香港新亚研究所编《新亚论丛》第六期,国际教科文出版社,2004年6月。

《傅玄的辞赋创作及其理论》,《求索》2004年第1期。(与李艳合撰)

《楚辞意象、形制在宋词中的作用》,《光明日报》2004年4月28日。

《论南朝女性题材辞赋的贵族化》,《中国文化研究》2004年第2期。

《楚辞与七言诗》,章必功、方铭、黄凤显、刘毓庆、朴永焕、周威兵等编《先秦两汉文学论集——祝贺褚斌杰教授从教50周年》,学苑出版社,2004年7月。(又载中国屈原学会编《中国楚辞学》第七辑,学苑出版社,2005年7月)

《晁补之的辞赋学论略》,《中国文学研究》2004年第3期。(与杨赛合撰。又载许结、徐宗文主编《中国赋学》,江苏教育出版社,2007年8月;中国屈原学会编《中国楚辞学》第十二辑"第十二届中国屈原学会年会暨楚辞学国际学术研讨会论文集",学苑出版社,2009年5月)

《从"恋乡"到"爱国"》,《光明日报》2004年11月24日。(人大复印报刊资料《中国古代、近代文学研究》2005年第2期全文转载)

《古代文学史研究中的文体学视角》,《光明日报》2005年4月15日。

《诗体赋的界定与文体特征》,《求索》2005年第4期。(与曾伟伟合撰。人大复印报刊资料《中国古代、近代文学研究》2005年第9期全文转载;又载安徽师范大学中国诗学研究中心

编《中国诗学研究》第5辑"中国韵文学研究专辑",上海古籍出版社,2006年10月)

《辞赋作品中"神女"喻象的分化演进》,《光明日报》2006年1月13日。

《赋体与诗体之关系论略》,《湖南大学学报》(社会科学版)2006年第1期。(与罗慧合撰)

《论魏晋南北朝对楚辞的接受》,雒三桂、过常宝等编《聂石樵教授八十寿辰纪念文集》,中华书局,2006年2月。(与毛锦裙合撰。又载《求索》2006年第10期;人大复印报刊资料《中国古代、近代文学研究》2007年第4期全文转载)

《北朝骚体文学概述》,《中国文学研究》2006年第1期。(与荣丹合撰。又载中国屈原学会编《中国楚辞学》第九辑,学苑出版社,2007年5月)

《汉魏六朝诗歌中夫妇之情的伦理禁忌与性别表达》,《文学评论》2006年第4期。(人大复印报刊资料《中国古代、近代文学研究》2006年第12期全文转载)

《赋与骈文》,《北方论丛》2006年第4期。(与邵海燕合撰)

《〈神弦歌〉的文化阐释》,《云梦学刊》2007年第2期。(与禹翱合撰)

《文体赋的组织结构与描写方式》,《中国韵文学刊》2007年第2期。(与王艳霞合撰)

《宋文赋的形成及文体特征》,《中国文学研究》2007年第3期。(与黄小玲合撰)

《〈周易〉与"中和"的美学观》,《光明日报》2007年8月10日。(与吴春光合撰)

《从〈长安有狭斜行〉到〈三妇艳〉的演变》,《文学遗产》2007年第5期。

《"七"体的形成发展及其文体特征》,《北京大学学报》(哲学社会科学版)2007年第5期。(人大复印报刊资料《中国古代、近代文学研究》2008年第1期全文转载)

《论律赋的文体特征》,《中国文化研究》2007年第4期。(与毛锦裙合撰)

《汉魏六朝诗歌中的美人意象与政治托寓》,《湖南大学学报》(社会科学版)2008年第4期。(与仲瑶合撰。人大复印报刊资料《中国古代、近代文学研究》2009年第1期全文转载)

《楚声与乐府诗》,吴相洲主编《乐府学》第三辑,学苑出版社,2008年8月。(与张伟合撰)

《再论七言诗源于楚辞体》,《光明日报》2008年12月2日。

《〈周易〉与中国古代文论中的风格论》,《求是学刊》2009年第3期。(与吴春光合撰)

《再论楚辞体与七言诗之关系》,《中国韵文学刊》2009年第3期。(与闫春红合撰。人大复印报刊资料《中国古代、近代文学研究》2010年第2期全文转载;又载中国屈原学会编《中国楚辞学》第十七辑"2009年深圳屈原与楚辞学国际学术研讨会论文集",学苑出版社,2011年12月)

《先唐七夕诗歌的形成与演变》,《中国文学研究》2009年第4期。(与张伟合撰)

《北朝辞赋论》,《中国文化研究》2010年第4期。(人大复印报刊资料《中国古代、近代文学研究》2011年第4期全文转载)

《论南朝艳情诗女性描写的娱乐化与物化倾向》,《湖南大学学报》(社会科学版)2011年第1期。(与陈娜合撰)

《论庾信辞赋》,《文学评论》2011年第6期。

《汉魏六朝诗歌中的宫廷女性之怨》,《湖南大学学报》(社会

科学版）2012年第2期。（与刘祥合撰）

《〈楚辞章句〉的阴阳观念及其传承》，《中国社会科学报》2013年1月11日。（与刘祥合撰）

《刘宋时期辞赋特质及其文学流变析论》，《中国文化研究》2013年第2期。（与钟达锋合撰）

《从夫妇之义到夫妇之情——汉魏六朝弃妇诗的伦理禁忌与突破》，《中国文学研究》2013年第3期。（与翟新明合撰）

《屈原的乡国之情与人格魅力》，《光明日报》2014年5月26日。

《南朝陈代辞赋初探》，《中国文学研究》2014年第3期。（与张婧合撰）

《赋与狂诗——从赋的译名看赋的世界性与民族性》，《中山大学学报》（社会科学版）2014年第5期。（与钟达锋合撰。人大复印报刊资料《中国古代、近代文学研究》2015年第1期全文转载）

《江淹辞赋通论》，《中国文化研究》2014年第4期。（与冯俊合撰。又载郭英德、过常宝主编《庆祝聂石樵先生九十寿辰文集》，北京师范大学出版社，2017年6月）

《魏晋玄风与陶渊明哲理诗》，教育部人文社会科学重点研究基地复旦大学中国古代文学研究中心主办《中国文学研究》第二十五辑，复旦大学出版社，2015年3月。（与夏瑞霞合撰）

《论张衡在诗赋形制表现上的创新》，《湖南大学学报》（社会科学版）2015年第4期。（与李慧合撰。又载吴承学、何诗海编《古代文学的文体选择与记忆》，凤凰出版社，2015年10月）

《〈离骚〉英译史视阈下的宇文所安译文初探》，《中南大学学报》（社会科学版）2015年第5期。（与冯俊合撰）

《论王逸〈楚辞章句〉中的五行比附》，中国屈原学会编《中国

楚辞学》第二十二辑,学苑出版社,2015年11月。(与刘祥合撰)

《论王闿运〈楚辞释〉的政治化阐释及其影响》,《湖南科技大学学报》(社会科学版)2016年第1期。(与罗璐合撰。又载中国屈原学会编《中国楚辞学》第二十六辑,学苑出版社,2019年7月)

《论郭焯莹〈读骚大例〉的研究方法》,《云梦学刊》2016年第2期。(与陈聪灵合撰)

《论西晋咏物赋的题材开拓与形制表现》,《中南民族大学学报》(人文社会科学版)2017年第2期。(与邱燕合撰)

《论林罗山诗文对"楚辞"的接受》,《中国文学研究》2018年第1期。(与李慧合撰。又载中国屈原学会编《中国楚辞学》第二十八辑,学苑出版社,2021年12月)

《论日本汉文学对杜诗的接受——以江户硕儒林罗山为中心》,《贵州社会科学》2018年第10期。(与李慧合撰)

《日本平安初期汉文〈重阳节神泉苑赋秋可哀〉九首初探》,《国际汉学》2018年第4期。(与邱燕合撰)

三、其　他

(一) 书评

《一部屈学研究的新成果——读罗敏中的〈屈骚与宋代爱国文学〉有感》,《湘潭大学社会科学学报》2003年第5期。

《群书蕴藉胸中久　一剑十年磨在手——评〈历代赋评注〉》,《中国文学研究》2011年第1期。(与陈冠梅合撰)

(二) 序文

汤溢泽《透视钱锺书》序二。(湖南人民出版社,2006年5月)

《静一学术论丛》总序。(中华书局,2007年4月)

侯立兵《汉魏六朝赋多维研究》序二。(人民出版社,2007年9月)

刘伟生《世说新语艺术研究》序。(湖南大学出版社,2008年7月)

牛海蓉《金元赋史》序。(人民出版社,2015年3月)

刘石林《读骚拾零》序二。(南京大学出版社,2017年9月)

刘伟生《隋唐五代辞赋研究》序。(安徽大学出版社,2022年1月)

(三) 散文

《人生的驿站　精神的家园——长安山生活杂忆》,孙绍振主编《不老的长安山:福建师大中文系系友散文集》,福建教育出版社,1998年10月。

《韶响难追　师恩难忘——怀念恩师马积高先生》,王毅、阳盛海选编《深藏劲骨文自豪:马积高先生纪念文集》,岳麓书社,2008年10月。

《百龄影徂　千载心在——为纪念恩师黄寿祺先生诞辰九十周年而作》,张善文、黄高宪主编《中国易学:2002年黄寿祺教授诞辰九十周年、2005年黄寿祺教授逝世十五周年纪念文集合编》,福建教育出版社,2010年6月。

袁嘉玮:湖南大学文学院汉语言文学专业2021级本科生

郭建勋教授指导学位论文总目

郭子墨　整理

说明：郭建勋教授自1997年起招收硕士研究生，2012年起招收博士研究生，已先后指导弟子62人，其中博士7人（独自指导毕业3人，联合指导毕业3人、在读1人）、硕士54人（湖南师范大学时期6人，湖南大学时期48人[其中因病肄业1人]）、访问学者1人。兹汇总郭建勋教授指导的博、硕士学位论文总目。

博士学位论文

钟达锋：康达维译《文选·赋》研究（2016年）

PHAM Quynhson（范琼山）：越南才子佳人喃诗传及其对中国古代文学的借鉴与创新（2019年）

冯　俊：英美《离骚》翻译和研究（2019年，湖南大学2022年优秀博士学位论文）

李　慧：林罗山诗赋研究（2020年，与牛海蓉教授联合指导）

徐　华：苏轼文学作品的英译与传播研究（2021年，与牛海蓉教授联合指导）

邱　燕：日本古代汉文辞赋研究（2023年，与牛海蓉教授联合指导）

硕士学位论文

玄桂芬：陆云及其文论与辞赋研究（2000年）
陈冠梅：论梁陈宫体赋（2000年）
白　崇：西晋寒族作家依附心态研究（2003年）
李　艳：傅玄诗赋研究（2003年）
宋志民：论汉魏六朝时期的"七"体（2003年）
杨　赛：祝尧《古赋辩体》研究（2003年，湖南省2005年优秀硕士学位论文）
刘伟生：《历代赋汇》赋序研究（2006年）
曾伟伟：论蔡邕在文学史上的地位（2007年）
荣　丹：刘孝绰及其诗歌研究（2007年）
罗　慧：佛教对乐府创作的影响（2007年）
邵海燕：江总及其诗歌研究（2008年）
禹　翱：南朝铭文研究（2008年）
毛锦裙：初唐辞赋研究（2008年，湖南省2010年优秀硕士学位论文）
黄小玲：《管锥编》辞赋研究概论（2008年）
张　伟：《远游》著作权研究史论（2009年）
仲　瑶：西晋赠答诗研究（2009年，湖南省2011年优秀硕士学位论文）
王艳霞：南北朝游侠诗歌研究（2009年）
闫春红：夏侯湛及其作品研究（2010年）
谭　立：庾信辞赋研究（2010年）
吴春光：《周易》与《文心雕龙》——兼论以"阴阳"观念为基点的风格论（2010年，湖南省2012年优秀硕士学位论文）

张　圆：汉魏晋文人拟作与文学自觉（2010年）
崔金英：论汉魏晋南北朝咏物诗（2010年）
鲍　卓：傅亮其人其作研究（2011年）
陈　娜：中古都邑诗研究（2011年，湖南省2013年优秀硕士学位论文）
梁　梦：刘孝威诗歌研究（2012年）
史贝贝：宋前悼亡诗研究（2012年）
张多姣：宋代端午帖子词研究（2012年）
刘　祥：论王逸《楚辞章句》中的阴阳思想（2013年）
刘　婷：先唐禽鸟赋研究（2013年）
倪宏达：蒋之翘及其《七十二家评楚辞》研究（2013年）
向　勤：新世纪前十年（2001—2010）楚辞研究述评（2013年）
孙　磊：论王弼易学对《文心雕龙》的影响（2014年）
王虹丹：汉魏六朝亲情诗研究（2014年）
方　莉：新世纪前十年（2001—2010）辞赋研究述论（2014年）
喻朝霞：阮籍辞赋研究（2015年）
翟新明：先唐辞赋中的人神交接（2015年）
王晓芸：贺贻孙《骚筏》研究（2015年）
陈镜天：《管锥编》南朝文研究概论（2015年）
夏瑞霞：魏晋玄风与陶渊明哲理诗（2016年）
童佳路：论刘勰对两汉作家的评价（2016年）
张　婧：论南朝陈代辞赋（2016年）
罗　璐：王闿运《楚辞释》研究（2016年）
来永花：《秋胡行》的形成演变及其文化内涵（2017年）
肖　琪：南朝植物赋研究（2017年）

沈国飞：论《楚辞疏》的诗话式疏解及其地位(2017年)
陈聪灵：郭焯莹《读骚大例》研究(2017年)
王强锶：汉魏六朝哲理赋研究(2018年)
边培文：先唐寓言赋研究(2018年)
张洁弘：当代魏晋南北朝辞赋研究述论(2018年)
陈熊文：近七十年(1945—2017)台湾地区的辞赋研究述评(2018年)
谢　雪：南朝涉佛诗赋研究(2019年)
杨　凌：魏晋南朝诔文研究(2019年)
黄可澜：日本平安朝《经国集》诗赋对中华汉唐文化的接受(2019年)

在读博士：涂　鸿
访问学者：马思清(Monica Eileen McLellan Zikpi, 美国俄勒冈大学博士)
肄业硕士：陈维伊

郭子墨：湖南大学文学院汉语言文学专业2021级本科生

编 后 记

2023年,是郭建勋师七十寿辰,也是郭师在高校执教的第三十五周年,郭门弟子特意编纂了这一本《滋兰九畹:郭建勋教授七十寿辰纪念文集》,以铭谢师恩。

《文集》共分为五个部分。

第一部分为弟子翟新明对郭师的访谈录,涉及求学、治学、育人三个方面,从中可了解郭师的求学、治学之路,及其育人理念与成就。

第二部分"曲涧鸣泉",收录弟子代表性论文18篇,均已在《文学评论》《文艺理论研究》等刊物上正式发表。其中杨赛、罗璐、陈娜、邱燕、李慧、冯俊等提交的论文,系在郭师指导下撰写并与郭师联合署名发表;陈冠梅、刘伟生、张伟、白崇、刘祥、王晓芸、谭立、仲瑶、钟达锋、徐华、范琼山、涂鸿等提交的论文,则为个人独立撰写并发表。其中既包含主流的辞赋学研究,也外涉到诗赋中的女性文学,更进一步拓展至海外汉学研究。借此略可见郭师指导学生时的学术旨趣与转向,也可以一探郭师指导的学生在后续阶段所取得的学术成果。

第三部分"桃坞烘霞",收录弟子的回忆性文章10篇、弟子作品2篇、贺诗7首,为论文外之其他文体形式的创作。如杨赛于2021年再版《任昉与南朝士风》,即以后跋形式,感念师恩;禹翱、王艳霞、崔金英、倪宏达、童佳路、张洁弘、陈熊文、杨凌、谢雪等回忆在郭师门下受学过程中的点滴;陈娜作贺诗二首,来表达对郭师的景仰与感念；闫春红《老师好》一文曾获得 2017 年江西省普通高中新课程实验教育成果展示"我的课改故事"征文二等奖，张多姣诗歌《祖国，我是你的孩子》曾刊于《湖南大学报》，则是以个人作品来递交成长答卷。此外，还附录了 2019 年郭师荣休时，湖南师范大学文学院陈松青教授和湖南大学文学院陈冠梅、唐志远、向铁生副教授等所作贺诗五首。凡此，均可见师生情谊，绵久不绝。

第四部分"桐荫别径"，收录郭师追忆自己的老师黄寿祺、聂石樵、马积高三位先生的文章，不仅可见郭师对三位先生的深重感念，也可从中一窥学林往事，以及前辈学人的治学、育人理念。

第五部分"碧沼观鱼"，是郭师的小传和著述、指导学位论文总目。前者简单介绍郭师的求学、工作经历和科研、教学成就，后二篇分别由湖南大学文学院汉语言文学专业 2021 级本科生袁嘉玮、郭子墨进行整理，借此可更为全面地了解郭师在科研和育人上的整体成就。

"曲涧鸣泉""桃坞烘霞""桐荫别径""碧沼观鱼"均取自岳麓书院八景。经过岳麓书院前的桃李坪，自桐荫别径直上，即是郭师居住的红叶楼。郭师居此二十余年，于曲涧听鸣泉，于碧沼观游鱼，亦在此弘文励教、化育弟子，故借用此四景之名以概括之。

《文集》最初由杨赛倡议并联系出版社，翟新明负责具体联络与编选工作。限于时间与篇幅，本次所收的论文、文章，只是部分弟子的作品，且正式发表者进行了不同程度的修订。文集出版，得到了郭门弟子的鼎力支持，除惠赐选入《文集》的论文与文章外，钟达锋、冯俊、李慧、徐华、涂鸿、邱燕（以上为博士）、陈冠梅、白崇、杨赛、刘伟生、曾伟伟、禹翱、张伟、仲瑶、闫春红、谭立、崔金英、鲍卓、陈娜、张多姣、刘祥、刘婷、孙磊、王虹丹、方莉、翟新明、王晓芸、陈镜天、夏瑞霞、童佳路、张婧、罗璐、来永花、肖琪、沈国飞、陈聪灵、边培文、张洁弘、陈熊文、谢雪、杨凌、黄可澜（以上为硕士）等42位同门资助了《文集》出版。此外，湖南大学人文科学试验班（汉语言文学方向）2021级本科生曾善美、邹霞、刘雨欣、阴蓉、郭艺成、王佳璐、陆依晨等也参与了《文集》的校勘工作。复承程章灿师慨允题签，上海古籍出版社余鸣鸿、孙一夫等编辑精心校阅，在此一并致谢。

郭师既受教于黄寿祺、聂石樵、马积高先生等名师，又滋兰树蕙三十年，桃李满天下，而诸弟子也继续在各个领域成长化育，薪火相传，于此《文集》亦可见一斑。作为编者，谨向为《文集》出版作出贡献的同门和诸位师生表示衷心的感忱。并以此书，作为向郭师七十寿辰贺寿的礼物。

翟新明　谨记
2022年10月